"十三五"普通高等教育本科系列教材

普通高等教育"十一五"国家级规划教材

高电压技术

（第三版）

主编　张一尘

编写　章建勋　屠志健　淡淑恒

中国电力出版社

CHINA ELECTRIC POWER PRESS

内 容 提 要

本书为"十三五"普通高等教育本科系列教材,普通高等教育"十一五"国家级规划教材。

本书共分十一章。第一至四章主要讲授电气设备绝缘在高电压作用下的性能和有关的绝缘试验技术;第五至十章主要讲授过电压产生的物理过程及其防护措施;第十一章简单介绍电力系统配合的基本概念,对近年来高电压领域的新技术也有适当反映。

本书可作为普通高等学校电气类专业的本科教材,也可作为高等学校成人教育、职工大学等教学用书,还可作为从事电力系统设计、安装、调试及运行工程技术人员的参考用书。

图书在版编目(CIP)数据

高电压技术/张一尘主编. —3 版. —北京:中国电力出版社,2015.8(2024.12 重印)

"十三五"普通高等教育本科规划教材 普通高等教育"十一五"国家级规划教材

ISBN 978 - 7 - 5123 - 8096 - 7

Ⅰ.①高… Ⅱ.①张… Ⅲ.①高电压-技术-高等学校-教材 Ⅳ.①TM8

中国版本图书馆 CIP 数据核字(2015)第 168920 号

中国电力出版社出版、发行

(北京市东城区北京站西街 19 号 100005 http://www.cepp.sgcc.com.cn)

北京雁林吉兆印刷有限公司印刷

各地新华书店经售

*

2005 年 5 月第一版

2015 年 8 月第三版 2024 年 12 月北京第二十五次印刷

787 毫米×1092 毫米 16 开本 14.25 印张 344 千字

定价 **36.00** 元

前　言

高电压技术是研究电气设备绝缘及其运行问题的学科。作为从事电力系统的设计、安装、调试及运行的工程技术人员，都会遇到属于高电压技术的问题。本书在论述电气设备绝缘和电力系统过电压及其防护的同时，还介绍了电气绝缘试验等，使学生对高电压技术有更加全面的认识，有利于其实践动手能力的提高。

本书第三版在不改变原有体系的情况下，对少数旧的标准、过时的称呼等进行了修改。

本书文字简练，通俗易懂，还配有习题及解答，可供学习者练习之用。

本书由上海电力学院张一尘主编。其中，第一、三章由章建勋编写，第二、八、九、十、十一章由屠志健编写，其余章节由张一尘编写。淡淑恒负责稿件清样的审阅。

由于时间紧迫，加之水平有限，本书如有错漏请读者批评指正。

编　者

目 录

第一章 气体的绝缘特性

气体、特别是空气，是电力系统中应用相当广泛的绝缘材料。如架空输电线路相与相之间、线路与铁塔之间、变压器引出线之间都是以空气作为绝缘介质的。此外，在一些液体与固体绝缘材料内部也或多或少的含有一些气泡。所以气体放电的研究是高电压技术中的一个基本任务。

在通常情况下，由于宇宙射线及地层放射性物质的作用，气体中含有少量的带电质点（约为 1000 对/cm³），在电场作用下，这些带电质点沿电场方向运动，形成电导电流，故气体通常并不是理想的绝缘材料。当电场较弱时，由于带电质点极少，气体中的电导电流也极小，故可认为气体电介质是良好的绝缘介质。在电场作用下，电子在气体介质中的运动轨迹如图 1-1 所示。

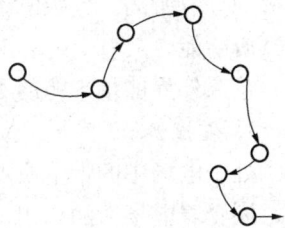

图 1-1 电场作用下电子在气体介质中的运动轨迹

当加在气体间隙上的电场强度达到某一临界值后，间隙中的电流会突然剧增，气体介质会失去绝缘性能而导致击穿，这种现象称为气体介质的击穿，也称气体放电。击穿时加在气体间隙两端的电压称为该气隙的击穿电压，或称放电电压，用 U_F 表示。均匀电场中，击穿电压与间隙距离之比称为该气体介质的击穿场强。击穿场强反映了气体介质耐受电场作用的能力，也即该气体的电气强度，或称气体的绝缘强度；在不均匀电场中，击穿电压与间隙距离之比，称为该气体介质的平均击穿场强。

气体间隙击穿后，由于电源容量、电极形式、气体压力等的不同，而具有不同的放电形式。在大气压或更高的气压下常表现为火花放电的形式，但如果电源功率大、内阻小时，就可能出现电流大、温度高的电弧放电。不管是火花放电还是电弧放电，放电通常限制在一个带状的狭窄通道中。在极不均匀电场中，可能只有局部间隙中的场强达到临界值，在此局部处首先出现放电，叫局部放电。高压输电线路导线周围出现的电晕放电就属于局部放电。

上面所说的"放电"或"击穿"也适用于液体或固体介质。当电极间既有固体介质，又有气体或液体介质，它们构成并联的放电路径时，放电往往沿着固体介质表面发生，通常叫做闪络。例如当输电线路上出现较高的电压时，常常会引起沿绝缘子表面的闪络。固体介质中的击穿将使介质强度永久丧失。而在气体或液体介质中发生击穿则一般只引起介质强度的暂时丧失，当外加电压去掉后，能恢复其绝缘性能，故称为自恢复绝缘。

第一节 气体介质中带电质点的产生与消失

一、气体原子的激发与游离

气体原子在外界因素（电场、高温等）的作用下，吸收外界能量使其内部能量增加，这时气体原子核外的电子将从离原子核较近的轨道跳到离原子核较远的轨道上去，此过程称为原子的激发，也称激励。被激发的原子称为激发原子，激发原子内部的能量比正常原子大。

原子的激发状态是不稳定状态，一般经过约 10^{-8}s 就会恢复到正常状态，激发原子回到正常状态时将以短波光的形式放出能量。

如果中性原子由外界获得足够的能量，以致使原子中的一个或几个电子完全脱离原子核的束缚而成为自由电子和正离子（即带电质点），此过程称为原子的游离，也称电离。游离是激发的极限状态，气体分子（或原子）游离所需要的能量称为游离能，游离能随气体种类而不同，一般约在 $10 \sim 15eV$ 之间。

分子或原子的游离可以一次完成，也可以分级完成，先经过激发阶段，然后再产生的游离称为分级游离。分级游离时，一次需要获得的能量较小，但几次获得的总能量应大于或等于其游离能。

按照外界能量来源的不同，游离可以分为下列几种不同的形式。

1. 碰撞游离

处于电场中的带电质点，除了经常地作不规则的热运动，不断地与其他质点发生碰撞以外，还受着电场力的作用，沿电场方向不断得到加速并积累动能。当具有的动能积累到一定数值后，在其与气体原子（或分子）发生碰撞时，可以使后者产生游离。由碰撞而引起的游离称为碰撞游离。碰撞游离是气体放电过程中产生带电质点的极重要来源。

电子、离子、中性质点与中性原子（或分子）的碰撞以及激发原子与激发原子的碰撞都能产生游离。而在气体放电过程中，碰撞游离主要是由自由电子与气体原子（或分子）相撞而引起的，故电子在碰撞游离中起着极其重要的作用。通过碰撞，能使中性原子（或分子）发生游离的电子称为有效电子。离子或其他的质点因其本身的体积和质量较大，难以在碰撞前积累起足够的能量，因而产生碰撞游离的可能性是很小的。

当电子从电场获得的动能等于或大于气体原子（或分子）的游离能时，就有可能因碰撞而使气体原子（或分子）分裂成电子（或负离子）和正离子。即电子的动能满足如下条件时就有可能引起碰撞游离

$$\frac{1}{2}mv^2 \geqslant W_i \tag{1-1}$$

式中　m——电子的质量；

　　　v——电子的运动速度；

　　W_i——气体原子（或分子）的游离能。

质点两次碰撞之间的距离称为自由行程。平均自由行程与气体间的压力成反比，与绝对温度成正比。一般情况下，平均自由行程越大，越容易发生碰撞游离。

2. 光游离

由光辐射引起气体原子（或分子）的游离称为光游离。

光辐射的能量以不连续的光子的形式发出。当光子的能量等于或大于气体原子（或分子）的游离能时，就可能引起光游离，即产生光游离的条件为

$$h\nu \geqslant W_i \tag{1-2}$$

式中　h——普朗克常数，其值为 6.62×10^{-27}erg·s；

　　　ν——光的频率。

因为波长 $\lambda = \dfrac{C}{\nu}$，C 为光速（3×10^8m/s）。则式（1-2）说明，产生光游离的能力不决

定于光的强度，而决定于光的波长，波长越短，光子的能量越大，游离能力就越强。通常可见光是不能直接产生光游离的，只有各种短波长的高能辐射线，例如宇宙线、γ 线、X 线以及短波长的紫外线等才有使气体产生光游离的能力。在气体放电过程中，当处于激发状态的原子回到正常状态，以及异号带电质点复合成中性原子（或分子）时，都以光子的形式放出多余的能量，成为导致产生光游离的因素。光游离在气体放电中起着很重要的作用。

由光游离产生的自由电子称为光电子。

3. 热游离

气体在热状态下引起的游离过程称为热游离。

在常温下，由于气体质点的热运动所具有的平均动能远低于气体的游离能，因此不可能产生热游离。但在高温下的气体，例如发生电弧放电时，弧柱的温度可高达数千度以上，这时气体质点的动能就足以导致气体分子（或原子）碰撞时产生游离。此外，高温气体的热辐射也能导致气体分子（或原子）产生光游离。故热游离实质上并不是另外一种独立的游离形式，而是在热状态下产生碰撞游离和光游离的综合。气体分子（或原子）产生热游离的条件是

$$\frac{3}{2}KT \geqslant W_i \qquad (1-3)$$

式中　K——波茨曼常数，其值为 $1.38 \times 10^{-16}\,\mathrm{erg/K}$；

　　　T——绝对温度，K。

4. 表面游离

以上讨论的是气体介质中电子和正离子的产生，但在气体放电中存在着电流的循环，因此必然有阴极发射电子的过程，我们将电子从金属电极表面逸出来的过程称为表面游离。电子从金属电极表面释放出来所需的能量称为逸出功。逸出功的大小与金属电极的材料及其表面状态有关，一般需要 $1 \sim 5\mathrm{eV}$，小于气体在空间游离时的游离能，这说明从阴极发射电子比在空间使气体分子（或原子）游离容易。

用各种不同的方式供给金属电极能量，例如将金属电极加热，正离子撞击阴极、短波光照射电极以及强电场的作用等，都可以使阴极发射电子。

二、气体中带电质点的消失

在气体发生放电过程中，除了有不断产生带电质点的游离过程外，还存在着导致带电质点从游离区域消失，或者削弱的相反过程，通常称为去游离过程。任何形式的放电过程总存在着带电质点的产生（游离）和带电质点的消失（去游离）过程。带电质点在电场作用下定向运动，消失于电极，带电质点的扩散与复合以及电子的附着效应都属于去游离过程。当导致气体游离的因素消失以后，这些去游离过程可使气体迅速恢复中性的绝缘状态。

1. 带电质点的扩散

气体中的带电质点经常处于不规则的热运动中，如果不同区域的带电质点存在着浓度差，则它们总是不断地从高浓度区域向低浓度区域运动，使各处带电质点的浓度变得均匀，此现象称为带电质点的扩散。当空气间隙发生放电并去掉电源以后，放电通道中高浓度的带电质点迅速地向四周扩散，使空气间恢复原来的绝缘状态。

气体中带电质点的扩散是热运动造成的，故它与气体的状态有关。气体的压力越高或温度越低，扩散过程也就越弱。电子的质量远小于离子，所以电子的热运动速度很大，它在热

运动过程中所受到的碰撞机会也较少，因此，电子的扩散作用比离子要强得多。

2. 带电质点的复合

正离子与负离子或电子相遇，发生电荷的传递而互相中和，还原为中性分子或中性原子的过程称为复合。复合可在气体中进行，也可在容器壁上发生。在带电质点的复合过程中会放出能量。异号带电质点的浓度愈大，复合也愈强烈，所以，强烈的游离区也总是强烈的复合区。

在带电质点的复合过程中会发生光辐射，这种光辐射在一定条件下又可能成为导致光游离的因素。

复合进行的速度取决于带电质点的浓度，正、负带电质点的浓度越大，它们相遇的机会也越大，复合进行得就越快。但并不是异号带电质点每次相遇都能引起复合。要能引起复合，参加复合的异号带电质点需相互接触一定的时间，异号带电质点间的相对速度越大，相互作用的时间就越短，复合的可能性也就越小。气体中电子的运动速度比离子要大得多，所以正、负离子间的复合要比正离子和电子间的复合容易发生得多。故在气体放电过程中，通常以异性离子间的复合更为重要。

3. 附着效应

电子与气体原子（或分子）碰撞时，不但有可能发生碰撞游离产生电子和正离子，也有可能发生电子的附着过程而形成负离子。与碰撞游离相反，电子的附着过程放出能量。使基态的气体原子获得一个电子形成负离子时所放出的能量称为电子的亲和能。电子亲和能的大小可用来衡量原子捕获一个电子的难易，电子的亲和能越大，则越易形成负离子。卤族元素的电子外层轨道中增添一个电子，则可形成像惰性气体一样稳定的电子排布结构，因而具有很大的亲和能，所以，卤族元素是很容易俘获一个电子而形成负离子的。容易吸附电子形成负离子的气体称为电负性气体。如氧、氯、氟、水蒸气、六氟化硫等都属于电负性气体，惰性气体和氮则不会形成负离子。

如前所述，离子的游离能力不如电子。电子为原子或分子俘获而形成质量大、运动速度慢的负离子后，游离能力大减，因此，俘获自由电子而成为负离子这一现象会对气体放电的发展起抑制作用，有助于气体绝缘强度的提高，这是值得注意并加以利用的。

第二节　均匀电场中气体间隙的放电特性

20 世纪初，汤逊（Townsend）在均匀电场、低气压、短间隙的条件下进行了放电试验，依据试验研究结果提出了比较系统的理论和计算公式。解释了整个间隙放电的过程和击穿条件，这是最早的气体放电理论，称为汤逊的电子崩理论（亦称汤逊放电理论）。整个理论虽然有很大的局限性，但其对电子崩发展过程的分析为气体放电的研究奠定了基础。随着电力系统电压等级的提高和试验研究工作的不断完善，高气压、长间隙条件下气体间隙击穿的实验研究逐渐发展起来，在此实验研究的基础上，总结出了大气中气体间隙击穿的流注理论。这两个理论可以解释大气压力 P 和极间距离 S 的乘积 PS 在广阔范围内的气体放电现象。

一、汤逊放电理论

1. 均匀电场中气体间隙的伏安特性

图 1-2（a）表示放置在空气中的平行板电极，极间电场是均匀的。当在两电极间加上

从零起逐渐升高的直流电压 U 时，间隙中的电流 I 与极间电压 U 的关系，即均匀电场中气体间隙的伏安特性如图 1-2（b）所示。在外界光源（天然辐射或人工光源）照射下，两平行板电极间的气体由于外界游离作用而不断地产生带电质点，并使自由带电质点达到一定的密度。

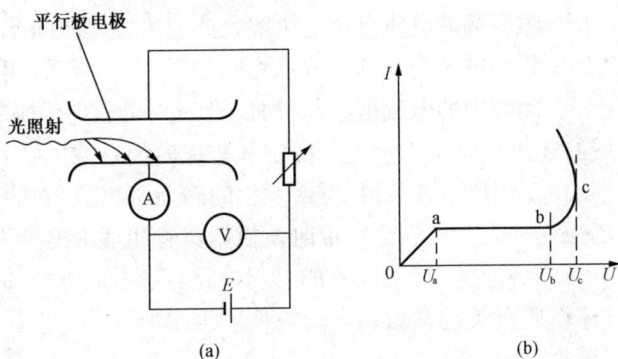

图 1-2 均匀电场中气体间隙的伏安特性
(a) 实验装置原理图；(b) 均匀电场中气体的伏安特性

在极间加上直流电压后，这些带电质点开始沿着电场方向作定向移动，回路中出现了电流。起初，随着电压的升高，带电质点的运动速度加大，间隙中的电流也随之增大。如图 1-2（b）中曲线 0—a 段所示。到达 a 点后，电流不再随电压的增大而增大。因为这时在单位时间内由外界游离因素在间隙中产生的带电质点已全部参加导电，所以电流趋于饱和，如图 1-2（b）曲线的 a—b 段，此时饱和的电流密度是极小的，一般只有 10^{-19} A/cm^2 的数量级，因此这时的间隙仍处于良好的绝缘状态。当电压增大到 U_b 以后，间隙中的电流又随外加电压的增加而增大，如曲线的 b—c 段，这时由于间隙中又出现了新的游离因素，即产生了电子的碰撞游离。电子在足够强的电场作用下，已积累起足以引起碰撞游离的动能。当电压升高至某临界值 U_c 以后，电流急剧突增，此时气体间隙转入良好的导电状态，并伴随着产生明显的外部特征，如发光、发声等现象。

当外施电压小于 U_c 时，间隙内虽有电流，但其数值很小，通常远小于微安级，此时气体本身的绝缘性能尚未被破坏，即间隙尚未被击穿。此时间隙的电流要依靠外界游离因素来维持，若取消外界游离因素，电流也将消失。这种需要外界游离因素存在才能维持的放电称为非自持放电。若外施电压达到 U_c 后，气体中发生了强烈的游离，电流剧增，此时气隙中的游离过程依靠电场的作用可以自行维持，而不再需要外界游离因素了。这种不需要外界游离因素存在也能维持的放电称为自持放电。由非自持放电转为自持放电的电压称为起始放电电压。如果电场比较均匀，则整个间隙将被击穿，即均匀电场中的起始放电电压等于间隙的击穿电压，在标准大气条件下，均匀电场中空气间隙的击穿场强约为 30kV（幅值）/cm。而对于不均匀电场，当放电由非自持放电转入自持放电时，在大曲率电极表面电场集中的区域将发生局部放电，俗称电晕放电，此时的起始电压是间隙的电晕起始电压，而击穿电压则可能比起始电压高得多。

2. 汤逊理论

如图 1-2（b）所示，当气体间隙上所加的电压超过 U_b 以后，所以会出现电流的迅速增长，这是由于外界游离因素的作用，阴极产生光电子发射，使间隙中产生自由电子，这些

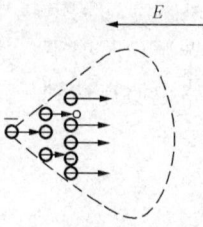

图 1-3　电子崩形成示意图

起始电子在较强的电场作用下，从阴极奔向阳极的过程中得到加速，其动能增加，并不断地与气体分子（原子）碰撞产生碰撞游离。由此产生的新电子和原有的电子一起又将从电场获得动能，继续引起碰撞游离。这样，就出现了一个迅猛发展的碰撞游离，使间隙中的带电质点数迅速增大，上述过程如同冰山上发生雪崩一样，称为电子崩，其形成示意图如图 1-3 所示，电子崩过程的出现使间隙中的电流也急剧增加，但此时的放电仍属非自持放电。

为寻求电子崩发展的规律，以 α 表示电子的空间碰撞游离系数，它表示一个电子在电场作用下由阴极向阳极移动过程中在单位行程里所发生的碰撞游离数。α 的数值与气体的性质、气体的相对密度和电场强度有关。当气温一定时，根据实验和理论推导可知

$$\alpha = AP\mathrm{e}^{-BP/E} \tag{1-4}$$

式中　A、B——与气体性质有关的常数；

　　　　P——大气压力；

　　　　E——电场强度。

如图 1-4 所示，设在外界游离因素光辐射的作用下，阴极由于光电子发射产生 n_0 个电子，在电场作用下，这 n_0 个电子在向阳极运动的过程中不断产生碰撞游离，行经距离 x 时变成了 n 个电子，再经 $\mathrm{d}x$ 距离，增加的电子数为 $\mathrm{d}n$ 个，则

$$\mathrm{d}n = n\alpha\,\mathrm{d}x \qquad \frac{\mathrm{d}n}{n} = \alpha\,\mathrm{d}x$$

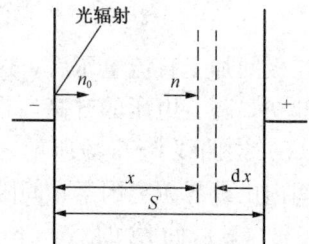

图 1-4　放电间隙中电子崩中
电子数的计算

对上式积分可求得 n_0 个电子在电场作用下不断产生碰撞游离，发展电子崩，经距离 S 而进入阳极的电子数

$$n_S = n_0 \mathrm{e}^{\int_0^S \alpha\,\mathrm{d}x}$$

当气压保持一定，且电场均匀时，α 为常数，上式变为

$$n_S = n_0 \mathrm{e}^{\alpha S} \tag{1-5}$$

式（1-5）就是电子崩发展的规律。若 $n_0 = 1$，则

$$n_S = \mathrm{e}^{\alpha S}$$

即一个电子从阴极出发运动到阳极时，由于碰撞游离形成电子崩，到达阳极时将变成 $\mathrm{e}^{\alpha S}$ 个电子，当然其中包括起始的一个电子。如果除去起始的一个电子，那么产生的新电子数或正离子数为 $(\mathrm{e}^{\alpha S}-1)$ 个。这些正离子在电场的作用下向阴极运动，并撞击阴极表面，如果 $(\mathrm{e}^{\alpha S}-1)$ 个正离子在撞击阴极表面时，至少能从阴极表面释放出一个有效电子来弥补原来那个产生电子崩并已进入阳极的电子，那么这个有效电子将在电场作用下向阳极运动，产生碰撞游离，发展新的电子崩。这样，即使没有外界游离因素存在，放电也能继续下去，即放电达到了自持。若以 γ 表示正离子的表面游离系数，它表示一个正离子在电场作用下由阳极向阴极运动，撞击阴极表面产生表面游离的电子数，于是汤逊理论的自持放电条件可表达为

$$\gamma(\mathrm{e}^{\alpha S}-1) = 1 \tag{1-6}$$

3. 巴申定律

根据汤逊理论的自持放电条件，可以推出均匀电场中气隙击穿电压与有关影响因素的关系，将式（1-6）改写为 $e^{aS}=1+\dfrac{1}{\gamma}$，两边取自然对数得

$$aS=\ln\left(1+\frac{1}{\gamma}\right) \tag{1-7}$$

式（1-7）说明，一个电子经过极间距离 S 所产生的碰撞游离数 aS 必然达到一定的数值 $\ln\left(1+\dfrac{1}{\gamma}\right)$，才会开始自持放电。把式（1-4）代入式（1-7），并设此时 $E=E_0=\dfrac{U_F}{S}$，E_0 及 U_F 分别为气隙的击穿场强及击穿电压，则得

$$APSe^{-BPS/U_F}=\ln\left(1+\frac{1}{\gamma}\right)$$

整理后得

$$U_F=\frac{BPS}{\ln\left[\dfrac{APS}{\ln\left(1+\dfrac{1}{\gamma}\right)}\right]} \tag{1-8}$$

这个结果就是巴申定律。巴申远在汤逊以前（1889 年）就从低气压下的实验总结出了这一条气体放电的定律。它表明，当气体种类和电极材料一定时，气隙的击穿电压 U_F 是气体压力 P 和极间距离 S 乘积的函数，即

$$U_F=f(PS)$$

均匀电场中几种气体间隙的击穿电压 U_F 与 PS 乘积的关系曲线如图 1-5 所示。曲线呈 U 形，在某一个 PS 值下，U_F 达最小值，这是对应游离最有利的情况。因为要使放电达到自持，每个电子在从阴极向阳极运动的行程中，需要足够的碰撞游离次数。当 S 一定时，气体压力 P 增大，气体相对密度 δ 随之增大，电子在向阳极运动过程中，极容易与气体粒子相碰撞，平均每两次碰撞之间的自由行程将缩短，每次碰撞时由于电子积聚的动能不足以使气体粒子游离，因而击穿电压升高；反之，气体压力减小

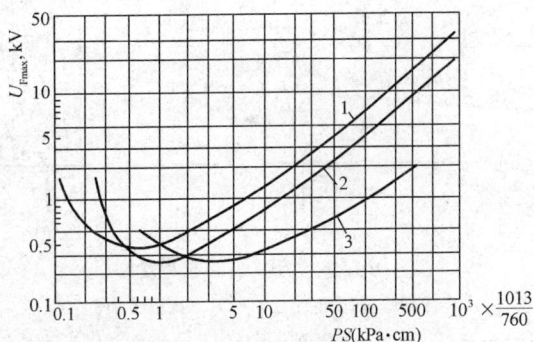

图 1-5 均匀电场中几种气体的击穿电压 U_F 与 PS 的关系曲线

1—空气；2—氢气；3—氮气

时，气体密度减小，电子在向阳极运动过程中不易与气体粒子相碰撞，虽然每次碰撞时积聚的动能足以引起气体粒子游离，但由于碰撞次数减少，故击穿电压也会升高。

当 P 一定时，增大极间距离 S，则必须升高电压才能维持足够的电场强度，反之，电极距离 S 减少到和电子两次碰撞之间的平均自由行程可以相比拟时，则电子由阴极运动到阳极的碰撞次数减少，因而击穿电压也会升高。

二、流注理论

汤逊的气体放电理论能够较好地解释低气压、短间隙、均匀电场中的放电现象。利用这

个理论可以推导出有关均匀电场中气体间隙的击穿电压及其影响因素的一些实用的结论。并在 $PS \leqslant 200 \times \dfrac{101.3}{760} \mathrm{kPa \cdot cm}$ 时，为实验所证实。但是这个理论也有它的局限性，特别是对 PS 乘积较大时，用汤逊理论来解释其放电现象，发现有以下几点与实际不符：

（1）根据汤逊放电理论计算出来的击穿过程所需的时间，至少应等于正离子走过极间距离的时间，但实测的放电时间比此值小 $10 \sim 100$ 倍。

（2）按汤逊放电理论，阴极材料在击穿过程中起着重要的作用，然而在大气压力下的空气隙中，间隙的击穿电压与阴极材料无关。

（3）按汤逊放电理论，气体放电应在整个间隙中均匀连续地发展。低气压下的气体放电区确实占据了整个电极空间，如放电管中的辉光放电。但在大气中气体间隙击穿时会出现有分支的明亮细通道。

所有这些是由于汤逊放电理论没有考虑到在放电发展过程中空间电荷对电场所引起的畸变作用以及光游离的作用，故有不足之处。在汤逊以后，由 Leob 和 Meek 等在实验的基础上建立起来的流注理论，能够弥补汤逊理论的不足，较好地解释这些现象。

流注理论认为电子的碰撞游离和空间光游离是形成自持放电的主要因素，并且强调了空间电荷畸变电场的作用。下面就扼要地介绍用流注理论来描述均匀电场中气隙的放电过程（见图 1-6）。

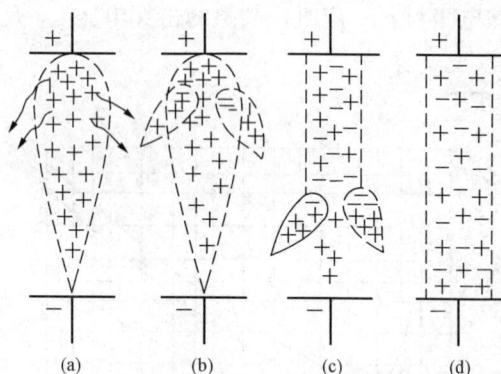

图 1-6　流注的形成及发展
(a) 初始电子崩；(b) 二次电子崩；
(c) 流注的发展；(d) 完全击穿

当外电场足够强时，一个由外界游离因素作用从阴极释放出来的初始电子，在奔向阳极的途中，不断地产生碰撞游离，发展成电子崩（称初始电子崩）。电子崩不断发展，崩内的电子及正离子数随电子崩发展的距离按指数规律增长。由于电子的运动速度远大于正离子的速度，故电子总是位于朝阳极方向的电子崩的头部，而正离子可近似地看作滞留在原来产生它的位置上，并较缓慢地向阴极移动，相对于电子来说，可认为是静止的。由于电子的扩散作用，电子崩在其发展过程中，半径逐渐增大，电子崩中出现大量的空间电荷，电子崩头部集中着电子，其后直至电子崩尾部是正离子，其外形像一个头部为球状的圆锥体。

当初始电子崩发展到阳极时，如图中 1-6 (a) 所示，初始电子崩中的电子迅速跑到阳极上中和电量。留下来的正离子（在电子崩头部其密度最大）作为正空间电荷使后面的电场受到畸变和加强，同时向周围放射出大量的光子。这些光子在附近的气体中导致光游离，在空间产生二次电子。它们在正空间电荷所畸变和加强了的电场的作用下，又形成新的电子崩，称二次电子崩，如图 1-6 (b) 所示。二次电子崩头的电子跑向初始电子崩的正空间电荷区，与之汇合成为充满正负带电质点的混合通道。这个游离通道称为流注。流注通道导电性能良好，其端部（这里流注的发展方向是从阳极到阴极，称为阳极流注，它与初始电子崩发展方向相反），又有二次电子崩留下的正电荷，因此大大加强了前方的电场，促使更多的新电子崩相继产生并与之汇合，从而使流注向前发展，如图 1-6（c）所示。到流注通道把两极接通时，如图 1-6（d）所示，就将导致整个间隙的完全击穿。至于形成流注的条件，需要初始电子崩头部的电荷达到一定的数量，使电场得到足够的畸变和加强并造成足够的空间光游离。一般认为当 $\alpha S \approx 20$（或 $e^{\alpha S} \approx 10^8$）时便可以满足上述条件，使流注得以形成。而一旦形成了流注，放电就可以转入自持，在均匀电场中即导致间隙的击穿。

如果外施电压比间隙的击穿电压高出许多，则初始电子崩不需要经过整个间隙，其头部即已积累到足够多的空间电荷，形成了流注，流注形成后，向阳极发展，称阴极流注。

流注理论虽不能用来精确计算气体间隙的击穿电压，但它可以解释汤逊理论不能说明的大气中的放电现象。在大气中，放电发展之所以迅速的原因在于多个不同位置的电子崩同时发展和汇合，这些二次崩的起始电子是由光子形成的，光子的运动速度比电子大得多，且它又处在加强的电场中前进，其速度比初始电子崩快，故流注的发展速度极快，使大气中的放电时间特别短；另外，流注通道中的电荷密度很大，电导很大，故其中的电场强度很小，因此，流注出现后，将减弱其周围空间内电场，但加强了流注前方的电场，并且这一作用将伴随着其向前发展而更为增强。故电子崩形成流注后，当由于偶然原因使某一流注发展较快时，它将抑制其他流注的形成和发展，这种作用随流注向前推进越来越强，使流注头部始终保持着很小的半径，因此整个放电通道是狭窄的，而且二次崩可以从流注四周不同的方位同时向流注头部汇合，故流注的头部推进可能有曲折和分支，再则根据流注理论，大气条件下，放电的发展不是靠正离子撞击阴极使阴极产生二次电子来维持，而是靠空间光游离产生光电子来维持，故大气中气隙的击穿电压与阴极材料基本无关。

三、均匀电场中气隙的击穿电压

均匀电场中电极布置对称，因此无击穿的极性效应。均匀电场间隙中各处电场强度相等，击穿所需的时间极短，因此其直流击穿电压与工频击穿电压峰值以及 50% 冲击击穿电压（指多次施加冲击电压时，其中有 50% 冲击电压导致击穿的电压值，详见本章第四节）实际上是相同的，其击穿电压的分散性很小。

高压静电电压表的电极布置是均匀电场间隙的一个实例。工程中很少见到比较大的均匀电场间隙，因为这种情况下为消除电极边缘效应，电极的尺寸必须做得很大。因此，对于均匀电场间隙，通常只有间隙长度不长时的击穿数据，如图 1-7 所示。对于图 1-7 所示的击穿电压（峰值）实验曲线，可用以下经验公式表示

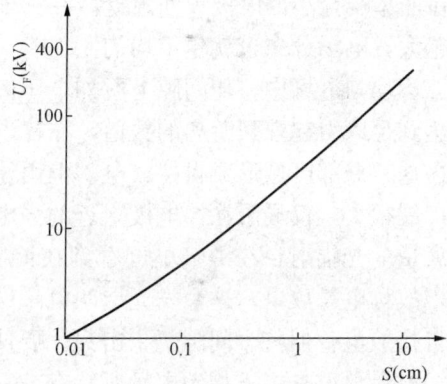

图 1-7 均匀电场中空气间隙的击穿电压峰值 U_F 随间隙距离 S 的变化

$$U_F = 24.22\delta S + 6.08\sqrt{\delta S} \qquad kV \qquad (1-9)$$

$$\delta = \frac{T_0}{T} \times \frac{P}{P_0} = \frac{293}{T} \times \frac{P}{101.3}$$

$$= 2.89\frac{P}{T} \qquad\qquad (1-10)$$

式中 S——间隙距离，cm；

δ——空气的相对密度，指气体密度与标准大气条件（$P_0=101.3\text{kPa}$，$T_0=293\text{K}$）

下的密度之比；

P——实际大气条件下的气压，kPa；

T——实际大气条件下的温度，K。

第三节　不均匀电场中气隙的放电特性

在电力工程的大多数实际绝缘结构中，电场都是不均匀的。不均匀电场可分为稍不均匀电场和极不均匀电场，全封闭组合电器（GIS）的母线筒和高压实验室中测量电压用的球间隙是典型的稍不均匀电场；高压输电线之间的空气绝缘和实验室中高压发生器的输出端对墙的空气绝缘则是极不均匀电场。稍不均匀电场中放电的特点与均匀电场中相似，在间隙击穿前看不到有什么放电的迹象。而极不均匀电场（以下指的不均匀电场就是指极不均匀电场）中空气间隙的放电具有一系列的特点，因此，研究不均匀电场中气体放电的规律有很大的实际意义。

考虑到实际绝缘结构中电场分布形式的多样性，常用棒—棒（或针—针）和棒—板（或针—板）间隙的电场作为典型的不均匀电场来研究。工程上遇到不均匀电场时，可根据这两种典型电极的击穿电压数据来估算绝缘距离。如果实际的电场分布不对称（如输电线路的导线—地间隙），可参照棒—板电极的数据；如果实际的电场分布对称（如输电线路的导线—导线间隙），可参照棒—棒电极的数据。

一、电晕放电现象

当电场极不均匀时，间隙中的最大场强与平均场强相差很大。间隙中的最大场强通常出现在曲率半径小的电极表面附近。在其他条件相同的情况下，电极曲率半径越小，最大场强就越大，电场分布也就越不均匀。

不均匀电场中，随间隙上所加电压的升高，在曲率半径小的电极附近空间的局部场强将先达到足以引起强烈游离的数值，在棒电极附近很薄的一层空气里将达到自持放电条件，于是在这一局部区域形成自持放电。但由于间隙中的其余部分的场强较小，所以此游离区不可能扩展很大，仅局限在棒电极附近的强电场范围内。伴随着游离而存在的复合和反激发，发出大量的光辐射，在黑暗里可看到在该电极周围有薄薄的淡紫色发光层，有些像日月的晕光，故称电晕放电，这个发光层叫电晕层。由于游离层不可能向外扩展，所以虽然电晕放电是自持放电，但整个间隙仍未击穿。要使间隙击穿，必须继续升高电压。

电晕放电是极不均匀电场所特有的一种自持放电形式，通常将开始出现电晕时的电压称为电晕起始电压，它小于间隙的击穿电压，电场越不均匀，两者的差值就越大。开始出现电晕时电极表面的场强称为电晕起始场强。电晕放电是极不均匀电场的一个特征，通常把能否出现稳定的电晕放电作为区别不均匀电场和稍不均匀电场的标志。

工程上经常遇到极不均匀电场，架空输电线就是其中一个例子。在阴雨等恶劣天气时，在高压输电线附近常常可听到电晕放电的嗞嗞声，夜晚还可看到导线周围有淡紫色的晕光。一些高压设备上也会出现电晕，电晕放电会带来许多不利的影响。电晕放电时产生的光、声、热的效应以及化学反应等都会引起能量损耗；电晕电流是多个断续的脉冲，会形成高频电磁波，它既能造成输电线路上的功率损耗，也能产生对无线电通信和测量的严重干扰；电晕放电还会使空气发生化学反应，形成臭氧及氧化氮等，不但产生臭味而且还产生氧化和腐蚀作用。所以应力求避免或限制电晕放电的产生。在超高压输电线路上普遍采用分裂导线来防止产生电晕放电。

当然，事物总是一分为二的，电晕放电在某些场合也有对人类有利的一面。例如电晕可削弱输电线路上雷电冲击电压波的幅值和陡度，也可以使操作过电压产生衰减，人们可以利用电晕放电净化工业废气，制造净化水和空气用的臭氧发生器，发展静电喷涂技术和电除尘等。

二、电晕放电的起始场强

对于输电线路的导线，在标准大气条件下电晕起始场强 E_C（指导线的表面场强，交流电压下电压用峰值表示）的经验表达式为

$$E_C = 30\left(1 + \frac{0.3}{\sqrt{r}}\right) \quad \text{kV/cm} \tag{1-11}$$

式中　r——导线半径，cm。

式（1-11）表明，导线半径 r 越小，则 E_C 值越大，这是可以理解的。因为 r 越小，电场越不均匀，即间隙中场强随离导线距离的增加而下降将越快，也就是说碰撞游离系数 α 随离导线距离的增加而减小得越快。

式（1-11）表明，当 $r \to \infty$ 时（即均匀电场的情况），$E_C = 30\text{kV/cm}$，与第二节给出的值是一致的。

对于非标准大气条件，要进行气体密度的修正，此时式（1-11）应改为

$$E_C = 30\delta\left(1 + \frac{0.3}{\sqrt{r\delta}}\right) \tag{1-12}$$

式中　δ——气体的相对密度，见式（1-10）。

实际上导线表面并不是光滑的，所以对绞线要考虑导线的表面粗糙系数 m_1，此外对于雨雪等使导线表面偏离理想状态的因素（雨水的水滴相当于导线表面形成了凸起的导电物）可用系数 m_2 加以考虑。此时式（1-12）应改写为

$$E_C = 30m_1 m_2 \delta\left(1 + \frac{0.3}{\sqrt{r\delta}}\right) \tag{1-13}$$

理想光滑导线 $m_1 = 1$，绞线 $m_1 = 0.8 \sim 0.9$；好天气时 $m_2 = 1$，坏天气时 m_2 可按 0.8 估算。

算得 E_C 后就不难根据电极布置求得电晕起始电压 U_C。例如对于离地高度为 h 的单根导线可写出

$$U_C = E_C r \ln \frac{2h}{r} \tag{1-14}$$

对于距离为 D 的两根平行导线（$D \gg r$）则可写出

$$U_C = E_C r \ln \frac{D}{r} \tag{1-15}$$

对于三相输电线路，式（1-15）中的 U_C 代表相电压，D 为导线的几何均距，$D = \sqrt[3]{D_{12}D_{23}D_{13}}$。

三、极不均匀电场中的放电过程

现在以棒—板为例来研究极不均匀电场中放电的发展过程。当逐步升高加在棒—板间隙

上的电压时，将首先在场强最大的棒极端部出现电晕。当棒极端部曲率很小时，电晕开始时表面的高场强区很窄，所以电晕层很薄，而且较均匀。随着电压的升高，电晕层不断扩大，个别电子崩形成流注，电晕层就不再是均匀的，如果电极的曲率半径较大，则因高场强区较宽，电晕一开始就表现为比较强烈的流注形式。电压进一步升高，个别流注继续发展，最后流注贯通间隙，导致间隙完全击穿。

当间隙距离较长（$S>1m$）时，在流注通道还不足以贯通整个间隙的电压下，仍可能发展起击穿过程。当棒—板间隙中，从棒极开始的流注通道发展到足够的长度后，将有较多的电子沿通道流向电极，电子在沿通道运动过程中，由于碰撞引起气体温度升高，通道逐渐炽热起来。通道根部通过的电子最多，故流注根部的温度最高，当电子越多和根部越细时，根部的温度越高，可达数千度或更高，足以使气体产生热游离，于是从根部出发形成一段炽热的高游离火花通道，这个具有热游离过程的通道称为先导通道。由于先导通道中出现了新的更为强烈的游离过程，故先导通道中带电质点的浓度远大于流注通道，因而电导大，压降小。由于流注通道中的一部分转变为先导，就使得流注区头部的电场加强，从而为流注继续伸长到对面电极并迅速转变为先导创造了条件。这过程称为先导放电。

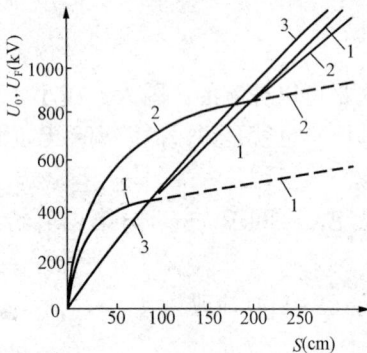

图 1-8　球—板空气间隙在工频电压作用下的特性

1—球直径 $D=25cm$；2—$D=50cm$；
3—棒—板间隙；U_F—击穿电压（实线）；
U_0—电晕起始电压（虚线）；S—间隙距离

当先导通道发展到接近对面电极时，在余下的小间隙中的场强可达到极大的数值，从而引起强烈的游离，这一强游离区又以极高的速度向相反方向传播，此过程称为主放电。当主放电形成的高电导通道贯穿两电极间隙后，间隙就类似被短路，失去其绝缘性能，击穿过程就完成了。

下面介绍长时电压（工频或直流）作用下空气间隙的放电特性。图 1-8 表示球—板空气间隙在工频电压作用下的特性。由图中可以看出：

（1）当间隙距离增加到一定数值，间隙将由稍不均匀电场转变为极不均匀电场，此时将会在较低的电压下首先出现电晕放电，当电压进一步升高时，才发生击穿。

（2）间隙的电晕起始电压主要取决于电极的表面形状，即其曲率半径，而与间隙距离的关系不大。当球的直径越小，电晕起始电压就越低。

（3）随着间隙距离的增加，电场的不均匀程度逐步增大，间隙的平均击穿场强也逐渐由均匀电场的 30kV（幅值）/cm 左右逐渐减小到不均匀电场中的 5kV（幅值）/cm 以下。极不均匀电场中的平均击穿场强之所以低于均匀电场，是由于前者在较低的平均场强下，局部的场强就已超过自持放电的临界值，形成电子崩和流注（长间隙中还有先导放电）。流注或先导导电通道向间隙深处发展，相当于缩短了间隙的距离，所以击穿就比较容易，需要的平均场强也就较低。

（4）在极不均匀电场的情况下，不管是棒—板间隙或是不同直径的球—板间隙，击穿电压和距离的关系曲线都比较接近。这就是说，在极不均匀电场中，击穿电压主要决定于间隙距离，而与电极形状的关系不大。因此在工程实践中常用棒—板或棒—棒这两种类型间隙的击穿特性曲线作为选择绝缘距离的参考。

四、极性效应

对于电极形状不对称的棒—板间隙，击穿电压与棒的极性有很大的关系，这就是所谓的极性效应。极性效应是不对称的不均匀电场中的一个明显的特性。

在棒—板间隙上加上电压，无论棒的极性如何，间隙上的电场分布总是很不均匀的。如图1-9（c）及图1-10（c）中曲线1所示，在曲率半径小的棒电极附近的电场特别强。当此处的场强超过气体游离所需的电场强度时，气体开始游离，产生电子和正离子。当棒电极为正极时，正棒—负极间隙中游离产生的正空间电荷的分布如图1-9（a）所示。在棒附近游离产生的电子首先形成电子崩。电子崩的电子迅速进入棒电极，留下来的正离子缓慢地向板极移动，于是在棒极附近就积聚起正空间电荷，这些正空间电荷使紧贴棒极附近的电场减弱，棒极附近难以形成流注，从而使自持放电难以实现，即电晕放电难以实现，故其电晕起始电压较高；而正空间电荷在间隙深处产生的附加电场与原电场方向一致，加强了朝向板极的电场，如图1-9（b）所示，有利于流注向间隙深处发展，故其击穿电压较低。

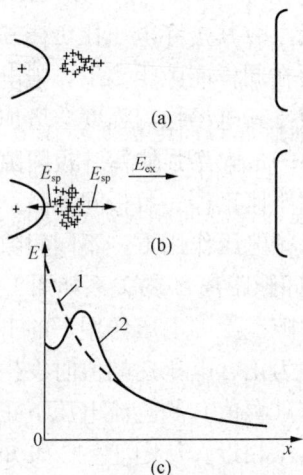

图1-9 正棒—负板间隙中游离产生的正空间电荷对外电场的畸变作用

（a）、（b）电场中电荷的移动；（c）电场分布曲线

E_{ex}—外电场；E_{sp}—正空间电荷的电场

1—理想曲线；2—实际曲线

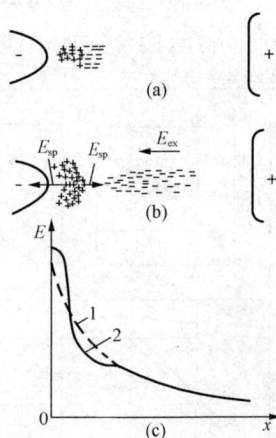

图1-10 负棒—正板间隙中游离产生的正空间电荷对外电场的畸变作用

（a）、（b）电场中电荷的移动；（c）电场分布曲线

E_{ex}—外电场；E_{sp}—正空间电荷的电场

1—理想曲线；2—实际曲线

当棒为负极时，负棒—正板间隙中，空间电荷的分布见图1-10。棒端形成电子崩的电子迅速向板极移动，棒附近的正空间电荷缓慢地向棒极移动，正空间电荷产生的附加电场加强了朝向棒端的电场强度，从而使棒附近容易形成流注，故容易形成自持放电。所以其电晕起始电压较低；在间隙深处，正空间电荷产生的附加电场与原电场方向相反，削弱了朝向板极方向的电场强度，使放电的发展比较困难，因而击穿电压就较高。

当电极极性不同时，在直流电压作用下，棒—板与棒—棒空气间隙的直流击穿电压与间隙距离的关系如图1-11和图1-12所示，图中U_F为间隙的直流击穿电压，S为间隙距离。由图中可看出，棒—棒电极间的击穿电压介于极性不同的棒—板电极之间，这是可以理解的。

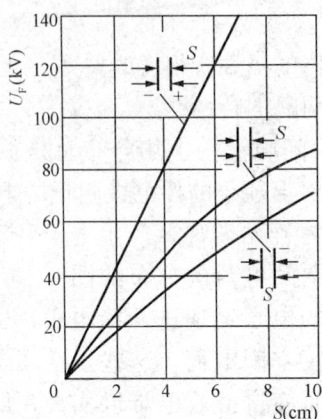

图1-11　棒—板、棒—棒空气间隙
的直流击穿电压U_F与间隙
距离S的关系

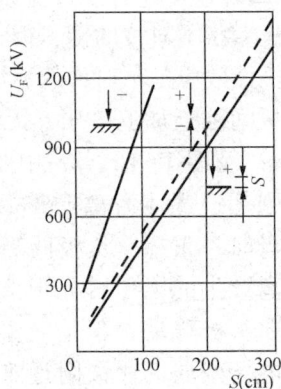

图1-12　棒—板、棒—棒长间隙
的直流击穿电压U_F
与间隙距离S的关系

　　因为棒—板间隙中有正极性尖端，放电容易由此发展，故其击穿电压比负棒—正板间隙低；但棒—棒间隙有两个尖端，即有两个强电场区域，而在同样间隙距离下，强电场区域增多后，通常其电场均匀程度会增加，因此棒—棒间隙的最大场强比棒—板间隙低，从而使击穿电压比正棒—负板间隙高。

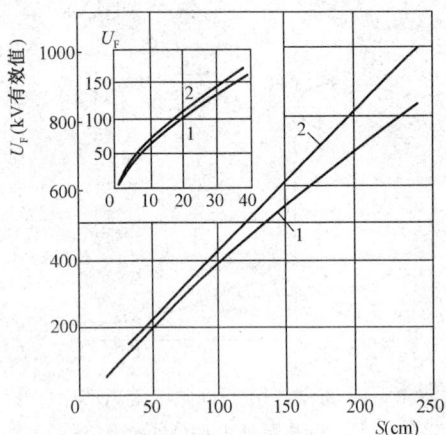

图1-13　棒—棒、棒—板间隙的工频击穿电压
U_F与间隙距离S的关系
1—棒—板间隙；2—棒—棒间隙

　　在工频电压作用下，不同间隙的击穿电压U_F和间隙距离S的关系如图1-13所示。棒—板间隙在工频电压作用下的击穿总是在棒的极性为正、电压达幅值时发生，并且其击穿电压（幅值）和直流电压下正棒—负板的击穿电压相近。从图1-13可知，除起始部分外，击穿电压与间隙距离近似呈直线关系。棒—棒间隙的平均击穿场强为3.8kV（有效值）/cm或5.36kV（幅值）/cm，棒—板间隙稍低一些，约为3.35kV（有效值）/cm或4.8kV（幅值）/cm。

第四节　雷电冲击电压下气隙的击穿特性

　　雷电冲击电压一般是指持续时间很短，只有约几个微秒到几十个微秒的非周期性变化的电压。由雷电产生的过电压就属于这样的电压。由于电压作用时间短到可以与放电需要的时间相比拟，所以空气间隙在雷电冲击电压作用下有着一系列的特点。本节将介绍空气间隙在雷电冲击电压作用下所显现的一些主要放电特性。

一、标准波形

　　为了检验绝缘耐受雷电冲击电压的能力，在实验室中可以利用冲击电压发生器产生冲击高压，以模拟雷电放电引起的过电压。为了使所得到的结果可以互相比较，需要规定标准波形。标准波形是根据电力系统中大量实测得到的雷电过电压波形制订的。我国规定的雷电冲击电压标准波形如图 1-14 所示。冲击电压波形由波前时间 T_1 及半峰值时间 T_2 来确定。由于实验室中一般用示波器摄取的冲击电压波形图在原点附近往往模糊不清，波峰附近波形较平，不易确定原点及峰值的位置，因此视经过 $0.3U_m$ 和 $0.9U_m$ 两点的直线构成的视在斜角波前（图 1-14）。我国国家标准规定的雷电冲击电压标准波形的参数与国际标准 IEC 规定的相同，$T_1=(1.2\pm30\%)\mu s$，$T_2=(50\pm20\%)\mu s$。冲击电压除了 T_1 及 T_2 外，还应指出其极性（不接地电极相对于地而言的极性）。标准波形通常可以用符号 $\pm1.2/50\mu s$ 表示。

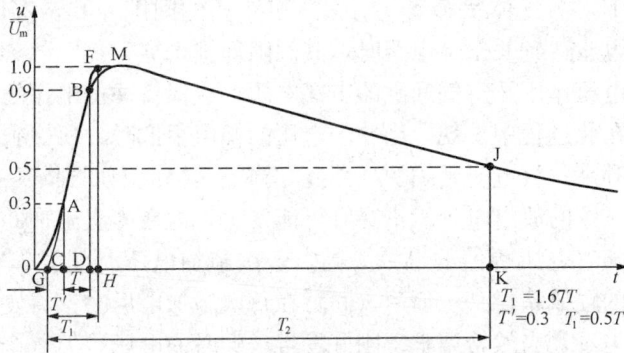

图 1-14 雷电冲击电压余波

二、放电时延

图 1-15 表示冲击电压作用下空气间隙的击穿电压波形。设经过时间 t_1 后，电压由零升到间隙的静态击穿电压（即直流或工频击穿电压幅值）U_0 时，间隙并不能立即击穿，而要经过一定的时间间隔 t_1，到达 t_2 时才能完成击穿。为此，首先必须在阴极附近出现一个有效电子，通常把电压达间隙的静态击穿电压 U_0 开始到间隙中出现第一个有效电子为止所需的时间称为统计时延，用 t_s 表示。由于间隙中自由电子的出现与许多不能准确估计的因素有关，特别是在依赖自然界的宇宙线等辐射产生游离的情况下更是如此，而由此产生的自由电子也不一定都能成为有效电子。因为有的电子可能因扩散而消失，有的可能附着在分子上成为负离子，因此统计时延 t_s 有分散性。从第一个有效电子到间隙完成击穿，还需要一定的放电发展时间，称为放电形成时延，用 t_f 表示。t_f 包括从电子崩、流注到主放电的发展所需的时间，由于受各种偶然因素的影响，t_f 也具有分散性。t_s 和 t_f 均服从统计规律。

气体间隙在冲击电压作用下击穿所需的全部时间为

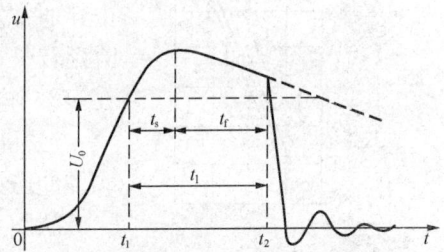

图 1-15 冲击电压作用下空气间隙的击穿电压波形

$$t=t_1+t_s+t_f \tag{1-16}$$

式中 t_s+t_f——放电时延，用 t_1 表示。

在电场比较均匀的短间隙（如球隙中），t_f 较稳定，其值也较小，这时统计时延 t_s 实际上就是放电时延。

统计时延 t_s 和外加电压大小、光照射强度等很多因素有关。t_s 随间隙上外施电压的增加而减小，这是因为此时间隙中出现的自由电子转变为有效电子的概率增加的缘故。若用紫外线等高能射线照射间隙，使阴极释放出更多的电子，就能减少 t_s，利用球隙测量冲击电压时，有时需采用这一措施。极不均匀电场的间隙，如棒—板间隙中，由于在局部强电场区较早地出现游离，出现有效电子的概率增加，所以 t_s 较小，放电时延主要取决于 t_f，特别是当间隙距离较大时，t_f 较长。若增加间隙上的电压，则电子的运动速度及游离能力都会增大，从而使 t_f 减小。

三、50%冲击放电电压 $U_{50\%}$

在持续电压作用下，当气体状态不变时，一定距离的间隙，其击穿电压具有确定的数值，当间隙上所加的电压达到其击穿电压时，其间隙即被击穿。

为了求得在冲击电压作用下空气间隙的击穿电压，应保持冲击电压的波形不变，逐渐升高冲击电压的幅值。在此过程中发现，当冲击电压的幅值很低时，每次施加电压间隙都不击穿；随着外施电压的升高，放电时延缩短，因此，当电压幅值增加到某一定值时，由于放电时延有分散性，对于较短的放电时延，击穿有可能发生。即在多次施加此电压时，击穿有时发生，有时不发生；随着电压幅值的继续升高，多次施加电压时间隙击穿的百分比越来越高；最后当冲击电压的幅值超过某一值后，间隙在每次施加电压时都将发生击穿。从说明间隙耐受冲击电压的能力看，当然希望求得刚好发生击穿时的电压，但这个电压值在实验中很难准确求得，所以工程上采用了 50%冲击放电电压，用 $U_{50\%}$ 表示，$U_{50\%}$ 就是指在该冲击电压作用下，放电的概率为 50%。实际上 $U_{50\%}$ 和绝缘的最低冲击放电电压已相差不远，故可用 $U_{50\%}$ 来反映绝缘耐受冲击电压的能力。

50%冲击击穿电压与静态击穿电压的比值，称为绝缘的冲击系数，用 β 表示，即

$$\beta = \frac{U_{50\%}}{U_0} \tag{1-17}$$

式中　U_0——工频击穿电压的幅值。

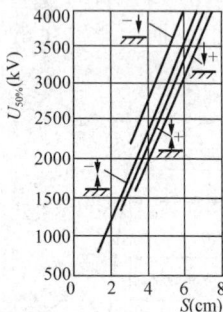

图 1-16　1.2/50μs 冲击波下的 50%放电电压特性

在均匀电场和稍不均匀电场中，由于放电时延缩短，击穿电压的分散性小，其冲击系数实际上等于 1，且在 $U_{50\%}$ 作用下，击穿通常发生在波前峰值附近；在极不均匀电场中，由于放电时延较长，击穿电压的分散性也大，故冲击系数通常大于 1，且在 $U_{50\%}$ 作用下，击穿通常发生在波尾。

在标准冲击电压波作用下，棒—棒及棒—板空气间隙的 50%冲击放电电压与间隙距离的关系如图 1-16 所示。

从图 1-16 中可见，棒—板间隙有明显的极性效应。棒—棒间隙也有不大的极性效应，这是由于大地的影响，使不接地的棒极附近电场增强的缘故。在图中所示范围内，击穿电压 $U_{50\%}$ 和间隙距离 S 呈直线关系。

四、伏秒特性

由于雷电冲击电压持续时间短，放电时延不能忽略不计，所以上述 50%冲击击穿电压不能完全说明间隙的冲击击穿特性。例如，两个间隙并联，在不同幅值的冲击电压作用下，就不一定是 50%冲击击穿电压低的那个间隙先击穿了。因为间隙的击穿电压还必须和电压

的作用时间联系起来, 才好确定间隙的击穿特性。

间隙在工频电压及直流电压作用下, 电压变化的速度相对于放电过程来说, 总是非常缓慢的, 故可用某一个确定的击穿电压值来表示某间隙的绝缘强度。两个间隙并联, 在持续电压作用下, 总是击穿电压低的那个间隙先击穿。然而雷电冲击电压作用时间以微秒计, 故间隙的击穿特性就必须考虑到放电时间的作用。

同一波形、不同幅值的冲击电压作用下, 间隙上出现的电压最大值和放电时间的关系曲线, 称为间隙的伏秒特性曲线。工程上常用伏秒特性曲线来表征间隙在冲击电压作用下的击穿特性。

伏秒特性可用实验方法求取。对于某一间隙施加冲击电压, 并保持其标准的冲击电压波形不变, 逐渐升高冲击电压幅值, 得到该间隙的放电电压 U 与放电时间 t 的关系, 则可绘出伏秒特性, 如图 1-17 所示。作图时要注意, 当击穿发生在波尾时, 伏秒特性上该点的电压值应取冲击电压的幅值, 而不是击穿时的电压值。

由于放电时间具有分散性, 同一个间隙在同一幅值的标准冲击电压波的多次作用下, 每次击穿所需的时间不同, 故在每级电压下, 可得到一系列的放电时间, 故伏秒特性曲线实际上是以上、下包络线为界的一个带状区域, 如图 1-18 所示。

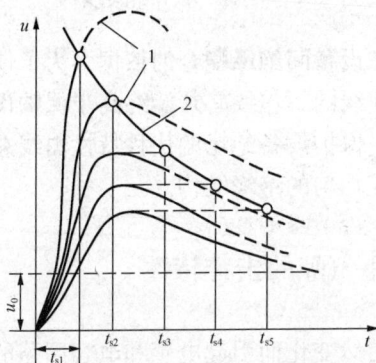

图 1-17 某间隙的伏秒特性
1—冲击电压; 2—伏秒特性

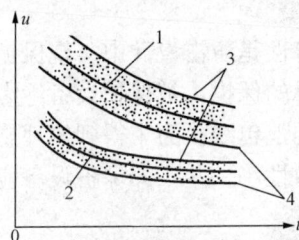

图 1-18 均匀和不均匀电场的
伏秒特性曲线
1—不均匀电场的 $U_{50\%}$ 伏秒特性;
2—均匀电场的 $U_{50\%}$ 伏秒特性;
3—上包线 $U_{100\%}$; 4—下包线 $U_{1\%}$

间隙的伏秒特性形状与极间电场分布有关。对于均匀或稍不均匀电场, 由于击穿时的平均场强较高, 放电发展较快, 放电时延较短, 故间隙的伏秒特性曲线比较平坦, 如图 1-18 曲线 2 所示, 而且分散性也较小, 仅在放电时间极短时, 略有上翘, 这是由于统计时延的缩短需要提高电压的缘故。由于均匀及稍不均匀电场的伏秒特性曲线除在很短一部分的上翘以外, 很大一部分曲线是平坦的, 其 50% 冲击击穿电压和静态击穿电压相一致。由于上述这种性质, 故在实践中常常利用电场比较均匀的球间隙作为测量静态电压和冲击电压的通用仪表。

对于极不均匀电场中的间隙, 其平均击穿场强较低, 放电形成时延 t_f 受电压的影响大, t_f 较长且分散性也大, 其伏秒特性曲线在放电时间还相当长时, 便随时间 t 之减少而明显地上翘, 曲线比较陡, 如图 1-18 曲线 1 所示。而且, 即使在电压作用时间较长 (击穿发生在波尾) 时, 冲击击穿电压也高于静态击穿电压。

间隙的伏秒特性在考虑保护设备 (如保护间隙或避雷器) 与被保护设备 (如变压器) 的绝缘配合上具有重要的意义。在图 1-19 和图 1-20 中, S_1 表示被保护设备绝缘的伏秒特性，S_2 表示与其并联的保护设备绝缘的伏秒特性。图 1-19 所示 S_2 总是低于 S_1，说明在同一过电压作用下，总是保护设备先动作（或间隙先击穿），从而限制了过电压的幅值，这时保护设备就可对被保护设备起到了可靠的保护作用。但若 S_2 与 S_1 相交，如图 1-20 所示，虽然在放电时间长的情况下保护设备有保护作用，但在放电时间很短时，保护设备的击穿电压已高于被保护设备绝缘的击穿电压，被保护设备就有可能先被击穿，因而此时保护设备已起不到保护作用了。

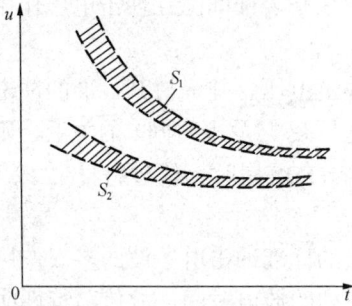

图 1-19　两个间隙伏秒特性　　　　　　　图 1-20　两个间隙伏秒特性
S_2 低于 S_1 时　　　　　　　　　　　　S_2 与 S_1 相交叉时

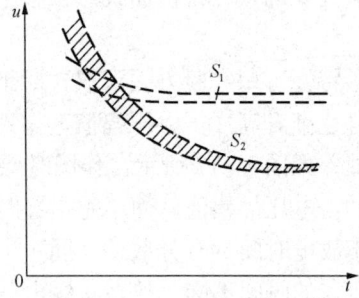

伏秒特性是防雷设计中实现保护设备和被保护设备间绝缘配合的依据。为了使被保护设备得到可靠的保护，被保护设备绝缘的伏秒特性曲线的下包线必须始终高于保护设备的伏秒特性曲线的上包线。为了得到较理想的绝缘配合，保护设备绝缘的伏秒特性曲线总希望平坦一些，分散性小一些，即保护设备应采用电场比较均匀的绝缘结构。

第五节　操作冲击电压下气隙的击穿特性

电力系统在操作或发生事故时，因状态发生突然变化而引起电感和电容回路的振荡产生过电压，称为操作过电压。操作过电压的峰值可高达最大相电压的 3～3.5 倍，因此为保证安全运行，需要对高压电气设备的绝缘考察其耐受操作过电压的能力。在电力系统中的操作过电压作用下空气间隙的击穿特性，过去曾认为与工频电压的击穿特性差别不大，其击穿电压介于雷电冲击击穿电压和工频击穿电压之间，一般可以引入某个操作冲击系数把操作过电压折算成等效工频电压来考虑，故早期的工程实践中，常采用工频电压试验来考验绝缘耐受操作过电压的能力。近 20 年来，随着电力系统工作电压的不断提高，操作过电压下的绝缘问题越来越突出，从而广泛地开展了对操作过电压波形下气体绝缘放电特性的研究。在研究中发现了一系列新的特点，如波形对击穿电压有很大的影响，在一定的波形下操作冲击50% 击穿电压甚至比工频击穿电压还要低等等。因此目前的试验标准规定，对额定电压在300kV 以上的高压电气设备要进行操作冲击电压试验。这说明操作冲击电压下的击穿只对长间隙才有重要意义。

为了模拟操作过电压，需要规定一定的标准波形，国际电工委员会（IEC）和我国国家标准规定的操作冲击电压标准波形是与雷电冲击电压波形相类似的非周期性指数衰减波，只是波前时间 T_1 比半峰值时间 T_2 长得多，规定的操作冲击电压标准波形为 250/2500μs，容许的偏差为波前时间 ±20%，半峰值时间 ±60%。当标准波形不能满足要求时，可选用

100/2500μs 或 500/2500μs 的波形。用冲击电压发生器产生标准操作冲击波时，发生器的效率很低，所以在工程实践中也常采用振荡操作波代替非周期性的指数衰减的标准波形。

通常采用与雷电冲击波相似的非周期性指数衰减波来模拟频率为数千赫的操作过电压，研究表明，长空气间隙的操作冲击击穿通常发生在波前部分，因而其击穿电压与波前时间有关而与波尾时间无关。图 1-21 是棒—板空气间隙的正极性操作冲击 $U_{50\%}$ 和波前时间的关系。从图中可以看出，曲线呈"U"形，在某一波前时间（称为临界波前时间）下 $U_{50\%}$ 有极小值。这个极小值可能比间隙的工频击穿电压还低。随着间隙距离的增大，临界波前时间也增加。对于输电线路和变电所的各种形状的空气间隙，操作冲击波形对击穿电压都具有类似的影响。出现"U"形曲线在正极性下更为明显。

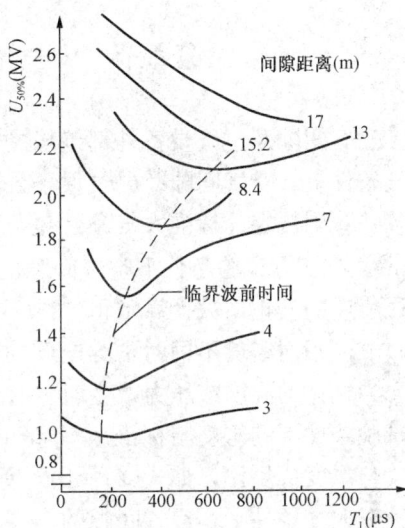

图 1-21 棒—板空气间隙的正极性操作
冲击 $U_{50\%}$ 和波前时间的关系

图 1-22 给出空气中棒—板间隙在正极性雷电冲击和操作冲击波作用下击穿电压的比较（图中数据为标准大气条件下的）。由图 1-22 可见，长间隙的雷电冲击击穿电压远比操作冲击击穿电压要高，且操作冲击击穿电压在间隙长度超过 5m 时呈现明显的饱和趋势。从图 1-22 还可看出，间隙距离越大，则最小击穿电压与标准正极性操作波下的击穿电压的差别越大。当间隙长度达 25m 时，操作冲击下的最低击穿强度仅为 1kV/cm，对于图 1-22 所示的操作冲击波下的最小击穿电压 U_{min} 在间隙距离 $S=1\sim20$m 范围内，可用以下经验公式表达

$$U_{min} = \frac{3.4}{1+\dfrac{8}{S}} \quad \text{MV} \qquad (1-18)$$

棒—板间隙的操作冲击击穿电压比同样距离的其他间隙要低，其他间隙的操作冲击击穿电压 U_a 可根据其间隙系数 k 和棒—板间隙的操作冲击击穿电压 U_r（均指 50% 击穿电压）来估算，即

$$k = \frac{U_a}{U_r} \qquad (1-19)$$

间隙系数 k 与间隙的几何形状，也就是间隙中的电场分布有关，k 的数值可在绝缘手册中查

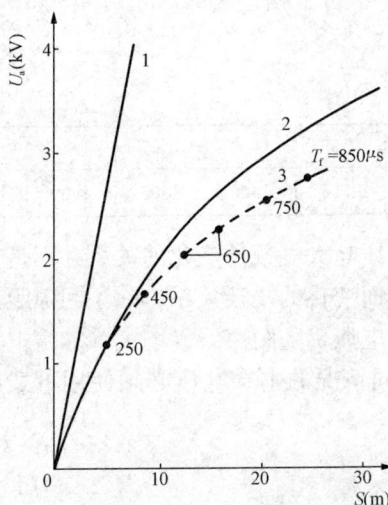

图 1-22 空气中棒—板间隙在正极性雷电
冲击和操作冲击波下的击穿电压
1—1.2/50μs；2—250/2500μs；
3—最小击穿电压曲线

到。但在工程中为了保证可靠性和经济性，常需要在 1∶1 的模型上进行试验以取得可靠的数据。

第六节　大气条件对气体间隙击穿电压的影响

空气间隙及电气设备外部绝缘的击穿电压受到大气压力、温度和湿度的影响。在不同的大气条件下，空气间隙及电气设备外部绝缘的击穿电压必须换算到标准大气条件下才能进行比较。我国规定的标准大气条件是：大气压力 $P_0 = 101.3\text{kPa}$、温度 $t_0 = 20℃$、湿度 $f_0 = 11$ g/m^3。在实际试验条件下空气间隙的击穿电压和标准大气条件下空气间隙的击穿电压可以通过相应的校正系数换算求得。

一、相对密度不同时击穿电压的影响

当气体的温度或压力改变时，其结果都反映为气体相对密度的变化，空气的相对密度 δ 为试验条件下的密度与标准大气条件下的密度之比，又因空气的相对密度与大气压力成正比，与温度成反比，如式（1-10）所示。

在大气条件下，空气间隙的击穿电压随空气的相对密度 δ 的增大而升高。实验证明，当 δ 在 0.95～1.05 时，空气间隙的击穿电压与其相对密度成正比。因此若不考虑湿度的影响，则空气相对密度在以上范围时的击穿电压 U 和标准大气条件下的击穿电压 U_0 有如下换算关系

$$U = \delta U_0 \tag{1-20}$$

式（1-20）是对 1m 以下的间隙进行试验的基础上得到的，对于均匀电场、不均匀电场、直流电压、工频或冲击电压都适用。

当利用球隙测量击穿电压时，如果空气的相对密度 δ 与 1 相差较大时，可用表 1-1 中的校正系数 K_δ 代替上述 δ 值来校正击穿电压值。

表 1-1　　　　　　　　　　　　　　校　正　系　数

空气相对密度 δ	0.70	0.75	0.80	0.85	0.90	0.95	1.00	1.05	1.10	1.15
校正系数 K_δ	0.72	0.77	0.81	0.86	0.91	0.95	1.00	1.05	1.09	1.13

近年来对长间隙击穿特性的研究表明，间隙击穿电压与大气条件变化的关系并不是一种简单的线性关系，而是随电极形状、距离以及电压类型而变化的复杂关系。除了间隙距离不大、电场比较均匀的球—球间隙以及距离虽大，但击穿电压仍随距离线性增大（如雷电冲击电压）的情况下，式（1-20）仍可适用外，对各种不同情况的击穿电压必须使用下式所示的空气密度校正系数

$$K_\delta = \left(\frac{P}{P_0}\right)^m \times \left(\frac{273 + t_0}{273 + t}\right)^n \tag{1-21}$$

式中　m、n——与电极形状、间隙距离以及电压类型和极性有关的指数，其值在 0.4～1.0 的范围内变化。

二、湿度不同时击穿电压的影响

大气状态的另一个重要因素是湿度，湿度反映了空气中所含水蒸气的多少。空气的湿度对其击穿电压有一定的影响，当空气中湿度改变时，空气间隙的击穿电压按一定规律进行换算。

空气里所含水蒸气的密度，即单位体积的空气中所含水蒸气的质量，称为绝对湿度，它是以 1m^3 容积的空气中所含水蒸气克数（g/m^3）来表示。

实验表明，在均匀或稍不均匀电场中空气间隙的击穿电压随空气中湿度的增加而略有增加，但程度极微，可以忽略不计。但在极不均匀电场中，空气中的湿度对间隙击穿电压的影响就很明显了，击穿电压与湿度有关，湿度的增加，使空气中的水分子增加，水分子易吸附电子而形成质量较大的负离子，电子形成负离子后，运动速度减慢，游离能力大大降低，从而使击穿电压增大。均匀电场中平均场强较高，电子的运动速度较大，水分子不易吸附电子，故湿度的影响较小；而在极不均匀电场中，平均击穿场强较低，易形成负离子，所以湿度的影响也就比较明显。

根据以上的分析，在均匀及稍不均匀电场中，湿度的影响可以忽略不计。如球隙测量电压时，只需根据空气的相对密度校正其击穿电压，而不必考虑湿度的修正。而在极不均匀电场中，要对湿度进行校正，湿度校正系数 K_h 可用下式表示

$$K_h = (k)^\omega \tag{1-22}$$

式中　k——绝对湿度及电压类型的函数；

　　　ω——指数，其值则与电极形状、距离以及电压类型、极性有关。

在极不均匀电场中，当湿度不同于标准大气条件时，空气间隙的击穿电压的换算关系可表示为

$$U = \frac{1}{K_h} U_0 \tag{1-23}$$

三、海拔高度的影响

随着海拔高度的增加，空气逐渐稀薄，大气压力及空气相对密度下降，因此空气间隙的击穿电压也随之下降。考虑到这一影响，我国标准规定，对于海拔高度高于1000m（但不超过4000m）处的电气设备的外绝缘，其试验电压应按规定的标准大气条件下的试验电压乘以系数 k_a，k_a 计算为

$$k_a = \frac{1}{1.1 - \dfrac{H}{10000}} \tag{1-24}$$

式中　H——安装地点的海拔高度，m。

第七节　提高气体间隙绝缘强度的方法

在高压电气设备中经常遇到气体绝缘间隙，总希望能采用尽量小的间隙距离，以减小设备的尺寸。为此需要采取措施，以提高气体间隙的绝缘强度。从本章第六节分析影响气体间隙绝缘强度的各种因素可得，提高气体间隙绝缘强度的方法不外乎两个途径：一个是改善电场分布，使之尽量均匀；另一个是利用其他方法来削弱气体间隙中的游离过程。以下对这两类措施作一简单的介绍。

一、改善电场分布的措施

由前述可知，均匀电场和稍不均匀电场中气体间隙的平均击穿场强比极不均匀电场中气体间隙的要高得多。电场分布越均匀，则间隙的平均击穿场强也越高，因此改善电场分布可以有效地提高间隙的击穿电压。改善间隙的电场分布可以采用如下几种办法。

（1）改变电极形状。用改变电极形状、增大电极曲率半径的方法来改善间隙中的电场分

布，以提高其击穿电压。同时电极表面及其边缘，尽量避免毛刺及棱角等，以消除局部电场增强。近年来随电场数值计算的应用，在设计电极时常使其具有最佳外形，以提高间隙的击穿电压。

有些绝缘结构，无法实现均匀电场，但为了避免在工作电压下出现强烈的电晕放电，也必须增大电极的曲率半径，以降低局部场强。高压试验变压器套管端部加屏蔽罩就是一例。

（2）利用空间电荷对电场的畸变作用。由前述可知，极不均匀电场中，在远低于间隙的击穿电压时就已发生电晕放电。在一定的条件下，可利用电晕电极所产生的空间电荷来改善极不均匀电场中的电场分布，从而提高间隙的击穿电压。但应指出，上述细线效应只存在于一定的间隙距离范围内，当间隙距离超过一定数值，电晕放电将产生刷状放电，从而破坏比较均匀的电晕层，使击穿电压与棒—板或棒—棒间隙相近。此种提高击穿电压的方法仅在持续电压作用下方有效，在雷电冲击电压作用下并不适用。

（3）极不均匀电场中屏障的采用。在极不均匀电场的棒—板间隙中，放入薄层固体绝缘材料（如纸或纸板等），在一定条件下，可显著提高间隙的击穿电压。所采用的薄层固体材料称为极间障，也叫屏障。因屏障极薄，屏障本身的耐电强度无多大意义，而主要是屏障阻止了空间电荷的运动，造成空间电荷改变电场分布，从而使击穿电压提高。

屏障的作用与电压类型及极性有关，通常屏障置于正棒—负板之间，如图 1-23（a）所示。在间隙中加入屏障后，屏障机械地阻止了正离子的运动，使正离子聚集在屏障向着棒的一面，且由于同性电荷相互排斥，使其均匀地分布在屏障上。这些正空间电荷削弱了棒极与屏障之间的电场，从而提高了其间的绝缘强度。屏障与负板极之间的电场接近于均匀，均匀电场的击穿场强最大，因而也提高了其间隙的击穿电压，这样就使整个气体间隙的击穿电压提高了。

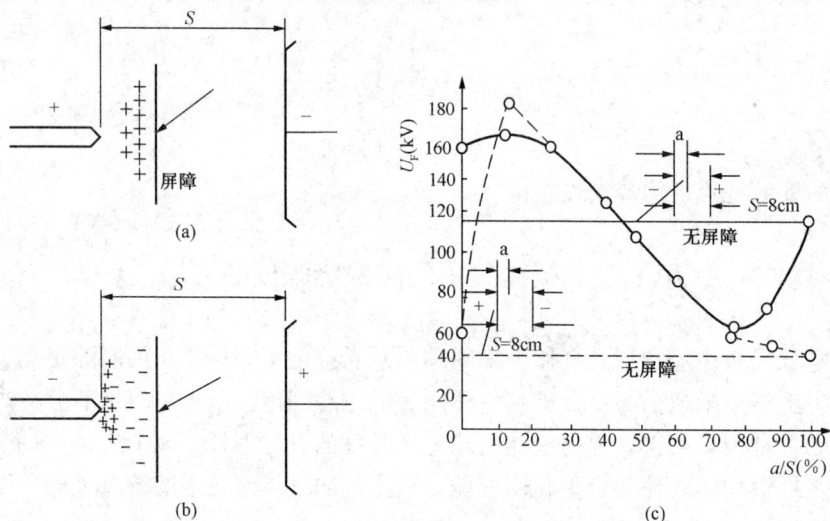

图 1-23　在直流电压下极间屏障位置对间隙击穿电压的影响
注：虚线为正棒—负板，实线为负棒—正极。

带有屏障的正棒—负板间隙的击穿电压与屏障的位置有关，在直流电压下，两者的关系曲线如图 1-23（c）中的虚线所示。屏障离棒极距离越近，均匀电场所占部分越大，击穿电压就越高；当屏障离棒极太近时，由于空间电荷不能均匀地分布在屏障上，屏障提高击穿电压的作用也就不显著；当屏障与棒极之间的距离约等于间隙距离的 15%～20% 时，间隙的击穿电压提高得最多，可达无屏障时的 2～3 倍。

当棒极为负极性时，如图 1-23（b）所示，电子形成负离子积聚在屏障上，同样在屏障与板极间会形成较均匀的电场，原则上与棒为正极时屏障的作用相同。但当屏障离棒极距离较远时，负极性棒极与屏障间的正空间电荷加强了棒极前面的电场，使棒对屏障之间首先发生击穿，从而导致整个间隙的击穿，使整个间隙的击穿电压反而下降。

在工频电压作用下，由于棒为正极时间隙的击穿电压比棒为负极时的击穿电压低得多，故棒—板间隙的击穿总是发生在棒为正极时的半波。显然，在间隙中加入屏障的作用也与直流电压作用下，棒为正极时加入屏障的作用相同。

在冲击电压作用下，正极性棒对屏障的作用约与持续电压作用下一样；负极性棒对屏障基本上不起作用，这说明屏障对负极性棒时流注的发展过程没有多大影响。

屏障应有一定的机械强度才能起到机械地阻止带电离子运动的作用。但不能太厚，太厚时，固体介质的介电常数 ε 较大，将引起空气中的电场强度增加。

二、削弱游离过程的措施

由前述可知，提高气压可以减小电子的平均自由行程，从而削弱气体中的游离过程。此外，强电负性气体的电子附着过程也会大大削弱碰撞游离过程。采用高真空使电子的平均自由行程远大于间隙距离，因而使极间碰撞游离几乎不可能发生，也是提高气体间隙击穿电压的一种途径。以上几种措施都已在工程上得到了广泛的应用。

1. 高气压的采用

从巴申定律知道，提高气体压力可以提高间隙的击穿电压。这是因为气体压力提高后，气体的密度加大，减少了电子的平均自由行程，从而削弱了碰撞游离过程的缘故。某些电气设备（如高压空气断路器和高压标准电容器等）采用压缩空气作为内绝缘，可提高间隙的击穿电压，同时可以减小设备的尺寸。

在均匀电场中，压缩空气气压在 $10 \times 101.3 kPa$ 以下时，间隙击穿电压随气压的增加而呈线性增加，但继续增加气压到一定值时，逐渐呈现饱和。不均匀电场中提高气压后，也可提高间隙的击穿电压，但程度不如均匀电场显著。

2. 强电负性气体的应用

六氟化硫（SF_6）和氟利昂（CCl_2F_2）气体属强电负性气体，它们是具有高分子量的含有卤族元素的化合物。在正常压力下，其绝缘性能约为空气的 2.5 倍，提高压力，可得到相当于（甚至高于）一般液体或固体绝缘的绝缘强度，采用这些气体代替空气可大大提高间隙的击穿电压。间隙中充以空气与这类气体的混合气体时，也可提高间隙的击穿电压，故将此类气体称为高绝缘强度气体。

这些气体具有高绝缘强度的原因是它们具有很强的电负性，容易吸附电子成为负离子，从而削弱了游离过程，同时加强了复合过程。另外，它们的分子量和分子直径比较大，使得电子在其中的平均自由行程缩短。

SF_6 气体除了优良的电气性能外，还是一种无色、无味、无臭、无毒、不燃的不活泼气体，化学性能非常稳定，对金属及绝缘材料无腐蚀作用，液化温度较低。SF_6 具有优良的灭弧性能，它的灭弧能力是空气的 100 倍，故极适用于高压断路器中。近年来 SF_6 已不仅用于单台电气设备，而且还广泛应用于各种组合电气设备中，这些组合设备具有很多优点，可大大节约占地面积，简化运行维护等。

SF₆ 气体本身是无毒的，但其中某些杂质在水分和电弧作用下可以分解出有毒的或有腐蚀性的物质，通常可用适当的吸附剂来消除或减小这个不良后果；另外，当 SF₆ 与固体绝缘材料组成组合绝缘时，因其介电系数较小（近似于1），绝缘之间的电压分布比较差，故 SF₆ 气体虽然具有很高的绝缘强度，但却呈现出较为复杂的绝缘特性，尤其是对不均匀电场的绝缘，使用时必须予以特别注意。

3. 高真空的采用

当在气体间隙中压力很低（接近真空）时击穿电压迅速提高，因为此时电子的平均自由行程已增大到在极间空间很难产生碰撞游离的程度，但真空间隙在一定电压下仍然会发生放电现象，这是由不同于电子碰撞游离的其他过程决定的。实验证明，放电时真空中仍有一定的粒子流存在，这被认为是：

(1) 强电场下由阴极发射的电子自由飞过间隙，积累起足够的能量撞击阳极，使阳极物质质点受热蒸发或直接引起正离子发射；

(2) 正离子运动至阴极，使阴极产生二次电子发射，如此循环进行，放电便得到维持；

(3) 电极或器壁吸附的气体在真空时释放出来，也会造成微弱的空间游离。

真空绝缘被用于各种高压电真空器件，如真空电容器、真空避雷器和真空断路器等。

第八节　气体中的沿面放电

电力系统中，电气设备的带电部分总要用固体绝缘材料来支撑或悬挂。绝大多数情况下，这些固体绝缘是处于空气之中。如输电线路的悬式绝缘子、隔离开关的支柱绝缘子等。当加在这些绝缘子的极间电压超过一定值时，常常在固体介质和空气的交界面上出现放电现象，这种沿着固体介质表面气体发生的放电称为沿面放电。当沿面放电发展成贯穿性放电时，称为沿面闪络，简称闪络。沿面闪络电压通常比纯空气间隙的击穿电压低，而且受绝缘表面状态、污染程度、气候条件等因素影响很大。电力系统中的绝缘事故，如输电线路遭受雷击时绝缘子的闪络、污秽工业区的线路或变电所在雨雾天时绝缘子闪络引起跳闸等都是沿面放电造成的。

一、界面电场分布的典型情况

气体介质与固体介质的交界面称为界面，界面电场的分布情况对沿面放电的特性有很大的影响。界面电场的分布有以下三种典型的情况：

(1) 固体介质处于均匀电场中，且界面与电力线平行，如图 1-24（a）所示。这种情况在实际工程中很少遇到，但实际结构中会遇到固体介质处于稍不均匀电场的情况，此时的放电现象与均匀电场中的放电有相似之处。

(2) 固体介质处于极不均匀电场中，且电力线垂直于界面的分量（以下简称垂直分量）比平行于界面的分量要大得多，如图 1-24（b）所示。套管就属于这种情况。

(3) 固体介质处于极不均匀电场中，在界面大部分地方（除紧靠电极的很小区域外），电场强度平行于界面的分量比垂直分量大，如图 1-24（c）所示。支持绝缘子就属于此情况。

这三种情况下的沿面放电现象有很大的差别，下面分别加以讨论。

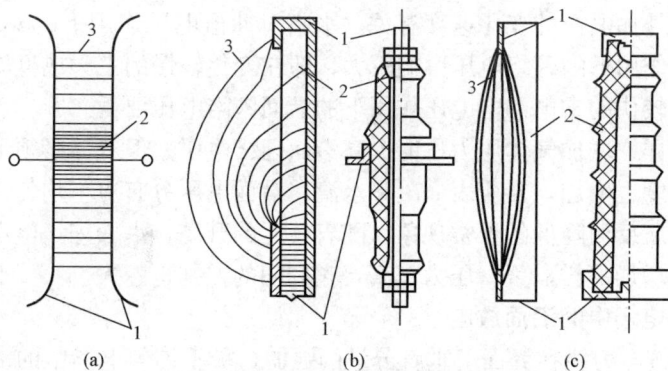

图 1-24　介质表面电场的典型分布

(a) 均匀电场；(b) 有强垂直分量的极不均匀电场；(c) 有弱垂直分量的极不均匀电场

1—电极；2—固体介质；3—电力线

二、均匀电场中的沿面放电

在平行板的均匀电场中放入一瓷柱，并使瓷柱的表面与电力线平行，瓷柱的存在并未影响电极间的电场分布。当两电极间的电压逐渐增加时，放电总是发生在沿瓷柱的表面，即在同样条件下，沿瓷柱表面的闪络电压比纯空气间隙的击穿电压要低得多，其关系曲线如图 1-25 所示，图中 U_F 为沿面工频闪络电压（幅值），S 为间隙距离。这是因为：

（1）固体介质与电极表面没有完全密合而存在微小气隙，或者介质表面有裂纹。由于纯空气的介电系数总比固体介质的低，这些气隙中的场强将比平均场强大得多，从而引起微小气隙的局部放电。放电产生的带电质点从气隙中逸出，带电质点到达介质表面后，畸变原有的电场，从而降低了沿面闪络电压，如图 1-25 曲线 4 所示。在实际绝缘结构中常将电极与介质接触面仔细研磨，使两者紧密接触以消除空气隙，或在介质端面上喷涂金属，将气隙短路，提高沿面闪络电压。

（2）介质表面不可能绝对光滑，总有一定的粗糙性，使介质表面的微观电场有一定的不均匀，贴近介质表面薄层气体中的最大场强将比其他部分大，使沿面闪络电压降低。

（3）固体介质表面电阻不均匀，使其电场分布不均匀，造成沿面闪络电压的降低。

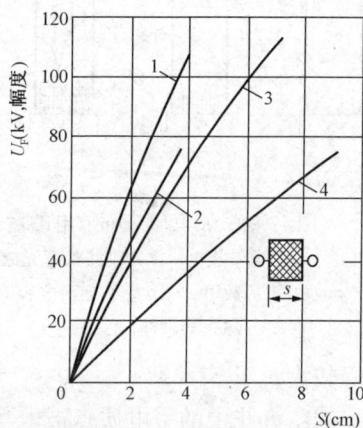

图 1-25　均匀电场中沿不同介质表面的工频闪络电压

1—纯空气；2—石蜡；3—瓷；4—与电极接触不紧密的瓷

（4）固体介质表面常吸收水分，处在潮湿空气中的介质表面常吸收潮气形成一层很薄的水膜。水膜中的离子在电场作用下分别向两极移动，逐渐在两电极附近积聚电荷，使介质表面的电场分布不均匀，电极附近场强增加，因而降低了沿面闪络电压。介质表面吸收水分的能力越大，沿面闪络电压降低得越多。由图 1-25 可见，瓷的沿面闪络电压曲线比石蜡的低，这是由于瓷吸附水分的能力比石蜡大的缘故。瓷体经过仔细干燥后，沿面闪络电压可以提高。

由于介质表面水膜的电阻较大，离子移动积聚电荷导致表面电场畸变需要一定的时间，故沿面闪络电压与外加电压的变化速度有关。水膜对冲击电压作用下的闪络电压影响较小，对工频和直流电压作用下的闪络电压影响较大，即在变化较慢的工频或直流电压作用下的沿面闪络电压比变化较快的雷电冲击电压作用下的沿面闪络电压要低。

与气体间隙一样，增加气体压力也能提高沿面闪络电压。但气体必须干燥，否则压力增加，气体的相对湿度也增加，介质表面凝聚水滴，沿面电压分布更不均匀。甚至会出现高气压下，沿面闪络电压反而降低的异常现象。随着气压的升高，沿面闪络电压的增加不及纯空气间隙击穿电压的增加那样显著。压力越高，它们间的差别也越大。

三、极不均匀电场中的沿面放电

图 1-24 说明按电力线在界面上垂直分量的强弱，极不均匀电场中的沿面放电可分为以下两种类型。

1. 极不均匀电场具有强垂直分量时的沿面放电

固体介质处于不均匀电场中，电力线与介质表面斜交时，电场强度可以分解为与介质表面平行的切线分量和与介质表面垂直的法线分量。具有强垂直分量的典型例子如图 1-24（b）所示。工程上属于这类绝缘结构的很多，它的沿面闪络电压比较低，放电时对绝缘的危害也较大。现以最简单的套管为例进行讨论。

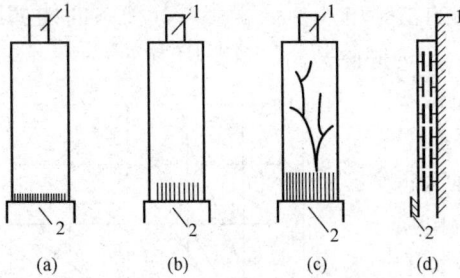

图 1-26 沿套管表面放电的示意图
(a) 电晕放电；(b) 细线状辉光放电；
(c) 滑闪放电；(d) 套管表面电容等值图
1—导电杆；2—法兰

图 1-26 表示在交流电压作用下套管的沿面放电发展过程和套管体积电容的等值图。由于在套管法兰盘附近的电场很强，故放电首先从此处开始。随着加在套管上的电压逐渐升高并达到一定值时，法兰边缘处的空气首先发生游离，出现电晕放电，如图 1-26（a）所示。随着电压的升高，电晕放电火花向外延伸，放电区逐渐形成由许多平行的细线状火花，如图 1-26（b）所示。电晕和线状火花放电同属于辉光放电，线状火花的长度随外施电压的提高而增加。由于线状火花通道中的电阻值较高，故其中的电流密度较小，压降较大。

线状火花中的带电质点被电场的法线分量紧压在介质表面上，在切线分量的作用下向另一电极运动，使介质表面局部发热。当电压增加而使放电电流加大时，在火花通道中个别地方的温度可能升得较高，当外施电压超过某一临界值后，温度可高到足以引起气体热游离的数值。热游离使通道中的带电质点急剧增加，介质电导猛烈增大，并使火花通道头部电场增强，导致火花通道迅速向前发展，形成浅蓝色的、光亮较强的、有分叉的树枝状火花，如图1-26（c）所示。这种树枝状火花并不固定在一个位置上，而是在不同的位置交替出现，此起彼伏不稳定，并有轻微的裂声，此时的放电称为滑闪放电，滑闪放电是以介质表面的放电通道中发生热游离为特征的。滑闪放电的火花长度随外施电压的增加而迅速增长，当外施电压升高到滑闪放电的树枝状火花到达另一电极时，就产生沿面闪络。此后依电源容量之大小，放电可转入火花放电或电弧。

为进一步分析固体绝缘的介电性能和几何尺寸对沿面放电的影响，可将介质用电容和电阻等值表示，将套管的沿面放电问题简化为链形等值回路，如图 1-27 所示。当在套管上加上交流电压时，沿套管表面将有电流流过，由于 R 及 C 的存在，沿套管表面的电流是不相等的，越近法兰处（B），电流越大，单位距离上的压降也越大，电场也越强，故 B 处的电场最强。

固体介质的介电系数越大，固体介质的厚度越小，则体积电容越大，沿介质表面的电压分布就越不均匀，其沿面闪络电压也就越低；同理，固体介质的体积电阻越小，沿面闪络电压也就越低；若电压变化速度越快，频率越高，分流作用也就越大，电压分布越不均匀，沿面闪络电压也

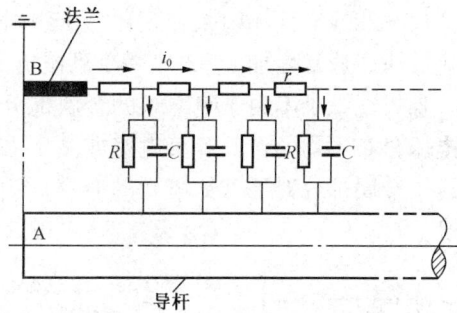

图 1-27　套管绝缘子等值电路
C—体积电容；R—体积电阻；r—表面电阻

就越低；而固体介质的表面电阻（特别是靠近 B 处）的在一定范围内适当减小，可使沿面的最大电场强度降低，从而提高沿面闪络电压。

沿面闪络电压不正比于沿面闪络的长度，前者的增大要比后者的增长慢得多。这是因为后者增长时，通过固体介质体积内的电容电流和泄漏电流将随之有很快的增长，使沿面电压分布的不均匀性增强的缘故。

长期的滑闪放电会损坏介质表面，在工作电压下必须防止它的出现，为此必须采取措施提高套管的沿面闪络电压。其出发点是：①减小套管的体积电容，调整其表面的电位分布，如增大固体介质的厚度，特别是加大法兰处套管的外径，也可采用介电常数较小的介质；②减小绝缘的表面电阻，即减少介质的表面电阻率，如在套管近法兰处涂半导体漆或半导体釉，以减小该处的表面电阻，使电压分布变得均匀。

由于滑闪放电现象与介质体积电容及电压变化的速度有关，故在工频交流和冲击电压作用下，可以明显地看到滑闪放电现象，而在直流电压作用下，则不会出现明显的滑闪放电现象。但当直流电压的脉动系数较大时，或瞬时接通、断开直流电流时，仍有可能出现滑闪放电。

在直流电压作用下，介质的体积电容对沿面放电的发展基本上没有影响，因而沿面闪络电压接近于纯空气间隙的击穿电压。

2. 极不均匀电场具有强切线分量时的沿面放电

极不均匀电场具有强切线分量的情况如图 1-24（c）所示，支持绝缘子即属此情况。在此情况下，电极本身的形状和布置已使电场很不均匀，其沿面闪络电压较低（与均匀电场相比），因而介质表面积聚电荷使电压重新分布所造成的电场畸变，不会显著降低沿面闪络电压。

此外，因电场的垂直分量较小，沿介质表面也不会有较大的电容电流流过，放电过程中不会出现热游离，故没有明显的滑闪放电，垂直于放电发展方向的介质厚度对沿面闪络电压实际上没有影响。因此为提高沿面闪络电压，一般从改进电极形状，以改善电极附近的电场着手。如采用内屏蔽或采用外屏蔽电极（如屏蔽罩和均压环等）。

四、绝缘子串的电压分布

我国 35kV 及以上的高压输电线路都使用由盘式绝缘子组成的绝缘子串作为线路绝缘。绝缘子串的机械强度仍与单个绝缘子相同，而其沿面闪络电压则随绝缘子片数的增多而提高。绝缘子串中绝缘子片数的多少决定了线路的绝缘水平，一般 35kV 线路用 3 片、110kV

用 7 片、220kV 用 13 片、330kV 用 19 片、500kV 用 28 片。用于耐张杆塔时考虑到绝缘子老化较快，通常增加 1~2 片。在机械负荷很大的场合，可用几串同样的绝缘子并联使用。

悬式绝缘子串由于绝缘子的金属部分与接地铁塔或带电导线间有电容存在，使绝缘子串的电压分布不均匀，其等值电路如图 1 - 28（c）所示。图中 C 为绝缘子本身的电容，C_E 为绝缘子金属部分对地（铁塔）的电容，C_L 为绝缘子金属部分对导线的电容。一般 C 为 50~70pF、C_E 为 4~5pF、C_L 为 0.5~1pF。

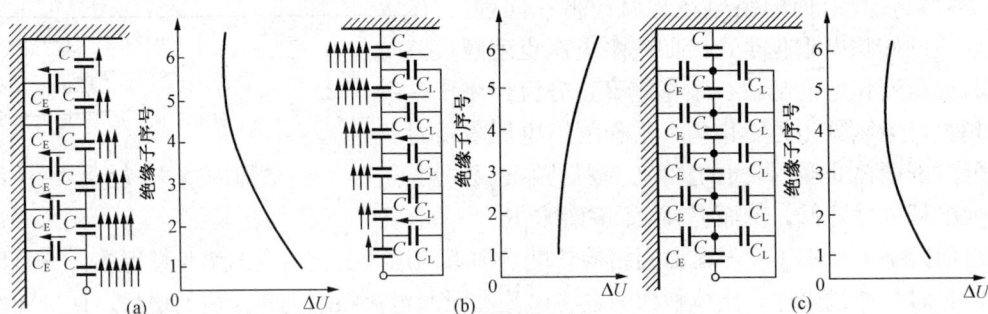

图 1 - 28　绝缘子串的等值电路及电压分布曲线
(a) 只考虑对地电容 C_E；(b) 只考虑对导线电容 C_L；(c) 同时考虑 C_E 及 C_L

如果绝缘子串的串联总电容 C/n（n 为绝缘子片数）远大于 C_E 及 C_L，那么由 C_E 及 C_L 分流的电流就不会对绝缘子串上的电压分布产生显著影响，即沿绝缘子串上的电压分布基本上是均匀的。但实际上 C/n 一般与 C_E 在同一数量级，当 n 很大时与 C_L 接近，将导致绝缘子串上的电压分布不均匀。

如果只考虑对地电容 C_E，则等值电路如图 1 - 28（a）所示，当 C_E 两端有电位差时，必然有一部分电流经 C_E 流入接地铁塔，流过 C_E 的电流都是由绝缘子串分流出去的。由于各个 C_E 分流的电流将使靠近导线端的绝缘子流过的电流最多，从而电压降也最大。如果又考虑对导线电容 C_L，则等值电路如图 1 - 28（b）所示。同样可知，由于各个 C_L 分流的电流将使靠近铁塔端的绝缘子流过的电流最大，从而电压降也最大。实际上 C_E 及 C_L 同时存在，绝缘子串的电压分布应该用图 1 - 28（c）所示的等值电路进行分析，由于 $C_E > C_L$，即 C_E 的影响比 C_L 大，故绝缘子串中靠近导线端的绝缘子承受的电压降最大，离导线端远的绝缘子电压降逐渐减小。当靠近铁塔横担时，C_L 的作用显著，电压降又有些升高。

从以上分析可知，随着导线输送电压的提高，串联的绝缘片数越多，绝缘子串的长度越长，沿绝缘子串的电压分布越不均匀；绝缘子本身的电容 C 越大，则对地电容 C_E 和对导线电容 C_L 分流作用的影响要小一些，绝缘子串的电压分布也就比较均匀；增大 C_L 能在一定程度上补偿 C_E 的影响，使电压分布的不均匀程度减小，如用大截面导线或分裂导线，都可使导线端的第一个绝缘子上的电压降减小。

随着输电电压的提高，绝缘子片数越来越多，绝缘子串上的电压分布越来越不均匀，靠近导线端第一个绝缘子上的电压降最高，当其电压达到电晕起始电压时，常常会产生电晕，它将干扰通信线路，造成能量损耗，也会产生氮的氧化物和臭氧，腐蚀金属附件和污秽绝缘子表面，降低绝缘子的绝缘性能，故在工作电压下是不允许产生电晕的。为了改善绝缘子串的电压分布，可在绝缘子串导线端安装均压环。其作用是加大绝缘子对导线的电容 C_L，从而使电压分布得到改善。通常对 330kV 及以上电压等级的线路才考虑使用均压环。

绝缘子的电气性能常用闪络电压来衡量，气象条件及污秽等原因，常会影响其闪络电压。根据工作条件的不同，闪络电压可分为干闪电压和湿闪电压两种。前者是指表面清洁而且干燥时绝缘子的闪络电压，它是户内绝缘子的主要性能。后者是指洁净的绝缘子在淋雨情况下的闪络电压，它是户外绝缘的主要性能。

在淋雨情况下绝缘子串表面（主要是瓷盘上部表面）附着一层导电的水膜，在水膜中较大的泄漏电流引起湿表面发热，局部泄漏电流密度大的地方也使水膜发热烘干，使绝缘子串表面的压降加大引起局部放电，从而导致整个沿面闪络。由于这种热过程发展缓慢，故在雷电冲击电压作用下淋雨对绝缘子串的闪络电压无多大的影响。在工频电压作用下，当绝缘子串不长时，其湿闪电压显著低于干闪电压（约低 15%～20%）。由于在淋雨情况下沿绝缘子串的电压分布（主要按电导分布）比较均匀，绝缘子串的湿闪电压也基本上按绝缘子串长度的增加而线性增加；而干燥情况下的绝缘子串由于电压分布不均匀，绝缘子串的干闪络梯度将随绝缘子串长度的增加而下降。这样，随着绝缘子串长度的增加，其湿闪电压将会逐渐接近，以致超过干闪电压，两者的比较见图 1-29。

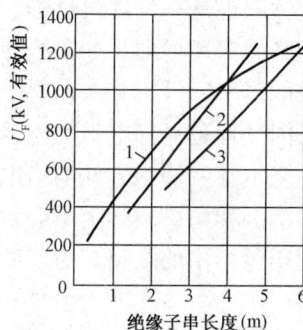

图 1-29 悬式绝缘子串湿闪
电压和干闪电压的比较
1—干闪电压；2—湿闪电压（πM—4.5 型）；
3—湿闪电压（πM—8.5 型）

绝缘子表面被雨淋湿后，其沿面闪络电压大为降低。为了防止这种情况，户外的绝缘子总具有一些凸出的裙边。下雨时仅裙边的上表面被淋湿，水流到裙边的边缘上，使水膜不能贯通绝缘子的上下电极，以提高绝缘子的沿面闪络电压。而户内绝缘子裙边则较小。

五、绝缘子表面污秽时的沿面放电

户外绝缘子，特别是在工业区、海边或盐碱地区运行的绝缘子，常会受到工业污秽或自然界盐碱、飞尘等污秽的污染。在干燥情况下，这种污秽尘埃的电阻很大，沿绝缘子表面流过的泄漏电流很小，对绝缘子的安全运行没有什么危险。下大雨时，绝缘子表面的污秽容易被冲掉，当大气湿度较高，或在毛毛雨、雾、露、雪等不利的天气条件下，绝缘子表面的污秽尘埃被润湿，表面电导剧增，使绝缘子的泄漏电流剧增，其结果使绝缘子在工频和操作冲击电压下的闪络电压（污闪电压）显著降低，甚至有可能使绝缘子在工作电压下发生闪络（通常称为污闪）。污闪将使设备跳闸，引起停电事故。据某工业地区统计，雾天的污闪事故占电力线路事故的 21%，污闪事故往往造成大面积停电，检修恢复时间长，严重影响电力系统的安全运行。介质表面的污闪过程与清洁表面完全不同，故研究脏污表面的沿面放电，对污秽地区的绝缘设计和安全运行有重要的意义。

在潮湿污秽的绝缘子表面出现闪络的机理大致如下：污秽绝缘子被润湿后，污秽中的高导电率溶质溶解，在绝缘子表面形成薄薄的一层导电液膜，在润湿饱和时，绝缘子表面电阻下降几个数量级。在电压作用下，流经绝缘子表面污秽层的泄漏电流显著增加，泄漏电流使润湿的污层加热、烘干。由于污层沿表面分布不均匀，也由于绝缘子的复杂结构造成各部分电流密度不同，污秽层的加热也是不平衡的。在电流密度最大且污层较薄的铁脚附近发热最甚，水分迅速蒸发，表面被逐渐烘干，使该区的电阻大增，沿面电压分布随之改变，大部分电压降落在这些干燥部分。将与这些干燥部分的空气间隙击穿形成火花放电通道，由于火花通道的电阻低于原干燥部分的表面电阻，使泄漏电流增大，形成局部电弧，使污层进一步干燥，使电弧伸长。总之，绝缘子全部表面的干燥将使泄漏电流减小，而局部电弧的伸长则使泄漏电流增大。如总的结果是泄漏电流减小，则局部电弧将熄灭；如总的结果是泄漏电流增大，则局部电弧将继续伸长，多个局部电弧的发展串接起来形成沿整个绝缘表面的闪络。因为局部电弧的产生及其参数与污层的性质、分布以及润湿程度等因素有关，并有一定的随机性，故污闪也是一种随机过程。如果电压增高，则泄漏电流增大，有利于局部电弧的发展，可使闪络的概率增加；如果绝缘子的沿面泄漏距离或爬电距离增加，则泄漏电流减小，从而使闪络的概率降低。

污闪过程是局部电弧的燃烧和发展过程，需要一定的时间。在短时的过电压作用下，上述过程来不及发展，因此闪络电压要比长时电压作用下要高，在雷电冲击电压作用下，绝缘子表面潮湿和污染实际上不会对闪络电压产生影响，即与表面干燥时的闪络电压一致。

对于运行中的线路，为了防止绝缘子的污闪，保证电力系统的安全运行，可以采取以下措施：

（1）对污秽绝缘子定期或不定期地进行清扫，或采用带电水冲洗。这是绝对可靠、效果很好的方法。根据大气污秽的程度、污秽的性质，在容易发生污闪的季节定期进行清扫。可有效地减少或防止污闪事故。清扫绝缘子的工作量很大，一般采用带电水冲洗法，效果较好。可以装设泄漏电流记录器，根据泄漏电流的幅值和脉冲数来监督污秽绝缘子的运行情况，发出预告信号，以便及时进行清扫。

（2）在绝缘子表面涂一层憎水性的防尘材料，如有机硅脂、有机硅油、地蜡等，使绝缘子表面在潮湿天气下形成水滴，但不易形成连续的水膜，表面电阻大，从而减少了泄漏电流，使闪络电压不致降低太多。

（3）加强绝缘和采用防污绝缘子。加强线路绝缘的最简单的方法是增加绝缘子串中绝缘子的片数，以增大爬电距离。但此方法只适用于污区范围不大的情况，否则很不经济，因增加串中绝缘子片数后必须相应地提高杆塔的高度。使用专用的防污绝缘子可以避免上述缺点，因为防污绝缘子在不增加结构高度的情况下使泄漏距离明显增大。

（4）采用半导体釉绝缘子。这种绝缘子釉层的表面电阻为 $10^6 \sim 10^8\,\Omega$，在运行中利用半导体釉层流过均匀的泄漏电流加热表面，使介质表面干燥，同时使绝缘子表面的电压分布较均匀，从而能保持较高的闪络电压。

近年来发展很快的合成绝缘子，防污性能比普通的瓷绝缘子要好得多，合成绝缘子是由承受外力负荷的芯棒（内绝缘）和保护芯棒免受大气环境侵袭的伞套（外绝缘）通过粘接层组成的复合结构绝缘子。玻璃钢芯棒是用玻璃纤维束浸渍树脂后通过引拔模加热固化而成，有极高的抗张强度。制造伞套的理想材料是硅橡胶，它有优良的耐气候性和高低温稳定性。经填料改性的硅橡胶还能耐受局部电弧的高温。由于硅橡胶是憎水性材料，因此在运行中不需清扫，其污闪电压比瓷绝缘子高得多。除优良的防污闪性能外，合成绝缘子的其他优点也很突出，如质量轻、体积小、抗拉强度高、制造工艺比瓷绝缘子简单等，但投资费用远大于瓷质绝缘子，目前合成绝缘子在我国已得到广泛的应用，也已有一定运行经验，且已作为一项有效的防污闪措施正在推广。

习　题

1-1　气体中带电质点的产生和消失有哪些主要方式？

1-2　什么叫自持放电？试简述汤逊理论的自持放电条件。

1-3　汤逊理论与流注理论的主要区别在哪里？它们各自的适用范围如何？

1-4　极不均匀电场中的放电有何特性？试比较棒—板气隙极性不同时电晕起始电压和击穿电压的高低，简述其理由。

1-5　电晕放电是自持放电还是非自持放电？电晕放电有何危害及用途？

1-6　什么是巴申定律？在何种情况下气体放电不遵循巴申定律？

1-7　雷电冲击电压下间隙击穿有何特点？冲击电压作用下放电时延包括哪些部分？用什么来表示气隙的冲击击穿特性？

1-8　什么叫伏秒特性？伏秒特性有何实用意义？

1-9　影响气体间隙击穿电压的因素有哪些？提高气体间隙击穿电压有哪些主要措施？

1-10　沿面闪络电压为什么低于同样距离下纯空气间隙的击穿电压？

1-11　分析套管的沿面闪络过程，提高套管沿面闪络电压有哪些措施？

1-12　试分析绝缘子串的电压分布及改进电压分布的措施。

1-13　什么叫绝缘的污闪？防止绝缘子污闪有哪些措施？

第二章　液体和固体电介质的绝缘特性

电气设备中，除了某些地方（如 GIS 设备）有采用气体作为绝缘外，广泛采用的是固体和液体电介质。这是因为固体、液体电介质的绝缘强度要比气体大许多，用它们作电气设备的内绝缘可以缩小结构尺寸；载流导体的支承需要固体电介质；液体电介质可兼作冷却与灭弧介质。然而，液体和固体电介质的击穿有各自的特点，与气体的击穿有很大的不同。本章讨论液体和固体电介质在电场强度较高时的击穿特性，以及在电场强度相对不是很高时，电介质中所发生的极化、电导和损耗物理过程，以及液体、固体电介质的老化问题。

第一节　电介质的极化

一、极化的概念与介质的相对介电系数

极化是电介质（气体、液体、固体绝缘介质）在电场作用（加上电压后）下发生物理过程的一种。虽此物理过程在介质内部进行，但我们可以通过此物理过程的外观表现来证实极化过程的存在。图 2-1 为两个平板电容器，它们的结构尺寸完全相同。图 2-1（a）中的电容器极板间为真空，而图 2-1（b）中的电容器极板间为固体电介质。我们知道，由于极间介质的不同，电容量是不同的，而且尺寸结构相同的电容器，真空电容器的电容量是最小的，所以图 2-1（b）电容器的电容量要大于图 2-1（a）电容器的电容量。为什么电容量大呢？这就是由于固体电介质在电场作用下发生极化所致。

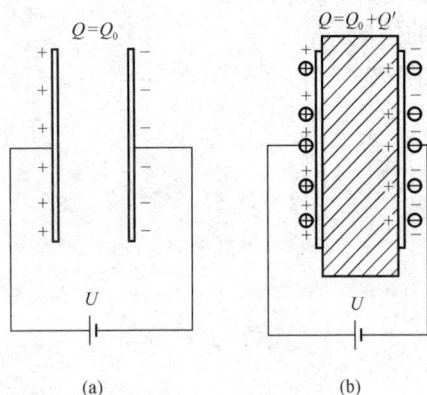

图 2-1　电介质的极化
(a) 极板间为真空；(b) 极板间为固体电介质

图 2-1（a）中，在极板上施加直流电压 U 后，两极板上分别充有电荷量 $Q=Q_0$ 的正、负电荷。此时

$$Q_0=C_0U$$

$$C_0=\frac{\varepsilon_0 A}{d}$$

式中　ε_0——真空的介电系数；

A——金属极板的面积；

d——极间距离；

C_0——极板间为真空时的电容量。

然后，在极间放入一块厚度与极间距离相等的固体电介质，就成为图 2-1（b）所示的电容器，此时电容器的电容量变为 C

$$C=\frac{\varepsilon A}{d}$$

式中　ε——固体电介质的介电系数。

放入固体电介质后，极板上的电荷量变成 Q

$$Q = CU$$

由于 $C > C_0$，而 U 不变，所以 $Q > Q_0$。这表明放入固体电介质后，极板上的电荷量有所增加。通过下面的分析可看出这是由于固体电介质在极板之间的电场作用下发生了极化所致。

电介质放入极板间，就要受到电场的作用，介质原子或分子结构中的正、负电荷在电场力的作用下产生位移，向两极分化，但仍束缚于原子或分子结构中而不能成为自由电荷。结果，在介质靠近极板的两表面呈现出与极板上电荷相反的电的极性来，即靠近正极板的表面呈现负的电极性，靠近负极板的表面呈现正的电极性，这些仍保持在电介质内部的电荷称为束缚电荷。正由于靠近极板两表面出现了束缚电荷，根据异极性电荷相吸的规律，要从电源再吸取等量异极性电荷 Q' 到极板上，这就导致了 $Q = Q_0 + Q' > Q_0$。现在可以对电介质的极化下一定义：电介质中的带电质点在电场作用下沿电场方向作有限位移的现象称为极化。

对于上述平板电容器，放入的电介质不同，介质极化的强弱程度也不同，极板上的电荷量 Q 也不同，因此 Q/Q_0 就表征在相同情况下不同介质极化的不同程度

$$\frac{Q}{Q_0} = \frac{CU}{C_0 U} = \frac{C}{C_0} = \frac{\dfrac{\varepsilon A}{d}}{\dfrac{\varepsilon_0 A}{d}} = \frac{\varepsilon}{\varepsilon_0} = \varepsilon_r$$

ε_r 称为电介质的相对介电系数，简称介电系数。它是表征电介质在电场作用下极化程度的物理量，其物理意义表示金属极板间放入电介质后电容量（或极板上的电荷量）比极板间为真空时的电容量（或极板上的电荷量）增大的倍数。

ε_r 值由电介质的材料所决定。气体分子间的间距很大，密度很小，因此各种气体的 ε_r 均接近于 1。常用的液体、固体介质的 ε_r 大多在 $2 \sim 6$ 之间。不同电介质的 ε_r 值随温度、电源频率的变化规律一般是不同的。在工频电压下 20℃ 时，一些常用电介质的 ε_r 如表 2-1 所示。

表 2-1　　常用电介质的介电系数和电导率

材　料		名　称	介电系数 ε_r（工频，20℃）	电导率 γ（20℃，$\Omega^{-1}cm^{-1}$）
气体介质		空气	1.00059	
液体介质	弱极性	变压器油	2.2	$10^{-15} \sim 10^{-12}$
		硅有机油	$2.2 \sim 2.8$	$10^{-15} \sim 10^{-14}$
	极　性	蓖麻油	4.5	$10^{-13} \sim 10^{-12}$
		氯化联苯	$4.6 \sim 5.2$	$10^{-12} \sim 10^{-10}$
固体介质	中　性	石　蜡	$1.9 \sim 2.2$	10^{-16}
		聚苯乙烯	$2.4 \sim 2.6$	$10^{-18} \sim 10^{-17}$
		聚四氟乙烯	2	$10^{-18} \sim 10^{-17}$
	极　性	松　香	$2.5 \sim 2.6$	$10^{-16} \sim 10^{-15}$
		纤维素	6.5	10^{-14}
		胶木	4.5	$10^{-14} \sim 10^{-13}$
		聚氯乙烯	3.3	$10^{-16} \sim 10^{-15}$
		沥青	$2.6 \sim 2.7$	$10^{-16} \sim 10^{-15}$
	离子性	云母	$5 \sim 7$	$10^{-16} \sim 10^{-15}$
		电瓷	$6 \sim 7$	$10^{-15} \sim 10^{-14}$

二、极化的基本形式

由于电介质分子结构的不同，极化过程所表现的形式也不同，极化的基本形式有以下四种。

1. 电子式极化

图 2-2 为电子式极化示意图，其中图 2-2（a）为极化前电介质的中性原子（假设只有一个电子），图 2-2（b）为极化后的原子。从图中可看出电子的运动轨道发生了变形，并相对于正电荷的原子核产生了位移。这样，负电荷的作用中心（椭圆的中心）与正电荷的作用中心不再重合，这种由电子位移所形成的极化就称为电子式极化。

这种极化的特点为：

（1）极化所需的时间极短。约为 $10^{-15} \sim 10^{-14}$ s，这是由于电子质量极小的缘故。因此，这种极化在各种频率的外电场作用下均能产生，也就是说 ε_r 不随频率的改变而变化。

（2）极化时没有能量损耗。这种极化具有弹性，即在外电场去掉后，由于正、负电荷的相互吸引而自动恢复到原来的状态，所以极化过程中无能量损耗。

（3）温度对极化的影响极小。

2. 离子式极化

固体无机化合物（如云母、玻璃、陶瓷等）的分子结构多数属于离子式结构，其分子由正、负离子构成。在无外电场作用时，每个分子中正离子的作用中心（将所有正离子集中于此点时作用效果相同）与负离子的作用中心是重合的，故每个分子不呈现电的极性，如图 2-3（a）所示。在外电场 E 作用下，正、负离子作有限的位移，使两者的作用中心不再重合，如图 2-3（b）所示。这样，每个分子呈现电的正负极性。这种由正、负离子相对位移所形成的极化就称为离子式极化。

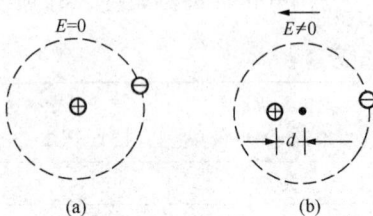

图 2-2　电子式极化示意图
（a）极化前；（b）极化后

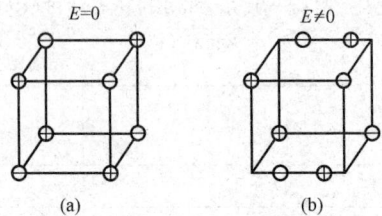

图 2-3　离子式极化示意图
（a）极化前；（b）极化后

离子式极化的特点为：

（1）极化过程极短。约为 $10^{-13} \sim 10^{-12}$ s，故极化（或 ε_r 值）不随频率的不同而变化。

（2）极化过程中无能量损耗，这是因这种极化也具有弹性性质。

（3）温度对极化有影响。温度升高时，离子间的结合力减弱，使极化程度增加；而离子的密度则随温度的升高而减小，使极化程度降低。综合起来，前者影响大于后者，所以这种极化随温度升高而增强，即 ε_r 具有正的温度系数（ε_r 值随温度升高而增大）。

3. 偶极子式极化

有些电介质的分子，如蓖麻油、氯化联苯、松香、橡胶、胶木等等，在无外电场作用时，其正负电荷作用中心是不重合的，这些电介质称为极性电介质。组成这些极性介质的每一个分子成为一个偶极子（两个电荷极）。在没有外电场作用时，由于偶极子不停的热运动，排列混乱，如图 2-4（a）所示，故介质靠电极的两表面不呈现电的极性。在外电场作用下，偶极子受到电场力的作用而发生转向，顺电场方向作有规则的排列，如图 2-4（b）所示，靠电极两表面呈现出电的极性。这种由于极性电介质偶极子分子的转向所形成的极化就称为偶极子式极化。

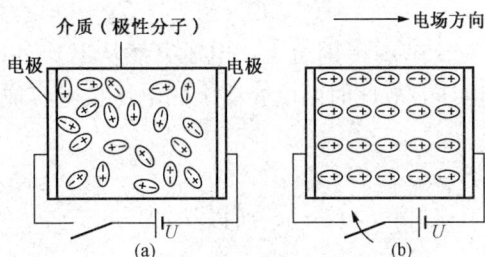

图 2-4 偶极子式极化示意图
(a) 无外电场时；(b) 有外电场时

偶极子式极化的特点为：

（1）极化所需时间较长。约为 $10^{-10} \sim 10^{-2}\text{s}$，故极化与频率有较大关系。频率很高时，由于偶极子的转向跟不上电场方向的改变，因而极化减弱。

（2）极化过程中有能量损耗。这种极化属非弹性，偶极子在转向时要克服分子间的吸引力和摩擦力而要消耗能量。

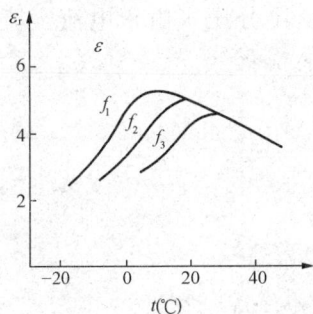

图 2-5 氯化联苯的 ε_r 与温度 t 的关系
（$f_1 < f_2 < f_3$）

（3）温度对偶极子极化的影响很大。温度高时，分子热运动妨碍偶极子顺电场方向排列的作用明显，极化减弱；温度很低时，分子间联系紧密，偶极子转向困难，极化也减弱。以氯化联苯为例，其 ε_r、f、t 三者的关系如图 2-5 所示。

4. 空间电荷极化

在实际中，高压电气设备的绝缘常采用几种不同电介质组成复合绝缘。即便是采用单一电介质，由于不均匀，也可以看成是由几种不同电介质组成，所以讨论这种夹层情况下的空间电荷极化更具现实意义。

下面以平行平板电极间的双层电介质为例来说明夹层式极化的过程。如图 2-6（a）所示，当开关 S 合上，两电介质在电场作用下都要发生极化。根据电压的极性，在两电介质交界面的介质I侧，积聚正束缚电荷，交界面的介质II侧积聚负束缚电荷。由于两电介质的不同，极化程度也不同，故交界面处积聚的异号电荷不相等。例如介质I下部边缘处积聚的正电荷比介质II上部边缘处积聚的负电荷多的话，则在两介质交界面处显示出正的电极性来。我们将这种使夹层电介质分界面上出现电荷积聚的过程称为夹层式极化。夹层式极化过程是很缓慢的，也就是说经过一缓慢过程后，夹层介质的分界面上才呈现出某种电荷的极性来。

夹层式极化的具体过程可用图 2-6（b）所示的等值电路来解释。在等值电路中，C_1、C_2、G_1、G_2 分别为介质I和介质II的等值电容和电导，为了说明的简便，全部参数只标数值，略去单位。设

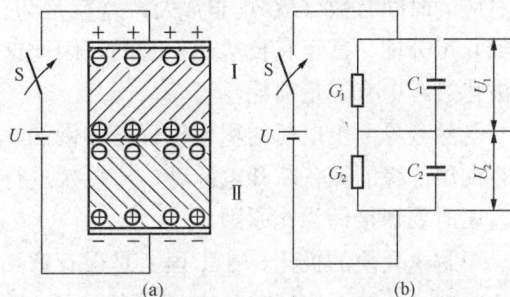

图 2-6 夹层式极化物理过程示意图
(a) 示意图；(b) 电路分析图

$$C_1=1, \quad C_2=2, \quad G_1=2, \quad G_2=1, \quad U=3$$

开关 S 在 $t=0$ 时合上，电压突然从零升至 U 作用在两电介质上，这相当于施加一很高频率的电压，故此时两电介质上的电压按电容成反比分配（由于容抗远小于电阻），即

$$\left.\frac{u_1}{u_2}\right|_{t=0}=\frac{C_2}{C_1}=2$$

由于 $u_1+u_2=U=3$，所以

$$u_1|_{t=0}=2, \quad u_2|_{t=0}=1$$

此时两等值电容上电荷分别为

$$Q_1|_{t=0}=C_1U_1=2, \quad Q_2|_{t=0}=C_2U_2=2$$

总等值电容为

$$C|_{t=0}=\frac{Q}{U}=\frac{2}{3}$$

这表明加压瞬间，两电介质分界面上的正、负电荷相当，并不呈现电的极性。

之后，出现夹层极化过程。当夹层极化过程结束，即图 2-6（b）的等值电路合闸后达到稳态（理论上为 $t\to\infty$），此时两介质上的电压按电导反比分压（由于电流全流过电导），即

$$\left.\frac{u_1}{u_2}\right|_{t\to\infty}=\frac{G_2}{G_1}=\frac{1}{2}$$

由于 $u_1+u_2=U=3$，所以

$$u_1|_{t\to\infty}=1, \quad u_2|_{t\to\infty}=2$$

此时两等值电容上电荷分别为

$$Q_1|_{t\to\infty}=C_1U_1=1, \quad Q_2|_{t\to\infty}=C_2U_2=4$$

总等值电容为

$$C|_{t\to\infty}=\frac{Q}{U}=\frac{4}{3}$$

由此可见，由于夹层式极化，使两电介质分界面上的正、负电荷不相等（在此例中夹层分界面上呈现＋3 电的极性）以及等值电容的增大。

对于这个例子，夹层式极化过程就是 C_1 上电压从 2 降至 1，C_2 上电压从 1 升至 2 的过程。而这种电压的升降都是通过 G_1、G_2 进行的。由于电介质的电导非常小（电阻非常大），则对应的时间常数（RC）非常大，这就是为什么夹层极化过程非常缓慢的缘故，一般为几秒到几十分钟，甚至有长达几小时的，因此这种极化只有在频率不高时才有意义。显然，夹层极化过程中有能量损耗。

既然分界面上电荷的积聚过程是缓慢的，那么此电荷的释放过程也将是缓慢的，为此，具有夹层绝缘的设备断开电源后，应短接进行彻底放电以免危及人身安全，大容量电容器不加电压时要短接即为此原因。

了解电介质的极化，在工程上是很有意义的。例如，选择电容器中的绝缘材料时，选 ε_r 大的材料，这样电容器单位电容量的体积和质量都可减小。而选择其他电气设备绝缘材料时，一般希望 ε_r 小一些，例如选用 ε_r 小一些的材料作交流电力电缆的绝缘可减小电缆工作时的充电电流以及因极化引起的发热损耗。由于多种电介质串联时，各电介质中的电场强度

与它们的介电系数 ε_r 成反比，因此在几种绝缘材料组合使用时，要注意各绝缘介质 ε_r 值的合理分配，以使各绝缘介质层中的电场强度尽量均匀分布。

第二节　电介质的电导

一、电介质电导的概念与电导率

电介质的基本功能是将不同电位的导体分隔开，它应是不导电的，但这种不导电并非绝对不导电，而是导电性非常差。在电介质内部或多或少存在数量很少的带电粒子，它们在电场作用下（当加上电压后）会不同程度地作定向移动而形成传导电流（即电导电流），这就是电介质的电导过程。与导体的导电过程相比，在电介质电导过程中所流过的电导电流是非常小的。表征电导过程进行强弱程度的物理量为电导率 γ，或它的倒数——电阻率 ρ。电介质的电阻率一般为 $10^{10} \sim 10^{24} \Omega \cdot cm$，而导体的电阻率仅为 $10^{-6} \sim 10^{-2} \Omega \cdot cm$，可见两者差别之大。常用电介质的电导率见表 2-1。

二、电介质电导的特性

1. 离子性电导

电介质的电导过程与导体的导电过程之间的差别不仅在于形成电导电流的能力（这取决于带电粒子数量的多少）差别很大，而且电导的本质也是截然不同的。电介质中的少量带电粒子主要是离子，所以电介质电导为离子性电导。而金属导体的电导性质为电子性电导，即形成电导电流的带电粒子为金属中的大量自由电子。

2. 温度的影响

电介质电导与温度有密切的关系。温度越高，离子的热运动越剧烈，就越容易改变原有受束缚的状态，因而在电场作用下作定向移动的离子数量和速度都要增加，即电导随温度升高而增大。电导增大的规律近似于指数规律。温度为 t℃时的电导率和电阻率分别为

$$\gamma_t = \gamma_{20} e^{\alpha(t-20)}$$

$$\rho_t = \rho_{20} e^{-\alpha(t-20)}$$

式中　γ_{20}、ρ_{20}——20℃时的电导率和电阻率；

　　　　α——绝缘材料的温度系数。

三、电介质在直流电压作用下的吸收现象

一固体电介质加上直流电压 U，如图 2-7（a）所示。然后观察开关 S1 合上之后流过介质电流 i 的变化情况。可以观察到电路中的电流从大到小随时间衰减，最终稳定于某一数值，此现象就称为"吸收"现象。将此电流画成曲线如图 2-7（b）所示。电流 i 的曲线也称为吸收曲线。这里的"吸收"是比较形象的说法，好像有一部分电流被介质吸收掉似的，以致电流慢慢减小。

根据电介质在电压作用下发生

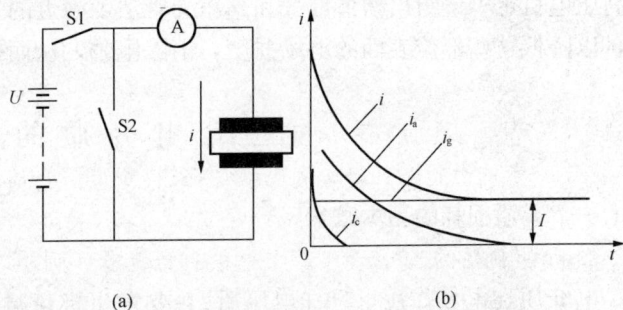

图 2-7　直流电压下流过电介质的电流及测量

（a）电路示意图；（b）电流曲线图

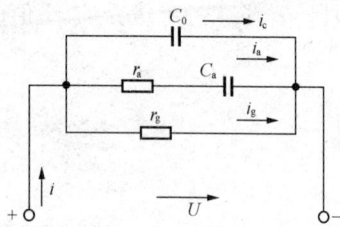

图 2-8　直流电压下绝缘
介质的等值电路

的极化和电导过程，就不难解释为什么会出现"吸收"现象了。在直流电压作用下，电介质的等值电路如图 2-8 所示。显然，流过介质的电流 i 由三个分量组成，即

$$i = i_c + i_a + i_g$$

其中 i_c 为纯电容电流，它存在时间极短，很快衰减至零；i_a 为有损极化所对应的电流，即夹层极化和偶极子式极化时的电流，它随时间衰减，被称为吸收电流。吸收电流衰减的快慢程度取决于介质的材料及结构等因素，普通不是很大设备的绝缘，一般 1min 都衰减至零，但大的设备（如大型变压器、发电机）可达 10min；i_g 为电介质中少量离子定向移动所形成的电导电流，它不随时间变化，i_g 的数值非常小，一般以 μA（微安）（$10^{-6}A$）为单位来计量，称为泄漏电流（也是形象说法），泄漏电流为纯阻性电流。泄漏电流所对应的电阻 $R = \dfrac{U}{i_g}$ 称为绝缘电阻。绝缘电阻一般都以 MΩ（$10^6\Omega$）为单位计量。绝缘电阻的大小取决于绝缘介质的电阻率、尺寸大小、温度等因素。而泄漏电流的大小除了与上述因素有关之外，还与施加电压的高低有关。将上述三个电流 i_c、i_a、i_g 在每个时刻叠加起来就得到流过介质的电流 i，此电流是可以用 μA（微安）表直接测量出来的。这就说明了为什么会出现吸收现象。

根据上述分析可以看到：加上直流电压后，经过一定时间（一般为 1min），极化过程结束，仅存在电导过程，流过介质的电流 i 等于泄漏电流，此时对应的电阻即为绝缘电阻，这就是工程应用上测泄漏电流和绝缘电阻的基本原理。

四、固体电介质的体积绝缘电阻与表面绝缘电阻

对于固体电介质，测泄漏电流（或绝缘电阻）时若不采取特别措施，就像图 2-7（a）那样，那么测到的泄漏电流（或绝缘电阻）实际上还包括表面泄漏电流（或表面绝缘电阻），即泄漏电流（或绝缘电阻）为流过介质内部的泄漏电流与流过介质表面泄漏电流之和（或体积绝缘电阻与表面绝缘电阻的并联值）。这样当介质表面脏污或受潮时，所测到泄漏电流偏大（或绝缘电阻偏小），就不能根据泄漏电流值（或绝缘电阻值）来判断电介质内在绝缘性能的好坏，为此在测量中要采取措施消除表面泄漏所造成的影响。

了解电介质的电导过程和吸收现象，在工程实际中是有意义的。比如以此为依据，通过绝缘电阻、泄漏电流以及后面要讲的吸收比、极化指数的测量来判断绝缘性能的好坏。又比如高压电机定子绕组出槽口部分和高压套管法兰附近的表面涂半导体漆来减小其表面绝缘电阻，以降低这些部位表面的电场强度，消除电晕，从而提高沿面闪络电压。

第三节　电介质的损耗

一、介质损耗的基本概念

1. 介质损耗

电介质在电场作用下（加电压后），要发生极化过程和电导过程。有损极化过程有能量损耗；电导过程中，电导性泄漏电流流过绝缘电阻当然也有能量损耗。损耗程度一般用单位时间内损耗的能量，即损耗功率表示。这种电介质出现功率损耗的过程称为介质

损耗。显然，介质损耗过程随极化过程和电导过程同时进行。介质损耗掉的能量（电能）变成了热能，使电介质温度升高。若介质损耗过大，则电介质温度将升得过高，这将加速电介质的热分解与老化，最终可能导致绝缘性能的完全失去，所以研究介质损耗有十分重要的意义。

2. 介质损耗的基本形式

（1）电导损耗。电导损耗为电场作用下由泄漏电流引起的那部分损耗。泄漏电流与电场频率无关，故这部分损耗在直流交流下都存在。气体电介质以及绝缘良好的液、固体电介质，电导损耗都不大。液、固体电介质的电导损耗随温度升高而按指数规律增大。

（2）极化损耗。极化损耗为偶极子与空间电荷极化引起的损耗。在直流电压作用下，由于极化过程仅在电压施加后很短时间内存在，与电导损耗相比可忽略。而在交流电压作用下，由于电介质随交流电压极性的周期性改变而作周期性的正向极化和反向极化，极化始终存在于整个加压过程之中。极化损耗在频率不太高时随频率升高而增大。但频率过高时，极化过程反而减弱，损耗也减小。极化损耗与温度也有关，在某一温度下极化损耗达最大。

（3）游离损耗。游离损耗主要是指气体间隙的电晕放电以及液、固体介质内部气泡中局部放电所造成的损耗。这是因为放电时，产生带电粒子需要游离能，放电时出现光、声、热、化学效应也要消耗能量。游离能随电场强度的增大而增大。

二、介质损失角正切 tanδ

由上可见，在直流电压作用下，介质损耗主要为电导损耗，因此，电导率 γ 或电阻率 ρ 既表示介质电导的特性，同时也表征了介质损耗的特性。但在交流电压作用下，三种形式的损耗都存在，为此需引入一个新的物理量来表征介质损耗的特性，这个物理量就是 tanδ。

1. 并联等值电路及损耗功率的计算公式

电介质两端施加一交流电压 $\dot{U}$ 时，就有电流 $\dot{I}$ 流过介质。$\dot{I}$ 由三个电流分量组成

$$\dot{I} = \dot{I}_c + \dot{I}_g + \dot{I}_a$$

式中　　$\dot{I}_g$——电导过程的电流，为阻性电流，与 $\dot{U}$ 同相位；

$\dot{I}_c$、$\dot{I}_a$——无损极化和有损极化时的电流。

对应的等值电路如图 2-9（a）所示，此等值电路可进一步简化成如图 2-9（b）所示的由 R 和 C_p 相并联的等值电路。此并联等值电路的相量图如图 2-9（c）所示。我们定义功率因数角 θ 的余角为 δ 角。由相量图可见，介质损耗功率越大，I_R 越大，δ 角也越大，因此 δ 角称为介质损失角。

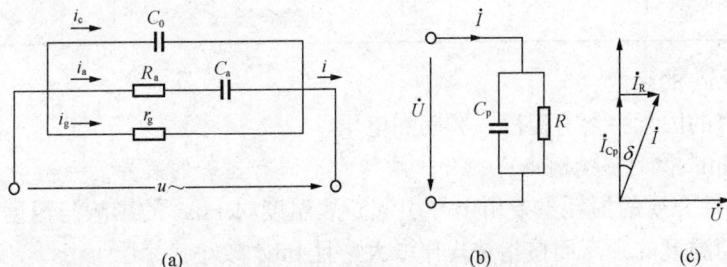

图 2-9　交流电压下电介质的等值电路及相量图

(a)、(b) 等值电路图；(c) 相量图

对此并联等值电路，可写出介质损耗功率 P 的计算公式

$$P = UI_R = UI_{C_p}\tan\delta = U^2\omega C_p\tan\delta$$

当然，图 2-9（b）的电路也可以简化成由 r 和 C_s 相串联的等值电路，可以证明

$$C_s = (1 + \tan^2\delta)C, \qquad r = R\tan\delta^2$$

当 $\tan\delta$ 很小时，$\qquad\qquad\qquad C_s \approx C$

对于串联等值电路，同样可以推出损耗功率的计算公式

$$P = U^2\omega C_s\tan\delta$$

2. $\tan\delta$ 值的意义

从介质损耗功率 P 的计算公式看，我们若用 P 来表征介质损耗的程度是不方便的，因为 P 值与试验电压 U 的高低、试验电压的角频率 ω（$\omega = 2\pi f$）、电介质等值电容量 C_p（或 C_s）以及 $\tan\delta$ 值有关。而若在试验电压、频率、电介质尺寸一定的情况下，那么介质损耗功率仅取决于 $\tan\delta$，换句话说，也就是 $\tan\delta$ 是与电压、频率、绝缘尺寸无关的量，它仅取决于电介质的损耗特性。所以 $\tan\delta$ 是表征介质损耗程度的物理量，与 ε_r、γ 相当。这样，我们可以通过试验测量电介质的 $\tan\delta$ 值，并以此来判断介质损耗的程度。各种结构固体电介质的 $\tan\delta$ 如表 2-2 所示。

表 2-2　　　　　　　　　　　各种结构固体电介质的 $\tan\delta$ 值

（1MHz，20℃时）

电介质结构		名　称	$\tan\delta$
分子结构	非极性分子	石　蜡 聚苯乙烯 聚四氟乙烯	小于 0.0002
	极性分子	纤维素 有机玻璃	0.01～0.015
离子结构	晶格结构紧密	岩　盐 刚　玉	小于 0.0002 小于 0.0002
	晶格结构不紧密	多铝红柱石	0.015
	晶格畸变的晶体	锆英石	0.02
	无定型结构	硅酸铅玻璃 硅碱玻璃	0.001 0.01
不均匀结构		绝缘子瓷 浸渍纸绝缘	0.01 0.01

三、影响 $\tan\delta$ 的因素

影响 $\tan\delta$ 值的因素主要有温度、频率和电压。

1. 温度对 $\tan\delta$ 值的影响随电介质分子结构的不同有显著的差异

中性或弱极性介质的损耗主要由电导引起，故温度对 $\tan\delta$ 的影响与温度对电导的影响相似，即 $\tan\delta$ 随温度的升高而按指数规律增大，且 $\tan\delta$ 较小。

极性介质中，极化损耗不能忽略，$\tan\delta$ 值与温度的关系如图 2-10 所示。当温度在 $t < t_1$ 时，由于温度较低，电导损耗与极化损耗都小，电导损耗随温度升高而略有增大，而极

化损耗随温度升高也增大（黏滞性减小，偶极子转向容易），所以 tanδ 随温度升高而增大。当温度在 $t_1 < t < t_2$ 时，温度已不太低，此时分子的热运动反而妨碍偶极子沿电场方向作有规则的排列，极化损耗随温度升高而降低，而且降低的程度又要超过电导损耗随温度升高的程度，因此 tanδ 随温度升高而减小。当温度在 $t > t_2$ 时，温度已很高，电导损耗已占主导地位，tanδ 又随温度升高而增大。

2. 频率对 tanδ 的影响主要体现于频率对极化损耗的影响

tanδ 与频率的关系如图 2-11 所示。在频率不太高的一定范围内，随频率的升高，偶极子往复转向频率加快，极化程度加强，介质损耗增大，tanδ 值增大。当频率超过某一数值后，由于偶极子质量的惯性及相互间的摩擦作用，来不及随电压极性的改变而转向，极化作用减弱，极化损耗下降，tanδ 值降低。

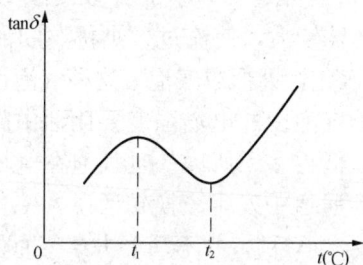
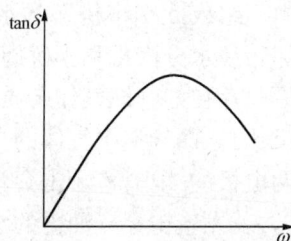

图 2-10　极性电介质 tanδ 与温度的关系　　　　图 2-11　tanδ 与角频率的关系

3. 电压对 tanδ 的影响主要表现为电场强度对 tanδ 值的影响

在电场强度不很高的一定范围内，电场强度增大（由于电压升高），介质损耗功率变大，但 tanδ 几乎不变。当电场强度达到某一较高数值时，随着介质内部不可避免存在的弱点或气泡发生局部放电，tanδ 随电场强度升高而迅速增大。因此，在较高电压下测 tanδ 值，可以检查出介质中夹杂的气隙、分层、龟裂等缺陷来。

此外，湿度对暴露于空气中电介质的 tanδ 影响也很大。介质受潮后，电导损耗增大，tanδ 也增大。例如绝缘纸中水分含量从 4% 增加到 10%，tanδ 值可增大 100 倍。然而，假如 tanδ 值的测试是在温度低于 0~5℃时进行，含水量增加 tanδ 反而不会增大，这是因为此时介质中的水分已凝结成冰，导电性又变差，电导损耗变小的缘故。为此，在进行绝缘试验时规定被试品温度不低于 +5℃，这对 tanδ 的测试尤为重要。

在工程实际中，通过 tanδ 以及 $tanδ = f(u)$ 曲线的测量及判断，对监督绝缘的工作状况以及老化的进程有非常重要的意义。

第四节　液体电介质的击穿特性

用于高压电气设备中的液体电介质除了用作绝缘之外，还起冷却（如在油浸式电力变压器中）以及灭弧（如在油断路器中）作用。目前常用的液体电介质主要是从石油中提炼出来的碳氢化合物的矿物油，除了这些矿物油之外还有蓖麻油、人工合成的硅油、十二烷基苯等，但它们不如矿物油应用广泛。根据用途不同，这些液体电介质分别称为变压器油、电容器油和电缆油，下面以变压器油为例讨论液体电介质的击穿。

一、变压器油的击穿机理

纯净液体电介质的击穿过程与气体击穿过程很相似，也是由液体中带电质点的碰撞游离导致击穿，但击穿场强要高得多（可达 1MV/cm），然而讨论这种纯净液体电介质的击穿并无实际意义。

工程实际中使用的液体电介质不可能是纯净的，在液体电介质的生产、运行中不可避免要混入杂质。这些杂质主要是气体、水分和纤维。正由于杂质的存在，液体电介质的击穿过程与纯净液体电介质（或气体介质）是不同的，击穿场强也不同［如变压器油击穿场强一般为 120～250kV（幅值）/cm］。

对于工程上所使用的含有杂质液体电介质的击穿过程可用"小桥"理论来解释。液体电介质中的水分和纤维的介电系数很大（分别为 81 和 6～7），它们在电场作用下很容易极化，受电场力吸引且被拉长，并且逐渐沿电场方向头尾相连排列成"小桥"。如果此"小桥"贯穿电极，则由于组成此"小桥"的水分和纤维的电导较大，使流过"小桥"的泄漏电流增大，发热增加，使水分汽化和小桥周围的油分解或汽化，即形成气泡。这种气泡也可以是液体电介质中原先存在的（即气体杂质所形成）。由于气泡中的电场强度要比油中高得多（与介电系数成反比），而气泡中气体的击穿强度又比油低得多，所以一旦气泡在电场作用下排列连成贯通两电极的"小桥"，击穿就在此"气泡"通道中发生。换句话说，一旦油中形成气泡"小桥"，就发生击穿。油中的水分和纤维形成"小桥"，并不马上击穿，而仍要等到发展成气泡"小桥"才击穿，所以"小桥"理论也称为"气泡"击穿理论。

二、影响液体电介质击穿电压的因素

液体电介质击穿电压的大小既决定于其自身品质的优劣，也与外界因素，如温度、电压有关。

1. 液体电介质的自身品质

液体电介质的品质决定于其所含杂质的多少。含杂质越多，品质越差，击穿电压越低。

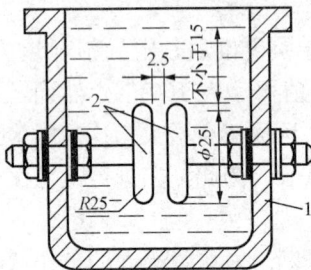

图 2-12 标准油杯
1—绝缘外壳；2—黄铜电极

变压器油的品质通常采用标准油杯中变压器油的工频击穿电压来衡量。由于在均匀电场中杂质对击穿电压的影响要比在不均匀电场中大，所以标准油杯中电极做成如图 2-12 所示的形状。

下面具体讨论影响品质的各种因素与击穿电压的关系。

（1）含水量。含水量对液体电介质击穿电压影响较大。当含水量极微小时，水分均以溶解状态存在，它对击穿电压影响不大。当含水量增加到超过溶解度时（25℃时水在变压器油中的溶解度为 50ppm，1ppm 为 1‱ 的体积含量），多余的水分常以悬浮状态出现。这种悬浮状态的小水滴在电场作用下极化并形成小桥，导致击穿，所以击穿电压随含水量增加而降低。当含水量超过 0.02% 时，多余的水分沉淀到容器底部，击穿电压不再降低。

（2）含纤维量。含纤维量越多，越易形成纤维小桥，则击穿电压越低。由于纤维具有很强的吸附水分能力，所以吸湿的纤维对击穿电压影响更大。

（3）含气量。当含气量很小时，溶解状态的气体对击穿电压影响很小。但当含气量增加而出现自由状态的气体时，将使击穿电压随含气量增加而降低。

2. 温度

温度对液体电介质击穿电压的影响随介质的品质、电场的均匀程度以及电压种类的不同而异。图 2-13 为在标准油杯中变压器油的工频击穿电压与温度的关系。当温度由 0℃ 开始逐渐上升时，水在油中的溶解度逐渐增大，原来悬浮状态的水分逐渐转化为溶解状态，故油的击穿电压逐渐升高；当温度超过 60～80℃ 时，温度再升高，则水分开始汽化，油亦将逐渐汽化，产生气泡，又使击穿电压降低，从而在 60～80℃ 时出现最大值。在 0～5℃ 时，油中水分是悬浮状态为最多，此时小桥最易形成，故击穿电压达最小值。温度再降低，水滴将凝结成冰粒，其介电系数与油相近，电场畸变减弱，再加上油黏度增大，小桥不易形成，故此时变压器油的击穿电压随温度的下降反而提高。

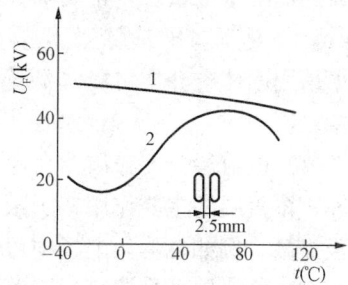

图 2-13 变压器油工频击穿
电压与温度的关系
1—干燥的油；2—潮湿的油

3. 压力

不论电场均匀与否，工程上用的变压器油在工频电压作用下，其击穿电压随压力增加而增大，这是因为压力增大时，气体在油中溶解度增大的缘故。

4. 电压作用时间

液体电介质的击穿过程存在发热，伴随有温度的升高，而温度的升高需要一定的时间。当电压非常高时，在加压后短至几个微秒时的击穿表现为电击穿，此时杂质形成小桥的作用来不及显示出来，因此击穿电压很高。当电压作用时间大于毫秒级时，击穿将发展为热击穿，一般情况下液体电介质的击穿都属于热击穿。击穿电压随电压作用时间增加而降低。但在油不太脏的情况下，1min 的击穿电压与长时间的击穿电压相差不大。为此，变压器油的工频耐压试验（即品质试验）通常加压 1min。

5. 电场均匀程度

电场愈均匀，水分等杂质对击穿电压的影响愈大，击穿电压的分散性也愈大，击穿电压也愈高。当绝缘油的纯度较高时，改善电场的均匀程度使工频或直流电压下的击穿电压明显提高。而品质较差的绝缘油，杂质的聚集和排列已使电场畸变，改善电场以提高击穿电压的作用并不明显。

三、提高液体电介质击穿电压的措施

由于杂质对液体电介质击穿电压有很大影响作用，所以提高击穿电压首先要减少杂质，其次是降低杂质对击穿电压的影响作用。具体措施主要有：

1. 过滤

将绝缘油在压力下连续通过装有大量事先烘干的过滤纸层的过滤机，将油中碳粒、纤维等杂质滤去，油中部分水分及有机酸也被滤纸所吸收。运行中，常采用此法来恢复绝缘油的绝缘性能。

2. 防潮

油浸式绝缘在浸油前必须烘干，必要时可用真空干燥法去除水分。有些电气设备如变压器，不可能全密封时，则可在呼吸器的空气入口处放置干燥剂，以防止潮气进入。

3. 脱气

常用的脱气办法是将油加热、喷成雾状，且抽真空，除去油中的水分和气体。电压等级较高的油浸绝缘设备，常要求在真空下灌油。

4. 采用固体电介质

采用固体电介质可以降低绝缘油中杂质的影响，常采用的措施为加覆盖层、绝缘层和屏障。

（1）覆盖层。覆盖层为在电极表面覆盖的一层很薄的绝缘材料，如电缆纸、黄蜡布、漆膜等。覆盖层的主要作用在于限制泄漏电流，阻止杂质小桥的形成，因而可使工频击穿电压显著提高，例如在均匀电场中可提高 70%～100%，在极不均匀电场中可提高 10% 左右。

（2）绝缘层。当覆盖层厚度增大，本身承担一定电压时，称为绝缘层。其作用除了像覆盖那样能阻止杂质小桥形成外，还具有降低不均匀电场中电极附近绝缘油中最大场强的作用，因而可显著提高绝缘油的工频和冲击击穿电压。

（3）屏障。屏障是指在油间隙中放置的，尺寸较大的（与电极形状相适应）、厚度在 1～3mm 的层压纸板或层压布板。它既能阻止杂质小桥的形成，又能如气体间隙那样改善不均匀电场中的电场分布。因此在不均匀电场中效果非常显著，屏障在最佳位置时，工频击穿电压可提高一倍以上。所以在变压器等充油设备中广泛采用此屏障绝缘结构。

第五节　固体电介质的击穿特性

固体电介质的击穿与气体、液体电介质的击穿比较，主要有两点不同：一是固体电介质的击穿场强一般比气体和液体电介质高，例如在均匀电场中，云母的工频击穿场强可达 2000～3000kV/cm；二是固体电介质击穿后其绝缘性能不能恢复。击穿以后在介质中留有不能恢复的痕迹，如贯穿两电极的熔洞、烧穿的孔道、开裂等，撤去电压后不能像气体、液体电介质那样恢复绝缘性能。

一、固体电介质的击穿形式

固体电介质有三种击穿形式。不同形式的击穿过程不同，击穿场强和击穿时间也不同。

1. 电击穿

固体电介质的电击穿过程与气体相似，由碰撞游离形成电子崩，当电子崩足够强时，破坏介质晶格结构导致击穿。电击穿的主要特征是：击穿电压高（相对于另外两种击穿形式）；击穿过程极快；击穿前发热不显著；与环境温度无关。当介质损耗很小，又有良好散热条件，以及介质内部不存在局部放电时的击穿通常为电击穿。

2. 热击穿

当固体电介质加上电压，由于损耗而发热，使介质温度升高。而介质的电阻具有负的温度系数，即温度升高电阻变小，这又使电流进一步增大，发热也跟着增大，直到某个温度下，发热量等于散热量，达到热的平衡，温度不再升高，介质不击穿。然而，当电压升高至某一临界值（称为临界热击穿电压）时，在所有温度下，发热量总是大于散热量，因此介质温度将持续上升，引起介质的局部分解、熔化、烧焦等，使介质击穿，这就是热击穿。由于热击穿是温度升至很高情况下导致的，这当然需要一定的电压作用时间。

热击穿的主要特点为：发生热击穿时，介质温度尤其是击穿通道处的温度特别高，击穿电压与电压作用时间、周围温度以及散热条件有关。

　3. 电化学击穿

　固体电介质受到电、热、化学和机械力的长期作用，其绝缘性能以及其他性能的劣化，称为绝缘的老化。由于绝缘老化而最终导致发生热击穿或电击穿，称为电化学击穿。电化学击穿通常是在长期电压作用以后（数十小时至若干年）逐步发展形成的，它与固体电介质本身的耐游离性能、制造工艺、工作条件等都有密切的关系。此外，电化学击穿是在其绝缘性能下降之后的击穿，其击穿电压要比电击穿和热击穿的击穿电压低，所以对固体电介质的老化和由于老化引起的电化学击穿应引起足够的重视。

二、影响固体电介质击穿电压的因素

　1. 电压作用时间

　电压作用时间对击穿电压的影响很大。通常，对于多数固体电介质，其击穿电压随电压作用时间的延长而明显地下降，且明显存在临界点。图 2-14 为常用的电工纸板击穿电压与电压作用时间的关系。从图中可以看出，作用时间很短的冲击电压下，击穿电压约为 1min 工频击穿电压（幅值）的 300%。且电压作用时间再增加的一段范围内，击穿电压与电压作用时间几乎无关。图 2-14 中虚线左边区域属

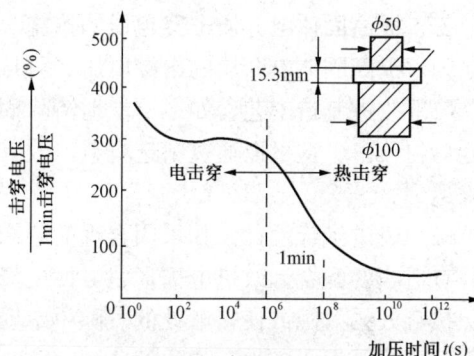

图 2-14　油浸电工纸板的击穿电压与加压时间的关系（25℃）

于电击穿范围，因为在这段时间内，热与化学的影响都来不及起作用。在此区域，当时间小于微秒级时（与放电时延相近），击穿电压随电压时间缩短而升高，这与气体放电的伏秒特性很相似。虚线右边的区域，随击穿时间的增加，击穿电压显著下降，这只能用发展较慢的热过程来解释，即击穿属于热击穿。如果电压作用时间更长，击穿电压仅为工频 1min 击穿电压的几分之一。这表明，此时是由于绝缘老化，绝缘性能降低后发生了电化学击穿。

　2. 电场均匀程度与介质厚度

　均匀电场中的击穿场强要高于不均匀电场中的击穿场强。在均匀电场中的击穿电压随介质厚度增加近似呈线性关系，而在不均匀电场中的击穿电压不随介质厚度的增加而线性增加，这是因为厚度增加，电场不均匀程度也增加。还要注意的是，随着介质厚度的增加，散热条件也变差，所以当厚度增加到可能出现热击穿时，采用增加厚度来提高击穿电压的意义不大。

　3. 电压种类

　同一固体电介质、相同电极情况下，直流电压作用下的击穿电压要高于工频交流电压（幅值）下的击穿电压，这是由于在直流电压下介质损耗主要为电导损耗，而在工频交流电压下还包括极化损耗甚至还有游离损耗。另外，交流电压下工频交流击穿电压要高于高频交流击穿电压，因为极化损耗随频率升高而增大。由于冲击电压作用时间短而冲击击穿电压更高。

　4. 电压作用的累积效应

　固体电介质在冲击电压作用下，有时虽未形成贯穿的击穿通道，但已在介质中形成局部损伤或局部击穿，在多次冲击电压作用下这种局部损伤或不完全击穿会扩大而导致击穿，所

以冲击击穿电压随加压次数增多而下降，这就是击穿电压的累积效应。大部分有机材料都有明显的累积效应。

5. 受潮

固体电介质受潮后击穿电压会迅速下降，其下降程度与材料吸潮性有关。对于不易吸潮的聚乙烯、聚四氟乙烯等中性介质，吸潮后的击穿电压就可大约降低一半，而易吸潮的棉纱、纸等纤维材料，吸潮后击穿电压可能仅为干燥时的百分之几甚至更低。所以高压电气设备的绝缘不但在制造时要注意除去水分，而且运行中还要注意防潮，并定期进行受潮情况的检测。

三、提高固体电介质击穿电压的措施

为了提高固体电介质的击穿电压，可从以下几个方面着手：

（1）改进制造工艺。如尽可能地清除固体介质中残留的杂质、气泡、水分等，使介质尽可能均匀致密。这可以通过精选材料、改善工艺、真空干燥、加强浸渍（油、胶、漆等）方法来达到。

（2）改进绝缘设计。如采用合理的绝缘结构，使各部分绝缘的耐电强度能与其所承担的场强有适当的配合。改进电极形状，使电场尽可能均匀。改善电极与绝缘体的接触状态，以消除接触处的气隙或使接触处的气隙不承受电位差（如采用半导体漆）。

（3）改善运行条件。如注意防潮，防止尘污和各种有害气体的侵蚀，加强散热冷却（如自然通风，强迫通风，氢冷、水内冷等）。

第六节 电介质的老化

电介质的老化大致可分三类：电老化、热老化和环境老化。环境老化由大气条件下的光、氧、臭氧、盐、雾、酸、碱等因素引起。环境老化主要对暴露于户外大气中的外绝缘有较大的影响。对于高压电气设备的绝缘，主要是电老化和热老化。

1. 电老化

电老化是指在电场作用下的老化，并且主要是来自于介质中的局部放电，故有时也称为局部放电老化。由于液、固体电介质中不可避免地存在气泡、气隙等缺陷以及电场分布的不均匀，这些气泡、气隙中或固体介质表面局部场强达到一定值以上时，就会发生局部放电。这种局部放电并不马上形成贯穿性通道，介质并不发生击穿，但长期局部放电所带来的机械作用（带电粒子的撞击）、热作用（局部放电产生高温）、氧化作用（局部放电产生腐蚀性气体）使介质逐渐老化。随着老化程度的加剧，严重时可使绝缘在工作电压下发生击穿或沿面闪络。所以对于高压，尤其是超高压电气设备绝缘中的局部放电必须予以高度重视。

2. 热老化

热老化是指电介质在受热作用下所发生的劣化。固体电介质的热老化过程为热裂解、氧化裂解、交联，以及低分子挥发物的逸出，主要表现为机械强度降低（如失去弹性、变脆）以及电性能变差。液体介质的热老化为电介质在热作用下的氧化，而氧化所需的氧气为油箱中残留的空气，或者油中纤维因热分解产生的氧气。绝缘油氧化后酸价升高颜色加深，黏度增大，绝缘性能降低。

热老化的进程与电介质工作温度有关。绝缘油的温度低于 $60 \sim 70 ℃$ 时，热老化（或者

说氧化）速度很慢，高于此温度后热老化的作用就显著了，大约温度每升高 10℃，油的氧化速度就增大一倍。当温度超过 115～120℃ 时，其情况就大有不同，不仅出现氧化的进一步加速，还可能伴有油本身的热裂解，这一温度一般称为油的临界温度。为此，绝缘油的运行或处理过程中，都应避免油温过高。

固体介质的绝缘材料，为了保证绝缘具有必要的较长寿命，通常规定了各类绝缘材料的最高允许温度，根据不同的耐热性能划分成七个耐热等级，如表 2-3 所示。对于 A、E 级绝缘，在最高允许工作温度下持续运行时的寿命约为 10 年。若运行温度低于此最高允许温度，绝缘寿命会大大延长，一般能安全运行 20～25 年。反之，若工作温度超过表 2-3 中规定的最高允许值，绝缘将加速老化，绝缘寿命缩短。对 A 级绝缘，每增加 8℃，寿命便缩短一半左右，这通常称为热老化的 8℃ 规则。对 B 级和 H 级绝缘，则当温度每升高 10℃ 与 12℃，寿命也将缩短一半左右。

表 2-3　　　　　　　　　　　　　　　　绝缘材料的耐热等级

耐热等级	最高允许工作温度 （℃）	相 应 的 材 料
Y（0）	90	未浸渍的棉纱、丝、纸或其组合物
A	105	浸渍过或浸入油中的上述材料
E	120	合成有机薄膜，合成有机漆等
B	130	用有机胶粘剂或浸渍剂粘合或浸渍的无机物（云母、石棉、玻璃纤维等）
F	155	用相应的合成树脂粘合或浸渍的无机物
H	180	耐热硅有机树脂、硅有机漆或用它们浸渍的无机物
C	>180	硅塑料、聚酰亚胺以及与玻璃纤维、云母、陶瓷的组合物。未浸渍的玻璃、云母、石英、氧化铝、氧化镁等无机物

习　题

2-1　列表比较电介质四种极化形式的形成原因、过程进行的快慢、有无损耗、受温度的影响。

2-2　说明绝缘电阻、泄漏电流、表面泄漏的含义。

2-3　说明介质电导与金属电导的本质区别。

2-4　何为吸收现象，在什么条件下出现吸收现象，说明吸收现象的成因。

2-5　说明介质损失角正切 $\tan\delta$ 的物理意义，其与电源频率、温度和电压的关系。

2-6　说明变压器油的击穿过程以及影响其击穿电压的因素。

2-7　比较气体、液体、固体介质击穿场强数量级的高低。

2-8　说明固体电介质的击穿形式和特点。

2-9　说明提高固体电介质击穿电压的措施。

2-10　说明造成固体电介质老化的原因和固体绝缘材料耐热等级的划分。

第三章　电气设备的绝缘试验

电力系统中的各种电气设备，在安装后投入运行前，要进行交接试验。在运行过程中还要定期进行绝缘的预防性试验。它是判断设备能否投入运行、预防设备绝缘损坏及保证设备安全可靠运行的重要措施。

电气设备绝缘中可能存在着各种各样的缺陷，它们可能是在制造或修理过程中潜伏下来的，也可能是在运输及保管过程中形成的，还有可能是在运行中绝缘老化而发展起来的。为此，在电力系统中，必须定期对电气设备绝缘进行预防性试验，以便有效地发现各种绝缘缺陷，并通过检修把它们排除掉，以减少设备损坏或发生停电事故，保证电力系统的安全运行。

绝缘的缺陷通常可分为两类：一类是局部性或集中性的缺陷，例如悬式绝缘子的瓷质开裂；发电机绝缘局部磨损、挤压破裂；电缆由于局部有气隙在工作电压作用下发生局部放电逐步损坏绝缘，以及其他的机械损伤、受潮等等。另一类是整体性或分布性的缺陷，它是指由于受潮、过热及长期运行过程中所引起的整体绝缘老化、变质、受潮、绝缘性能下降等。

电气设备的绝缘预防性试验也可以分成两大类：第一类是非破坏性试验，它是指在较低的电压下或者用其他不会损伤绝缘的方法测量绝缘的各种特性，以间接地判断绝缘内部的状况。非破坏性试验包括测量绝缘电阻和吸收比、泄漏电流以及 tanδ 的测量、电压分布的测量、局部放电的测量、绝缘油的气相色谱分析等。各种方法反映绝缘的性质是不同的，对不同的绝缘材料和绝缘结构的有效性也不同，往往需要采用多种不同的方法进行试验，并对试验结果进行综合分析比较后，才能作出正确的判断。另一类叫耐压试验，它是模拟电气设备绝缘在运行中可能遇到的各种等级的电压（包括电压幅值、波形等），对绝缘进行试验，从而检验绝缘耐受这类电压的能力，特别是能暴露一些危险性较大的集中性缺陷。耐压试验能保证其绝缘有一定的耐压水平，故耐压试验对绝缘的考验比较直接和严格，但试验时有可能会对绝缘造成一定的损伤，并可能使有缺陷但可以修复的绝缘（例如受潮）发生击穿。因此耐压试验通常在非破坏性试验之后进行。如果非破坏性试验已表明绝缘存在不正常情况，则必须在查明原因，并加以消除后才能再进行耐压试验，以免给绝缘造成不应有的损伤。

本章主要介绍电力系统中常用的各种绝缘预防性试验方法和它的基本原理。在具体判断某一电气设备的绝缘状况时，应注意对各项试验结果进行综合判断，并注意和历史资料以及该设备的其他相进行比较。为便于与历次试验结果相互比较，最好在相近的温度和试验条件下进行试验，以免温度换算带来误差。试验应尽量在良好的天气下进行。有关绝缘预防性试验进一步的内容，可参考《电力设备预防性试验规程》和我国电力部门出版的有关书籍和资料。

第一节　绝缘电阻和吸收比测量

用绝缘电阻表来测量电气设备的绝缘电阻是一项简单易行的绝缘试验方法。绝缘电阻的测量在设备维护检修时，广泛地用作常规的绝缘试验。

如第二章第二节所述，当直流电压作用在任何电介质上时，流过它的电流是随加压时间的增长而逐渐减小的，在相当长时间后，趋于一稳定值，这个稳定电流即为泄漏电流。如图 3-1 中的曲线 1 即是这一电流随时间的变化曲线，这一现象称为吸收现象。如被试设备绝缘状况良好，吸收过程进行得越慢，吸收现象越明显，如图 3-1 中曲线 2 所示。如被试设备绝缘受潮严重，或有集中性的导电通道，则其绝缘电阻值显著降低，泄漏电流将增大，吸收过程加快，吸收现象不明显，此时绝缘电阻值随加压时间的变化如图 3-1 中的曲线 3 所示。如上所述，显然可根据被试设备泄漏电流变化的情况可以判断设备的绝缘状况。

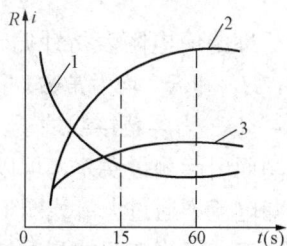

图 3-1　泄漏电流、绝缘电阻
测量值与时间的关系

为了方便，在一般情况下，不是直接测量电气设备绝缘的泄漏电流，而是用绝缘电阻表来测量绝缘的电阻变化，因为当直流电压一定时，绝缘电阻与泄漏电流成反比。

一、绝缘电阻表的工作原理

绝缘电阻表（亦称兆欧表或摇表），它是测量设备绝缘电阻的专用仪表，它的原理接线图如图 3-2 所示，图中 M 为手摇（或电动）直流发电机（也可能是交流发电机通过晶体二极管整流代替）作为电源，它的测量机构为流比计 N，它有两个绕向相反且互相垂直固定在一起的电压线圈 LU 和电流线圈 LA，它们处在同一个永磁磁场中（图中未画出），它可带动指针旋转，由于没有弹簧游丝，故没有反作用力矩，当线圈中没有电流时，指针可以停留在任意的位置上。

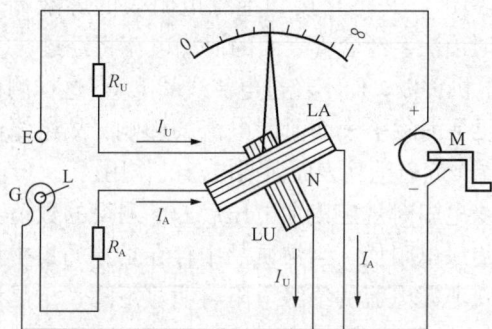

图 3-2　绝缘电阻表原理接线图

绝缘电阻表的端子"E"接被试品的接地端，端子"L"接被试品的另一端，摇动发电机手柄（一般 120r/min），直流电压 U 就加到两个并联的支路上。第一个支路电流 I_U 通过电阻 R_U 和电压线圈 LU；第二个支路电流 I_A 通过被试品电阻 R_x、R_A 和电流线圈 LA，两个线圈中电流产生的力矩方向相反。在两个力矩差的作用下，线圈带动指针旋转，直至两个力矩平衡为止。当到达平衡时，指针偏转的角度 α 正比于 $\dfrac{I_U}{I_A}$，即

$$\alpha = F\left(\frac{I_U}{I_A}\right)$$

因为

$$I_U = \frac{U}{R_U}$$

$$I_A = \frac{U}{R_A + R_x}$$

式中　R_U、R_A、R_x——分压电阻（包括电压线圈的电阻）、限流电阻（包括电流线圈的电阻）和被试品的绝缘电阻。

从而可得

$$\alpha = F\left(\frac{I_U}{I_A}\right) = F\left[\frac{U/R_U}{U/(R_A+R_x)}\right] = F\left(\frac{R_A+R_x}{R_U}\right) = F'(R_x) \tag{3-1}$$

即绝缘电阻表指针偏转角的大小反映了被试品绝缘电阻值的大小，当绝缘电阻表一定时，R_U 和 R_A 均为常数，故指针偏转角 α 的大小仅由被试品的绝缘电阻值 R_x 决定。

"G" 为屏蔽接线端子，因为测试的绝缘电阻值是绝缘的体积电阻。为了避免由于表面受潮而引起测量误差，可以利用屏蔽电极把导线接到屏蔽端子 "G" 上，从而使绝缘表面的泄漏电流不通过电流线圈 LA 以减少测量误差。

二、绝缘电阻的测试方法

图 3-3 所示为测量套管的绝缘电阻的接线图。试验时将端子 "E" 接于套管的法兰上，将

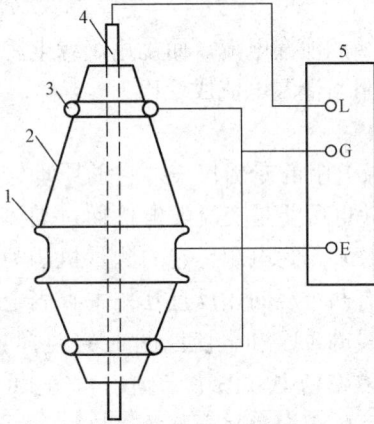

图 3-3　测量套管绝缘电阻的接线图
1—法兰；2—瓷体；3—屏蔽环；
4—芯柱；5—绝缘电阻表

端子 "L" 接于导电芯上，如果不接屏蔽端子 "G"，则从法兰沿套管表面的泄漏电流和从法兰至套管内部体积的泄漏电流均流过电流线圈 LA，此时绝缘电阻表测得的绝缘电阻值是套管的体积电阻和表面电阻的并联值。为了保证测量的精确，避免由于表面受潮等而引起的测量误差，可在导电芯附近的套管表面缠上几匝裸铜丝（或加一金属屏蔽环），并将它接到绝缘电阻表的屏蔽端子 "G" 上，此时由法兰经套管表面的泄漏电流将经过 "G" 直接回到发电机负极，而不经过电流线圈 LA，这样测得的绝缘电阻便是消除了表面泄漏电流的影响。故绝缘电阻表的屏蔽端子起着消除表面泄漏电流的作用。

测量绝缘电阻时规定以加电压后 60s 测得的数值为该被试品的绝缘电阻值。当被试品中存在贯穿的集中性缺陷时，反映泄漏电流的绝缘电阻将明显下降，于是用绝缘电阻表测量时，便可很容易发现，在绝缘预防性试验中所测得的被试品的绝缘电阻值应等于或大于一般规程所允许的数值。但对于许多电气设备，反映泄漏电流的绝缘电阻值往往变动很大，它与被试品的体积、尺寸、空气状况等有关，往往难以给出一定的判断绝缘电阻的标准。通常把处于同一运行条件下，不同相的绝缘电阻值进行比较，或者把本次测得的数据与同一温度下出厂或交接时的数值及历年的测量记录相比较，与大修前后和耐压试验前后的数据相比较，与同类型的设备相比较，同时还应注意环境的可比条件。比较结果不应有明显的降低或有较大的差异，否则应引起注意，对重要的设备必须查明原因。

常用的绝缘电阻表的额定电压有 500、1000、2500V 及 5000V 等四种，高压电气设备绝缘预防性试验中规定，对于额定电压为 1000V 及以上的设备，应使用 2500V 的绝缘电阻表进行测试；而对于 1000V 以下的设备，则使用 1000V 的绝缘电阻表。

三、吸收比的测量

对于电容量较大的设备，如电机、变压器等，我们还可以利用吸收现象来测量其绝缘电阻值随时间的变化，以判断其绝缘状况，通常测定加压后 15s 的绝缘电阻 R''_{15} 值和 60s 时的绝缘电阻 R''_{60} 值，并把后者对前者的比值称为绝缘的吸收比 K，即

$$K = \frac{R''_{60}}{R''_{15}} \tag{3-2}$$

对于大容量试品，还采用测定加压后 10min 的绝缘电阻 R'_{10} 值和 1min 时的绝缘电阻 R'_1 值，把前者对后者的比值称为极化指数，即 $\dfrac{R'_{10}}{R'_1}$。

对于不均匀试品的绝缘（特别是对 B 级绝缘），如果绝缘状况良好，则吸收现象特别明显，K 值便远大于 1；如果绝缘受潮严重或是绝缘内部有集中性的导电通道，由于泄漏电流大增，吸收电流迅速衰减，使加压后 60s 时的电流基本上等于 15s 时的电流，K 值将大大下降，$K \approx 1$。因此，利用绝缘的吸收曲线的变化或吸收比 K 值的变化，可以有助于判断绝缘的状况。《电力设备预防性试验规程》中规定：沥青浸胶及烘卷云母绝缘（容量为 6000kW 及以上）的吸收比不应小于 1.3 或极化指数不应小于 1.5 为绝缘干燥，如果小于以上的数值，则可判断绝缘可能受潮。

需要注意的是：有些设备其某些集中性缺陷虽已发展得很严重，以致在耐压试验中被击穿，但耐压试验前测出的绝缘电阻值和吸收比均很高，这是因为这些缺陷虽然严重，但还没有贯穿两极的缘故。因此，只凭测量绝缘电阻和吸收比来判断绝缘状况是不可靠的，但它毕竟是一种简单而已有一定效果的方法，故使用十分普遍。

四、影响因素

（1）温度的影响：一般温度每下降 10℃，绝缘电阻约增加到 1.5～2 倍。为了比较测量结果，需将测量结果换算成同一温度下的数值。

（2）湿度的影响：绝缘表面受潮（特别是表面污秽）时，使沿绝缘表面的泄漏电流增大，泄漏电流流入电流线圈 LA 中，将使绝缘电阻读数显著下降，引起错误的判断。为此，必须很好地清洁被试品绝缘表面，并利用屏蔽电极 3 接到绝缘电阻表的屏蔽端子"G"的接线方式（见图 3-3），以消除表面泄漏电流的影响。

五、测量绝缘电阻时的注意事项

（1）测试前应先拆除被试品的电源及对外的一切连线，并将其接地，以充分放电。

（2）测试时以额定转速（约 120r/min）转动绝缘电阻表把手（不得低于额定转速的 80%），待转速稳定后，接上被试品，绝缘电阻表指针逐渐上升，待指针读数稳定后，开始读数。

（3）对大容量的被试品测量绝缘电阻时，在测量结束前，必须先断开绝缘电阻表与被试品的连线，再停止转动绝缘电阻表，以免被试品的残余电荷对绝缘电阻表反充电而损坏绝缘电阻表。

（4）绝缘电阻表的线路端与接地端引出线不要靠在一起，接线路端的导线不可放在地上。

（5）记录测量时的温度和湿度，以便进行校正。在湿度较大的条件下测量时，必须加屏蔽。

第二节　介质损耗角正切的测量

如前所述，介质损耗角正切 $\tan\delta$ 是在交流电压作用下，电介质中电流的有功分量与无功分量的比值，它是一个无量纲的数。在一定的电压和频率下，它反映电介质内单位体积中能量损耗的大小，它与电介质的体积尺寸大小无关。因此，能从测得的 $\tan\delta$ 数值直接了解绝缘情况。

介质损耗角正切 $\tan\delta$ 的测量是判断绝缘状况的一种比较灵敏和有效的方法，从而在电气设备制造、绝缘材料的鉴定以及电气设备的绝缘试验等方面得到了广泛的应用，特别对受潮、老化等分布性缺陷比较有效，对小体积设备比较灵敏，因而 tanδ 的测量是绝缘试验中一个较为重要的项目。

如果绝缘内的缺陷不是分布性而是集中性的，则用测 tanδ 值来反映绝缘的状况就不很灵敏，被试绝缘的体积越大，越不灵敏，因为此时测得的 tanδ 反映的是整体绝缘的损耗情况，而带有集中性缺陷的绝缘是不均匀的，可以看成是由两部分介质并联组成的绝缘，其整体的介质损耗为这两部分损耗之和，即

$$P = P_1 + P_2$$

或

$$U^2 \omega C \tan\delta = U^2 \omega C_1 \tan\delta_1 + U^2 \omega C_2 \tan\delta_2$$

得

$$\tan\delta = \frac{C_1 \tan\delta_1 + C_2 \tan\delta_2}{C}$$

且

$$C = C_1 + C_2$$

若整体绝缘中体积为 V_2 的一小部分绝缘有缺陷，而大部分良好的绝缘的体积为 V_1，即 $V_2 \ll V_1$，则得 $C_2 \ll C_1$，$C \approx C_1$，于是

$$\tan\delta = \tan\delta_1 + \frac{C_2}{C_1} \tan\delta_2 \tag{3-3}$$

由于式（3-3）中的系数 $\frac{C_2}{C_1}$ 很小，所以当第二部分的绝缘出现缺陷，tanδ 增大时，并不能使总的 tanδ 值明显增大。只有当绝缘有缺陷部分所占的体积较大时，在整体的 tanδ 中才会有明显的反应。例如在一台 110kV 大型变压器上测得总的 tanδ 为 0.4%，是合格的，但把变压器套管分开单独测得 tanδ 达 3.4% 就不合格。所以当变压器等大设备的绝缘由几部分组成时，最好能分别测量各部分的 tanδ，以便于发现绝缘的缺陷。

电机、电缆等设备，运行中的故障多为集中性缺陷发展造成的，用测 tanδ 的方法不易发现绝缘的缺陷，故对运行中的电机、电缆等设备进行预防性试验时，不测 tanδ。而对套管绝缘，因其体积小，故 tanδ 测量是一项必不可少且较为有效的试验。当固体绝缘中含有气隙时，随着电压的升高，气隙中将产生局部放电，使 tanδ 急剧增大，因此在不同电压下测量 tanδ，不仅可判断绝缘内部是否存在气隙，而且还可以测出局部放电的起始电压 U_0，显然 U_0 的值不应低于电气设备的工作电压。

在用 tanδ 值判断绝缘状况时，除应与有关标准规定值进行比较外，同样必须与该设备历年的 tanδ 值相比较以及与处于同样运行条件下的同类型其他设备相比较。即使 tanδ 值未超过标准，但与过去比较或与同样运行条件下的同类型其他设备比，tanδ 值有明显增大时，必须要进行处理，以免在运行中发生事故。

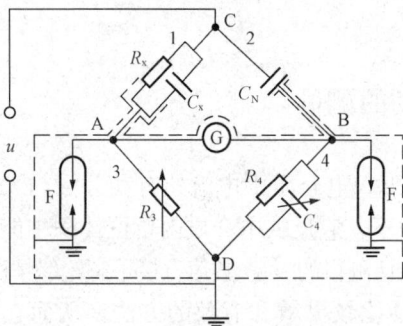

图 3-4　平衡电桥原理接线

一、QS1 型电桥原理

在绝缘预防性试验中，常用来测量设备绝缘的 tanδ 值和电容 C 值和方法是采用 QS1 电桥（平衡电桥），其原理接线图如图 3-4 所示。它由四个桥臂组成，臂 1 为被试品 Z_x，图中用 C_x 及 R_x 的并联等值电路来表示；臂 2 为标准无损电容器 C_N，一般为 50pF，它是用空气或其他压缩气体作为介质（常用氮气），其 tanδ 值很小，可认为零；臂 3、4 为装在

电桥本体内的操作调节部分，包括可调电阻 R_3、可调电容 C_4 及与其并联的固定电阻 R_4。外加交流高压电源（电压一般为 10kV），接到电桥的对角线 CD 上，在另一对角线 AB 上则接上平衡指示仪表 G，G 一般为振动式检流计。

进行测量时，调节 R_3、C_4，使电桥平衡，即使检流计中的电流为零，或 U_{AB} 为零，这时有

$$Z_x Z_4 = Z_2 Z_3 \qquad\qquad (3-4)$$

$$Z_x = \frac{1}{\dfrac{1}{R_x} + j\omega C_x}$$

$$Z_2 = \frac{1}{j\omega C_N}$$

$$Z_3 = R_3$$

$$Z_4 = \frac{1}{\dfrac{1}{R_4} + j\omega C_4}$$

将上述阻抗值代入式（3-4），并使等式左右的实数部分和虚数部分分别相等，即可求得

$$\tan\delta = \frac{1}{\omega C_x R_x} = \omega C_4 R_4 \qquad\qquad (3-5)$$

$$C_x = C_N \frac{R_4}{R_3} \times \frac{1}{1 + \tan^2\delta}$$

因 $\tan\delta$ 很小，$\tan^2\delta \ll 1$，故得

$$C_x \approx C_N \frac{R_4}{R_3} \qquad\qquad (3-6)$$

由于我国使用的电源频率为 50Hz，故 $\omega = 2\pi f = 100\pi$，为便于读数，在电桥制造时常取 $R_4 = \dfrac{10^4}{\pi} = 3184\Omega$，因此

$$\tan\delta = \omega C_4 R_4 = 100\pi \times \frac{10^4}{\pi} C_4 = 10^{-6} C_4(\text{F}) = C_4(\mu\text{F}) \qquad\qquad (3-7)$$

这样，当调节电桥平衡时，在分度盘上 C_4 的数值就直接以 $\tan\delta$（％）来表示，读取数值极为方便。

为了避免外界电场与电桥各部分之间产生的杂散电容对电桥产生干扰，电桥本体必须加以屏蔽，如图 3-4 中的虚线所示。由被试品和标准无损电容器连到电桥本体的引线也要使用屏蔽导线。在没有屏蔽时，由高压引线到 A、B 两点间的杂散电容分别与 C_x 与 C_N 并联（见图 3-4），将会影响电桥平衡。加上屏蔽后，上述杂散电容变为高压对地的电容，与整个电桥并联，就不影响电桥的平衡了。但加上屏蔽后，屏蔽与低压臂 3、4 间也有杂散电容存在，如果要进一步提高测量的标准度，必须消除它们的影响，但在一般情况下，由于低压臂的阻抗及电压降都很小，这些杂散电容的影响可以忽略不计。

二、接线方式

用国产 QS1 型电桥测量 $\tan\delta$ 时，常有两种接线方式。

1. 正接线

图 3-4 所示接线方式中，电桥的 C 点接到电源的高压端，D 点接地，这种接线称为正

接线。此种接线由于桥臂 1 及 2 的阻抗 Z_x 和 Z_N 的数值比 Z_3 和 Z_4 大得多，外加高电压大部分降落在桥臂 1 及 2 上，在调节部分 R_3 及 C_4 上的电压降通常只有几伏，对操作人员没有危险。为了防止被试品或标准电容器一旦发生击穿时在低压臂上出现高电压，在电桥的 A、B 点上和接地的屏蔽间接有放电管 F，以保证人身和设备的安全。正接线测量的准确度较高，试验时较安全，对操作人员无危险，但要求被试品不接地，两端部对地绝缘，故此种接线适用于试验室中，不适用于现场试验。

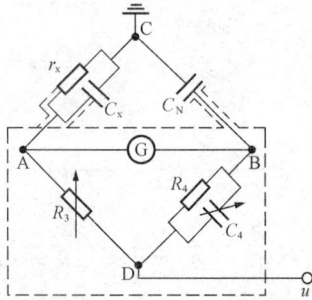

图 3-5　反接线原理图

2. 反接线

现场电气设备的外壳大都是接地的，当测量一极接地的试品的 $\tan\delta$ 时，可采用如图 3-5 所示的反接线方式，即把电桥的 D 点接到电源的高压端，而将 C 点接地。在这种接线中，被试品处于接地端，调节元件 R_3、C_4 处于高压端，因此电桥本体（图 3-4 虚线框内）的全部元件对机壳必须具有高绝缘强度，调节手柄的绝缘强度更应能保证人身安全，国产便于携带式 QS1 型电桥的接线即属这种方式。

三、干扰的产生与消除

在现场测量 $\tan\delta$ 时，特别是在 110kV 及以上的变电所进行测量时，被试品和桥体往往处在周围带电部分的电场作用范围之内，虽然电桥本体及连接线都采用了前面所述的屏蔽，但对被试品通常无法做到全部屏蔽，如图 3-6 所示。这时等值干扰电源电压 U' 就会通过与被试品高压电极间的杂散电容 C' 产生干扰电流 I'，因而影响测量的准确。

当电桥平衡时，流过检流计的电流 $I_G=0$，此时检流计支路可看作开路，干扰电流 I' 在通过 C' 以后分成两路，一路经 C_x 入地，另一路经 R_3 及试验变压器的漏抗入地，由于前者的阻抗远大于后者，故可以认为 I' 实际上全部流过 R_3。

在没有外电场干扰的情况下，电桥平衡时流过 R_3 的电流即为流过被试品的电流 I_x，相应的介质损耗角为 δ_x，如图 3-7 所示。有干扰时，由于干扰电流流过 R_3，改变了电桥的平衡条件，这时要电桥平衡就必须把 R_3 和 C_4 调整到新的数值。由于 C_4 值的改变，测得的损耗角 δ'_x 已不同于没有干扰时的实际损耗角 δ_x 了，因此对流过 R_3 的电流已变成 $\dot{I}'_x$，即相当于在 $\dot{I}_x$ 上叠加一个干扰电流 $-\dot{I}'$，$\dot{I}'_x$ 与 $\dot{I}_N$ 的夹角就是 δ'_x。同时 R_3 值的改变也引起了测得的 C_x 值改变。$\dot{I}'$ 引起 $\tan\delta$ 和 C_x 测量值的变化将随 $\dot{I}'$ 的数值和相位而定。在干扰源固定时，$\dot{I}'$ 的相量端点的轨迹为一圆。在某些情况下，当干扰结果使 $\dot{I}'$ 的相量端点落在图 3-7 所示的阴影部分的圆弧上时，$\tan\delta$ 值将变为负值，这时电桥在正常接线下已无法达到平衡，只有把 C_4 从桥臂 4 换接到桥臂 3 与 R_3 并联，才能使电桥平衡，并按照新的平衡条件计算出 $\tan\delta$ 值。当 $\dot{I}'$ 的相量端点落在图 3-7 中的 A、B 点时，即干扰电流 $\dot{I}'$ 与 $\dot{I}_x$ 同相或反相时，$\tan\delta$ 值不变，但此时的 I_x 值变大或变小，将引起测得的 C_x 值变大或变小。

为了避免干扰，消除或减小由电场干扰所引起的误差，可采用下列措施。

1. 尽量远离干扰源

在无法远离干扰源时，加设屏蔽，用金属屏蔽罩或网将被试品与干扰源隔开，并将屏蔽罩与电桥的屏蔽相连，以消除 C' 的影响，但这往往在实际上不易做到。

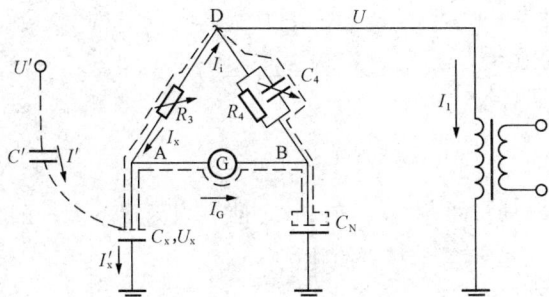

图 3-6　外界电源引起的电场干扰

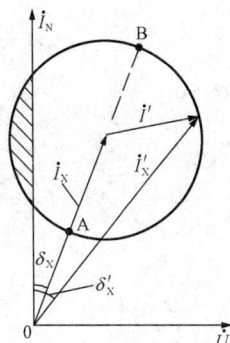

图 3-7　有电场干扰时的相量图

2. 采用移相电源

由图 3-7 可看出，在有干扰的情况下，只要使 $\dot{I}'$ 与 $\dot{I}_x$ 同相或反相，测得的 $\tan\delta$ 值不变，干扰电流 $\dot{I}'$ 的相位一般是无法改变的，但可以改变电源电压从而改变 $\dot{I}_x$ 的相位以达到上述目的。应用移相电源消除干扰时，在试验前先将 Z_4 短接，将 R_3 调到最大值，使干扰电流尽量通过检流计（因其内阻很小），并调节移相电源的相角和电压幅值，使检流计指示达最小，这表明 $\dot{I}_x$ 与 $\dot{I}'$ 相位相反，移相任务已经完成，即可退去电源电压，保持移相电源相位，拆除 Z_4 间的短接线，然后正式开始测量。若在电源电压正、反相二种情况下测得的 $\tan\delta$ 值相等，说明移相效果良好，此时测得的 $\tan\delta$ 为真实值。但正、反相两次所测得的电流分别为 $I_{0A}=I_x-I'$ 和 $I_{0B}=I_x+I'$，故 $I_x=\dfrac{1}{2}(I_{0A}+I_{0B})$，因此，被试品电容的实际值应为正、反相两次测得的平均值。用移相法基本上可以消除同频率的电场干扰所造成的测量误差。

3. 采用倒相法

倒相法是一种比较简便的方法。测量时将电源正接和反接各测一次，得到二组测量结果 $\tan\delta_1$、C_1 和 $\tan\delta_2$、C_2，然后进行计算求得 $\tan\delta$ 值和 C_x 值。

图 3-8 表示被试品电流 $\dot{I}_x$ 和干扰电流 $\dot{I}'$ 的相量图。在图中，当电源反相时，实际上就相当于把干扰电流反相变成 $-\dot{I}'$ 而其余相量不动，故在图中用反相的 $\dot{I}'$ 代替反相的 $\dot{I}_x$，这样使分析比较方便，而其结果是一样的。

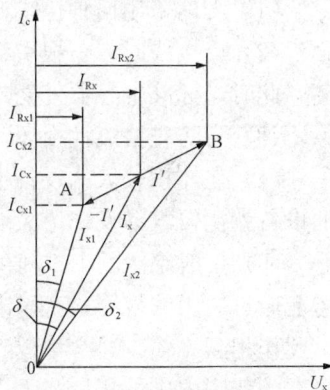

图 3-8　用倒相法消除干扰的相量图

由图 3-8 中可看出

$$\tan\delta_1=\frac{I_{Rx1}}{I_{Cx1}}$$

$$\tan\delta_2=\frac{I_{Rx2}}{I_{Cx2}}$$

$$\tan\delta=\frac{(I_{Rx1}+I_{Rx2})/2}{(I_{Cx1}+I_{Cx2})/2}=\frac{I_{Cx1}\tan\delta_1+I_{Cx2}\tan\delta_2}{I_{Cx1}+I_{Cx2}}$$

由于 $I_{Cx1}=U\omega C_1$，$I_{Cx2}=U\omega C_2$，代入上式可得

$$\tan\delta = \frac{C_1\tan\delta_1 + C_2\tan\delta_2}{C_1 + C_2} \tag{3-8}$$

又因 $\qquad I_C = U\omega C_x = \frac{I_{Cx1} + I_{Cx2}}{2} = \frac{U\omega C_1 + U\omega C_2}{2}$

故得 $\qquad C_x = \frac{C_1 + C_2}{2} \tag{3-9}$

应用式（3-8）和式（3-9）可以正确地计算出 $\tan\delta$ 值和 C_x 值。当干扰不大，即 $\tan\delta_1$ 与 $\tan\delta_2$ 相差不大、C_1 与 C_2 相差不大时，式（3-8）可简化为

$$\tan\delta = \frac{\tan\delta_1 + \tan\delta_2}{2} \tag{3-10}$$

即可取两次测量结果的平均值，作为被试品的介质损耗角正切值。

在现场进行测量时，不但受到电场的干扰，还可能受到磁场的干扰。一般情况下，磁场的干扰较小，而且电桥本体都有磁屏蔽，C_x 及 C_N 的引线虽较长，但其阻抗较大，感应弱时，不能引起大的干扰电流。但当电桥靠近电抗器等漏磁通较大的设备时，磁场的干扰较为显著。通常，这一干扰主要是由于磁场作用下电桥检流计内的电流线圈回路所引起的。可以把检流计的极性转换开关放在断开位置，此时如果光带变宽，即说明有此种干扰。为了消除干扰的影响，可设法将电桥移到磁场干扰范围以外。若不能做到，则可以改变检流计极性开关进行两次测量，用两次测量的平均值作为测量结果，以减小磁场干扰的影响。

四、测量 $\tan\delta$ 时的注意事项

（1）无论采用何种接线方式，电桥本体必须良好接地。

（2）反接线时，三根引线均处于高压，必须悬空，与周围接地体应保持足够的绝缘距离。此时，标准电容器外壳带高电压，也不应有接地的物体与外壳相碰。

（3）为防止检流计损坏，应在检流计灵敏度最低时接通或断开电源。

（4）在体积较大的设备中存在局部缺陷时，测量总体的 $\tan\delta$ 不易反映；而对体积较小的设备就比较容易发现绝缘缺陷，为此，对能分开测量的试品应尽量分开测量。

（5）一般绝缘的 $\tan\delta$ 值均随温度的上升而增大。各种试品在不同温度下的 $\tan\delta$ 值也不可能通过通用的换算式获得准确的换算结果。故应争取在差不多的温度下测量 $\tan\delta$ 值，并以此作相互比较。通常都以 20℃ 时的值作为标准（绝缘油例外）。为此，一般要求在 10～30℃ 的范围内进行测量。

（6）试验时被试品的表面应当干燥、清洁，以消除表面泄漏电流的影响。

（7）在进行变压器、电压互感器等绕组的 $\tan\delta$ 值和电容值的测量时，应将被试设备所有绕组的首尾短接起来，否则会产生很大的误差。

第三节　局部放电的测量

高压设备绝缘内部不可避免地存在着一些气泡、空隙、杂质和污秽等缺陷。这些缺陷有些是在制造过程中未去净的，有些是在运行过程中由于绝缘介质的老化、分解而产生的。在运行中这些缺陷会逐渐发展。在强电场作用下，当这些气隙、气泡或局部固体绝缘表面上的场强达到一定数值时，有缺陷处就可能产生局部放电。

局部放电并不立即形成贯穿性的通道，而仅仅分散地发生在极微小的局部空间内，故在当时它几乎并不影响整个介质的击穿电压。但是，局部放电所产生的电子、离子在电场作用下运动，撞击气隙表面的绝缘材料，会使电介质逐渐分解、破坏。放电产生的导电性和活性气体会氧化、腐蚀介质。同时，局部放电使该处的局部电场畸变加剧，进一步加剧了局部放电的强度。局部放电处也可能产生局部的高温，使绝缘产生不可恢复的损伤（脆化、炭化等），这些损伤在长期的运行中继续不断扩大，加速了介质的老化和破坏，发展到一定程度时，有可能导致整个绝缘在工作电压下发生击穿或沿面闪络，故测定绝缘在不同电压下局部放电强度的规律能显示绝缘的情况。它是一种判断绝缘在长期运行中性能好坏的较好的方法。

一、测量原理

图 3 - 9 是局部放电的等值电路图。图中 C_0 为气泡的电容，C_1 为与气泡串联的绝缘部分的电容，C_2 为完好绝缘部分的电容，Z 为相应于气隙放电脉冲频率的电源阻抗，F 表示放电间隙。当绝缘介质中有气泡时，由于气体的介电常数比固体介质的介电常数小，气泡中的电场强度比固体介质中的电场强度大，而气体的绝缘强度又比固体介质的绝缘强度低，故当外加电压达一定值时，气泡中首先开始放电。图 3 - 9 （a）是介质中有气泡时的情况，图 3 - 9 （b）是它的等值电路。当电源电压瞬时值上升到某一数值 U_T 时，间隙 F 上的电压为 $U_F = \dfrac{C_1}{C_0 + C_1} U_T$，假定这时恰好能引起间隙 F 放电。放电时，放电产生的空间电荷建立反电场，使 C_0 上的电压急剧下降到剩余电压 U_s 时，放电就此熄灭。气隙恢复绝缘性能。由于外加电压 U 还在上升，使气隙上的电压又随之充电达到气隙的击穿电压 U_F 时，气隙又开始第二次放电，此时的电压、电流波形如图 3 - 10 所示。这样，由于充放电使局部放电重复进行，就在电路中产生脉冲电流。C_0 放电时，其放电电荷量为

$$q_s = \left(C_0 + \frac{C_1 C_2}{C_1 + C_2}\right)(U_F - U_s) \approx (C_0 + C_1)(U_F - U_s) \tag{3-11}$$

式中 q_s——真实放电量，但因 C_0、C_1 等实际上无法测定，因此 q_s 也无法测得。

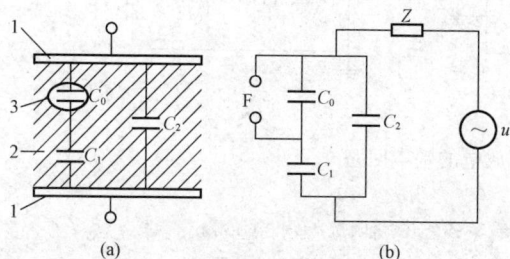

图 3 - 9 局部放电的等值电路
（a）介质中有气泡；（b）等值电路
1—电极；2—绝缘介质；3—气泡

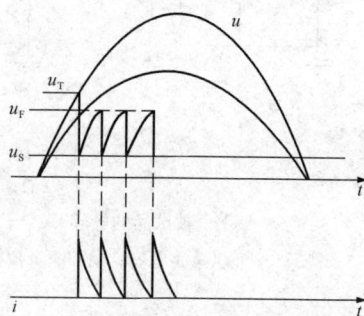

图 3 - 10 气隙放电时的电压和电流波形

由于气隙放电引起的电压变动 $(U_F - U_s)$ 将按反比分配在 C_1、C_2 上（从气隙两端看，C_1、C_2 是相串联的），故在 C_2 上的电压变动 ΔU 应为

$$\Delta U = \frac{C_1}{C_1 + C_2}(U_F - U_s)$$

这就是说，当气隙放电时，试品两端电压也突然下降 ΔU，相应于试品放掉电荷

$$q = (C_1 + C_2)\Delta U = C_1(U_F - U_s) \qquad (3\text{-}12)$$

式中　q——视在放电量。

　　q 虽然可以由电源加以补充，但必须通过电源侧的阻抗，因此，ΔU 及 q 值是可以测量到的。通常将 q 作为度量局部放电强度的参数。比较式（3-11）及式（3-12）可得

$$q = \left(\frac{C_1}{C_0 + C_1}\right)q_s \qquad (3\text{-}13)$$

即视在放电量比真实放电量小得多。

二、测量回路

　　当电气设备绝缘内部发生局部放电时，将伴随着出现许多现象，有些属于电现象，如电脉冲、介质损耗的增大和电磁波辐射等；有些属于非电的现象，如光、热、噪声、气体压力的变化和化学变化等。可以利用这些现象来判断和检测是否存在局部放电。因此，检测局部放电的方法也可以分为电和非电两类。但在大多数情况下，非电的测试方法都不够灵敏，多半属于定性的，即只能判断是否存在局部放电，而不能借以进行定量的分析，而且有些非电的测试必须打开设备才能进行，很不方便。目前得到广泛应用而且比较成功的方法是电的方法，即测量绝缘中的气隙发生放电时的电脉冲，它是将被试品两端的电压突变转化为检测回路中的脉冲电流，利用它不仅可以判断局部放电的有无，还可测定放电的强弱。

　　前面已经指出，当试品中的气隙放电时，相当于试品失去电荷（视在放电量）q，并使其端电压突然下降 ΔU，这个一般只有微伏级的电压脉冲叠加在数量级为千伏的外施电压上。局部放电测试设备的工作原理就是把这种电压脉冲检测反映出来。图 3-11 是目前国际上推荐的三种测量局部放电的基本回路。

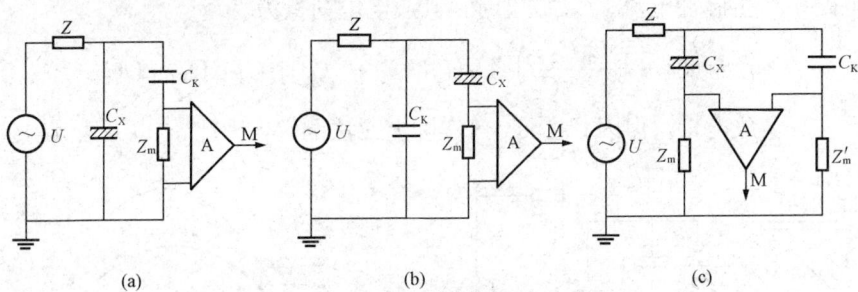

图 3-11　测量局部放电的基本回路

(a)、(b) 直接法；(c) 平衡法

C_x—被试品的电容；C_K—耦合电容；Z_m、Z_m'—测量阻抗；U—电压源；

A—放大器；M—测量仪器；Z—接在电源和测量回路间的低通滤波器

　　图 3-11（a）及（b）电路的目的都是要把一定电压作用下被试品 C_x 中由于局部放电产生的脉冲电流作用到检测用的阻抗 Z_m 上，然后将 Z_m 上的电压经放大器 A 放大后送到测量仪器 M 中去，根据 Z_m 上的电压，可推算出局部放电视在放电量 q。

　　为了达到上述目的，首先想到的是将测量阻抗 Z_m 直接串联接在被试品 C_x 低压端与地之间，如图 3-11（b）所示的串联测量回路。由于变压器绕组对高频脉冲具有很大的感抗，阻塞高频脉冲电流的流通，所以必须另加耦合电容器 C_K 形成低阻抗的通道。

　　为了防止电源噪声流入测量回路以及被试品局部放电脉冲电流流到电源去，在电源与测

量回路间接入一个低通滤波器 Z，它可以让工频电压作用到被试品上，但阻止被测的高频脉冲或电源的高频成分通过。

测量时，图 3-11（b）的串联测量电路中，被试品的低压端必须与地绝缘，故不适用于现场试验。为此，可将图 3-11（b）中的 C_x 与 C_K 的位置相互对调，组成图 3-11（a）所示的并联测量电路，Z_m 与被试品 C_x 并联。不难看出，两者对高频脉冲电流的回路是相同的，都是串联地流经 C_x、C_K 与 Z_m 三个元件，在理论上两者的灵敏度也是相等的，但并联测试电路可适用于被试品一端接地的情况，在实际测量中使用较多。

直接法测量的缺点是抗干扰性能较差。为了提高抗外来干扰的能力，可以采用图 3-11（c）所示的桥式测量回路（又称平衡测量回路，简称平衡法）。被试品 C_x 及耦合电容器 C_K 的低压端与地之间，测量仪器测量 Z_m 和 Z'_m 上的电压差。因为电源及外部干扰在 Z_m 及 Z'_m 上产生的信号基本上可以互相抵消，故此回路抗外部干扰的性能良好。

所有上述回路，都希望阻抗 Z 及耦合电容器 C_K 本身在试验电压下不发生局部放电，一般情况下，希望电容 C_K 的值不小于 C_x，以增加 Z_m 上的信号，同时 Z_m 的值应小于 Z，使得在局部放电时，C_K 与 C_x 之间能较快地转换电荷，但从电源重新充电的过程则较缓慢。上述两个过程，使 Z_m 上出现电压脉冲，经放大后，用适当的仪器（示波器、脉冲电压表、脉冲计数器）进行测量。为了知道测量仪器上显示的信号在一定的测量灵敏度下代表多大的放电量，必须对测量装置进行校准（常用方波定量法校准）。

局部放电的另一种测量方法是测 $\tan\delta$ 的方法，测量出 $\tan\delta=f(u)$ 的曲线，曲线开始上升的电压 U_0 即为局部放电起始电压，但与上述测量放电脉冲法相比较，测 $\tan\delta$ 的灵敏度较低，特别是对变电设备来说，由于测 $\tan\delta$ 的 QS1 型电桥的额定电压远低于设备的工作电压，故测量 $\tan\delta$ 通常难以反映绝缘内部在工作电压下的局部放电缺陷。

局部放电试验用于测量套管、电机、变压器、电缆等绝缘的裂缝、气泡等内在的局部缺陷（特别是在程度上尚较轻时）是一个比较有效的方法。经过多年来的研究改进，此项试验方法已逐渐趋于成熟，很多制造厂和运行厂已将测试局部放电列入试验的项目，并取得了较为显著的成效。

三、注意事项

测量局部放电时，除了一些高压试验的注意事项外，还必须注意：

（1）试验前，被试品的绝缘表面应当清洁干燥，大型油浸式试品移动后需停放一定时间，试验时试样的温度应处于环境温度。

（2）测量时应尽量避免外界的干扰源，有条件时最好用独立电源。试验最好在屏蔽室内进行。

（3）高压试验变压器、检测回路和测量仪器三者的地线需连成一体，并应单独用一根地线，以保证试验安全和减少干扰。高压引线应注意接触可靠和静电屏蔽，并远离测量线和地线，以避免假信号引入仪器。

（4）仪器的输入单元应接近被试品，与被试品相连的线越短越好，试验回路尽可能紧凑，被试品周围的物体应良好接地。

第四节　工频耐压试验

工频耐压试验是鉴定电气设备绝缘强度的最有效和最直接的方法。它可用来确定电气设备绝缘的耐受水平，它可以判断电气设备能否继续运行。它是避免在运行中发生绝缘事故的重要手段。

工频耐压试验时，对电气设备绝缘施加比工作电压高得多的试验电压，这些试验电压称为电气设备的绝缘水平。耐压试验能够有效地发现导致绝缘抗电强度降低的各种缺陷。为避免试验时损坏设备，工频耐压试验必须在一系列非破坏性试验之后再进行，只有经过非破坏性试验合格后，才允许进行工频耐压试验。

对于 220kV 及以下的电气设备，一般用工频耐压试验来考验其耐受工作电压和操作过电压的能力，用全波冲击电压试验来考验其耐受大气过电压的能力。但必须指出，在这种系统中确定工频试验电压时，同时考虑了内过电压和大气过电压的作用。而且由于工频耐压试验比较简单，因此，通常把工频耐压试验列为大部分电气产品的出厂试验。所以，在交接和绝缘预防性试验中都需要进行工频耐压试验。

作为基本试验的工频耐压试验，如何选择恰当的试验电压值是一个重要的问题，若试验电压过低，则设备绝缘在运行中的可靠性也降低，在过电压作用下发生击穿的可能性增加；若试验电压选择过高，则在试验时发生击穿的可能性增加，从而增加检修的工作量和检修费用。一般考虑到运行中绝缘的老化及累积效应、过电压的大小等，对不同设备需加以区别对待，这主要由运行经验来决定。我国有关国家标准以及我国原电力工业部颁发的《电力设备预防性试验规程》中，对各类电气设备的试验电压都有具体的规定。

按国家标准规定，进行工频交流耐压试验时，在绝缘上施加工频试验电压后，要求持续1min，这个时间的长短一是保证全面观察被试品的情况，同时也能使设备隐藏的绝缘缺陷来得及暴露出来。该时间不宜太长，以免引起不应有的绝缘损伤，使本来合格的绝缘发生热击穿。运行经验表明，凡经受得住 1min 工频耐压试验的电气设备，一般都能保证安全运行。

一、工频耐压试验接线

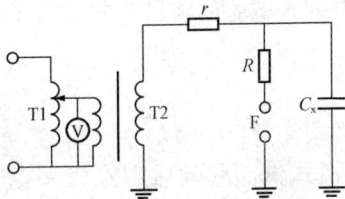

图 3 - 12　工频耐压试验接线

T1—调压器；T2—工频试验变压器；

C_x—被试品电容；r—保护电阻；

F—测量球隙；R—球隙保护电阻

对电气设备进行工频耐压试验时，常利用工频高压试验变压器来获得工频高压，其接线如图 3 - 12 所示。

通常被试品都是电容性负载。试验时，电压应从零开始逐渐升高。如果在工频试验变压器一次绕组上不是由零逐渐升压，而是突然加压，则由于励磁涌流，会在被试品上出现过电压；或者在试验过程中突然将电源切断，这相当于切除空载变压器（小电容试品时）也将引起过电压，因此，必须通过调压器逐渐升压和降压。r 是工频试验变压器的保护电阻，试验时，如果被试品突然击穿或放电，

工频试验变压器不仅由于短路会产生过电流，而且还将由于绕组内部的电磁振荡，在工频试验变压器匝间或层间绝缘上引起过电压，为此在工频试验变压器高压出线端串联一个保护电阻 r。保护电阻 r 的数值不应太大或太小。阻值太小，短路电流过大，起不到应有的保护作用；阻值太大，会在正常工作时由于负载电流而有较大的电压降和功率损耗，从而影响到加在被试品上的电压值。一般 r 的数值可按将回路放电电流限制到工频试验变压器额定电流的 $1\sim4$ 倍左右来选择，通常取 $0.1\Omega/\mathrm{V}$。保护电阻应有足够的热容量和足够的长度，以保证当被试品击穿时，不会发生沿面闪络。

二、工频试验变压器

产生工频高压最主要的设备是工频高压试验变压器，它是高压试验的基本设备之一。工频试验变压器的工作原理与电力变压器相同，但由于用途不同，工频试验变压器又具有以下一些特点。

1. 工频试验变压器的特点

工频高压试验变压器的工作电压很高，一般都做成单相的，变比较大，而且要求工作电压在很大的范围内调节。由于其工作电压高，对绕组绝缘需要特别考虑，为减轻绝缘的负担，应使绕组中的电位分布尽量保持均匀，这就要适当固定某些点的电位，以免在试验中因被试品绝缘损坏发生放电所引起的过渡过程使电位分布偏离正常情况太多，可能导致其绝缘损坏。当试验变压器的电压过高时，试验变压器的体积很大，出线套管也较复杂，给制造工艺上带来很大的困难。故单个的单相试验变压器的额定电压一般只做到 750kV，更高电压时可采用串级获得。三相的工频高压试验变压器用得很少，必要时可用三个单相试验变压器组合成三相。

工频试验变压器工作时，不会遭受到大气过电压或电力系统内过电压的作用，而且不是连续运行，因此其绝缘裕度很低。在使用时应该严格控制其最大工作电压不超过额定值。

工频试验变压器的额定容量应满足被试品击穿（或闪络）前的电容电流和泄漏电流的需要，在被试品击穿或闪络后能短时地维持电弧。这就是说，试验变压器的容量应保证在正常试验时被试品上有必需的电压，而在被试品击穿或闪络时，应保证有一定的短路电流，所以试验变压器的容量一般是不大的。一般情况下，由于其负载大都是电容性的，根据电容电流的要求，工频试验变压器的容量可按被试品的电容来确定，即

$$S = \frac{2\pi f C_x U^2}{1000} \tag{3-14}$$

式中　U——被试品的试验电压，kV；

　　　C_x——被试品的电容，μF；

　　　f——电源的频率（50），Hz；

　　　S——工频试验变压器的容量，kVA。

工频试验变压器的高压侧额定电流在 0.1～1A 范围内，电压在 250kV 及以上时，一般为 1A，对于大多数试品，一般可以满足试验要求。

由于工频试验变压器的工作电压高，需要采用较厚的绝缘及较宽的间隙距离，所以其漏磁通较大，短路电抗值也较大，试验时允许通过短时的短路电流。

工频试验变压器在使用时间上也有限制，通常均为间歇工作方式，一般不允许在额定电压下长时间的连续使用，只有在电压和电流远低于额定值时才允许长期连续使用。

由于工频试验变压器的容量小、工作时间短，因此，工频试验变压器不需要像电力变压器那样装设散热管及其他附加散热装置。

工频高压试验变压器大多数为油浸式，有金属壳及绝缘壳两类。金属壳变压器又可分为单套管和双套管两类。单套管变压器的高压绕组一端接外壳接地，另一端（高压端）经高压套管引出，如果采用绝缘外壳，就不需要套管了；双套管变压器的高压绕组的中点通常与外壳相连，两端经两个套管引出，这样，每个套管所承受的电压只有额定电压的一半，因而可以减小套管的尺寸和质量，当使用这种形式的试验变压器时，若高压绕组的一端接地，则外

壳应当按额定电压的一半对地绝缘起来。

国产的工频试验变压器的容量如下，对于额定电压为 50kV 时，容量为 5kVA，即高压绕组的额定电流为 0.1A；对于额定电压为 100kV 时，容量为 10kVA 或 25kVA，即高压绕组的额定电流为 0.1A 或 0.25A；对额定电压为 150kV，容量为 25kVA 或 100kVA，即高压绕组的额定电流为 0.167A 或 0.67A；对额定电压为 250～2250kV 的工频试验变压器，高压绕组的额定电流均取 1A。

2. 串接式工频试验变压器

如前所述，当单台工频试验变压器的额定电压提高时，其体积和质量将迅速增加，不仅在绝缘结构的制造上带来困难，而且费用也大幅度增加，给运输上亦增加了困难，因此，对于需要 500～750kV 以上的工频试验变压器时，常将 2～3 台较低电压的工频试验变压器串接起来使用。这在经济上、技术上和运输方面都有很大的优点，使用上也较灵活，还可将三台接成三相使用，万一有一台试验变压器发生故障，也便于检修，故串接装置目前应用较广。

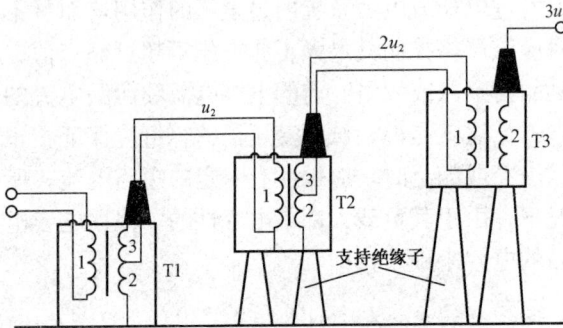

图 3-13 是常用的三台试验变压器串接的原理接线图。由图中可看到，三台工频试验变压器的高压绕组互相串联，后一级工频试验变压器的电源由前一级工频试验变压器高压端的激磁绕组供给。因此，第Ⅱ台工频试验变压器的铁芯和外壳的对地电位应与第Ⅰ台工频试验变压器高压绕组的额定电压 U 相等，所以它必须用绝缘支架或支柱绝缘子支承起来，绝缘支架或支持绝缘子应能耐受电压 U。同理，第Ⅲ台工频试验

图 3-13　三台工频试验变压器串接的原理接线
1—低压绕组；2—高压绕组；3—供给第二级的激磁绕组

变压器的铁芯和外壳的对地电压为 $2U$，它也必须用耐受电压为 $2U$ 的绝缘支架或支柱绝缘子支承起来。而三台工频试验变压器高压绕组串接后的输出电压为 $3U$。

串接的工频试验变压器装置中，各工频试验变压器高压绕组的容量是相同的，设为 S，但各低压绕组和激磁绕组的容量并不相等，若忽略其损耗，则第Ⅲ台工频试验变压器低压绕组的容量亦为 S；第Ⅱ台工频试验变压器的输出容量分为两部分，一部分由高压绕组供给负载，容量为 S，另一部分由激磁绕组供给第Ⅲ台工频试验变压器低压绕组，其容量亦为 S，因此，第Ⅱ台工频试验变压器的容量为 $2S$；同理可推出，第Ⅰ台工频试验变压器的输出容量 S_{sh} 为 $3S$。所以，三台串接的工频试验变压器装置中，每台工频试验变压器的容量是不相同的，三台试验变压器的容量之比为 3：2：1。三台工频试验变压器串接，其输出容量 $S_{sh}=3S$，如果串接的台数为 n，则总的输出容量为 nS，而总的装置容量为

$$S_{zh} = S + 2S + 3S + \cdots + nS$$
$$= S(1 + 2 + 3 + \cdots + n)$$
$$= \frac{n(n+1)}{2}S$$

这样，n 级串接装置容量的利用系数为

$$\eta = \frac{S_{sh}}{S_{zh}} = \frac{nS}{\dfrac{n(n+1)S}{2}} = \frac{2}{n+1} \qquad (3-15)$$

由以上分析可见，随着工频试验变压器串接台数的增加，其利用系数越来越小，而且串接装置的漏抗比较大，串接的台数越多，漏抗越大，加上工频试验变压器外壳对地电容的影响，每台工频试验变压器上的电压分布都不均匀，因此，串接试验变压器串接的台数不宜过多，一般不超过三台。

三、调压方式

1. 对工频试验变压器调压的基本要求

（1）电压可由零至最大值之间均匀地调节；

（2）不引起电源波形的畸变；

（3）调压器本身的阻抗小、损耗小、不因调压器而给试验设备带来较大的电压损失；

（4）调节方便、体积小、质量轻、价廉等。

2. 常用的调压方式

（1）用自耦调压器调压。自耦调压器是最常用的调压器，其特点为调压范围广、漏抗小、功率损耗小、波形畸变小、体积小、质量轻、结构简单、价格廉、携带和使用方便等。当工频试验变压器的容量不大时（单相不超过 10kVA），它被普遍使用。但由于它存在滑动触头，当工频试验变压器的容量较大时，调压器滑动触头与线圈接触处的发热较严重，因此，这种调压方式只适用于小容量工频试验变压器中的调压。

（2）用移圈式调压器调压。用移圈式调压器调压不存在滑动触头及直接短路线匝的问题，功率损耗小，容量可做得很大，调压均匀。但移圈式调压器本身的感抗较大，且随调压器所处的位置而变，但波形稍有畸变，这种调压方式被广泛地应用在对波形的要求不是十分严格，额定电压为 100kV 及以上的工频试验变压器上。

移圈式调压器的原理接线与结构示意图如图 3-14 所示。带补偿绕组和无补偿绕组的调压器的工作原理相同。通常主绕组 C 和辅助绕组 D 匝数相等而绕向相反，两绕组互相串联起来组成一次绕组。短路线圈 K 套在主绕组和辅助绕组的外面。通过短路线圈的上下移动就可以调节调压器的输出电压。

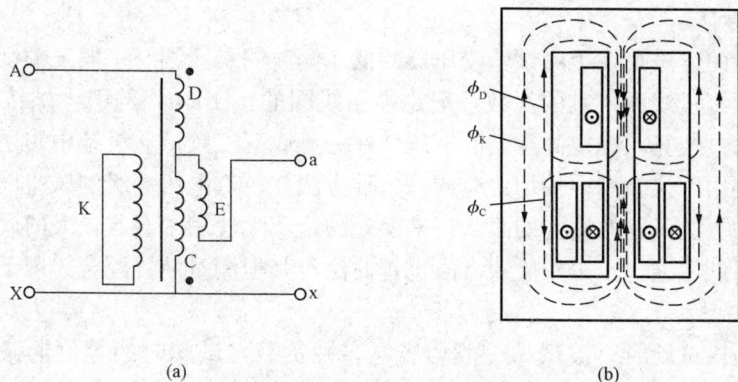

图 3-14 移圈调压器原理接线及结构示意图

（a）原理接线；（b）结构示意图

当调压器的一次绕组 AX 端加上电源电压 U_1 后，若不存在短路线圈 K，则主绕组 C 和辅助绕组 D 上的电压各为 $\dfrac{U_1}{2}$。由于两绕组 C 和 D 的绕向相反，它们产生的主磁通 ϕ_C 和 ϕ_D 方向也相反，ϕ_C 和 ϕ_D 只能分别通过非导磁材料（干式调压器主要是空气，油浸式调压器则为油介质）自成闭合回路［图 3-14（b）所示］。由于短路线圈 K 的存在，铁芯中的磁通分布将发生相应的变化。当短路线圈 K 处在最下端，完全套住绕组 C 时，绕组 C 产生的磁通 ϕ_C 几乎完全为短路线圈 K 感应产生的反磁通 ϕ_K 所抵消，绕组 C 上的电压降接近于零，亦即输出电压 $U_2 \approx 0$。电源电压 U_1 几乎全部降落在绕组 D 上。

当短路线圈 K 位于最上端时，情况正好相反。绕组 D 上的电压降几乎为零，电源电压 U_1 完全降落在绕组 C 上，输出电压 $U_2 \approx U_1$。而当短路线圈 K 由最下端连续而平稳地向上移动时，输出电压 U_2 即由零逐渐均匀的升高，这样就实现了调压。

一般移圈式调压器还在主绕组 C 上增加一个补偿绕组 E，其作用是补偿调压器内部的电压降落，并使调压器的输出电压稍高于输入电压。

移圈式调压器没有滑动触头，容量可做得较大。可从几十千伏安到几千千伏安。适用于大容量试验变压器的调压。移圈式调压器的主要缺点之一是短路阻抗较大，因而减小了工频高压试验下的短路容量。另外，移圈式调压器的主磁通要经过一段非导磁材料，磁阻很大，因此，空载电流很大，约达额定电流的 1/4～1/3。

（3）用单相感应调压器调压。调压性能与移圈式调压器相似，对波形的畸变较小，但调压器本身的感抗较大，且价格较贵，故一般很少采用。

（4）用电动机—发电机组调压。采用这种调压方式不受电网电压质量的影响，可以得到很好的正弦电压波形和均匀的电压调节，如果采用直流电动机做原动机，则还可以调节试验电压的频率。但这种调压方式所需要的投资及运用费用都很大，运行和管理的技术水平也要求较高，故这种调压方式只适宜对试验要求很严格的大型试验基地。

四、工频高压的测量

在工频耐压试验中，试验电压的准确测量也是一个关键的环节。工频高压的测量应该既方便又能保证有足够的准确度，其幅值或有效值的测量误差应不大于 3%。

测量工频高压的方法很多，概括起来讲可以分为两类：即低压侧测量和高压侧测量。

1. 低压侧测量

低压侧测量的方法是在工频试验变压器的低压侧或测量线圈（一般工频试验变压器中设有仪表线圈或称测量线圈，它的匝数一般是高压线圈的 1/1000）的引出端接上相应量程的电压表，然后通过换算，确定高压侧的电压。在一些成套工频试验设备中，还常常把低压电压表的刻度直接用千伏表示，使用更方便。这种方法在较低电压等级的试验设备中，应用很普遍。由于这种方法只是按固定的匝数比来换算的，实际使用中会有较大的误差，一般在试验前应对高压与低压之比予以校验。有时也将此法与其他测量装置配合，用于辅助测量。

2. 高压侧测量

进行工频耐压试验时，被试品一般均属电容性负载，试验时的等值电路如图 3-15 所示。电路图中 r 为工频试验变压器的保护电阻的电阻值，X_L 表示试验变压器的漏抗，C_x 为被试品的电容。在对重要设备，特别是容量较大的设备进行工频耐压试验时，由于被试品的电容 C_x 较大，流过试验回路的电流为一电容电流 I_c，I_c 在工频试验变压器的漏抗 X_L 上将产生一个与被试品上的电压 U_{Cx} 反方向的电压降落 I_CX_L，如图 3-16 中所示，从而导致被试品上的电压比工频试验变压器高压侧的输出电压还高，此种现象称为"容升现象"，也称"电容效应"。由于"电容效应"的存在，就要求直接在被试品的两端测量电压，否则将会产生很大的测量误差；也可能会人为地造成绝缘损伤。被试品的电容量及试验变压器的漏抗越大，则"电容效应"越显著。

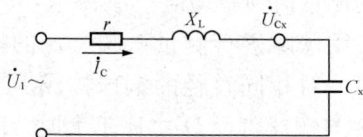

图 3-15　工频试验变压器在耐压　　　　图 3-16　电容效应引起
试验时的简化等值电路　　　　　　　的电压升高

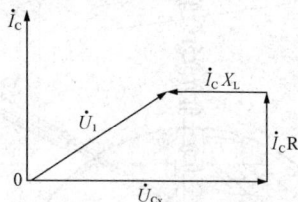

在工频试验变压器高压侧直接测量工频高压的方法有以下几种。

（1）用静电电压表测量工频电压的有效值。静电电压表是现场常用的高压测量仪表。测量时，将静电电压表并接于被试品的两端，即可直接读出加于被试品上的高电压值。静电电压表的工作原理图如图 3-17 所示。它由两个电极组成，固定电极 1 接至被测量的高压 U，可动电极 3 由悬丝支持、接地，并和屏蔽电极 2 连接在一起。屏蔽电极的作用是避免边缘效应和外电场的影响，使固定电极和可动电极间的电场均匀。被测量的电

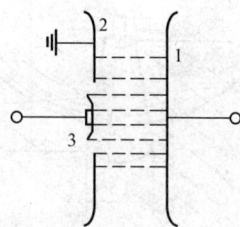

图 3-17　静电电压表工作原理图
1—固定电极；2—屏蔽电极；3—可动电极

压 U 加在平板电极 1 和 3 之间，电极 2 中间有一个小窗口，放置可动电极 3，在电场力的作用下，电极 3 可绕其支点转动。若两电极间的电容量为 C，所加的电压为 U，则两电极间的电场能量 $W_C=\dfrac{1}{2}CU^2$。在电场力的作用下，可动电极 3 绕支点转动的转矩为

$$M_1=\frac{dW_C}{d\alpha}=\frac{d}{d\alpha}\left(\frac{1}{2}CU^2\right)=\frac{1}{2}U^2\frac{dC}{d\alpha}$$

式中　α——偏转角；

　　　C——可动电极 3 与固定电极 1 之间的电容；

　　　W_C——电容 C 在外加电压为 U 时储藏的能量。

力矩 M_1 由悬挂可动电极的悬丝（或弹簧）所产生的反作用力矩 M_2 来平衡，即

$$M_2=K\alpha$$

式中　K——常数。

在平衡时，$M_1=M_2$，于是得

$$\alpha=\frac{1}{2K}U^2\frac{dC}{d\alpha} \tag{3-16}$$

由式（3-16）可见，偏转角 α 的大小和被测电压 U^2 及 $\dfrac{dC}{d\alpha}$ 有关，而 $\dfrac{dC}{d\alpha}$ 决定于静电电压表的电极形式，为使静电电压表的刻度比较均匀，常将可动电极做成特殊的形状，使 $\dfrac{dC}{d\alpha}$ 随 α

的增加而减小。α 的大小由固定在悬丝上的小镜片经一套光系统，将光反射到刻度尺上来读数。

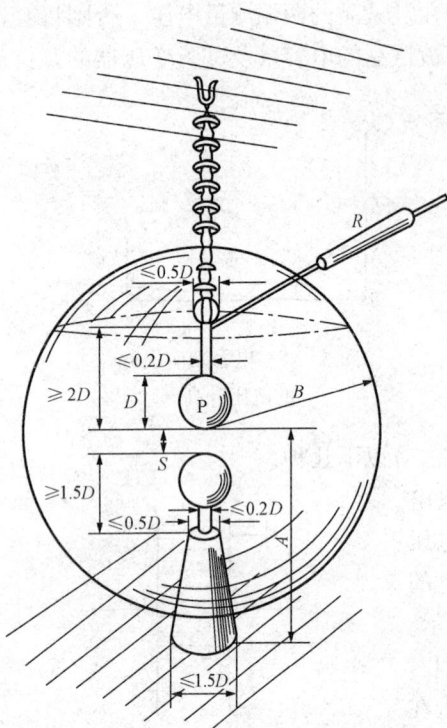

图 3-18　垂直球隙及应保证的尺寸
P—高压球的放电点；R—球隙保护电阻

由于 α 与 U^2 成正比，故用静电电压表测得的数值为交流电压的有效值；用静电电压表测直流电压时，当脉动系数不超过 20% 时，测得的数值与平均值的误差不超过 1%，故可视在直流下静电电压表的测量值为平均值。

（2）用球隙进行测量工频电压的幅值。测量球隙是由一对相同直径的铜球构成。当球隙之间的距离 S 与铜球直径 D 之比不大时，两铜球间隙之间的电场为稍不均匀电场，放电时延很小，伏秒特性较平，分散性也较小。在一定的球隙距离下，球隙间具有相当稳定的放电电压值。因此，用球隙不但可以用来测量交流电压的幅值，还可用来测量直流高压和冲击电压的幅值。

测量球隙可以水平布置（直径 25cm 以下大都用水平布置），也可作垂直布置。使用时，一般一极接地。测量球隙的球表面要光滑，曲率要均匀，对球隙的结构、尺寸、导线连接和安装空间的尺寸如图 3-18 所示。使用时下球极接地，上球极接高压。

标准球径的球隙放电电压与球间隙距离的关系已制成国际通用的标准表（见附录中的附表 3）。

当 $\frac{S}{D} \leqslant 0.5$ 且满足其他有关规定时，用球隙测量的准确度可保持在 ±3% 以内，当 $\frac{S}{D}$ 在 0.5～0.75 时，其准确度较差，所以附表中的数值加括号。由此可见，测量较高的电压应使用直径较大的球隙。

球隙放电点 P（图 3-18）对地面的高度 A 以及对其他带电或接地物体的距离 S 应满足表 3-1 的要求，以免影响球隙的电场分布及测量的准确度。

表 3-1　　　　　　　　　　　　　　　球隙对地和周围空间的要求

球极直径 D（cm）	A 的最小值	A 的最大值	B 的最小值
6.25 及以下	7D	9D	14S
10～15	6D	8D	12S
25	5D	7D	10S
50	4D	6D	8S
75	4D	6D	8S
100	3.5D	5D	7S
150	3D	4D	6S
200	3D	4D	6S

用球隙测量高压时，通过球隙保护电阻 R 将交流高电压加到测量球间隙上，调节球间隙的距离，使球间隙恰好在被测电压下放电，根据球隙距离 S、球直径 D，即可求得所加的交流高压值。由于空气中的尘埃或球面附着的细小杂物的影响（球隙表面需擦干净），使球隙最初几次的放电电压可能偏低且不稳定。故应先进行几次预放电，最后取三次连续读数的平均值作为测量值。各次放电的时间间隔不得小于 1min，每次放电电压与平均值之间的偏差不得大于 3%。

气体间隙的放电电压受大气条件的影响，附录表中的击穿电压值只适用于标准大气条件，若测量时的大气条件与标准大气条件不同，必须按第一章第六节的公式进行校正，以求得测量时的实际电压。

用球隙测量直流高压和交流高压时，为了限制电流，使其不致引起球极表面烧伤，必须在高压球极串联一个保护电阻 R，R 同时在测量回路中起阻尼振荡的作用。这电阻不能太小，太小起不到应有的保护作用，但也不能太大，以免球隙击穿之前流过球隙的电容电流在电阻上产生压降而引起测量误差。测量交流电压时，这个压降不应超过 1%，由此得出保护电阻值应为

$$R = K\left(\frac{50}{f}\right)U_{\max} \tag{3-17}$$

式中　$U_{\max}$——被测电压的幅值，V；

　　　　f——被测电压的频率，Hz；

　　　　K——由球径决定的常数，其值可按表 3-2 决定，Ω/V。

表 3-2　　　　　　　　　　　　　　　　　　K 的 取 值

球径（cm）	2～15	25	50～75	100～150	170～200
K（Ω/V）	20	5	2	1	0.5

（3）用电容分压器配用低压仪表。电容分压器是由高压臂电容 C_1 和低压臂电容 C_2 串联而成的，C_2 的两端为输出端，如图 3-19 所示。为了防止外电场对测量电路的影响，通常用高频同轴电缆来传输分压信号。当然，该电缆的电容应计入低压臂的电容量 C_2 中。

为了保证测量的准确度，测量仪表在被测电压频率下的阻抗应足够大，至少要比分压器低压臂的阻抗大几百倍。为此，最好用高阻抗的静电式仪表或电子仪表（包括示波器、峰值电压表等）。

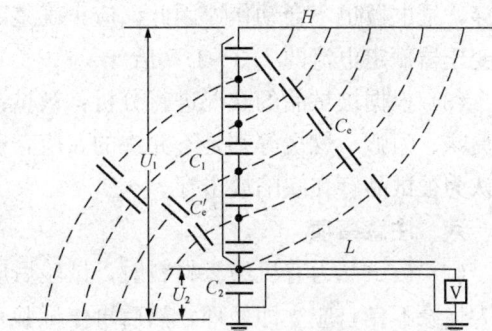

图 3-19　工频分压器测压电路
H—高压引线；C_1—高压臂电容；
C_2—低压臂电容；C_e'—高压臂对地杂散电容；
C_e—高压臂对高压引线杂散电容；L—同轴电缆

若略去杂散电容不计，则分压比 K 为

$$K = \frac{U_1}{U_2} = \frac{C_1 + C_2}{C_1} \tag{3-18}$$

分压器各部分对地杂散电容 C_e' 和对高压端杂散电容 C_e 的存在，会在一定程度上影响

其分压比，不过，只要周围环境不变，这种影响就将是恒定的，并且不随被测电压的幅值、频率、波形或大气条件等因素而变，所以，对一定的环境，只要一次准确地测出电容分压器的分压比，则此分压比可适用于各种工频高压的测量。虽然如此，人们仍然希望尽可能使各种杂散电容的影响相对减少。为此，对无屏蔽的电容分压器，应适当增大高压臂的电容值。

电容分压器的另一个优点是它几乎不吸收有功功率，不存在温升和随温升而引起的各部分参数的变化，因而可以用来测量极高的电压，但应注意高压部分的防晕。

（4）用电压互感器测量。将电压互感器的原边接在被试品的两端头上，在其副边测量电压，根据测得的电压值和电压互感器的变压比即可计算出高压侧的电压。为了保证测量的准确度，电压互感器一般不低于 1 级，电压表不低于 0.5 级。

五、试验分析

对于绝缘良好的被试品，在工频耐压试验中不应击穿，被试品是否击穿可根据下述现象来分析。

（1）根据试验回路接入表计的指示进行分析：一般情况下，电流表指示突然上升，说明被试品击穿。但当被试品的容抗 X_C 与工频试验变压器的漏抗 X_L 之比等于 2 时，虽然被试品已击穿，但电流表的指示不变；当 X_C 与 X_L 的比值小于 2 时，被试品击穿后，使试验回路的电抗增大，电流表的指示反而下降。通常 $X_C \gg X_L$，不会出现上述现象，只有在被试品容量很大或工频试验变压器的容量不够时，才有可能发现上述现象。此时，应以接在高压侧测量被试品上的电压表指示来判断，被试品击穿时，电压表指示明显下降。低压侧电压表的指示也会有所下降。

（2）根据控制回路的状况进行分析：如果过流继电器整定适当，在被试品击穿时，过流继电器应动作，使自动空气开关跳闸；若过流继电器整定值过小，可能在升压过程中，因电容电流的充电作用而使开关跳闸；当过流继电器的整定值过大时，即使被试品放电或小电流击穿，继电器也不会动作。因此，应正确整定过流继电器的动作电流，一般应整定为工频试验变压器额定电流的 1.3～1.5 倍。

（3）根据被试品的状况进行分析：被试品发出击穿响声或断续的放电声、冒烟、出气、焦臭味、闪弧、燃烧等都是不允许的，应查明原因。这些现象如果确定是绝缘部分出现的，则认为被试品存在缺陷或击穿。

六、注意事项

（1）被试品为有机绝缘材料时，试验后应立即触摸绝缘物，如出现普遍或局部发热，则认为绝缘不良，应立即处理，然后再作试验。

（2）对夹层绝缘或有机绝缘材料的设备，如果耐压试验后的绝缘电阻值，比耐压试验前下降 30%，则认为该试品不合格。

（3）在试验过程中，若由于空气的温度、湿度、表面脏污等影响，引起被试品表面滑闪放电或空气放电，不应认为被试品不合格，需经清洁、干燥处理之后，再进行试验。

（4）试验时升压必须从零开始，不允许冲击合闸。升压速度在 40% 试验电压以内，可不受限制，其后应均匀升压，速度约为每秒钟 3% 的试验电压。

（5）耐压试验前后，均应测量被试品的绝缘电阻值。

（6）试验时，应记录试验环境的气象条件，以便对试验电压进行气象校正。

第五节　直流泄漏电流的测量与直流耐压试验

一、直流泄漏电流的测量

测量泄漏电流和用绝缘电阻表测量绝缘电阻的原理相同，不过直流泄漏电流试验中所用的直流电源一般均由高压整流设备供给，用微安表来指示泄漏电流，它比用绝缘电阻表测绝缘电阻优越之处是试验电压高，并可以随意调节，对不同电压等级的被试设备施以相应的试验电压，可比绝缘电阻表测绝缘电阻更有效地发现一些尚未完全贯通的集中性缺陷，同时，在试验的升压过程中，可以随时监视微安表的指示，以便及时了解绝缘情况。另外，微安表比绝缘电阻表读数灵敏。

图 3-20 为某发电机的直流泄漏电流随所加直流电压的变化曲线。在同一直流电压作用下，良好绝缘的泄漏电流较小，且随电压的增加泄漏电流正比增加。绝缘受潮时，泄漏电流增大；当绝缘有集中性缺陷时，电压升高到一定值后，泄漏电流激增；绝缘的集中性缺陷越严重，出现泄漏电流激增的电压将越低。当泄漏电流超过一定标准时，应尽可能找出原因，并加以消除。

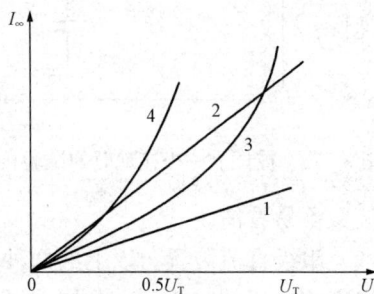

图 3-20　某发电机绝缘的泄漏电流随所加
直流电压变化的曲线

1—绝缘良好；2—绝缘受潮；3—绝缘中有集中性
缺陷；4—绝缘中有危险的集中性缺陷；
U_T—直流耐压试验电压

1. 直流泄漏试验接线

(1) 被试品不接地。图 3-21 为被试品不接地时测量泄漏电流或作直流耐压试验的接线图。图中 T1 为调压器，它的作用是调节电压；T2 为工频试验变压器，通过它将交流低压变成交流高压，其电压值必须满足试验的需要；高压硅堆起整流作用，由于被试设备的电导甚小，试验时电流一般不超过 1mA。现场试验时，可用电压互感器来代替工频试验变压器。

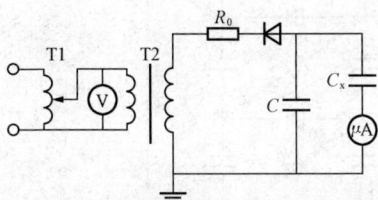

图 3-21　被试品 C_x 不接地时测量
泄漏电流的接线图

T1—调压器；T2—工频试验变压器；
R_0—保护电阻；μA—微安表；
C—滤波电容

C 为滤波电容器，其作用是使整流电压平稳，C 越大，加于被试品上的电压越平稳、直流电压的数值也就越接近工频交流高压的幅值。在现场试验时，当被试品的电容 C_x 值较大时，滤波电容 C 可以不加；当 C_x 较小时，则需接入一个 0.1μF 左右的电容器，以减小电压的脉动。

保护电阻 R_0 的作用是限制被试品击穿时的短路电流不超过高压硅堆和试验变压器的允许值，以保护工频试验变压器和硅堆，故 R_0 也叫限流电阻，其值可按 10Ω/V 来选取，通常用玻璃管或有机玻璃管充水溶液制成。

微安表用作测量泄漏电流，它的量程可根据被试品的种类及绝缘情况等适当选择。

用图 3-21 的接线最简便，这时微安表接在接地端，读数安全、方便，而且高压引线的漏电流、整流元件和保护电阻绝缘支架的漏电流以及试验变压器本身的漏电流均直接流入试验变压器的接地端而不会流入微安表，故测量比较精确。但此接线被试品不能直接接地，故不适用于现场。

（2）被试品一极接地。为适用于现场被试品外壳接地的情况，直流泄漏试验的接线宜采用图 3 - 22 所示的方式。此时微安表接在高压端。为了避免由微安表到被试品的连接导线上

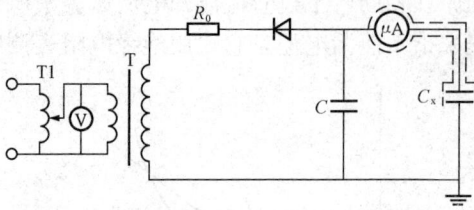

图 3 - 22　被试品一极接地时的试验接线图

产生的电晕电流以及沿支柱绝缘子表面的泄漏电流流过微安表，需将微安表及其到被试品的高压引线屏蔽起来，使其处于等电位屏蔽中，这样杂散电流就不通过微安表，不会带来测量的误差。但此种接线，微安表对地需良好绝缘并加以屏蔽，在试验中调整微安表量程时，必须用绝缘棒，操作不便，且由于微安表距人较远，读数不易看清。

（3）串级直流装置。以上的两种半波整流电路能获得的最高直流电压等于工频试验变压器输出交流电压的峰值 U_{Tm}。如欲得更高的直流高压并充分利用试验变压器的容量，可采用图 3 - 23 所示的倍压整流电路。在图 3 - 23 中，当电源电势为负时，整流元件 V2 闭锁，V1 导通；电源电势经 V1、R_b 向电容 C_1 充电至 U_{Tm}；当电源电势为正时，电源与 C_1 串联起来经 V2、R_b 向 C_2 充电至 $2U_{Tm}$。当空载时，直流输出电压 $U_{2m} = 2U_{Tm}$。V1、V2 的反峰电压也都等于 $2U_{Tm}$，电容 C_1 的工作电压为 U_{Tm}，而 C_2 的工作电压则为 $2U_{Tm}$。

当需要更高的直流输出电压时，可把若干个如图 3 - 23 所示的电路单元串接起来，构成串级直流高压装置。图 3 - 24 是一个三级串级高压装置的接线，在空载情况下其直流输出电压可达 $6U_{Tm}$。

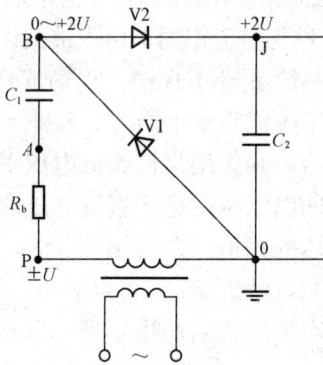

图 3 - 23　倍压整流电路

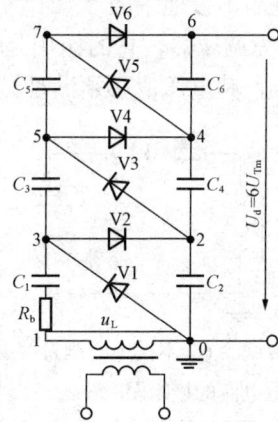

图 3 - 24　三级串级直流
高压装置接线

电路在空载时，各级电容的充电过程简单分析如下：在电源电势为负半波时，V1 导通，电源电势经 V1、R_b 向电容 C_1 充电至 U_{Tm}；正半波时，电源与 C_1 串联起来（U_{30} 由 0～$2U_{Tm}$ 变化），经 V2、R_b 向 C_2 充电，使 C_2 上的电压达到 $2U_{Tm}$。同样在负半波时，电源还与 C_2 串联（U_{21} 由 U_{Tm}～$3U_{Tm}$ 变化），经 R_b、V3 向 C_3 及 C_1 充电，使 C_3 及 C_1 上的总电压达到 $3U_{Tm}$，即 C_3 上的电压达到 $2U_{Tm}$；而在正半波时，电源与 C_1、C_3 串联（U_{50} 由

$2U_{Tm} \sim 4U_{Tm}$ 变化）经 R_b、V4 向 C_4 及 C_2 充电，使 C_4 及 C_2 上的总电压达到 $4U_{Tm}$，即 C_4 上的电压达到 $2U_{Tm}$。依此类推，最终可使点 6 上的电位即直流输出电压达到 $6U_{Tm}$。

由于上一级电容的电荷需要由下一级电容供给和补充，串级装置在接上负载时的电压脉动 δU 和电压降 ΔU 都比较大，级数越多及负载电流越大时，δU 和 ΔU 越大。因此，这种串级直流高压装置的输出电流较小，一般只能做到 10mA 左右。

2. 试验方法

（1）进行直流泄漏试验时，对被试品额定电压为 35kV 及以下的电气设备施加 $10 \sim 30kV$ 的直流电压；对额定电压为 110kV 及以上的设备施加 40kV 的直流电压，试验时按每级 0.5 倍试验电压分阶段升高电压，每阶段停留 1min 后，微安表的读数即为泄漏电流值；同时还可以把泄漏电流与加压时间的关系和泄漏电流与试验电压的关系绘制成曲线进行全面的分析。

（2）直流泄漏试验时，泄漏电流的判断标准在试验规程中作了一些规定。对泄漏电流有规定的设备，应按是否符合规定值来判断。对规程中无明确规定的设备，以同一设备各相之间相互比较，或与历年的试验结果比较及同类型的设备互相比较，就其变化来分析判断。

3. 微安表的保护

微安表是精密仪表，使用中应十分爱护。一般微安表都有专门的保护装置，其接线如图 3-25 所示。在微安表回路中串联一个阻值较大的电阻 R（称为增压电阻），当有电流流过时，就在 AB 两端产生一个电压降。当电流超过微安表的额定电流时，AB 两端的电压使放电管 F 放电，电流就从放电管中流过，保护了微安表。由于整流后的直流电压含有交流分量，所以并联一个电容器 C，以滤去整流后的交流分量，以减少微安表指针的摆动，同时，C 还可以稳定放电管 F 的放电电压。当试验回路因突然短路而出现冲击电流时，放电管来不及动作，为此串入一个电感 L 以阻止大冲击电流流过微安表，以避免微安表的损坏。因电容 C 也具有这个作用，

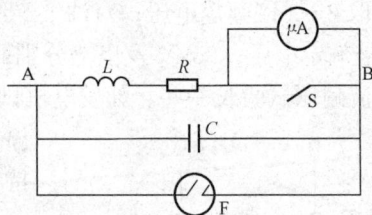

图 3-25 微安表保护装置的接线

故有时可不加电感 L。在微安表表头两端并一开关 S，在升压或降压过程中合上开关 S，将微安表短接，只有在稳定时才将 S 打开，保护微安表。

二、直流耐压试验

直流耐压试验与测量直流泄漏电流在方法上是一致的，但从试验的作用来看是有所不同的，前者是试验绝缘强度，其试验电压较高；后者是检查绝缘情况，试验电压较低。目前在发电机、电动机、电缆、电容器等设备的绝缘预防性试验中广泛地应用这一试验。它与交流耐压试验相比，主要有以下一些特点：

（1）在进行工频耐压试验时，试验设备的容量 $S = \dfrac{2\pi f C_x U^2}{1000}$，当试验电容量较大的试验时，需要较大容量的试验设备，在一般情况下不容易办到。而在直流电压作用下，没有电容电流，故做直流耐压试验时，只需供给较小的（最高只达毫安级）泄漏电流，加上可以用串级的方法产生直流高压，试验设备可以做得体积小而且比较轻巧，适用于现场预防性试验的要求。

（2）在进行直流耐压试验时，可以同时测量泄漏电流，并根据泄漏电流随所加电压的变

化特性来判断绝缘的状况，如图 3-20 所示，以便及早地发现绝缘中存在的局部缺陷。

（3）直流耐压试验比交流耐压试验更能发现电机端部的绝缘缺陷。其原因是在交流电压作用下，绝缘内部的电压分布是按电容分布的。在交流电压作用下，电机绕组绝缘的电容电流沿绝缘表面流向接地的定子铁芯，在绕组绝缘表面半导体防晕层上产生明显的电压降落，离铁芯越远，绕组上承受的电压越小。而在直流电压下，没有电容电流流经线棒绝缘，端部绝缘上的电压较高，有利于发现绕组端部的绝缘缺陷。

（4）直流耐压试验对绝缘的损伤程度比交流耐压小。交流耐压试验时产生的介质损耗较大，易引起绝缘发热，促使绝缘老化变质。对被击穿的绝缘，交流耐压试验时的击穿损伤部分面积大，增加修复的困难。

（5）由于直流电压作用下在绝缘内部的电压分布和交流电压作用下的电压分布不同，直流耐压试验对交流设备绝缘的考验不如交流耐压试验接近实际运行情况。绝缘内部的气隙也不像在交流电压作用下容易产生游离、发生热击穿，因此，相对来说，直流耐压试验发现绝缘缺陷的能力比交流耐压试验差。因此，不能用直流耐压试验完全代替交流耐压试验，两者应配合使用。

（6）直流耐压试验时，试验电压值的选择是一个重要的问题。如前所述，由于直流电压下的介质损耗小，局部放电的发展也远比交流耐压试验时弱，故绝缘在直流电压作用下的击穿强度比交流电压作用下高，在选择直流耐压试验的试验电压值时，必须考虑到这一点，并主要根据运行经验来确定。例如对发电机定子绕组，按不同情况，其直流耐压试验电压值分别取 $2\sim3$ 倍额定电压；对油纸绝缘电力电缆，$2\sim10kV$ 电缆取 5 倍额定电压，$15\sim30kV$ 取 4 倍额定电压；$35kV$ 及以上分别取 $2.6\sim2$ 倍额定电压。直流耐压试验时的加压时间也应比交流耐压试验长一些。如发电机试验电压是以每级 0.5 倍额定电压，分阶段升高的，每阶段停留 1min，读取泄漏电流值；电缆试验时，在试验电压下持续 5min，以观察并读取泄漏电流值。

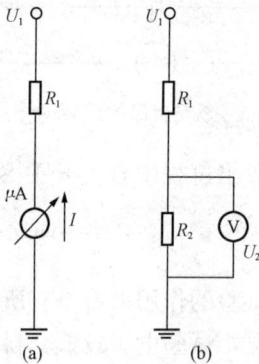

图 3-26　直流电压的测量接线
(a) 用高值电阻串联微安表；
(b) 用高值电阻分压器

三、直流高压的测量

当试验时，若被试品的电容量 C_x 较大，或滤波电容器 C 的数值较大，同时其泄漏电流又非常小时，输出的直流电压较为平稳，此时，被试品上所加的直流电压值可在工频试验变压器的低压侧进行测量，然后换算出高压侧的直流电压值。一般情况下，最好在高压侧进行测量。高压侧测量直流高电压的方法通常有下列几种。

（1）用高值电阻串联微安表或高值电阻分压器。这两种方法是测量直流高压的常用而又比较方便的方法，其接线如图 3-26 所示。被测电压为

$$U_1 = IR_1$$

或

$$U_1 = U_2 \frac{R_1 + R_2}{R_2} \qquad (3-19)$$

使用分压器时，应选用内阻极高的电压表，如静电电压表、晶体管电压表、数字电压表或示波器等。

电阻 R_1 是一个能够承受高电压且数值稳定的高值电阻，通常由多个碳膜电阻或金属膜

电阻串联而成。由于高压直流电源的容量较小，为了使 R_1 的接入不致影响其输出电压，也为了使 R_1 本身不致过热，通过 R_1 的电流不应太大；另一方面，这一电流也不应太小，以免由于电晕放电和绝缘支架的漏电流而造成测量误差。一般按照通过 R_1 的电流为 $0.1\sim1\text{mA}$ 来选取 R_1 值，并把 R_1 放在绝缘筒中，并充以绝缘油，可以抑制或消除电晕放电和漏电，并降低温升，从而提高 R_1 阻值的稳定性。

（2）用高压静电电压表测量直流高压的平均值。

（3）用球—球间隙测量直流高压的峰值。

四、试验时的注意事项

（1）试验时，微安表必须按图 3-25 接线进行保护。

（2）试验完毕，必须先将被试品上的残余电荷放掉，放电时最好先通过电阻放电。

（3）试验小容量的试品时，需接入 $0.1\mu\text{F}$ 左右的滤波电容 C，以减小被试品上的电压脉动。

第六节　冲　击　高　压　试　验

电力系统中的高压电气设备，除了承受长时期的工作电压作用外，在运行过程中，还可能会承受短时的雷电过电压和操作过电压的作用。冲击高压试验就是用来检验高压电气设备在雷电过电压和操作过电压作用下的绝缘性能或保护性能。由于冲击高压试验本身的复杂性等原因，电气设备的交接及预防性试验中，一般不要求进行冲击高压试验。

雷电冲击电压试验采用全波冲击电压波形或截波冲击电压波形，这种冲击电压持续时间较短，约数微秒至数十微秒，它可以由冲击电压发生器产生；操作冲击电压试验采用操作冲击电压波形，其持续时间较长，约数百至数千微秒，它可利用冲击电压发生器产生，也可利用变压器产生。许多高电压试验室的冲击电压发生器既可以产生雷电冲击电压波，也可以产生操作冲击电压波。本节仅将产生全波的冲击电压发生器作一简单的介绍。

冲击电压发生器是产生冲击电压波的装置。如前所述，雷电冲击电压波形是一个很快地从零上升到峰值然后较慢地下降的单向性脉冲电压。这种冲击电压通常是利用高压电容器通过球隙对电阻电容回路放电而产生的。图 3-27 给出了冲击电压发生器的两种基本回路：回路 1 见图 3-27（a）和回路 2 见图 3-27（b）。

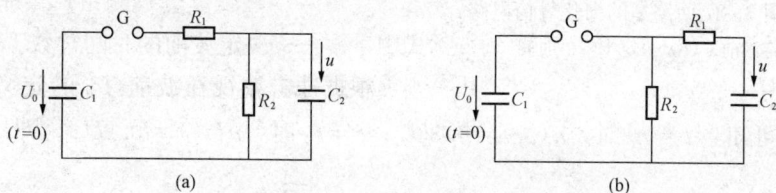

图 3-27　冲击电压发生器的基本回路
(a) 回路 1；(b) 回路 2

图 3-27 中的冲击主电容 C_1 在被间隙 G 隔离的状态下由直流电源充电到稳态电压 U_0。当球隙 G 被点火击穿后，主电容 C_1 上的电荷一方面经电阻 R_2 放电，同时 C_1 通过 R_1 对负荷电容 C_2 充电，在被试品上形成上升的电压波前。当 C_2 上的电压波充电达到最大值后，

反过来经 R_1 与 C_1 一起对 R_2 放电，在被试品上形成下降的电压波尾。被试品的电容可以等值地并入电容 C_2 中。一般选择 R_2 比 R_1 大得多得多，这样就可以在 C_2 上得到所要求的波前较短（时间常数 R_1C_2 较小）而波长较长（时间常数 R_2C_1 较大）的冲击电压波形。输出电压峰值 U_m 与 U_0 之比，称为冲击电压发生器的利用系数 η。由于 U_m 不可能大于由冲击电容上的起始电荷 U_0C_1 分配到（C_1+C_2）后所决定的电压，即

$$U_m \leqslant U_0 \frac{C_1}{C_1+C_2}，故得$$

$$\eta = \frac{U_m}{U_0} \leqslant \frac{C_1}{C_1+C_2} \tag{3-20}$$

可见，为了提高冲击电压发生器的利用系数，应该选择 C_1 比 C_2 大得多。

如上所述，由于一般选择 $R_2C_1 \gg R_1C_2$，在回路 2 中，在很短的波前时间内，C_1 对 R_2 放电时，对 C_1 上的电压没有显著影响，所以回路 2 的利用系数主要决定于上述电容间的电荷分配，即

$$\eta_b \approx \frac{C_1}{C_1+C_2} \tag{3-21}$$

而在回路 1 中，影响输出电压幅值 U_m 的，除了电容上的电荷分配外，还有在电阻 R_1、R_2 上的分压作用。因此，回路 1 的利用系数可近似地表示为

$$\eta_a \approx \frac{R_2}{R_1+R_2} \times \frac{C_1}{C_1+C_2} \tag{3-22}$$

比较式（3-21）及式（3-22）可知，$\eta_2 > \eta_1$，所以回路 2 称为高效率回路。由于回路 2 具有较高的利用系数，在实际的冲击电压发生器中，回路 2 常被采用，作为冲击电压发生器的基本接线方式。

下面就以图 3-28 回路 2 为基础来分析回路元件与输出冲击电压波形的关系。

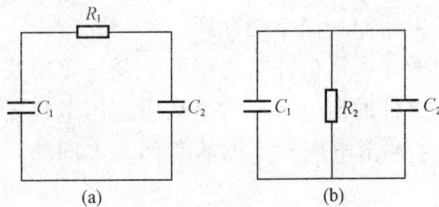

为使问题简化，在决定波前时，可忽略 R_2 的作用，即把图 3-27 回路 2 简化成如图 3-28（a）所示。这样，C_2 上的电压可用下式表示

$$u(t) = U_m(1 - e^{-\frac{t}{\tau_1}}) \tag{3-23}$$

$$\tau_1 = R_1 \frac{C_1C_2}{C_1+C_2}$$

图 3-28　图 3-27 回路 2 的简化等值电路
（a）决定波前；（b）决定半峰值时间

式中　τ_1——决定波前的时间常数。

根据冲击波视在波前 T_1 的定义（详见第一章第四节），可知当 $t=t_1$ 时，$u(t_1)=0.3U_m$；$t=t_2$ 时，$u(t_2)=0.9U_m$。即

$$0.3U_m = U_m(1 - e^{-\frac{t_1}{\tau_1}})$$

或

$$e^{-\frac{t_1}{\tau_1}} = 0.7 \tag{3-24}$$

及

$$0.9U_m = U_m(1 - e^{-\frac{t_2}{\tau_1}})$$

或

$$e^{-\frac{t_2}{\tau_1}} = 0.1 \tag{3-25}$$

式（3-24）除以式（3-25）得

$$e^{\frac{t_2-t_1}{\tau_1}}=7$$

而波前时间

$$T_1=1.67(t_2-t_1)=1.67\tau_1\ln7$$
$$=3.24R_1\frac{C_1C_2}{C_1+C_2} \tag{3-26}$$

同样，在决定半峰值时间时可忽略 R_1 的作用，即把回路简化成如图 3-28（b）所示。这样，输出电压可用下式表示

$$U(t)=U_m e^{-\frac{t}{\tau_2}} \tag{3-27}$$
$$\tau_2=R_2(C_1+C_2)$$

式中　τ_2——决定半峰值时间的时间常数。

根据半峰值时间 T_2 的定义（详见第一章第四节），可以列出方程式

$$0.5U_m=U_m e^{-\frac{T_2}{\tau_2}}$$

由此得

$$T_2=\tau_2\ln2=0.7\tau_2=0.7R_1(C_1+C_2) \tag{3-28}$$

应当指出，式（3-26）及式（3-28）的关系是在略去了许多影响因素（其中包括回路电感的影响）以后近似推出的。根据较详细的分析计算和在实际装置上测量校验的经验，推荐使用下述修正的公式。

$$T_1=(2.3\sim2.7)R_1\frac{C_1C_2}{C_1+C_2}$$
$$T_2=(0.7\sim0.8)R_2(C_1+C_2) \tag{3-29}$$

当回路电感较大时，上式中的系数取较小的值。上述两个公式可以用来计算冲击电压发生器的参数和调整冲击电压发生器的输出电压波形。

由于受到整流设备和电容器额定电压的限制，单级冲击电压发生器的最高电压一般不超过 $200\sim300kV$。但实际的冲击电压试验中，常常需要产生高达数千千伏的冲击电压，就只有多级冲击电压发生器才能做到了。多级冲击电压发生器的工作原理简单说来就是利用多级电容器在并联结线下充电，然后通过球隙将各级电容器串联起来放电，即可获得幅值很高的冲击电压。适当选择放电回路中各元件的参数，即可获得所需的冲击电压波形。

图 3-29 所示为多级冲击电压发生器的电路图。图中，先由工频试验变压器 T 经过整流元件 V 和充电电阻 R_{ch}、保护电阻 R_b 给并联的各级主电容 $C_1\sim C_3$ 充电，达稳态时，点 1、3、5 的电位为零；点 2、4、6 的电位为 $-U_0$，充电电阻 $R_{ch}\gg$波尾电阻 $R_2\gg$阻尼电阻 R_g，各级球隙 G1～G4 的放电电压调整到稍大于 U_0。当主电容充电完成后，设法使间隙 G1 点火击穿，此时点 2 的电位由 $-U_0$ 突然升到零；主电容 C_1 经 G1 和 R_{ch1} 放电，由于 R_{ch1} 的阻值很大，故放电进行得很慢，且几乎全部电压都降落在 R_{ch1} 上，使点 1 的电位升到 $+U_0$。当点 2 的电位突然升到零时，经 R_{ch4} 也会对 C_{P4} 充电，但因 R_{ch4} 的阻值很大，在极短的时间内，经 R_{ch4} 对 C_{P4} 的充电效应是很小的，点 4 的电位仍接近于 $-U_0$，于是间隙 G2 上的电位差接近于 $2U_0$，促使 G2 击穿，G2 击穿后，主电容 C_1 通过串联电路 G1—C_1—R_{g2}—G2 对

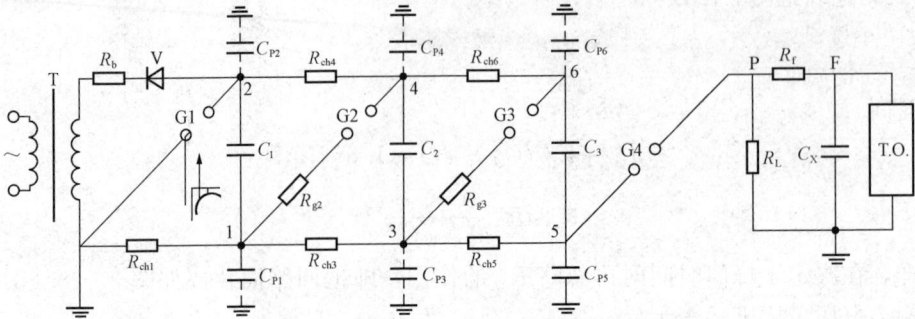

图 3 - 29　多级冲击电压发生器的基本电路

T—变压器；$C_{P1} \sim C_{P6}$—各级对地杂散电容；R_b—保护电阻；C_2—另加的波前电容；V—整流元件；

$R_{ch1} \sim R_{ch6}$—充电电阻；G1—点火球隙；R_{g2}、R_{g3}—阻尼电阻；G4—输出球隙；

G2、G3—中间球隙；$C_1 \sim C_3$—各级主电容；T. O. —被试品

C_{P4} 充电；同时又串联 C_2 后对 C_{P3} 充电；由于 C_{P4}、C_{P3} 的值很小，R_{g2} 的值也很小，故可以认为 G2 击穿后，对 C_{P4}、C_{P3} 的充电几乎是立即完成的，点 4 的电位立即升到 $+U_0$，而点 3 的电位立即升到 $+2U_0$；与此同时，点 6 的电位却由于 R_{ch6} 和 R_{ch5} 的阻隔，仍维持在原电位 $-U_0$；于是间隙 G3 上的电位差就接近 $3U_0$，促使 G3 击穿。接着，主电容 C_1、C_2 串联后，经 G1、G2、G3 电路对 C_{P6} 充电；再串联 C_3 后对 C_{P5} 充电；由于 C_{P6}、C_{P5} 极小，R_{g2}、R_{g3} 也很小，故可以认为 C_{P6} 和 C_{P5} 的充电几乎是立即完成的；也即可以认为 G3 击穿后，点 6 的电位立即升到 $+2U_0$，点 5 的电位立即升到 $+3U_0$。P 点的电位显然未变，仍为零。于是间隙 G4 上的电位差接近达 $3U_0$，促使 G4 击穿。这样，各级主电容 $C_1 \sim C_3$ 就被串联起来，经各组阻尼电阻 R_g 向波尾电阻 R_2 放电，形成主放电回路；与此同时，也经 R_1 对 C_2 和被试品电容充电，形成冲击电压波的波前。

与此同时，也存在着各级主电容经充电电阻 R_{ch}、阻尼电阻 R_g 和中间球隙 G 的局部放电。由于 R_{ch} 的值足够大，这种局部放电的速度比主放电的速度慢很多倍，因此，可认为对主放电没有明显的影响。

中间球隙击穿后，主电容对相应各点杂散电容 C_P 充电的回路中总存在某些寄生电感，这些杂散电容的值又极小，这就可能会引起一些局部振荡。这些局部的振荡将叠加到总的输出电压波形上去。为消除这些局部振荡，就应在各级放电回路中串入一阻尼电阻 R_g，此外，主放电回路本身也应保证不产生振荡。

冲击电压是非周期性的快速变化过程。因此，测量冲击电压的仪器和测量系统必须具有良好的瞬变响应特性。冲击电压的测量包括峰值测量和波形记录两个方面。目前最常用的测量冲击电压的方法有：①测量球隙；②分压器—峰值电压表；③分压器—示波器。球隙和峰值电压表只能测量冲击电压的峰值，示波器则能记录波形，即不仅能指示冲击电压的峰值，而且能显示冲击电压随时间的变化过程。

习　题

3-1　绝缘预防性试验的目的是什么？它分为哪两大类？

3-2 用绝缘电阻表测量大容量试品的绝缘电阻时，为什么随加压时间的增加绝缘电阻表的读数由小逐渐增大并趋于一稳定值？绝缘电阻表的屏蔽端子有何作用？

3-3 何谓吸收比？绝缘干燥时和受潮后的吸收现象有何特点？为什么可以通过测量吸收比来发现绝缘的受潮？

3-4 给出被试品一端接地时测量直流泄漏电流的接线图，并说明各元件的名称和作用。

3-5 什么是测量 $\tan\delta$ 的正接线和反接线？各适用于何种场合？试述测量 $\tan\delta$ 时干扰产生的原因和消除的方法。

3-6 画出对被试品进行工频耐压试验的原理接线图，说明各元件的名称和作用。被试品试验电压的大小是根据什么原则确定的？当被试品容量较大时，其试验电压为什么必须在工频试验变压器的高压侧进行测量？

3-7 为什么要对试品进行直流耐压试验？试述交、直流高压的各种测量方法。

3-8 简述局部放电试验的原理和测量方法。

3-9 什么是冲击电压发生器的利用系数？简述冲击电压发生器的工作原理。

第四章　线路和绕组的波过程

电力系统中许多设备（例如发电机、变压器、开关、输电线等）的绝缘在正常运行状态下，只承受电网额定电压的作用，但在运行中，由于雷击、操作、故障或参数配合不当等原因，系统中的某些部分的电压可能升高，以致远远超过正常的额定电压，对绝缘产生有危险的影响。我们把超过额定的最高运行电压称为过电压。

一般说来，过电压都是由于系统中的电磁场能量发生变化而引起的。这种变化可能是由于系统外部突然加入一定的能量（如雷击电力系统的导线、设备或导线附近的接地体）而引起的，这种由于雷击或雷电感应引起的过电压称为大气过电压；这种变化也可能是由于系统内部的电磁场能量发生交换而引起的，这种由于内部因素引起的过电压称为内部过电压。

不论哪种过电压，它们作用时间虽较短（谐振过电压有时较长），但其数值较高，可能使电力系统的正常运行受到破坏，使设备的绝缘受到威胁。因此为了保证系统安全、经济地运行，必须研究过电压产生的机理和它发展的物理过程，从而提出限制过电压的措施，以保证电气设备能正常运行和得到可靠保护。

本章主要研究线路和绕组上的过电压传播的一些基本规律和计算方法。要求着重掌握波过程的一些物理概念，在此基础上，能灵活计算多种复杂线路的波过程。

第一节　无损耗单导线线路中的波过程

在电力系统中，对高压和超高压输电，一般都采用多根平行导线或分裂导线，但为研究问题方便起见，我们先考虑单导线线路的波过程，而多导线线路的波过程可由单导线线路波过程加以推广。同时又为了方便起见，我们假设导线的电阻和对地电导为零，也就是无损耗的。

一、波过程的一些物理概念

1. 什么是波过程

电力系统是各种电气设备，诸如发电机、变压器、互感器、避雷器、断路器、电抗器和电容器等经线路连接成的一个保证安全发供电的整体。从电路的观点看，除电源外，可以用一个由 R、L、C 三个典型元件的不同组合来表示。对这样一个电路，我们把回路的电流看作是相同的，所考虑的电压只是代表具有集中参数元件的端电压，因而，将电压和电流看作是时间的函数。但这种电路仅适宜在电源频率较低，线路实际长度小于电源波长条件之下。例如，在工频电压作用下，它的波长 $\lambda = \dfrac{v}{f} = \dfrac{3 \times 10^8}{50} = 6000000\text{m} = 6000\text{km}$，因此在路线不长时，电路中的元件可作为集中参数处理。但是，如果线路或设备的绕组在雷电波作用下，由于雷电波的波头时间仅为 $1.2\mu s$，则雷电压（或雷电流）由零上升到最大幅值时，雷电波仅在线路上传播 360m，也就是说，对长达几十乃至几百公里的输电线路，在同一时间，线路上的雷电压（或雷电流）的幅值是不一样的。这样，当在线路的某一点出现电压、电流的突然变化时，这一变化并不能立即在其他各点出现，而要以一定的形式，按一定的速度从该点向其他各点传播。这时，该线路中电压和电流不仅与时间有关，而且还与离该点距离有关。同时，由于线路、绕组有电感、对地有电容，绕组匝间又存在电容，因此输电线路和绕组就不能用一个集中参数元件来代替，而要考虑沿线上参数的分布性，即用分布参数来表征这些元件的特征。而分布参数的过渡过程实质上就是电磁波的传播过程，我们简称为波过程。

2. 波是怎样沿着线路传播的

以单导线线路为例，如图 4-1 所示，将传输线设想为许许多多无穷小的长度元 dx 串联而成，忽略线路损耗，用 L_0、C_0 来表示每一单位长导线的电感和对地电容。

在 $t=0$ 时开关 S 合上，首端突然加上电压 u，靠近电源的线路电容立即充电，同时要向相邻的电容放电。由于电感的存在，较远处的电容要间隔一段时间才能充上一定的电荷。充电电容在导线周围建立起电场，并再向更远处的电容放电。这就是电压波以一定的速度沿 x 方向传播。

在电容充放电时，将有电流流过导线的电感，在导线的周围建立起磁场。因此和电压波相对应，有一电流波以同样速度沿 x 方向流动。实质上电压波和电流波沿线路的流动就是电磁波传播的过程。这种电压波、电流波以波的形式沿导线传播称为行波。

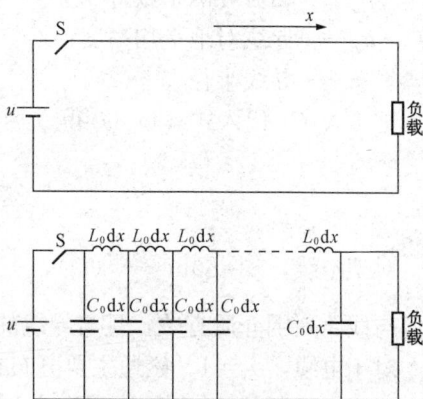

图 4-1　单根无损导线上波过程

3. 波阻抗

电磁波沿线路的传播是一个统一体，设线路为零状态时，我们来分析电压波和电流波之间的联系。在图 4-1 中，当 $t=0$ 开关合闸以后，设在时间 t 时，向 x 方向传播的电压波和电流波到达 x 点。在这段时间内，长度为 x 的导线的电容 C_0x 充电到 u，获得电荷为 C_0xu，这些电荷是在时间 t 内通过电流波 i 送过来的，因此

$$C_0xu = it \tag{4-1}$$

另一方面，在同样时间 t 内，长度为 x 的导线已建立起电流 i。这一段导线的总电感为 L_0x，因此所产生的磁链为 L_0xi。这些磁链是在时间 t 内建立的，因此导线上的感应电势为

$$u = \frac{L_0xi}{t} \tag{4-2}$$

将式（4-1）和式（4-2）中消去 t，可以得到反映电压波和电流波的关系为

$$Z = \frac{u}{i} = \sqrt{\frac{L_0}{C_0}} \tag{4-3}$$

即波阻抗，通常用 Z 表示，其单位为欧姆（Ω），其值取决于单位长度线路电感 L_0 和对地电容 C_0，与线路长度无关。

已知单位长度导线的电容和电感为

$$C_0 = \frac{2\pi\varepsilon_0\varepsilon_r}{\ln\dfrac{2h_d}{r}} \quad \text{F/m}$$

$$L_0 = \frac{\mu_0 \mu_r}{2\pi} \ln \frac{2h_d}{r} \quad \text{H/m}$$

$$\varepsilon_0 = \frac{1}{4\pi \times 9 \times 10^9} \quad \text{F/m}$$

$$\mu_0 = 4\pi \times 10^{-7} \quad \text{H/m}$$

式中　ε_0——真空介电常数；

　　　ε_r——相对介电常数；

　　　μ_0——真空导磁系数；

　　　μ_r——相对导磁系数；

　　　h_d——导线对地平均高度；

　　　r——导线半径。

把 L_0、C_0 代入式（4-3）得

$$Z = \frac{1}{2\pi} \sqrt{\frac{\mu_0 \mu_r}{\varepsilon_0 \varepsilon_r}} \ln \frac{2h_d}{r} \tag{4-4}$$

对架空线，$Z = 60 \ln \dfrac{2h_d}{r}$（$\Omega$），一般单导线架空线路 $Z \approx 500$（Ω）。同时看到，波阻抗不但与线路周围介质有关，且与导线的半径和悬挂高度有关。

对于电缆，$\mu_r = 1$，磁通主要分布在芯线和外皮之间，故 L_0 较小；又因 $\varepsilon_r \approx 4$，芯线和外皮间距离很近，故 C_0 比架空线路大得多。因此电缆的波阻抗比架空线要小得多，大约为十几欧至几十欧不等。

4. 波速

从式（4-1）和式（4-2）中消去 u 和 i，可得到波的传播速度

$$v = \frac{x}{t} = \frac{1}{\sqrt{L_0 C_0}} \tag{4-5}$$

把单位长导线的 L_0、C_0 代入式（4-5）得

$$v = \frac{1}{\varepsilon_0 \varepsilon_r \mu_0 \mu_r} = \frac{3 \times 10^8}{\sqrt{\varepsilon_r \mu_r}} \quad \text{m/s} \tag{4-6}$$

从式（4-6）看到：波的传播速度与导线几何尺寸、悬挂高度无关，而仅由导线周围的介质所确定。

对架空线，$\varepsilon_r = 1$，$\mu_r = 1$，所以 $v = 3 \times 10^8$（m/s）$= C$（真空中的光速）。

对于电缆，$\varepsilon_r \approx 4$，$\mu_r = 1$，所以 $v \approx 1.5 \times 10^8$（m/s）$\approx C/2$，约为光速的一半。

5. 电磁场能量

对波的传播也可以用电磁能量的角度来分析。在单位时间里，波走过的长度为 l，在这段导线的电感中流过的电流为 i，在导线周围建立起磁场，相应的能量为 $\frac{1}{2}(lL_0)i^2$。由于电流对线路电容充电，使导线获得电位，其能量为 $\frac{1}{2}(lC_0)u^2$。根据式（4-3），可以有 $u = iZ$，则不难证明

$$\frac{1}{2}(lL_0)i^2 = \frac{1}{2}(lL_0)\left(\frac{u}{Z}\right)^2 = \frac{1}{2}lL_0 \frac{C_0}{L_0}u^2 = \frac{1}{2}(lC_0)u^2$$

这就是说：电压、电流沿导线传播的过程，就是电磁场能量沿导线传播的过程，而且导

线在单位时间内获得的电场能量和磁场能量相等。

二、波动方程

1. 波动方程的推导

为了推导分布参数线路的波动方程，我们从图 4-1 中取一回路来进行研究。令 x 为线路首端到线路某一点的距离。每一单元长度具有电感 $L_0 dx$ 和电容 $C_0 dx$，如图 4-2 所示。线路上的电压 $u(x, t)$、电流 $i(x, t)$ 都是距离和时间的函数。

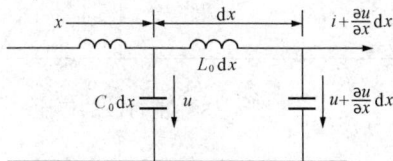

图 4-2　分布参数回路的某一环

由图 4-2 回路，以基尔霍夫两定律为依据，并略去二价无穷小，可以建立起以下的联立偏微分方程

$$\begin{cases} -\dfrac{\partial u}{\partial x} = L_0 \dfrac{\partial i}{\partial t} \\ -\dfrac{\partial i}{\partial x} = C_0 \dfrac{\partial u}{\partial t} \end{cases} \tag{4-7}$$

式（4-7）表示导线上电压变化是由于导线上电感压降引起的，导线上电流变化是由于导线对地电容分流所引起的。显然，上述方程对于线路上任何一点 x 和对于任何时间 t 而变化的电流和电压都是适用的。

将式（4-7）第一个方程对 x 再求导数，第二个方程对 t 再求导数，然后消去 i 可以得到如下二阶偏微分方程

$$-\frac{\partial^2 u}{\partial x^2} = L_0 C_0 \frac{\partial^2 u}{\partial t^2} \tag{4-8}$$

同理可得

$$-\frac{\partial^2 i}{\partial x^2} = L_0 C_0 \frac{\partial^2 i}{\partial t^2} \tag{4-9}$$

式（4-8）、式（4-9）就是描写线路上 x 点在时间 t 的电压和电流的波动方程，属于自变量 x 和 t 的二阶偏微分方程。

因此，上述波动方程所描述的线路上的电压和电流不仅是时间 t 的函数，而且也是距离 x 的函数。应用拉氏变换和延迟定理，不难求得波动方程的通解

$$u(x, t) = u_q(x - vt) + u_f(x + vt) = u^+ + u^-$$
$$i(x, t) = i_q(x - vt) + i_f(x + vt) = i^+ + i^- \tag{4-10}$$

式中　$v = \dfrac{1}{\sqrt{L_0 C_0}}$ 。

2. 波动方程通解的物理意义

（1）式（4-10）告诉我们，电压和电流的解都包括两个部分，一部分是 $(x - vt)$ 的函数，另一部分是 $(x + vt)$ 的函数。为了理解这两部分的物理意义，让我们先来研究函数 $u_q(x - vt)$。

函数 $u^+ = u_q(x - vt)$ 说明，传输线各点的电压是随时间而变的。即 u^+ 不仅是距离 x 的函数，而且也是时间 t 的函数。即表示某时某处的电压是 $(x - vt)$ 的函数，只要 $(x - vt)$ 不变，电压就具有一定的值。而为了维持 $(x - vt)$ 不变，x 就必须随着 t 而增加，换句话说，即具有一定电压值的点，必定随着时间推移，向 x 正方向前进。例如，当 $t = t_1$ 时，$u^+ =$

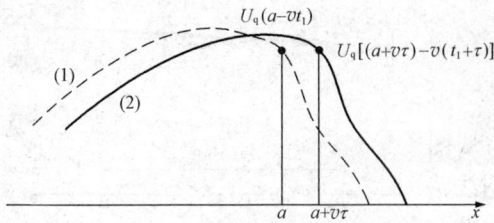

图 4-3　前行波的传播

$u_q(x-vt_1)$，代表一个按空间分布的波如图 4-3 中虚线所示，在 $x=a$ 时，电压值 $u^+=u_q(a-vt)$ 也表示在图上。当时间过去 τ 后，若令 $u^+=u_q[x-v(t_1+\tau)]=u_q(a-vt_1)$，则可得 $x-v(t_1+\tau)=a-vt_1$，或 $x=a+v\tau$，即具有 $u_q(a-vt_1)$ 值的点已从坐标 a 移到 $a+v\tau$ 处，这就是说，当时间过去 τ 后，空间波的各点都向 x 正方向移动了距离 $v\tau$，如图的实线所示说明 $u^+=u_q(x-vt)$ 代表一个任意形状的以速度 v 沿 x 正方向运动的行波，称为前行波。同样可以说明，$u^-=u_f(x+vt)$ 是以速度 v 沿 x 负方向传播的行波，称为反行波。

这样，式（4-10）说明了，任何时刻在线路上的任何点的电压，都可能由一个前行波电压和一个反行波电压叠加而成。同样，线路上任何点的电流，都可能由一个前行波电流和一个反行波电流叠加而成。

（2）从关系式（4-3）中，我们知道电压波和电流波的值之间是通过波阻抗 Z 互相联系。但不同极性的行波向不同方向传播，需要规定一定的正方向。电压波符号只决定导线对地电容上相应电荷的符号，和运动方向无关。电流波的符号不但与相应的电荷符号有关，而且与运动方向有关，我们一般以 x 正方向作为电流的正方向。这样，当前行波电压为正时，电流也为正，即电压波与电流波同号，如图 4-4 所示。但当反行波电压为正时，由于反行波电流与规定的电流正方向相反，所以应为

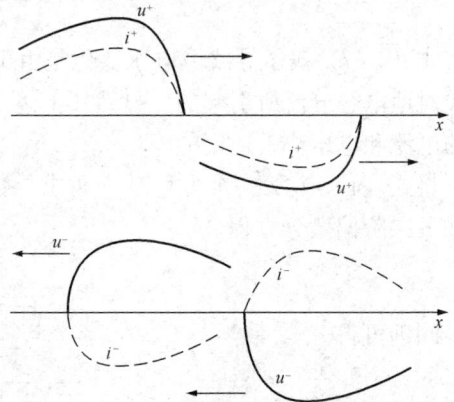

图 4-4　不同传播方向的电压波与电流波的关系

负，如图 4-4 所示。从图 4-4 可以看出，在规定行波正方向前提下，前行波电压和前行波电流总是同号，而反行波电压和反行波电流总是异号，即

$$\frac{u^+}{i^+}=Z$$

$$\frac{u^-}{i^-}=-Z \tag{4-11}$$

根据式（4-11），波动方程的通解又可以写成

$$u(x,\ t)=u_q(x-vt)+u_f(x+vt)=u^++u^-$$

$$i(x,\ t)=\frac{1}{Z}[u_q(x-vt)-u_f(x+vt)]=\frac{u^+}{Z}-\frac{u^-}{Z}=i^++i^- \tag{4-12}$$

式中　$i^+=\dfrac{u^+}{Z}$，$i^-=-\dfrac{u^-}{Z}$。

（3）分布参数的波阻抗与集中参数电路中的电阻有本质不同，这里着重指出它的几个主要特点：

1）波阻抗表示具有同一方向的电压波和电流波大小的比值。电磁波通过波阻抗为 Z 的

导线时，能量以电磁能的形式储存在周围介质中，而不是被消耗掉。

2）如果导线上既有前行波，又有反行波时，导线上总的电压和电流的比值不再等于波阻抗

$$\frac{u(x,\ t)}{i(x,\ t)}=\frac{u_q+u_f}{i_q+i_f}\neq Z$$

3）波阻抗 Z 的数值 x 只和导线单位长度的电感和电容 L_0、C_0 有关，与线路长度无关。

4）为了区别向不同方向运动的行波，Z 的前面应有正、负号，如式（4-11）所示。

第二节 行波的折射和反射

当行波传播到线路的某一节点时，线路的参数会突然发生改变，例如从波阻抗较大的架空线路运动到波阻抗较小的电缆线路，或相反从电缆到架空线；这种情况也可以发生在波传到接有集中阻抗的线路终点，由于节点前后波阻抗不同，而波在节点前后都必须保持单位长度导线的电场能和磁场能总和相等的规律，故必然要发生电磁场能量的重新分配，也就是说在节点上将发生行波的折射与反射。

一、折射波和反射波的计算

如图 4-5 所示，两个不同的波阻抗 Z_1 和 Z_2 相连于 A 点，设 u_{1q}、i_{1q} 是 Z_1 线路中的前行波电压和电流（图 4-5 中仅画出电压波），常称为投射到节点 A 的入射波，在线路 Z_1 中的反行波 u_{1f}、i_{1f} 是由入射在节点 A 的电压波、电流波的反射而产生的，称为反射波。波通过节点 A 以后在线路 Z_2 中产生的前行波 u_{2q}、i_{2q} 是由入射波经节点 A 折射到线路 Z_2 中去的波，

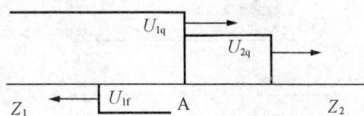

图 4-5 行波的折射与反射

称为折射波。为了简便，我们只分析线路 Z_2 中不存在反行波或 Z_2 中的反行波 u_{2f} 尚未到达节点 A 的情况。

由于在节点 A 处只能有一个电压值和电流值，即 A 点 Z_1 侧及 Z_2 侧的电压和电流在 A 点必须连续，因此必然有

$$u_{1q}+u_{1f}=u_{2q} \tag{4-13}$$

$$i_{1q}+i_{1f}=i_{2q} \tag{4-14}$$

因为 $i_{1q}=\dfrac{u_{1q}}{Z_1}$、$i_{2q}=\dfrac{u_{2q}}{Z_2}$、$i_{1f}=\dfrac{u_{1f}}{-Z_1}$，将其代入式（4-14）可得

$$\frac{u_{1q}}{Z_1}-\frac{u_{1f}}{Z_1}=\frac{u_{2q}}{Z_2} \tag{4-15}$$

联立解式（4-13）和式（4-15），即可求得行波在线路节点 A 处的折、反射电压和入射电压的关系为

$$u_{2q}=\frac{2Z_2}{Z_1+Z_2}u_{1q}=\alpha u_{1q} \tag{4-16}$$

$$u_{2f}=\frac{Z_2-Z_1}{Z_1+Z_2}u_{1q}=\beta u_{1q} \tag{4-17}$$

式（4-16）中 α 表示折射波电压与入射波电压的比值，称为电压波折射系数。它的表达

式为

$$\alpha = \frac{2Z_2}{Z_1 + Z_2} \tag{4-18}$$

α 值永远是正的，且 $0 \leqslant \alpha \leqslant 2$。

式（4-17）中 β 表示反射波电压与入射波电压的比值，称为电压波反射系数。它的表达式为

$$\beta = \frac{Z_2 - Z_1}{Z_1 + Z_2} \tag{4-19}$$

β 值可正可负，且 $-1 \leqslant \beta \leqslant 1$。$\alpha$ 与 β 之间满足关系

$$\alpha = 1 + \beta \tag{4-20}$$

如果波阻抗为 Z_1 的导线在 A 点不是接到波阻抗为 Z_2 的导线，而是接在集中阻抗 Z_2 上，这时，边界条件、方程式和解仍然同上述一样，u_2 及 i_2（不用 u_{2q}、i_{2q} 表示）即代表集中阻抗 Z_2 上的电压和电流。

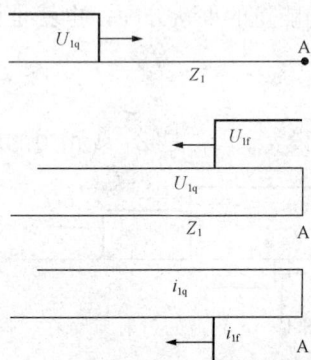

二、几种特殊条件下的折、反射波

1. 线路末端开路（$Z_2 \to \infty$）

如图 4-6 所示，当线路波阻抗为 Z_1 的末端开路，入射波 U_{1q} 入侵到末端 A 点时，将发生波的折射和反射。折射系数 $\alpha = \dfrac{2Z_2}{Z_1 + Z_2} = 2$；反射系数 $\beta = \dfrac{Z_2 - Z_1}{Z_1 + Z_2} = 1$。

由式（4-16）、式（4-17）可得 $u_{2q} = 2u_{1q}$，$u_{1f} = u_{1q}$；同时，可求得反射电流和折射电流为

$$i_{1f} = \frac{u_{1f}}{-Z_1}$$

图 4-6 末端开路时，电压波和电流波

$$i_{2q} = i_{1q} + i_{1f} = \frac{u_{1q}}{Z_1} + \left(-\frac{u_{1q}}{Z_1}\right) = 0$$

上面计算表明：当波到达开路末端时，将发生全反射。全反射的结果是使线路末端电压上升到入射波电压的两倍。同时，电流波则发生了负的全反射，电流波负反射的结果使线路末端的电流为零，也就是末端开路时，入射波的全部磁场能量将转变为电场能量。

2. 线路末端短路（$Z_2 = 0$）

如图 4-7 所示，线路末端短路，$Z_2 = 0$，$\alpha = 0$，$\beta = -1$。这样，$u_{2q} = 0$，$u_{1f} = -u_{1q}$

而

$$i_{1f} = \frac{u_{1f}}{-Z_1} = -\frac{u_{1q}}{-Z_1} = \frac{u_{1q}}{Z_1}$$

$$i_{2q} = i_{1f} + i_{1q} = \frac{u_{1q}}{Z_1} + \frac{u_{1q}}{Z_1} = 2\frac{u_{1q}}{Z_1}$$

上面计算表明：当波到达短路的末端后将发生负的全反射，负反射的结果使线路末端电压下降为零。同时，电流波则发生正的全反射，电流波正的全反射的结果使线路末端的电流上升为入射波电流的两倍。也就是末端短路时，入射波的全部电场能量将转变为磁场能量。

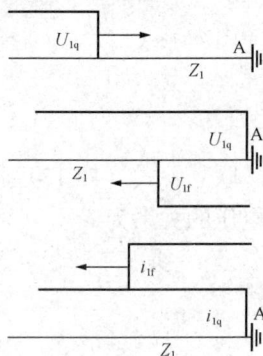

图 4-7 末端短路时，电压波与电流波

3. 线路末端接负载电阻 $R = Z_1 (Z_2 = R)$

如图 4-8 所示，线路末端接负载电阻 $R = Z_1$，即 $Z_2 = R$，此时 $\alpha = 1$，$\beta = 0$。这样，$u_{1f} = 0$，线路 Z_1 上的电压 $u_1 = u_{1q} + u_{1f} = u_{1q}$；而 $i_{1f} = \dfrac{u_{1f}}{-Z_1} = 0$，

$i_1 = i_{1q} + i_{1f} = \dfrac{u_{1q}}{Z_1}$。这时，入射波到线路末端 A 点时并不反射，和均匀导线的情况完全相同。入射波的电磁能量全部消耗在电阻 R 上。

三、计算折射波的等值电路（彼德逊法则）

我们进一步来讨论在图 4-9（a）中一前行波 u_{1q}（用直角波表示）沿波阻抗为 Z_1 的线路传到波阻抗为 Z_2 的线路时，在节点 A 所引起的折射和反射，用集中参数的等值电路来求解的问题。

图 4-8　末端接负载电阻 $R = Z_1$ 时电压波和电流波

节点 A 的边界条件为

$$\begin{cases} u_2 = u_1 = u_{1q} + u_{1f} \\ i_2 = i_1 = i_{1q} + i_{1f} \end{cases} \tag{4-21}$$

把 $i_{1q} = \dfrac{u_{1q}}{Z_1}$、$i_{1f} = \dfrac{u_{1f}}{-Z_1}$ 代入式（4-21）的第二式，与第一式联立求解可以得到

$$2u_{1q} = Z_1 i_2 + u_2 \tag{4-22}$$

从式（4-22）可以看出，要计算分布参数线路上节点 A 的电压 u_2，可以应用图 4-9（b）的集中参数等值电路：①线路波阻抗 Z_1 用数值相等的集中参数电阻代替；②把线路上的入射电压波的两倍 $2u_{1q}$ 作为等值电压源。这就是计算折射波 u_2 的等值电路法则，称之为彼德逊法则。

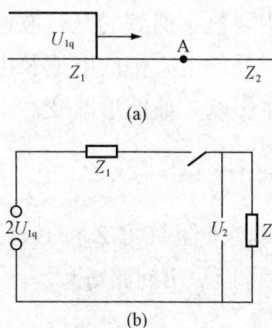

图 4-9　计算折射波的等值电路
（a）示意图；（b）等值电路

事实上，对节点 A 左边的线路，也可以应用戴维南定理，用集中参数的等值电压源来代替。等值电压源的电动势等于未接上 Z_2 时 A 点的电压，即末端开路时的电压 $2u_{1q}$；电源的内阻等于 A 点左边长线的波阻抗 Z_1。

利用这一法则，可以把分布参数电路中的波过程的许多问题，简化成我们所熟悉的集中参数电路的计算。必须指出，用式（4-22）计算折射波的等值电路有一定的适用范围，如果节点 A 两端的线路为有限长的话，则以上等值电路只适用于线路端部的反射波还没有传播到节点 A 的时间内。

【例 4-1】 入射波 $u_{1q} = 100\text{kV}$ 由架空线（$Z_1 = 500\Omega$）进入电缆（$Z_2 = 50\Omega$），参见图 4-9（a），求折射波电压、电流和反射波电压、电流。

解　折射系数 $\alpha = \dfrac{2Z_2}{Z_1 + Z_2} = \dfrac{2 \times 50}{500 + 50} = \dfrac{2}{11}$

反射系数 $\beta = \dfrac{Z_2 - Z_1}{Z_1 + Z_2} = \dfrac{50 - 500}{500 + 50} = -\dfrac{9}{11}$

于是：折射波电压 $u_{2q} = \alpha u_{1q} = \dfrac{2}{11} \times 100 = 18.18\ (\text{kV})$

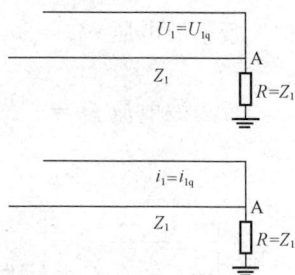

折射波电流 $i_{2q} = \dfrac{u_{2q}}{Z_2} = \dfrac{18.18}{50} = 0.36\text{kA}$

反射波电压 $u_{1f} = \beta u_{1q} = -\dfrac{11}{9} \times 100 = -81.82\text{kV}$

反射波电流 $i_{1f} = \dfrac{u_{1f}}{-Z_1} = -\dfrac{81.82}{-500} = 0.16\text{kA}$

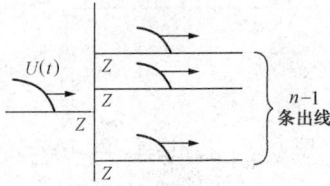

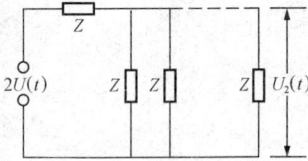

图 4-10 ［例 4-2 图］

【例 4-2】 某一变电所母线上接有 n 条线路，每条线路波阻抗为 Z，当一条线路落雷，电压 $u(t)$ 入侵变电所，如图 4-10 所示，求母线上的电压。

解 根据彼德逊法则，可以画出它的等值计算电路。母线上的电压 $u_2(t)$ 计算如下

$$u_2(t) = 2u(t)\frac{\dfrac{Z}{n-1}}{Z + \dfrac{Z}{n-1}} = \frac{2u(t)}{n}$$

可见，连接在母线上的线路愈多，母线上的过电压愈低，对变电所降低雷电过电压起着有利影响。

第三节　行波通过串联电感和并联电容

集中的电感和电容，是电力系统中常见的元件。在实际计算中，最常遇到的是行波经过与线路串联的电感和连接在线路与地之间的电容的情况。由于贮能元件电感中的电流及电容上的电压都不能突变，这就对经过这些元件的折射波和反射波产生影响，使波形改变。下面我们分析线路上串联电感和并联电容的情况。

一、无限长直角波通过串联电感

图 4-11 表示无限长直角波投射到具有串联电感线路的情况。当波阻抗为 Z_2 的线路中的反行波未到达两线连接点时，其等值电路见图 4-11（b），由此可以写出回路方程

$$2U_{1q} = i_{2q}(Z_1 + Z_2) + L\frac{\mathrm{d}i_{2q}}{\mathrm{d}t}$$

解之得

$$i_{2q} = \frac{2U_{1q}}{Z_1 + Z_2}(1 - \mathrm{e}^{-\frac{t}{T}}) \tag{4-23}$$

$$T = \frac{L}{Z_1 + Z_2}$$

式中　T——该电路的时间常数。

于是

$$u_{2q} = i_{2q}Z_2 = \frac{2Z_2}{Z_1 + Z_2}U_{1q}(1 - \mathrm{e}^{-\frac{t}{T}}) = \alpha U_{1q}(1 - \mathrm{e}^{-\frac{t}{T}}) \tag{4-24}$$

$$\alpha = \frac{2Z_2}{Z_1 + Z_2}$$

式中　α——折射系数。

可见，折射电流及电压都是由两部分组成：前一部分为与时间无关的强制分量，后一部分为随时间而衰减的自由分量。

当 $t=0$ 时，　　　　　$u_{2q}=0$，$i_{2q}=0$

$t \to \infty$ 时，　　　　$u_{2q}=\dfrac{2Z_2}{Z_1+Z_2}U_{1q}=\alpha U_{1q}$，　　$i_{2q}=\dfrac{2}{Z_1+Z_2}U_{1q}$

如图 4-11（c）所示。

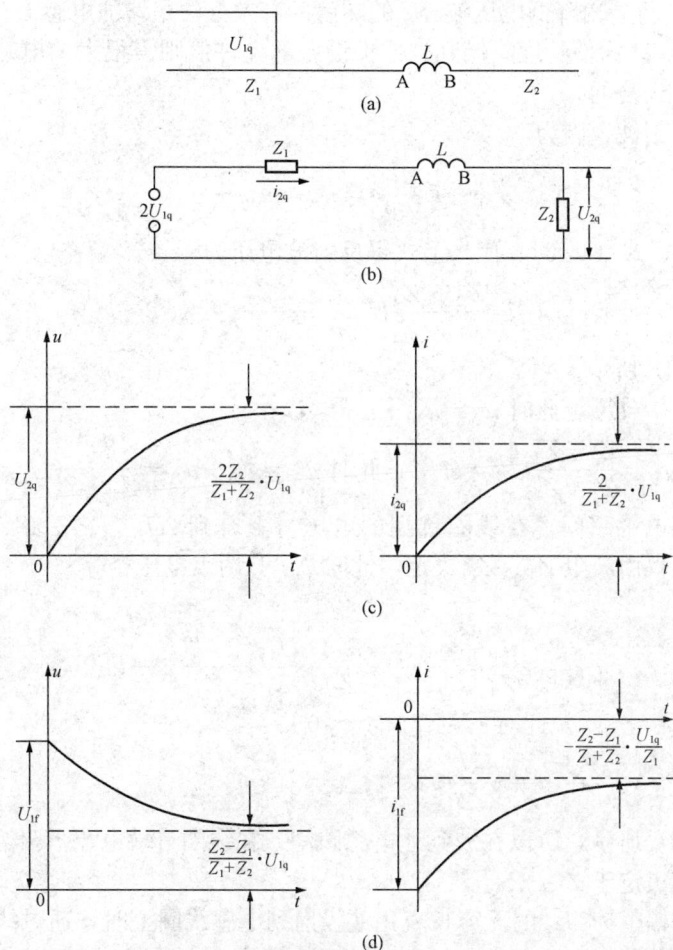

图 4-11　波通过串联电感（$Z_2 > Z_1$）

（a）接线图；（b）等值电路；（c）折射波电压、电流随时间变化；
（d）反射波电压、电流随时间变化

可见无穷长直角波穿过串联电感时，波头被拉长，变为指数波头的行波，串联的电感起了降低来波上升速率的作用，而电压、电流的稳态值与未经串联电感时一样。波头被拉长与电感 L 值有关，L 愈大，$T=\dfrac{L}{Z_1+Z_2}$ 就愈大，故波头就愈长。

通过电感后折射波的陡度为

$$\frac{\mathrm{d}u_{2q}}{\mathrm{d}t}=\frac{2U_{1q}Z_2}{L}\mathrm{e}^{-\frac{t}{T}}$$

最大陡度出现在 $t=0$ 时，即

$$\frac{\mathrm{d}u_{2q}}{\mathrm{d}t}\bigg|_{\max}=\frac{2Z_2}{L}U_{1q} \tag{4-25}$$

而最大空间陡度为

$$\frac{\mathrm{d}u_{2q}}{\mathrm{d}l}\bigg|_{\max}=\frac{\mathrm{d}u_{2q}}{\mathrm{d}t}\bigg|_{\max}\frac{\mathrm{d}t}{\mathrm{d}l}=\frac{2Z_2}{Lv}U_{1q} \tag{4-26}$$

由式（4-26）可看出降低电压波 u_{2q} 的陡度的有效办法是增加电感 L，但一般被保护设备的波阻抗 Z_2 很大，为使陡度降低到被保护设备的允许值则需很大的电感 L。因此采用串联电感的办法是不经济的。

下面再讨论反射波，因为

$$u_{2q}+L\frac{\mathrm{d}i_{2q}}{\mathrm{d}t}=u_A=u_{1q}+u_{1f}$$

将式（4-23）、式（4-24）代入上式得反射波电压为

$$u_{1f}=\frac{Z_2-Z_1}{Z_1+Z_2}U_{1q}+\frac{2Z_1}{Z_1+Z_2}U_{1q}\mathrm{e}^{-\frac{t}{T}} \tag{4-27}$$

如图 4-11（d）所示。

当 $t=0$ 时，$u_{1f}=U_{1q}$，此时 $u_A=u_{1q}+u_{1f}=2U_{1q}$

当 $t\rightarrow\infty$ 时，$u_{1f}=\frac{Z_2-Z_1}{Z_1+Z_2}U_{1q}=\beta U_{1q}$，此时 $u_A=u_{1q}+u_{1f}=\frac{2Z_1}{Z_1+Z_2}U_{1q}=u_B$

所以在波到达电感瞬间，在线圈首端的电压将上升到 $2U_{1q}$，之后逐渐下降到稳定值，此值与电感无关，仅由波阻 Z_1、Z_2 决定，此时 A、B 两点电压相等。

反射波电流

$$i_{1f}=-\frac{u_{1f}}{Z_1}=-\frac{Z_2-Z_1}{Z_1+Z_2}\cdot\frac{U_{1q}}{Z_1}-\frac{2U_{1q}}{Z_1+Z_2}\mathrm{e}^{-\frac{t}{T}} \tag{4-28}$$

当 $t=0$ 时，$i_{1f}=-i_{1q}$，此时 $i_A=i_{1q}+i_{1f}=0$

当 $t\rightarrow\infty$ 时，$i_{1f}=-\frac{Z_2-Z_1}{Z_1+Z_2}\cdot\frac{U_{1q}}{Z_1}$

如图 4-11（d）所示，所以在波到达电感瞬间，在线圈首端电流下降为零，然后逐渐上升到稳定值，此值决定于 Z_1、Z_2。

由此可见，当幅值为 U_{1q} 的无穷长直角波投射到电感线圈上时，通过线圈的电流在最初瞬间是零，然后才逐渐增大，因为在线圈中的磁能不能突变，因而穿过电感在 Z_2 上传播的电压与电流都是由零值逐渐增大，然后达到稳定值。同时反射波的波形也不再是直角波，因为波作用到电感线圈的最初瞬间相当于波到达线路开路的末端一样，反射波在此瞬间值为 U_{1q}，使电感线圈首端的电压上升到 $2U_{1q}$，以后反射的电压从幅值 U_{1q} 逐渐下降，最后达到稳定值。

二、无限长直角波通过并联电容

图 4-12 表示无限长直角波投射到具有并联电容接线时的情况。当波阻抗为 Z_2 的线路中的反行波未到达两线连接点，其等值电路见图 4-12（b），由此可得

$$\begin{cases}2U_{1q}=i_1Z_1+i_{2q}Z_2\\i_1=i_{2q}+C\dfrac{\mathrm{d}u_{2q}}{\mathrm{d}t}=i_{2q}+CZ_2\dfrac{\mathrm{d}i_{2q}}{\mathrm{d}t}\end{cases}$$

解联立方程得到

$$i_{2q} = \frac{2U_{1q}}{Z_1 + Z_2}(1 - e^{-\frac{t}{T}}) \qquad\qquad (4-29)$$

$$u_{2q} = i_{2q}Z_2 = \frac{2Z_2}{Z_1 + Z_2}U_{1q}(1 - e^{-\frac{t}{T}}) = \alpha U_{1q}(1 - e^{-\frac{t}{T}}) \qquad (4-30)$$

$$T = \frac{Z_2 Z_1}{Z_1 + Z_2}C$$

$$\alpha = \frac{2Z_2}{Z_1 + Z_2}$$

式中　T——该电路的时间常数；

　　　α——折射系数。

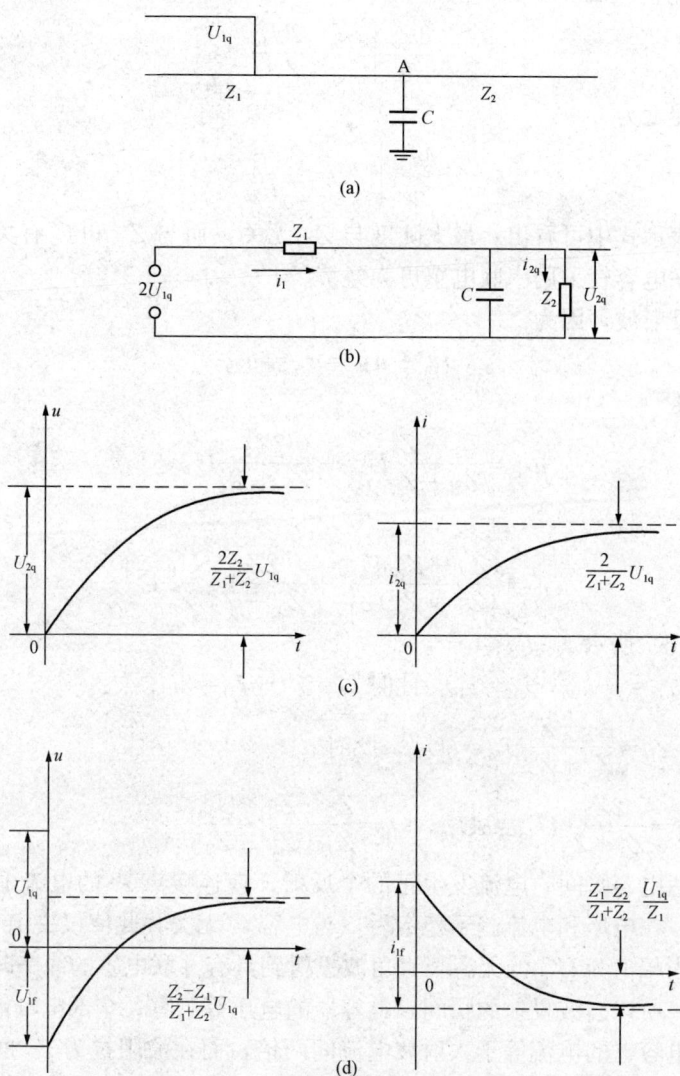

图 4-12　波通过并联电容 $(Z_2 > Z_1)$

（a）接线图；（b）等值电路；（c）折射波电压、电流随时间变化；

（d）反射波电压、电流随时间变化

可见电流及电压也有两部分组成：前一部分为与时间无关的强制分量；后一部分为随时间而衰减的自由分量。

当 $t=0$ 时，$u_{2q}=0$，$i_{2q}=0$

当 $t \to \infty$ 时，$u_{2q}=\dfrac{2Z_2}{Z_1+Z_2}u_{1q}=\alpha U_{1q}$，$i_{2q}=\dfrac{2}{Z_1+Z_2}U_{1q}$

如图 4-12（c）所示。

可见无穷长直角波经过并联电容时，电压和电流都随时间从零值渐增至稳定值，波首被拉平。通过电容后，折射波的陡度为

$$\frac{\mathrm{d}u_{2q}}{\mathrm{d}t}=\frac{2U_{1q}}{Z_1C}\mathrm{e}^{-\frac{t}{T}}$$

最大陡度出现在 $t=0$ 时，即

$$\frac{\mathrm{d}u_{2q}}{\mathrm{d}t}\bigg|_{\max}=\frac{2U_{1q}}{Z_1C} \tag{4-31}$$

而最大空间陡度为

$$\frac{\mathrm{d}u_{2q}}{\mathrm{d}t}\bigg|_{\max}=\frac{2U_{1q}}{Z_1Cv} \tag{4-32}$$

从最大陡度表示式中可看出：最大陡度与 Z_2 无关，而与 Z_1 和 C 有关。故为了获得更小的陡度采用并联电容较采用串联电感更为经济。

下面再讨论反射波，因为

$$u_{1q}+u_{1f}=u_A=u_{2q}$$

故反射波电压

$$u_{1f}=\frac{Z_2-Z_1}{Z_1+Z_2}U_{1q}-\frac{2Z_2}{Z_1+Z_2}U_{1q}\mathrm{e}^{-\frac{t}{T}} \tag{4-33}$$

反射波电流

$$i_{1f}=\frac{(Z_1-Z_2)U_{1q}}{(Z_1+Z_2)Z_1}+\frac{2Z_2}{Z_1+Z_2}\frac{U_{1q}}{Z_1}\mathrm{e}^{-\frac{t}{T}} \tag{4-34}$$

如图 4-12（d）所示。

当 $t=0$ 时，$u_{1f}=-u_{2q}$，$i_{1f}=i_{1q}$，此时 $i_A=i_{1q}+i_{1f}=2i_{1q}$

当 $t \to \infty$ 时，$u_{1f}=\dfrac{Z_2-Z_1}{Z_1+Z_2}U_{1q}=\beta U_{1q}$，此时

$$u_A=u_{1q}+u_{1f}=\frac{2Z_2}{Z_1+Z_2}U_{1q}=\alpha U_{1q}，\quad i_{1f}=\frac{Z_1-Z_2}{Z_1+Z_2}\cdot\frac{U_{1q}}{Z_1}$$

所以在波到达电容瞬间，电流发生正的全反射，使连接点 A 的电流上升到 $2i_{1q}$ 之后逐渐下降到稳定值，在电压和电流趋于稳定后，与电容 C 无关，此值仅决定于 Z_1 和 Z_2。

由此可见，当幅值为 U_{1q} 的无穷长直角波投射到具有并联电容的线路时，由于电容器上的电压不能突变，所以当波投射的瞬间，电容器的电压等于零，全部电场能量均转变为磁场能量，从而流经电容器的电流等于入射波电流的两倍，而在波阻抗为 Z_2 的线路上电流将为零。然后，电容器开始充电，在它上面的电压将开始增加，在电容器后面线路也就出现了电压前行波，使电容器上的电压从零增加到稳态值。

【**例 4-3**】　假定发电机的波阻抗 Z_2 为 800Ω，如果电机前面与电缆相接，电缆波阻抗为

50Ω，波在电机内的传播速度 v 为 $6\times10^7\,\mathrm{m/s}$，其匝间耐压为 $600\mathrm{V}$，每匝长度为 $3\mathrm{m}$。若沿电缆有 $100\mathrm{kV}$ 的无限长直角波入侵，求为保护发电机匝间绝缘所需串联的电感或并联的电容的数值。

解　允许来波的空间最大陡度

$$\frac{\mathrm{d}u_{2\mathrm{q}}}{\mathrm{d}l}\bigg|_{\max}=\frac{0.6}{3}=0.2(\mathrm{kV/m})$$

当用串联电感时

$$L=\frac{2Z_2 U_{1\mathrm{q}}}{v\left(\dfrac{\mathrm{d}u_{2\mathrm{q}}}{\mathrm{d}t}\right)_{\max}}=\frac{2\times800\times100}{6\times10^7\times0.2}=13.3\times10^{-3}(\mathrm{H})$$

当用并联电容时

$$C=\frac{2U_{1\mathrm{q}}}{vZ_1\left(\dfrac{\mathrm{d}u_{2\mathrm{q}}}{\mathrm{d}l}\right)_{\max}}=\frac{2\times100}{6\times10^7\times50\times0.2}=0.33\times10^{-6}(\mathrm{F})$$

显然，$0.33\mu\mathrm{F}$ 的电容器比 $13.3\mathrm{mH}$ 的电感线圈的成本低得多，故一般都采用并联电容的方案。

第四节　行波的多次折、反射

在实际电网中，线路的长度总是有限的，例如两段架空线中间加一段电缆，或用一段电缆将发电机连到架空线上，此时夹在中间的这一段线路就是有限长的。在这些情况下，波在两个结点之间将发生多次折、反射，本节将介绍用网格法计算行波的多次折、反射。

一、用网格法计算波的多次折、反射

用网格法计算波的多次折、反射的特点，是用网格图把波在结点上的每次折、反射的情况，按照时间的先后逐一表示出来，使我们可以比较容易地求出结点在不同时刻的电压值。下面我们以计算波阻抗各不相同的三种导线互相串联时结点上的电压为例，来介绍网格法的具体应用。

图 4-13 所示一波阻抗为 Z_1、长度为 l_0 的线段连接于波阻为 Z_1 及 Z_2 的线路之间，假设波阻为 Z_1、Z_2 的线路是无限长的。若有无限长一直角波 U_0 自线路 Z_1 向线路 Z_1 入侵，则波在波阻为 Z_1 的线路的两个点 1、2 之间将发生多次反射。设波由 1 向 2 方向前进时在点 1 的折射系数为 α_1，在点 2 的折射系数为 α_2，反射系数为 β_2；当波由 2 向 1 方向前进时在点 1 的反射系数为 β_1，则

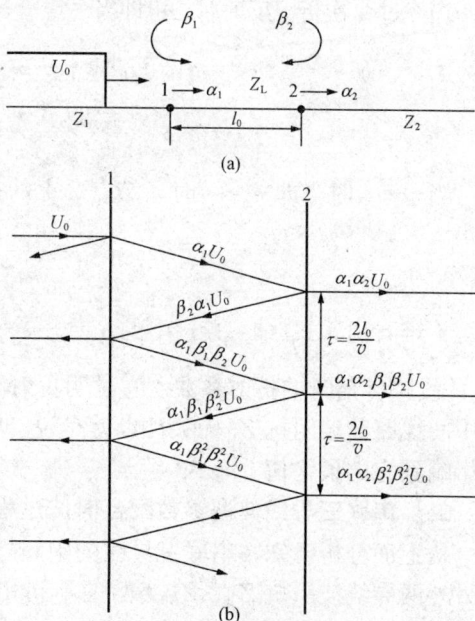

图 4-13　行波的多次折、反射
(a) 接线图；(b) 计算用行波网格图

$$\left.\begin{array}{ll} \alpha_1 = \dfrac{2Z_1}{Z_1 + Z_1} & \alpha_2 = \dfrac{2Z_2}{Z_2 + Z_1} \\[3mm] \beta_1 = \dfrac{Z_1 - Z_1}{Z_1 + Z_1} & \beta_2 = \dfrac{Z_2 - Z_1}{Z_2 + Z_1} \end{array}\right\} \qquad (4\text{-}35)$$

入侵波 U_0 自线路 Z_1 到达结点 1，在结点 1 上发生折、反射，折射波 $\alpha_1 U_0$ 在线路 Z_1 上传播，经过 $\dfrac{l_0}{v}$ 时间后（v 为波速）到达结点 2，在结点 2 上又发生折、反射，折射波 $\alpha_1 \alpha_2 U_0$ 自结点 2 沿 Z_2 向前传播，反射波 $\beta_2 \alpha_1 U_0$ 返回向点 1 传播，经 $\dfrac{l_0}{v}$ 时间后又到达结点 1，在结点 1 上又发生折、反射，反射波 $\beta_1 \beta_2 \alpha_1 U_0$ 经 $\dfrac{l_0}{v}$ 时间后又到达结点 2，……如此类推。图 4-13（b）为上述过程计算用行波网格图。若以入射波 U_0 到达结点 1 为时间起点，则根据网格图可以很容易地写出结点 2 在不同时刻的折射波电压为

当 $0 \leqslant t < \dfrac{l_0}{v}$ 时 $\qquad u_{2q} = 0$

当 $\dfrac{l_0}{v} \leqslant t < \dfrac{3l_0}{v}$ 时 $\quad u_{2q} = \alpha_1 \alpha_2 U_0$ （第一次折、反射后）

当 $\dfrac{3l_0}{v} \leqslant t < \dfrac{5l_0}{v}$ 时 $\quad u_{2q} = \alpha_1 \alpha_2 U_0 + \alpha_1 \alpha_2 \beta_1 \beta_2 U_0$ （第二次折、反射后）

当 $\dfrac{5l_0}{v} \leqslant t < \dfrac{7l_0}{v}$ 时 $\quad u_{2q} = \alpha_1 \alpha_2 U_0 + \alpha_1 \alpha_2 \beta_1 \beta_2 U_0 + \alpha_1 \alpha_2 \beta_1^2 \beta_2^2 U_0$ （第三次折、反射后）

……

当经过 n 次折、反射后，也即当 $\dfrac{(2n-1)\, l_0}{v} \leqslant t < \dfrac{(2n+1)\, l_0}{v}$ 时结点 2 上的折射波电压将为

$$u_{2q} = \alpha_1 \alpha_2 U_0 [1 + \beta_1 \beta_2 + (\beta_1 \beta_2)^2 + \cdots + (\beta_1 \beta_2)^{n-1}]$$
$$= \alpha_1 \alpha_2 \frac{1 - (\beta_1 \beta_2)^n}{1 - \beta_1 \beta_2} U_0 \qquad (4\text{-}36)$$

当 $t \to \infty$ 时，即 $n \to \infty$ 时，结点 2 上的折射波电压将为

$$u_{2q} = \alpha_1 \alpha_2 \frac{1}{1 - \beta_1 \beta_2} U_0 = \frac{2Z_2}{Z_1 + Z_2} U_0 = \alpha U_0 \qquad (4\text{-}37)$$

不难看出，式（4-37）中的 $\alpha = \dfrac{2Z_2}{Z_1 + Z_2}$ 也就是波从波阻抗 Z_1 的线路直接向波阻抗为 Z_2 的线路传播时的折射系数。它说明折射波电压的最终值只由波阻抗 Z_1 和 Z_2 所决定，而与中间线路的波阻抗 Z_1 无关。也就是说，中间线路的存在只会影响到折射波的波头，而不会影响到它的最终值。

二、串联三导线典型参数配合时波过程的特点

从上面分析已知，串联三导线的中间导线的存在会影响到折射波的波头。依据与之串联的另外两导线波阻抗 Z_1、Z_2 参数的不同配合，其影响的程度是不同的。下面我们分析几种典型的参数配合时波过程的特点。

1. $Z_1 > Z_1 > Z_2$

根据式（4-35），当 $Z_1 > Z_1 > Z_2$ 时，$\beta_1 > 0$、$\beta_2 < 0$、$\alpha_1 < 1$、$\alpha_2 < 1$，由式（4-36）知，

u_{2q} 的波形是一个振荡波，振荡周期为 $\dfrac{4l}{v}$，如图 4-14（a）所示。由于 α_1 和 α_2 小于 1，所以波的幅值较低，当时间很长以后，振荡波趋于稳定，其幅值为 $u_{2q}=\dfrac{2Z_2}{Z_1+Z_2}U_0$。

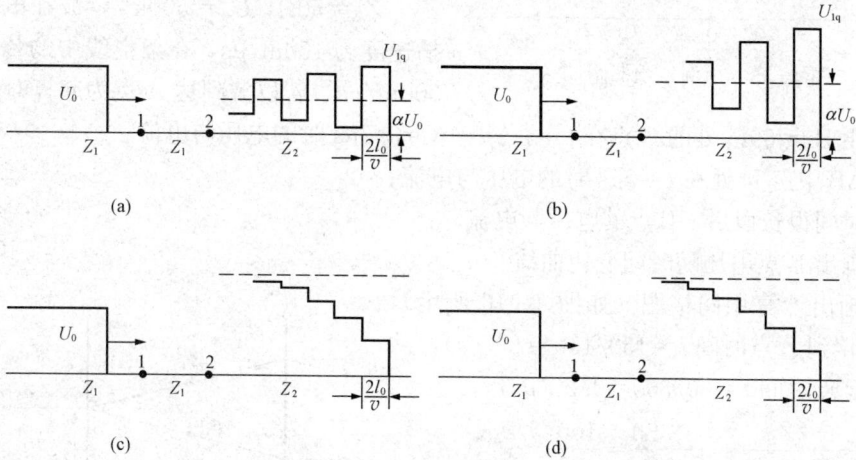

图 4-14　各种不同参数下的波过程

(a) $Z_1>Z_1>Z_2$；(b) $Z_1<Z_1<Z_2$；(c) $Z_1>Z_1$、$Z_2>Z_1$；(d) $Z_1<Z_1$、$Z_2<Z_1$

2. $Z_1<Z_1<Z_2$

这种情况下 $\beta_1<0$、$\beta_2>0$、$\alpha_1>1$、$\alpha_2>1$，折射波 u_{2q} 的振荡波形表示在图 4-14（b）中，波的幅值较高，当时间很长以后，振荡波趋于稳定，其幅值为 $u_{2q}=\dfrac{2Z_2}{Z_1+Z_2}U_0$。

3. $Z_1>Z_1$、$Z_2>Z_1$

根据式（4-35），$\beta_1>0$、$\beta_2>0$、$\alpha_1<1$、$\alpha_2>1$，由式（4-36）知，u_{2q} 的波形是逐渐增加的，如图 4-13（c）所示。从图可知，线路 Z_1 的存在降低了 Z_2 中折射波 u_{2q} 的陡度，可以近似认为，u_{2q} 的最大陡度等于第一个折射电压 $\alpha_1\alpha_2 U_0$ 除以时间 $\dfrac{2l_0}{v}$，即

$$\left.\frac{\mathrm{d}u_{2q}}{\mathrm{d}t}\right|_{t=0}=U_0\cdot\frac{2Z_1}{Z_1+Z_1}\cdot\frac{2Z_2}{Z_2+Z_1}\cdot\frac{v}{2l_0}$$

若 $Z_1\gg Z_1$、$Z_2\gg Z_1$ 则

$$\left.\frac{\mathrm{d}u_{2q}}{\mathrm{d}t}\right|_{t=0}\approx\frac{2U_0}{Z_1}\cdot Z_1\cdot\frac{v}{l_0}=\frac{2}{Z_1C}U_0$$

式中 C 为导线 Z_1 的对地电容，这表明导线 Z_1 的作用相当于在线路 Z_1 与 Z_2 的连接点上并联一电容，其电容量为导线 Z_1 的对地电容值。

4. $Z_1<Z_1$、$Z_2<Z_1$

这种情况下，$\beta_1<0$、$\beta_2<0$、$\alpha_1>1$、$\alpha_2<1$，由式（4-36）知，u_{2q} 的波形也是逐渐增加的，如图 4-13（d）所示。

若 $Z_1\ll Z_1$、$Z_2\ll Z_1$ 则　　$\left.\dfrac{\mathrm{d}u_{2q}}{\mathrm{d}t}\right|_{t=0}\approx\dfrac{2U_0Z_2}{Z_1}\cdot\dfrac{v}{l_0}=\dfrac{2Z_2}{L}U_0$

式中 L 为导线 Z_1 之电感值，这表明导线 Z_1 的作用相当于在线路 Z_1 和 Z_2 之间串联一电感，电感量为导线 Z_1 的电感值。

【例 4-4】 长 150m 的电缆两端串联波阻抗为 400Ω 的架空线，一无限长矩形波入侵于

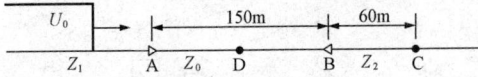

图 4-15　[例 4-4] 图

架空线 Z_1 上（如图 4-15 所示），已知：$Z_1=Z_2$，$Z_0=50\Omega$，$U_0=500\text{kV}$，波在电缆中的传播速度为 $150\text{m}/\mu\text{s}$，在架空线中的传播速度为 $300\text{m}/\mu\text{s}$，若以波到达 A 点为起算时间，求：

(1) 距 B 点 60m 处的 C 点在 $t=1.5\mu\text{s}$，$t=3.5\mu\text{s}$ 时的电压与电流；

(2) AB 中点 D 处在 $t=2\mu\text{s}$ 时的电压与电流；

(3) 时间很长以后，B 点的电压与电流；

(4) 画出 B 点电压随时间变化曲线。

解　画出计算用网格图（如图 4-16 所示），波以 A 点传到 B 点时间 $t=150/150=1$（μs），从 B 点传到 C 点时间 $t=60/300=0.2$（μs）

图 4-16　网格图

$$\alpha_1=\frac{2Z_0}{Z_1+Z_0}=\frac{2\times50}{450}=\frac{100}{450}=\frac{2}{9}$$

$$\alpha_2=\frac{2Z_2}{Z_0+Z_2}=\frac{2\times400}{450}=\frac{800}{450}=\frac{16}{9}$$

$$\beta_1=\frac{Z_1-Z_0}{Z_1+Z_0}=\frac{400-50}{450}=\frac{350}{450}=\frac{7}{9}$$

$$\beta_2=\frac{Z_2-Z_0}{Z_0+Z_1}=\frac{400-50}{450}=\frac{350}{450}=\frac{7}{9}$$

(1) 当 $t=1.5\mu\text{s}$ 时

$$u_C=\alpha_1\alpha_2U_0$$
$$=\frac{2}{9}\times\frac{16}{9}\times500=197.5(\text{kV})$$

$$i_C=\frac{u_C}{Z_2}\times\frac{197.5}{400}=0.49(\text{kA})$$

当 $t=3.5\mu\text{s}$ 时

$$u_C=\alpha_1\alpha_2U_0+\alpha_1\alpha_2\beta_1\beta_2U_0$$
$$=197.5+\frac{2\times16\times7\times7}{9^4}\times500$$
$$=317(\text{kV})$$

$$i_C=\frac{u_C}{Z_2}=\frac{317}{400}=0.79(\text{kA})$$

(2) 当 $t=2\mu\text{s}$ 时

$$u_D=\alpha_1U_0+\alpha_1\beta_2U_0=\frac{2}{9}\times500\times\left(1+\frac{7}{9}\right)=197.5(\text{kV})$$

$$i_D=\frac{\alpha_1U_0}{Z_0}+\frac{\alpha_1\beta_2U_0}{-Z_0}=\frac{\frac{2}{9}\times500}{50}\left(1-\frac{7}{9}\right)=0.49(\text{kA})$$

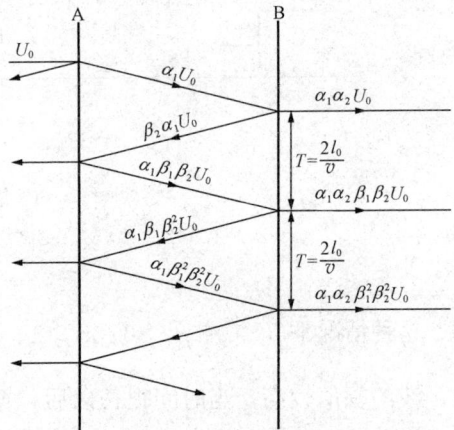

（3）当 $t \to \infty$ 时

$$u_B = \frac{2Z_2}{Z_1 + Z_2} U_0 = \frac{2 \times 400}{800} \times 500 = 500(\text{kV})$$

$$i_B = \frac{u_B}{Z_2} = \frac{500}{400} = 1.25(\text{kA})$$

（4）B 点电压随时间变化曲线如图 4 - 17 所示。

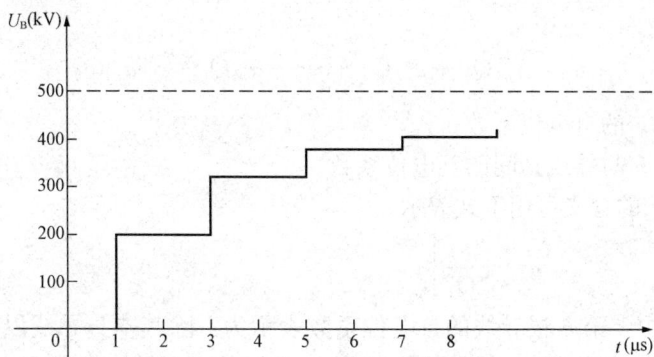

图 4 - 17　B 点电压变化曲线

第五节　行波在平行多导线系统中的传播

前面我们分析的都是以大地为回路的单导线线路的情况，实际上输电线路都是由多根平行导线组成的。此时波沿一根导线传播时空间的电磁场将作用到其他平行导线，使其他导线出现相应的耦合波，本节将介绍在平行于地面的多导体系统中波的传播情况。

一、平行多导线系统中的传播方程

在假定线路无损耗的情况下，沿线路传播的波可看成是平面电磁波，电场和磁场的力线皆位于与导线垂直的平面内。这样，导线上波过程的形成，可以看作为导线上电荷 Q 运动的结果。从静电场概念出发，对一个平行多导线系统来说，电荷是相对静止的，由导线上的电荷产生的空间各点的对地电位，可以从马克斯威尔的静电方程式出发进行研究。

如图 4 - 18 所示几根平行导线系统，我们假设：

（1）n 根平行导线与地面平行；导线 1、2、…、k、…、n 单位长度上的电荷量分别为 Q_1、Q_2、…、Q_k、…、Q_n；其半径分别为 r_1、r_2、…、r_k、…、r_n；对地的距离分别为 h_1、h_2、…、h_k、…、h_n；它们与地面的镜像分别为 1、2、…、k、…、n。

（2）系统的电介质的介电系数不随电场强度而变（这种系统称为线性系统）。

对于这样一个线性系统，第 k 根导线对地电位 u_k，除了本身导线上的电荷产生外，还有第 1、2、…、$(k-1)$、$(k+1)$、…、n 根导线上的电荷在第 k 根导线上产生的电位。因此 u_k 的

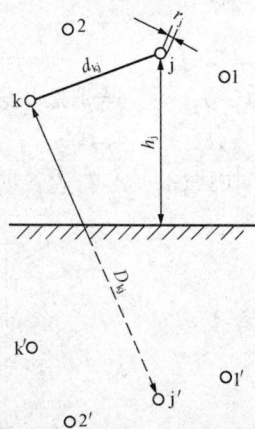

图 4 - 18　n 根平行多导线系统

对地电位可以利用迭加原理，把由于本身电荷及系统中的其他电荷在第 k 根导线上产生的电位统统加起来。这样，根据线性系统的叠加原理，n 根导线对地电位可列出方程如下

$$
\begin{cases}
u_1 = \alpha_{11}Q_1 + \alpha_{12}Q_2 + \cdots + \alpha_{1k}Q_k + \cdots \alpha_{1n}Q_n \\
u_2 = \alpha_{21}Q_1 + \alpha_{22}Q_2 + \cdots + \alpha_{2k}Q_k + \cdots \alpha_{2n}Q_n \\
\cdots\cdots \\
u_k = \alpha_{k1}Q_1 + \alpha_{k2}Q_2 + \cdots + \alpha_{kk}Q_k + \cdots \alpha_{kn}Q_n \\
\cdots\cdots \\
u_n = \alpha_{n1}Q_1 + \alpha_{n2}Q_2 + \cdots + \alpha_{nk}Q_k + \cdots \alpha_{nn}Q_n
\end{cases} \tag{4-38}
$$

式中　α_{kk}——导线 k 的自电位系数；

　　　α_{kn}——导线 k 与导线 n 间的互电位系数。

自电位系数 α_{kk} 的含义可用下式表示

$$
\alpha_{kk} = \frac{u_k}{Q_k}\bigg|_{Q_1=Q_2=\cdots=Q_{k-1}=Q_{k+1}=\cdots=Q_n=0} \tag{4-39}
$$

即在一个系统中，第 k 根导线的自电位系数表示为：除其本身导线以外，其他 $(n-1)$ 根导线上的电荷全为零时，第 k 根导线的电位 u_k 与其第 k 根导线电荷 Q_k 的比值。因为第 k 根导线单位长度对地电容 $C_k = \dfrac{Q_k}{u_k}$，所以 $\alpha_{kk} = \dfrac{1}{C_k}$。即自电位系数实际上就是第 k 根导线的单位长度导线对地电容的倒数。这样，自电位系数 α_{kk} 可表示为

$$
\alpha_{kk} = \frac{1}{2\pi\varepsilon_0\varepsilon_r}\ln\frac{2h_n}{r_k} \tag{4-40}
$$

互电位系数 α_{kn} 的含义可用下式表示

$$
\alpha_{kn} = \frac{u_k}{Q_n}\bigg|_{Q_1=Q_2=\cdots=Q_{k-1}=Q_k=Q_{k+1}=\cdots=Q_{n-1}=0} \tag{4-41}
$$

即在一个系统中，第 k 根导线与第 n 根导线的互电位系数表示为：除第 n 根导线以外，其他 $(n-1)$ 根导线上的电荷全为零时，由 Q_n 在第 k 根导线上产生的电位 u_k 与 Q_k 的比值。根据电磁场理论，我们已知第 n 根线上的电荷 Q_n 在第 k 根导线上产生的电位为

$$
u_k = \frac{Q_n}{2\pi\varepsilon_0\varepsilon_r}\ln\frac{d_{kn'}}{d_{kn}}
$$

所以

$$
\alpha_{kn} = \frac{1}{2\pi\varepsilon_0\varepsilon_r}\ln\frac{d_{kn'}}{d_{kn}} \tag{4-42}
$$

式中　d_{kn}——导线 k 与导线 n 间的距离；

　　　$d_{kn'}$——导线 k 与导线 n 的镜像 n' 间的距离。

在式(4-38)右边各项分别乘以 v/v，其中 v 为波的传播速度，并以 $i=Qv$ 代入，可得

$$
\begin{cases}
u_1 = Z_{11}i_1 + Z_{12}i_2 + \cdots + Z_{1k}i_k + \cdots Z_{1n}i_n \\
u_2 = Z_{21}i_1 + Z_{22}i_2 + \cdots + Z_{2k}i_k + \cdots Z_{2n}i_n \\
\cdots\cdots \\
u_k = Z_{k1}i_1 + Z_{k2}i_2 + \cdots + Z_{kk}i_k + \cdots Z_{kn}i_n \\
\cdots\cdots \\
u_n = Z_{n1}i_1 + Z_{n2}i_2 + \cdots + Z_{nk}i_k + \cdots Z_{nn}i_n
\end{cases} \tag{4-43}
$$

$$Z_{kk}=\frac{\alpha_{kk}}{v}=60\ln\frac{2h_k}{r_k} \tag{4-44}$$

$$Z_{kn}=Z_{nk}=\frac{\alpha_{kn}}{v}=60\ln\frac{d_{kn'}}{d_{kn}} \tag{4-45}$$

式中 Z_{kk}——导线的自波阻抗；

Z_{kn}——导线 k 与 n 间的互波阻抗。

导线 k 与 n 靠得越近，则 Z_{kn} 越大。

上述平行多导线的电位方程仅考虑线路上只有单行波时的情况，若导线上同时有前行波和反行波存在时，则有 n 根导线系统中的每一根导线（如第 k 根导线）可以列出下列方程组

$$\begin{cases} u_k=u_{kq}+u_{kf}, \ i_k=i_{kq}+i_{kf} \\ u_{kq}=Z_{k1}i_{1q}+Z_{k2}i_{2q}+\cdots+Z_{kk}i_{kq}+\cdots+Z_{kn}i_{nq} \\ u_{kf}=-(Z_{k1}i_{1f}+Z_{k2}i_{2f}+\cdots+Z_{kk}i_{kf}+\cdots+Z_{kn}i_{nf}) \end{cases} \tag{4-46}$$

式中 u_{kq}、u_{kf}——导线 k 上的前行波电压和反行波电压；

i_{kq}、i_{kf}——导线 k 中的前行波电流和反行波电流。

n 根导线就可以列出几个方程组，加上边界条件就可以分析多导线系统中的波的传播问题。

二、几个典型例子分析

【例 4-5】 有一两导线系统，其中 1 为避雷线，2 为对地绝缘的导线，如图 4-19（a）所示。假定雷击塔顶，避雷线上有电压波 u_1 传播，求避雷线与导线之间绝缘上所承受的电压。

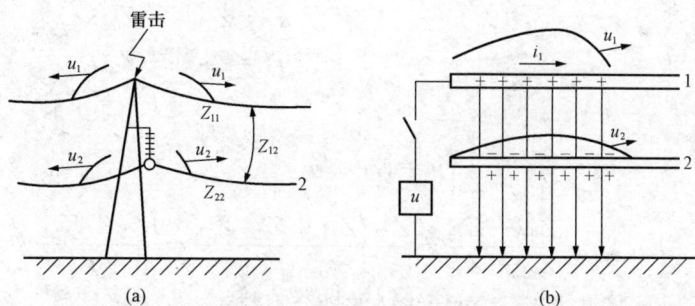

图 4-19 两导线系统的耦合关系

(a) 雷击塔顶示意图；(b) 导线上电荷分布

解 对地绝缘的导线 2 上没有电流，但由于它处在导线行波产生的电磁场内，也会出现电压波，根据式（4-43）可得

$$u_1=Z_{11}i_1+Z_{12}i_2$$

$$u_2=Z_{21}i_1+Z_{22}i_2$$

由于 $i_2=0$

则 $$u_2=\frac{Z_{21}}{Z_{11}}u_1=K_{12}u_1$$

式中 K_{12}——导线 1 对导线 2 的耦合系数，因为 $Z_{21}<Z_{11}$，所以 $K_{12}<1$，其值约为 0.2～

0.3，它是输电线路防雷中的一个重要参数。

如图 4-19（a），导线 2 获得了与 u_1 同极性的对地电压 u_2，这样导线之间的电位差 Δu 为

$$\Delta u = u_1 - u_2 = \left(1 - \frac{Z_{21}}{Z_{11}}\right)u_1 = (1 - K_{12})u_1 \qquad (4-47)$$

分析式（4-47）可知，当不计耦合系数时，绝缘子串承受的电压 $\Delta u = u_1$。当计及耦合系数时，绝缘子串上承受的电压为 $\Delta u = (1 - K_{12})u_1$。很清楚，$K_{12}$ 愈大，Δu 愈小，愈有利于绝缘子串的安全运行。由此可见，耦合系数对防雷保护有很大的影响，在有些多雷地区，为了减少绝缘子串上的电压，有时在导线下面架设耦合地线，以增大耦合系数。

【例 4-6】 某 220kV 输电线路架设两根避雷线，它们通过金属杆塔彼此连接，如图 4-20 所示。雷击塔顶时，求避雷线 1、2 对导线 3 的耦合系数。

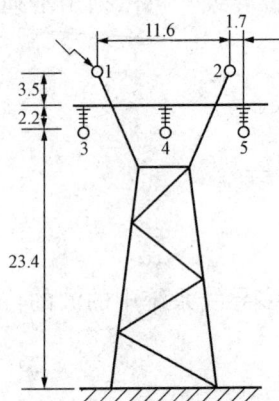

图 4-20　220kV 线路杆塔
（尺寸单位：m）

解　根据式（4-43）可得

$$u_1 = Z_{11}i_1 + Z_{12}i_2 + Z_{13}i_3$$
$$u_2 = Z_{21}i_1 + Z_{22}i_2 + Z_{23}i_3$$
$$u_3 = Z_{31}i_1 + Z_{32}i_2 + Z_{33}i_3$$

由于避雷线 1、2 的离地高度和半径都一样，所以，$Z_{11} = Z_{22}$，$Z_{12} = Z_{21}$，$Z_{13} = Z_{31}$，$Z_{23} = Z_{32}$，$i_1 = i_2$，又 $i_3 = 0$，$u_1 = u_2 = u$，则

$$u_1 = Z_{11}i_1 + Z_{12}i_2$$
$$u_2 = Z_{21}i_1 + Z_{22}i_2$$
$$u_3 = Z_{31}i_1 + Z_{32}i_2$$

即

$$u_3 = \frac{Z_{13} + Z_{23}}{Z_{11} + Z_{12}}u = K_{1,2-3}u$$

$$K_{1,2-3} = \frac{Z_{13} + Z_{23}}{Z_{11} + Z_{12}} = \frac{Z_{13}/Z_{11} + Z_{23}/Z_{11}}{1 + Z_{12}/Z_{11}} = \frac{K_{13} + K_{23}}{1 + K_{12}} \qquad (4-48)$$

式中　　　　$K_{1,2-3}$——避雷线 1、2 对导线 3 的耦合系数；

K_{13}，K_{23}，K_{12}——导线 1 对 3，2 对 3，1 对 2 之间的耦合系数。

【例 4-7】 如图 4-21 所示，分析电缆芯和缆皮的耦合关系。设沿单芯电缆有一电流波 i_1 传播，沿电缆皮有电流 i_2 传播，缆芯与缆皮为二平行导线系统，因 i_2 产生的磁通完全与缆芯匝链，故缆皮的自波阻抗 Z_{22} 等于缆皮与缆芯间的互波阻抗 Z_{12}，缆芯中的电流 i_1 产生的磁通仅部分与缆皮相匝链，故缆芯的自波阻抗 Z_{11} 大于缆芯与缆皮间的互波阻抗 Z_{12}，即 $Z_{11} > Z_{12}$。

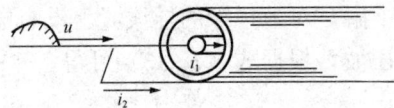

图 4-21　行波沿缆芯缆皮传播

现若缆芯与缆皮同时有一相同电压波 u 传入，则可列出方程：

$$u = Z_{11}i_1 + Z_{12}i_2$$
$$u = Z_{21}i_1 + Z_{22}i_2$$

即 $$Z_{11}i_1 + Z_{12}i_2 = Z_{21}i_1 + Z_{22}i_2$$

但因 $Z_{11}=Z_{22}$，而 $Z_{11}>Z_{22}$，在此条件下仍要满足上式，则 i_1 必须为零，即沿缆芯应无电流通过，全部电流被"驱逐"到缆皮中去。其物理含义为：当电流在缆皮上传播时，缆芯上就被感应出缆皮电压相等的电动势，阻止了缆芯中电流的流通，此现象与导线中的集肤效应相同。此效应在直配发电机的防雷保护中得到广泛的应用。

第六节 行波的衰减和变形

前几节我们在研究行波沿导线传播时，假定波的能量并不散失，也就是说，没有考虑线路中的损耗。波在理想的无损线路上传播是没有衰减和变形的，但实际上由于导线和大地有电阻，导线与大地间有漏电导，行波在传播过程中，总要在这些电阻、电导上消耗掉本身的一部分能量，因而使行波产生衰减和变形。但在高压输电线路上引起行波的衰减和变形的主要原因，是在行波的高电压作用下导线上出现的冲击电晕。本节将着重研究冲击电晕对线路波过程的影响。

一、冲击电晕的形成和特点

当线路受到雷击或出现操作过电压时，若导线上的冲击电压幅值超过起始电晕电压时，则在导线上发生电晕，称为冲击电晕。导线发生冲击电晕以后，在导线周围会出现发亮的光圈，我们称它为电晕圈（套），根据冲击电压的极性不同，电晕圈（套）可分为正极性电晕圈和负极性电晕圈。极性对电晕的发展有很大的影响：当产生正极性冲击电晕时，在空间的正电荷加强了距导线较远处的电位梯度，有利于电晕的发展，使电晕圈不断扩大，因此对波的衰减和变形比较大；而对负极性冲击电晕，在空间的正电荷削弱了电晕圈外部的电场，使电晕不易发展，对波的衰减和变形比较小。因为雷电大部分是负极性的，所以在过电压计算中应该以负冲击电晕的作用作为计算依据。

二、电晕对导线上波过程的影响

1. 使导线的耦合系数增大

当导线上出现电晕以后，相当于增大了导线的半径，因而与其他导线间的耦合系数增大了。前节所述的不考虑电晕时的耦合系数，只决定于导线的几何尺寸及其相互位置，所以又称为几何耦合系数 k_0，出现电晕后，耦合系数从原来的 k_0 增大到 k，可以表示为

$$k = k_1 \cdot k_0 \tag{4-49}$$

式中 k_1——耦合系数的电晕校正系数。

电压越高，k_1 值越大，我国"交流电气装置的过电压保护和绝缘配合"建议按表 4-1 选取。

表 4-1 　　　　　　　　　　　耦合系数的电晕修正系数

线路额定电压（kV）	20~35	60~110	154~330	500
两条避雷线	1.1	1.2	1.25	1.28
一条避雷线	1.15	1.25	1.3	—

2. 使导线的波阻抗和波速减小

出现电晕后导线对地电容增大，由式（4-3）、式（4-5）知，导线的波阻抗和波速将下

降。规程建议在雷击杆塔时，当不出现电晕，则导线和避雷线的波阻抗可取为 400Ω，两根避雷线的波阻抗取为 250Ω，此时波速可近似取为光速。由于雷击避雷线档距中央时电位较高，电晕比较强烈，故规程建议，在一般计算时避雷线的波阻抗可取为 350Ω，波速可取为 0.75 倍光速。

3. 使波在传播过程中幅值衰减，波形畸变

由电晕引起的行波衰减与变形的典型图形如图 4 - 22 所示。图中曲线 1 表示原始波形，曲线 2 表示行波传播距离 l 后的波形。从图中可以看到当电压高于电晕起始电压 u_k 后，波形就开始出现剧烈的畸变。我们可以把这种变形看成是电压高于 u_k 的各点由于电晕使线路的对地电容增大从而以小于光速的速度向前运动所产生的结果。如图中在电压低于 u_k 的部分，由于不发生电晕而仍以光速前进，而电压大于 u_k 的 A 点由于产生了电晕，它就以

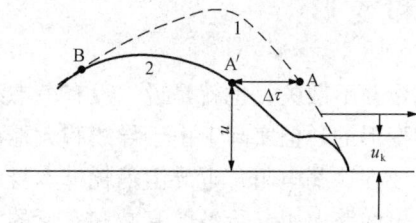

图 4 - 22　波的衰减与变形

比光速小的速度 v_k 前进，在行经距离 l 后它就落后了时间 $\Delta\tau$ 而变成图中 A′点，也就是说，由于电晕的作用使行波的波头拉长了。$\Delta\tau$ 与行波传播距离 l 有关，与电压 u 有关，规程建议采用如下经验公式

$$\Delta\tau = l\left(0.5 + \frac{0.008u}{h}\right) \tag{4 - 50}$$

式中　l——行波传播距离，km；

u——行波电压值，kV；

h——导线平均悬挂高度，m。

利用冲击电晕会使行波衰减和变形的特性，常用设置进线段作为变电所防雷的一个主要保护措施（见第七章第三节）。

第七节　变压器绕组中的波过程

电力系统中的波过程还会发生在变压器的绕组中。在雷电冲击波作用下，变压器绕组不应再等值成为仅由电感元件组成的集中参数电路，而应看作是由许多电感、对地电容、纵向电容等单元元件组成的分布参数电路，这些单元元件的数值由变压器绕组的结构所决定。变压器是电力系统中的关键设备，绕组中的波过程和线路的波过程又有所不同，因此，为了防止雷电侵入波的危害，需要研究变压器绕组中的波过程。但实际上由于绕组结构的复杂性，为了求取不同波形的冲击电压作用下绕组各点对地电压及各点间电位差随时间的分布规律，完全依靠理论分析方法有时是不可能的，通常用瞬变分析仪在实体上进行的试验或模拟试验来解决。但为了掌握绕组中波过程的基本规律，本节将分析直流电压 U_0 突然合闸于绕组简化等值电路的情况。

一、变压器绕组的简化等值电路

变压器绕组每匝都具有自感，相互之间有互感，而且绕组对地有电容，相互之间也有纵向电容；此外，绕组还具有代表铜损和铁损的有效电阻以及代表绝缘损耗的漏电导。我们为了研究方便，先以单相绕组出发，假定绕组的结构是均匀的，并且略去匝间的互感及绕组的

损耗，就可以得到变压器绕组的简化等值电路如图4-23所示。其中k_0、C_0、L_0分别是绕组单位长度的纵向（段间）电容、对地电容和电感。l是绕组长度（不是导线长度）。绕组末端（中性点）可能接地，也可能不接地，可用图中开关S的不同位置来表示。

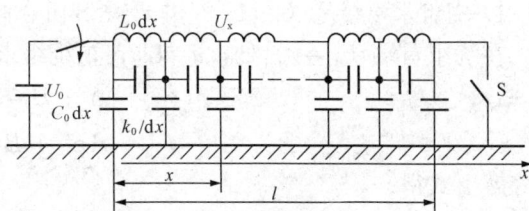

图4-23 变压器绕组等值电路

由于冲击波作用于绕组在波首、波尾时的等值电路中各元件的作用变化，与其相对应的波过程变化规律也不同，我们可将绕组的电位分布按时间区分为三个不同阶段：直角波开始作用瞬间，由C_0、k_0决定电位的起始分布；无穷长直角波长期作用时（即$t \to \infty$），仅由绕组直流电阻决定的稳态电压分布；由起始阶段向稳态过渡时，即$t=0$起到时间趋向无穷大阶段。

二、绕组中的初始电压分布

当绕组电压突然合闸于如图4-23所示的等值电路时，由于电感中电流不能突变，故在合闸瞬间（$t=0$）电感中不会有电流流过，则图4-23的等值电路可进一步简化如图4-24所示的等值电路。

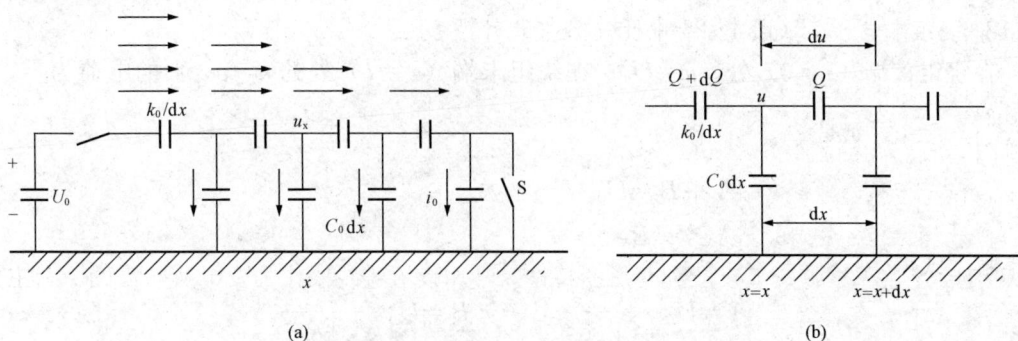

图4-24 $t=0$的瞬间变压器绕组的等值电路
(a) 一个绕组的等值电路；(b) 绕组中一极小段的等值电路

若距离绕组首端为x处的电压为u，纵向电容$k_0/\mathrm{d}x$上的电荷为Q，对地电容$C_0\mathrm{d}x$上的电荷为$\mathrm{d}Q$，则可写出下列方程

$$Q = \frac{k_0}{\mathrm{d}x}\mathrm{d}u \tag{4-51}$$

$$\mathrm{d}Q = uC_0\mathrm{d}x \tag{4-52}$$

将式(4-51)对x的微分

$$\frac{\mathrm{d}Q}{\mathrm{d}x} = k_0\frac{\mathrm{d}^2u}{\mathrm{d}x^2}$$

代入式(4-52)，得

$$\frac{\mathrm{d}^2u}{\mathrm{d}x^2} - \frac{C_0}{k_0}u = 0 \tag{4-53}$$

其解为

$$u = A\mathrm{e}^{\alpha x} + B\mathrm{e}^{-\alpha x} \tag{4-54}$$

其中$\alpha = \sqrt{\dfrac{C_0}{k_0}}$；$A$、$B$由初始条件决定。

1. 绕组末端接地（图 4-24 中开关 S 闭合时）

在绕组首端（$x=0$）处，$u=U_0$；在绕组末端（$x=l$）处，$u=0$，于是

$$\begin{cases} A + B = U_0 \\ A\mathrm{e}^{al} + B\mathrm{e}^{-al} = 0 \end{cases} \tag{4-55}$$

解上式得

$$A = -\frac{U_0\mathrm{e}^{-al}}{\mathrm{e}^{al} - \mathrm{e}^{-al}}, \qquad B = \frac{U_0\mathrm{e}^{al}}{\mathrm{e}^{al} - \mathrm{e}^{-al}} \tag{4-56}$$

把 A、B 代入式（4-54），便得到

$$u = \frac{U_0}{\mathrm{e}^{al} - \mathrm{e}^{-al}}\left[\mathrm{e}^{a(l-x)} - \mathrm{e}^{-a(l-x)}\right] \tag{4-57}$$

或

$$u = U_0\frac{\mathrm{sh}\alpha(l-x)}{\mathrm{sh}\alpha l} \tag{4-58}$$

它是无穷长直角波到达绕组的瞬间（$t=0$）绕组上的各点的对地电位分布，称为起始电位分布。图 4-25（a）表示绕组末端接地情况下，不同的 al 值时绕组起始电压的分布曲线。

2. 绕组末端开路（图 4-24 中开关 S 打开时）

在绕组首端（$x=0$）处，$u=U_0$；在绕组末端（$x=l$）处的 $k_0/\mathrm{d}x$ 上的电荷为零，即 $k_0\dfrac{\mathrm{d}u}{\mathrm{d}x}\Big|_{x=l}=0$，于是

$$\begin{cases} A + B = U_0 \\ A\mathrm{e}^{al} - B\mathrm{e}^{-al} = 0 \end{cases}$$

解上式得

$$A = U_0\frac{\mathrm{e}^{-al}}{\mathrm{e}^{al} + \mathrm{e}^{-al}}, \qquad B = U_0\frac{\mathrm{e}^{al}}{\mathrm{e}^{al} + \mathrm{e}^{-al}}$$

把 A、B 代入式（4-56），便得到

$$u = \frac{U_0}{\mathrm{e}^{al} + \mathrm{e}^{-al}}\left[\mathrm{e}^{a(l-x)} + \mathrm{e}^{-a(l-x)}\right] \tag{4-59}$$

或

$$u = U_0\frac{\mathrm{ch}\alpha(l-x)}{\mathrm{ch}\alpha l} \tag{4-60}$$

图 4-25（b）表示了绕组末端开路情况下，不同的 al 值时绕组起始电压的分布曲线。

从式（4-58）和式（4-60）及从图 4-25（a）、（b）中看出，绕组的起始电压分布和绕组的 al 值有关，一般的变压器 al 之值为 5~10，当 $al=10$ 时，e^{-al} 与 e^{al} 相比是很小的，将其略去，这样 $\mathrm{sh}\alpha l \approx \mathrm{ch}\alpha l \approx \dfrac{1}{2}\mathrm{e}^{al}$。于是，绕组末端不论是否接地，可用一个公式表示，即

$$u = U_0\mathrm{e}^{-ax} = U_0\mathrm{e}^{-al\frac{x}{l}} \tag{4-61}$$

由式（4-61）可知，绕组中的起始电压分布是很不均匀的，其不均匀程度与 al 有关。把 al 改写成 $al = \sqrt{\dfrac{C_0l}{\dfrac{k_0}{l}}}$，可见绕组中的起始电压分布取决于全部对地电容 C_0l 与全部纵向

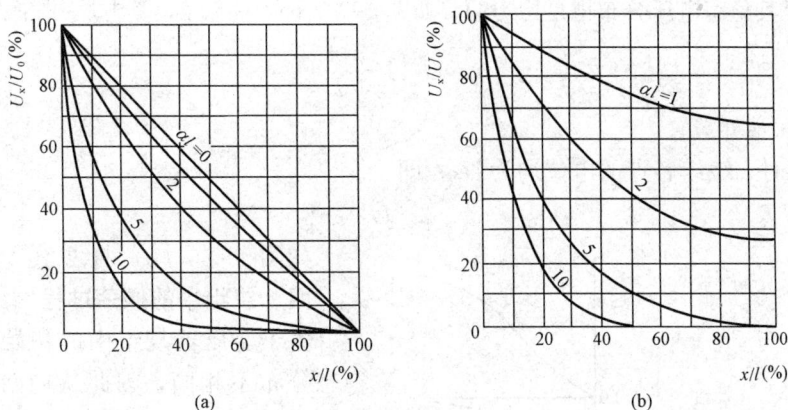

图 4 - 25　电压沿绕组的起始分布

（a）绕组末端接地；（b）绕组末端开路

电容 $\dfrac{k_0}{l}$ 的相对比值。同时看到，较大部分电压降落在绕组首端附近，并且在 $x=0$ 处电位梯度 $\dfrac{\mathrm{d}u}{\mathrm{d}x}$ 最大。由式（4 - 61）可求得首端梯度的绝对值为

$$\frac{\mathrm{d}u}{\mathrm{d}x}\bigg|_{x=0}=U_0\alpha=\frac{U_0}{l}\alpha l \tag{4 - 62}$$

式中　$\dfrac{U_0}{l}$——绕组的平均电位梯度。

式（4 - 62）表明，$t=0$ 瞬间，绕组首端的电位梯度将比平均值大 αl 倍。因此对绕组首端的绝缘需要采取保护措施，例如通过补偿对地电容 $C_0\mathrm{d}x$ 的影响或增大纵向电容 $k_0/\mathrm{d}x$，以改善起始电位分布。

试验表明，变压器绕组中的电磁振荡过程在 $10\mu\mathrm{s}$ 以内尚未发展起来，在这期间，变压器绕组电感中电流很小，可以忽略，这样绕组电位分布仍与起始分布相近。因此在雷电冲击波作用下分析变电所防雷保护时，变压器对于变电所中波过程的影响可用一集中电容 C_T 来代替，C_T 称为变压器的入口电容。由式（4 - 62）可得

$$C_\mathrm{T}=\frac{Q_{x=0}}{U_0}\approx\frac{1}{U_0}k_0\left(\frac{\mathrm{d}u}{\mathrm{d}x}\right)_{x=0}=\frac{1}{U_0}k_0U_0\alpha$$

$$=k_0\alpha=\sqrt{C_0l\cdot\frac{k_0}{l}}=\sqrt{CK} \tag{4 - 63}$$

可见，变压器入口电容是绕组全部对地电容与全部匝间电容的几何平均值。它与变压器额定电压与容量有关，各种电压等级的变压器入口电容值可参考表 4 - 2。

表 4 - 2　　　　　　　　　　　　变 压 器 入 口 电 容

变压器额定电压（kV）	35	110	220	330	500
入口电容（pF）	500~1000	1000~2000	1500~3000	2000~5000	4000~6000

三、绕组中的稳态电压分布

1. 绕组末端接地

当 $t\to\infty$ 时，在电压 U_0 的作用下，绕组的稳态电压将按绕组电阻分配，由于绕组电阻是

均匀的，所以其稳态电压分布也是均匀的，如图 4 - 26（a）曲线 2，其电压分布可用下式表示

$$u = U_0 \left(1 - \frac{x}{l}\right) \tag{4-64}$$

2. 绕组末端开路

当 $t \to \infty$ 时，绕组各点的电位均为 U_0，即

$$u = U_0 \tag{4-65}$$

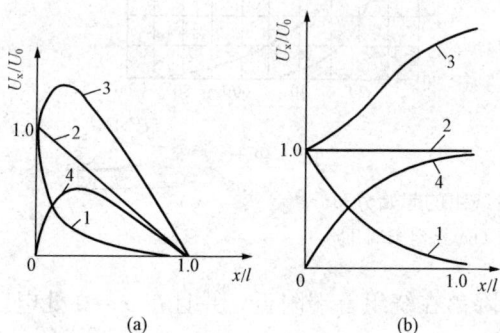

图 4 - 26　单相绕组中起始电压分布，
稳态电压分布和最大电位包络线
（a）末端接地；（b）末端不接地

如图 4 - 26（b）曲线 2。

四、绕组中的振荡过程

由于变压器绕组中的初始电压分布和稳态分布不相同，因此从初始分布到稳态分布必然有一过程，此过程因电感、电容间的能量转换而具有振荡性质，振荡的激烈程度和起始分布与稳态分布的差值直接相关。将振荡过程中绕组各点出现的最大电位记录下来并连起来成为最大电位包络线。作为定性分析，通常将稳态分布与初始分布的差值分布［见图 4 - 26（a）、（b）中曲线 4］叠加在稳态分布上，如图 4 - 26（a）、（b）中曲线 3，用以近似地描述绕组中各点最大电位包络线，即

$$u_{\max} = (u_\infty - u_0) + u_\infty = 2u_\infty - u_0 \tag{4-66}$$

式中　u_∞、u_0——分别表示稳定与起始电压。

显然，用式（4-66）来定性分析绕组中各点最大电位是比较方便的。从图 4 - 26 可知，对末端接地的绕组中，最大电位将出现在绕组首端附近，其值将达 $1.4U_0$ 左右；末端开路的绕组中最大电位将出现在绕组末端附近，其值将达 $2U_0$ 左右，实际上由于绕组内的损耗，最大值将低于上述数值。

五、侵入波波形对振荡过程的影响

变压器绕组在侵入波的影响下，其振荡过程与侵入波电压的陡度有关。当侵入波波头较长时，陡度较小，上升速度也较慢，则绕组的初始电压分布受电感和电阻的影响，更接近于稳态分布，振荡就会缓和一些，绕组各点对地电位和电位梯度的最大值也将会降低；反之当侵入波波头短时，陡度较大，上升速度快，绕组内的振荡过程将很激烈。此外，在运动中变压器绕组可能受到截断波的作用，例如，雷电波侵入变电所后，若由于排气式避雷器动作或其他电气设备的绝缘闪络而使侵入波突然截断，见图 4 - 27，此时变压器的入口电容与线段 l 的电感将会形成振荡回路。此截断波可以看成两个分量 u_1 与 u_2 叠加，u_2 的幅值接近 u_1 截断值的两倍，而且陡度很大，会在绕组中产生很大的电位梯度危及绕组纵绝缘。实测表明，截波作用下绕组内的最大电位梯度将比全

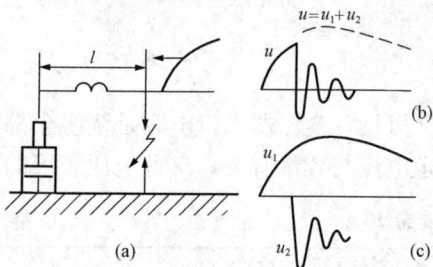

图 4 - 27　冲击截波及其波形分解
（a）排气式避雷器动作或设备闪络造成截波；
（b）截断波波形；（c）分解波

波作用时大。

六、三相绕组中的波过程

上面我们分析了变压器单相绕组的波过程，三相绕组的波过程的基本规律与单相绕组相同。依据三相绕组的不同接线方式，下面分别作些介绍。

1. 中性点接地的星形接线

当变压器高压绕组是中性点接地的星形接线时，可以看成是三个独立的绕组，不论单相、两相或三相进波都可看作与单相绕组的波过程相同。

2. 中性点不接地的星形接线

中性点不接地的星形接线三相变压器，当冲击电压波单相入侵时〔假设 A 相入侵，如图 4 - 28 （a）所示〕，因为绕组对冲击波的阻抗

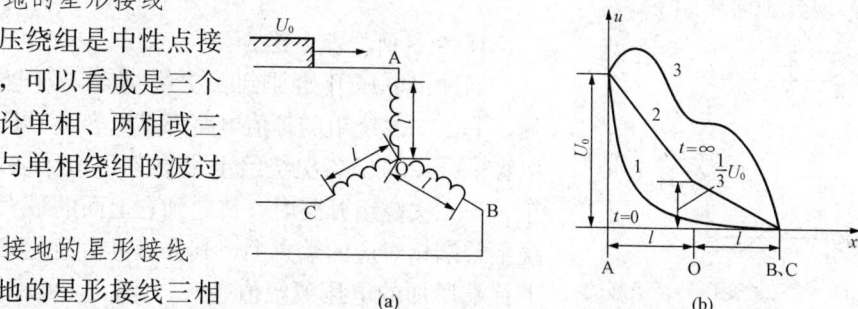

图 4 - 28 星形接线单相进波时的电压分布
(a) 接线示意图；(b) 电压位图
1—初始分布；2—稳态分布；3—最大电位包络线

远大于线路波阻抗，故可认为在冲击波作用下 B、C 两相绕组的端点是接地的，绕组电压的起始分布与稳态分布如图 4 - 28 （b）中的曲线 1、2。因稳态时绕组电压按电阻分布，故中性点 O 的稳态电压为 $1/3U_0$。（U_0 为 A 绕组首端进波电压），因而在振荡过程中中性点 O 的最大对地电位将不超过 $2/3U_0$。当冲击电压波沿两相入侵时，可用叠加法来计算绕组中各点的对地电位。A、B 两相各自单独进波时中性点电位可达 $2/3U_0$，故 A、B 两相同时进波时，中性点最大电位可达 $4/3U_0$，超过了首端的进波电压。当三相同时进波时，与末端不接地的单相绕组的波过程相同，中性点最大电位可达首端进波电压的两倍。

3. 三角形接线

三角形接线的三相变压器，当冲击电压波沿单相入侵时〔假定从 A 点入侵，如图 4 - 29 （a）所示〕，同样因为绕组对冲击波的阻抗远大于线路波阻抗，故 B、C 两端点相当于接地。因此在 AB、AC 绕组的波过程各与末端接地的单相绕组相同。

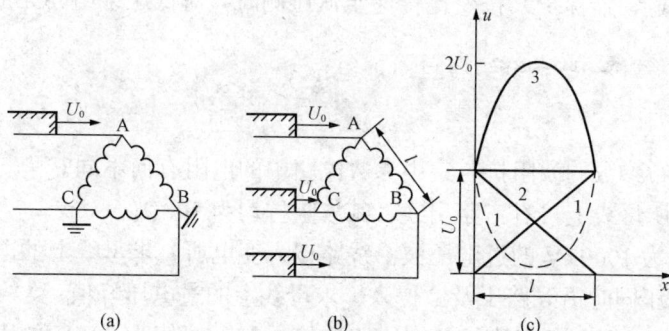

图 4 - 29 三角形接线单相和三相进波
(a) 单相进波；(b) 三相进波；(c) 三相进波时之电压分布

两相和三相进波时可用叠加法进行分析。图 4 - 29 （c）表示三相进波时沿绕组的初始电压分布与稳态电压分布，如图中曲线 1、曲线 2、曲线 3 为绕组各点对地最大电压包络线，

绕组中部对地电位最高可达 2 倍 U_0。

七、冲击电压在绕组间的传递

当冲击电压波入侵于变压器的高压绕组时，会在低压绕组中产生过电压。波由高压绕组向低压绕组传播的途径有两个：一个是通过静电感应的途径、另一个是通过电磁感应的途径，现分别简述如下。

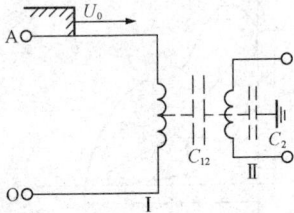

图 4 - 30　变压器绕组间的
静电耦合

1. 绕组间的静电感应

当冲击电压开始加到一次绕组时，因电感中电流不能突变，一、二次绕组的等值电路都是电容链，且绕组之间又存在电容耦合，一、二次绕组上都立刻形成了各自的起始电位分布。当二次绕组开路时，传递到它上面的最大电压发生在一次绕组首端相对应的端点上，其数值可由简化公式估算。若绕组 Ⅰ 首端所加的电压波幅值是 U_0（图 4 - 30），则绕组 Ⅱ 上对应端的静电分量 u_2 为

$$u_2 = \frac{C_{12}}{C_{12} + C_2} U_0 \tag{4-67}$$

式中　C_{12}——绕组 Ⅰ、Ⅱ 间的电容；

　　　C_2——绕组 Ⅱ 的对地电容。

一般说来，低压绕组通常和很多线路或电缆连接，故 C_2 远大于 C_{12}，所以静电分量较小，一般没有危险。但是，对于三绕组变压器，如果高压和中压侧均处于运行状态而低压侧开路，则电容 C_2 较小，当由高压侧或中压侧进波时，静电耦合分量有可能危及低压绕组的绝缘，需要采取保护措施。

2. 绕组间的电磁感应

一次绕组在冲击电压作用下，绕组电感中会逐渐通过电流，所产生的磁通将在二次绕组中感应出电压，这就是电磁耦合分量。电磁耦合分量按绕组间的变比传递，它的大小与一、二次绕组的结线方式，以及一次绕组是单相、两相或三相进波等情况有关。由于低压绕组其相对的冲击强度（冲击试验电压与额定相电压之比）较高压绕组大得多，因此凡高压绕组可以耐受的电压（加避雷器保护）按变比传递至低压侧时，对低压绕组亦无危害。

习　　题

4 - 1　分析分布参数的波阻抗与集中参数电路中的电阻有何不同？

4 - 2　某变电所母线上接有三路出线，其波阻抗均为 500Ω。

(1) 设有峰值为 1000kV 的过电压波沿线路侵入变电所，求母线上的电压峰值。

(2) 设上述电压同时沿线路 1 及 2 侵入，求母线上的过电压峰值。

4 - 3　有一 10kV 发电机直接与架空线路连接。有一幅值为 80kV 的直角波沿线路三相同时进入电机时，为了保证电机入口处的冲击电压上升速度不超过 $5kV/\mu s$，接电容进行保护。设线路三相总的波阻抗为 280Ω，电机绕组三相总的波阻抗为 400Ω，求电容 C 值。

4 - 4　如图 4 - 31 所示，线路 B 端为短路状态时，试画出线路中点 C 的电压和电流波形。

4-5　有一幅值为 300kV 的无限长矩形波沿波阻抗 Z_1 为 400Ω 的线路传入到波阻抗为 800Ω 的发电机上，为保护该发电机匝间绝缘，在发电机前并联一组电容量 C 为 $0.25\mu F$ 的电容器，试求：

（1）稳定后的入射波电流、反射波电压和电流、折射波电压和电流；

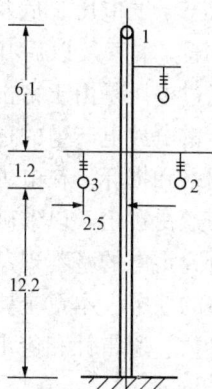

图 4-31　题 4-4 图

（2）画出入射波电压和电流、折射波电压和电流、反射波电压和电流随时间的变化曲线；

（3）并联电容 C 的作用何在？

4-6　110kV 单回路架空线路，杆塔布置如图所示，图 4-32 中尺寸单位为 m，导线直径 21.5mm，地线直径 7.8mm。导线弧垂 5.3m，地线弧垂 2.8m。试计算：

（1）地线 1、导线 2 的自波阻抗和它们之间的互波阻抗；

（2）导线 1 对导线 2 的耦合系数。

4-7　试分析变压器绕组在冲击电压作用下产生振荡的根本原因。引起绕组起始电压分布和稳态电压分布不一致的原因何在？

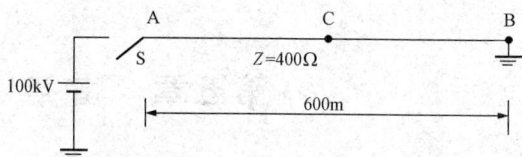

图 4-32　题 4-6 图

第五章　雷电及防雷设备

电力系统工作的可靠性，主要取决于其绝缘能否耐受作用于其上的各种电压。正如第四章所述，在电力系统正常运行情况下，系统中设备只承受电网的额定电压作用，但是由于各种原因，电力系统中的某些部分的电压可能升高，甚至大大超过正常状态下的电压，危及设备的绝缘，这种危及设备绝缘的过电压可分为大气过电压和内部过电压。本章及以后几章中，将主要讲述大气过电压的计算及采取的防护措施。我们知道，大气过电压是由于雷击电气设备而产生的，雷电这种现象极为频繁，在没有专门的保护设备时，雷电放电产生的过电压可达数百万伏，这样的过电压足以使任何额定电压的设备绝缘发生闪络和损坏。在电力系统中，高压架空输电线路纵横交错，广泛分布在广阔的地面上，更容易遭受雷击，以致破坏电气设备引起停电事故，给国民经济和人民生活带来严重损失。因此研究雷电的基本现象及其防止雷电过电压的措施是确保电力系统安全可靠运行的一项刻不容缓的任务。本章主要介绍雷电放电的基本过程及主要的防雷设备，要求着重掌握雷电的主要参数、避雷针和避雷器的保护原理及有关计算等基本内容。

第一节　雷电的电气参数

雷电是一种自然现象，人们对这种现象的科学认识从18世纪才开始的。富兰克林通过他的著名风筝试验提出了雷电是大气中的火花放电；罗蒙诺索夫提出了关于乌云起电的学说。以后又有一些科学家对雷电现象不断地作出了许多研究，但至今对雷云如何会聚集起电荷还没有获得比较满意的解释。目前一般认为包含大量水滴的积雨云并伴有强烈的高空气流是形成雷云的条件。

作为工程技术人员，所关心的主要是雷云形成以后对地面的放电。实测表明，对地放电的雷云绝大多数带有负电荷，在雷云电场的作用下，大地被感应出与雷云极性相反的电荷，就像一个巨大的电容器，其间的电场强度平均小于1kV/m，但雷云个别的电荷密度可能很大，当雷云附近某一部分的电场强度超过大气的绝缘强度时，就使空气游离，放电由此开始。

几十年来，人们对雷电进行了长期的观察和测量，积累了不少有关雷电参数的资料，尽管目前有关雷电发生和发展过程的物理本质尚未完全掌握，但随着对雷电研究的不断深入，雷电参数不断地修正和补充，使之更符合客观实际。

一、雷击时的等值电路

雷击地面由先导放电转变为主放电的过程可以用一根已充电的垂直导线突然与被击物体接通来比拟，如图5-1（a）所示。图中Z是被击物体与大地（零地位）之间的阻抗，σ是先导放电通道中电荷的线密度，开关S未闭合之前相当于先导放电阶段。当先导通道到达地面或与地面目标上发出的迎面先导相遇时，主放电即开始，相当于开关S合上。此时将有大量的正、负电荷沿先导通道逆向运动，并使其中来自雷云的负电荷中和，如图5-1（b）所示。与此同时，主放电电流即雷电流 i 流过雷击点 A 并通过阻抗 Z，此时 A 点电位 u 也突然升至 $u=iZ$。显然，电流 i 的数值与先导通道的电荷密度 σ 及主放电的发展速度 v 有关，并且还受阻抗 Z 的影响。因为先导通道的电荷密度很难测定，主放电的发展速度也只能根据观测大体判断，唯一容易测知的量是主放电以后（相当于 S 合上以后）流过阻抗 Z 的电流 i。因此利用雷电放电过程简化成为一个数学模型，进而用到彼德逊等值电路［如图 5-1（c）、（d）所示］以求得比较统一的分析方法。图 5-1（c）、（d）中的 Z 为主放电通道的波阻抗。u_0 和 i_0 则是从雷云向地面传来的行波的电压和电流。

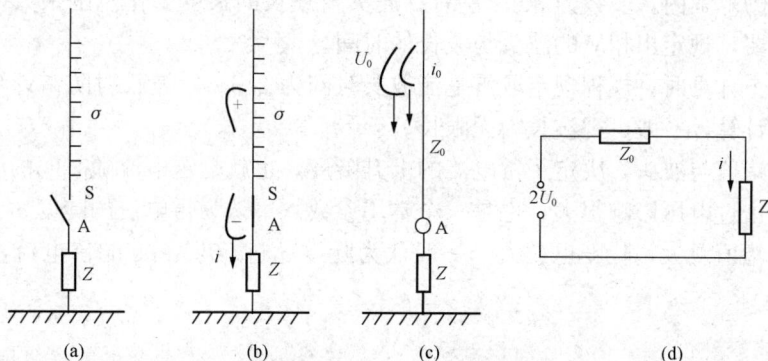

图 5-1　雷击放电计算模型
(a) 模拟电路；(b) 主放电开始；(c) 主放电通道电路；(d) 等值电路

二、雷电流

因为雷电波流经被击物体时的电流与被击物体的波阻抗 Z 有关，因此，我们把流经被击物体的波阻抗为零时的电流被定义为"雷电流"，用 i 来表示。根据雷电放电的等值电路，可知流经被击物体波阻抗为 Z 时的电流 i_Z 与雷电流 i 的关系为

$$i_Z=i\frac{Z_0}{Z_0+Z} \tag{5-1}$$

目前，我国规程建议雷电通道的波阻抗 Z_0 为 $300\sim400\Omega$。

雷电流 i 为一非周期冲击波，它与气象、自然条件等有关，是一个随机变量。下面我们介绍它的幅值、波头、陡度、波长及其波形。

1. 幅值

雷电流幅值与气象、自然条件等有关，只有通过大量实测才能正确估计其概率分布规律。图 5-2 曲线是根据我国年平均雷暴日大于 20 的地区，在线路杆塔和避雷针上测录到的大量雷电流数据，经筛选后，取 1205 个雷电流值画出来的。也可用下式求得

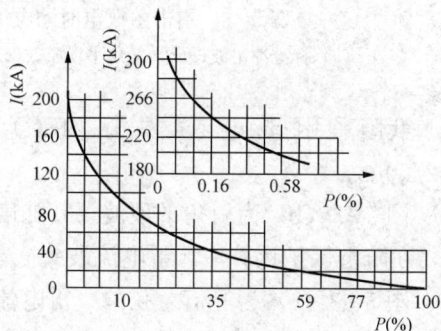

图 5-2　雷电流数据曲线

$$\lg P=-\frac{I}{88} \tag{5-2}$$

式中　I——雷电流幅值，kA；

　　　P——雷电流幅值概率。

例如，当雷击时，出现大于 88kA 的雷电流幅值的概率 P 约为 10%。

我国西北地区、内蒙古等雷电活动较弱，雷电流幅值概率可按图 5-2 给定的 P 值查出 I 值后，将其减半求得。也可用下式求出

$$\lg P = -\frac{I}{44} \tag{5-3}$$

2. 波头、陡度及波长

根据实测结果，雷电冲击波的波头是在 $1\sim5\mu s$ 的范围内变化，多为 $2.5\sim2.6\mu s$；波长在 $20\sim100\mu s$ 的范围内，多数为 $50\mu s$ 左右。波头及波长的长度变化范围很大，工程上根据不同情况的需要，规定出相应的波头与波长的时间。

在线路防雷计算时，规程规定取雷电流波头时间为 $2.6\mu s$，波长对防雷计算结果几乎无影响，为简化计算，一般可视波长为无限长。

雷电流的幅值与波头，决定了雷电流的上升陡度，也就是雷电流随时间的变化率。雷电流的陡度对雷击过电压影响很大，也是一个常用参数。可认为雷电流的陡度 α 与幅值 I 有线性的关系，即幅值愈大，陡度也愈大。一般认为陡度超过 $50kA/\mu s$ 的雷电流出现的概率已经很小。

3. 波形

实测结果表明，雷电流的幅值、陡度、波头、波尾虽然每次不同，但都是单极性的脉冲波，电力设备的绝缘强度试验和电力系统的防雷保护设计，要求将雷电流波形等值为典型化、可用公式表达、便于计算的波形。常用的等值波形有三种，如图 5-3 所示。

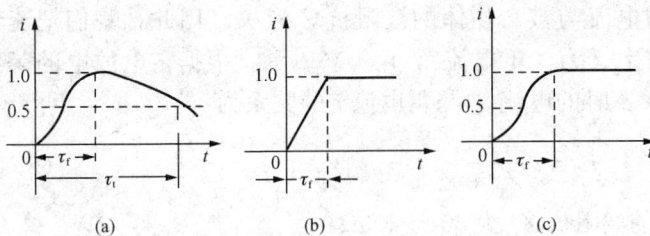

图 5-3 （a）是标准冲击波，它可表示为 $i = I_0(\mathrm{e}^{-\alpha t} - \mathrm{e}^{-\beta t})$ 双指数函数的波形。式中 I_0 为某一固定电流值，α、β 是两个常数，t 为作用时间。当被击物体的阻抗只是电阻 R 时，作用在 R 上的电压波形 u 与电流波形 i 相同。双指数波形也用作冲击绝缘强度试验的标准电压波

图 5-3 雷击主放电时的电流波形
(a) 标准冲击波；(b) 斜角平顶波；(c) 等值余弦波

形。我国采用国际电工委员会（IEC）国际标准：波头 $\tau_f = 1.2\mu s$，波长 $\tau_t = 50\mu s$，记为 $1.2/50\mu s$。

图 5-3 （b）为斜角平顶波，其陡度 α 可由给定的雷电流幅值 I 和波头时间决定，$\alpha = I/\tau_f$，在防雷保护计算中，雷电流波头 τ_f 采用 $2.6\mu s$。这样，α 可取为 $I/2.6kA/\mu s$。

图 5-3 （c）为等值余弦波，雷电流波形的波头部分，接近半余弦波，其表达式为

$$i = \frac{I}{2}(1 - \cos\omega t) \tag{5-4}$$

式中 I——雷电流幅值，kA；

       ω——角频率，由波头 τ_f 决定，$\omega = \pi/\tau_f$。

这种等值波形多用于分析雷电流波头的作用，因为用余弦函数波头计算雷电流通过电感支路时所引起的压降比较方便。此时最大陡度出现波头中间，即 $t = \tau_f/2$ 处，其值为

$$\alpha_{max} = \left(\frac{\mathrm{d}i}{\mathrm{d}t}\right)_{max} = \frac{I\omega}{2}$$

对一般线路杆塔来说，用余弦波头计算雷击塔顶电位与用更便于计算的斜角波计算的结果非常接近，因此，只有在设计特殊大跨越、高杆塔时，才用半余弦波来计算。

三、雷暴日与雷暴小时

由于地理条件及气象条件等因素的不同，各地雷电活动的强烈程度不大相同，因此在进行防雷设计和采取防雷措施时，必须要从该地区的雷电活动具体情况出发。为了统计雷电的活动强度，可以用雷暴日与雷暴小时表示。雷暴日是每年中有雷电的日数，雷暴小时是每年中有雷电的小时数（即在 1 天或 1h 内只要听到雷声就作为一个雷暴日或一个雷暴小时）。我国有关标准建议采用雷暴日作为计算单位。据统计，我国大部分地区雷暴小时与雷暴日的比值大约为 3。

根据长期统计的结果，在我国规程中绘制了全国平均雷暴日分布图，可作为防雷设计的依据。全年平均雷暴日数为 40 的地区为中等雷电活动强度区，如长江流域和华北的某些地区；年平均雷暴日不超过 15 日的为少雷区，如西北地区；超过 40 日的为多雷区，如华南某些地区。

四、地面落雷密度和输电线路落雷次数

每一雷暴日、每平方公里地面遭受雷击的次数称为地面落雷密度，以 γ 表示。我国有关标准建议在雷暴日为 40 的地区，γ 取 0.07。

对雷暴日为 40 的地区，避雷线或导线平均高度为 h 的线路，每 100km 每年雷击的次数为

$$N = 0.28(b + 4h) \tag{5-5}$$

式中 b——两根避雷线之间的距离，m。

第二节 避雷针和避雷线

雷电放电作为一种强大的自然力的爆发，是难以制止的。目前人们主要是设法去躲避和限制它的破坏性，其基本措施就是设置避雷针、避雷线、避雷器和接地装置。避雷针、避雷线可以防止雷电直接击中被保护物体，因此也称作直击雷保护；避雷器可以防止沿输电线侵入变电所的雷电冲击波，因此也称作侵入波保护；而接地装置的作用是减小避雷针（线）或避雷器与大地（零电位）之间的电阻值，以达到降低雷电冲击电压幅值的目的。本节将先介绍避雷针和避雷线。

一、保护作用的原理

避雷针（线）的保护原理可归纳为：能使雷云电场发生突变，使雷电先导的发展沿着避雷针的方向发展，直击于其上，雷电流通过避雷针（线）及接地装置泄入大地而防止避雷针（线）周围的设备受到雷击。

避雷针一般用于保护发电厂和变电所，可根据不同情况装设在配电构架上，或独立架设；避雷线主要用于保护线路，也可用以保护发、变电所。

避雷针需有足够截面的接地引下线和良好的接地装置，以便将雷电流安全地引入大地。

二、保护范围

由于雷电的路径受很多偶然因素的影响，因此要保证被保护物绝对不受直接雷击是不现

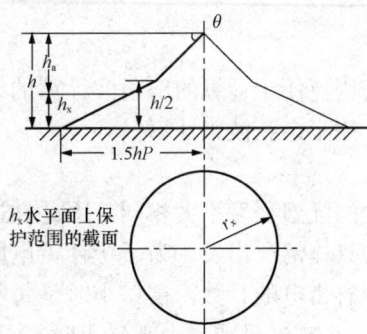

图 5-4 单支避雷针的保护范围

实的，一般，保护范围是指具有 0.1% 左右雷击概率的空间范围，实践证实，此概率是可以被接受的。

1. 单支避雷针

单支避雷针的保护范围是一个以避雷针为轴的近似锥体的空间，就像一个帐篷一样。它的侧面近似地用折线代替，如图 5-4 所示。在被保护物高度 h_x 水平面上的保护半径 r_x 可按下式计算

当 $h_x \geqslant \dfrac{h}{2}$ 时， $r_x = (h - h_x)P$ （5-6）

当 $h_x < \dfrac{h}{2}$ 时， $r_x = (1.5h - 2h_x)P$ （5-7）

式中 h——避雷针高度，m；

h_x——被保护物高度，m；

P——高度影响系数，当 $h \leqslant 30\text{m}$ 时，$P = 1$；当 $30\text{m} < h \leqslant 120\text{m}$ 时，$P = \dfrac{5.5}{\sqrt{h}}$；当 $h > 120\text{m}$ 时，$P = \dfrac{5.5}{\sqrt{120}}$。

从式（5-7）可以看出，避雷针在地面上的保护半径

$$r_x = 1.5hP$$

2. 两支等高避雷针

当保护范围较大时，如果采用单支避雷针保护，势必要求针比较高，这在经济上是不合算的，技术上也难以实现，因此，可采用多针保护。

两支避雷针在相距不太远时，由于两支针的联合屏蔽作用，使两针中间部分的保护范围比单支针时有所扩大。若两支高为 h 的避雷针 1、2 相距为 D（m），则它们的保护范围及高为 h_x 的被保护物水平面上保护范围确定如图 5-5 所示。

二针外侧的保护范围按单针避雷针的计算方法确定。二针内侧的保护范围如下：

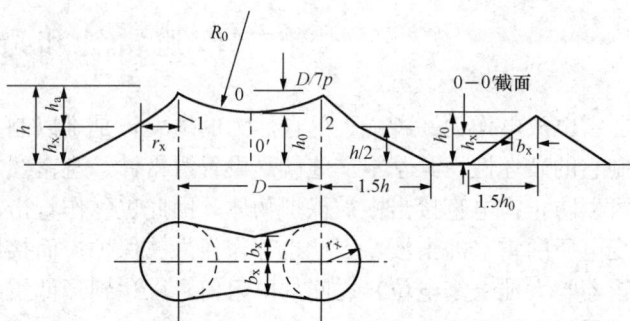

图 5-5 高度为 h 的二等高避雷针 1 及 2 的保护范围

（1）定出保护范围上部边缘最低点 0，0 点的高度 h_0 按下式计算

$$h_0 = h - \frac{D}{7P}$$ （5-8）

式中 D——两针间距离，P 同前。

这样，保护范围上部边缘是由 0 点及二针顶点决定的圆弧来确定。

（2）二针间 h_x 水平面上保护范围的一侧宽度 b_x 可按下式计算

$$b_x = 1.5(h_0 - h_x)$$ （5-9）

一般二针间的距离与针高之比 D/h，不宜大于5。

根据 DL/T620—1997 行业标准，b_x 的计算还可以查曲线求得。

3. 两支不等高避雷针

其保护范围按下法确定：如图5-6所示，两针内侧的保护范围先按单针作出高针1的保护范围，然后经过较低针2的顶点作水平线与之交于点3，再设点3为一假想针的顶点，作出两等高针2和3的保护范围，图中 $f=\dfrac{D'}{7P}$，二针外侧的保护范围仍按单针计算。

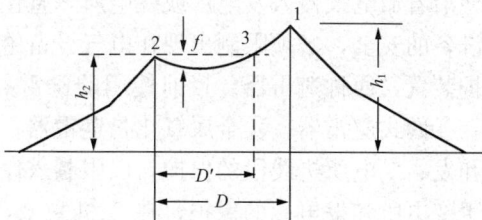

图5-6　两支不等高避雷针1及2的保护范围

4. 多支等高避雷针

（1）三支等高避雷针的保护见图5-7（a），三针所形成的三角形1、2、3的外侧保护范围分别按两支等高针的计算方法确定，如在三角形内被保护物最大高度 h_x 的水平面上各自相邻避雷针间保护范围的一侧宽度 $b_x \geqslant 0$ 时，则全部面积受到保护。

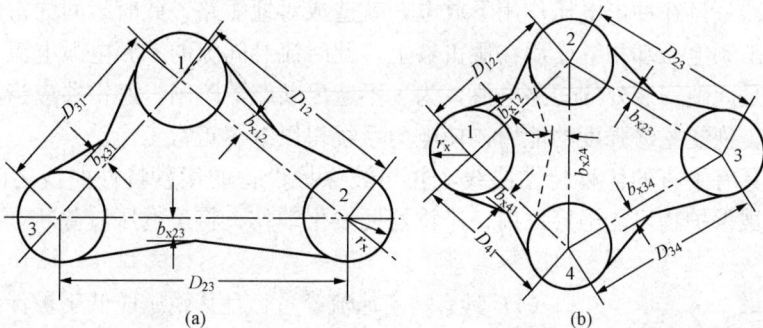

图5-7　三支和四支等高避雷针的保护范围

（a）三支等高避雷针1、2及3在 h_x 水面上的保护范围；

（b）四支等高避雷针1、2、3及4在 h_x 水平面上的保护范围

（2）四支及四支以上避雷针。四支等高避雷针可将其分成两个三角形，然后按三角形等高针的方法计算，如图5-7（b）所示。

四支以上避雷针可分成两个以上的三角形，然后按三角形等高针的计算方法。

5. 避雷线

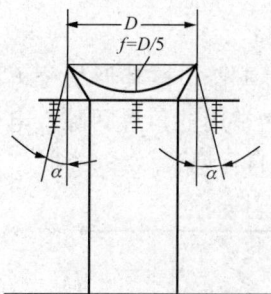

图5-8　避雷线的保护角

在架空输电线路上多用保护角来表示避雷线对导线的保护程度。保护角是指避雷线同外侧导线的连线与垂直线之间的夹角，如图5-8中的角 α。α 越小，导线就越处在保护范围的内部，保护也越可靠。在高压输电线路的杆塔设计中，一般取 $\alpha=20°\sim30°$，就认为导线已得到可靠保护。

第三节　避　雷　器

本章第二节已经讲到，当发电厂、变电所用避雷针保护以后，电力设备几乎可以免受直

接雷击。但是长达数十、数百公里的输电线路，虽然有避雷线保护，但由于雷电的绕击和反击，仍不能完全避免输电线上遭受大气过电压的侵袭，其幅值可达一两百万伏。此过电压波还会沿着输电线侵入发电厂或变电所，直接危及变压器等电气设备，造成事故。为了保护电气设备的安全，必须限制出现在电气设备绝缘上的过电压峰值，就需要装设另外一类过电压保护装置，通称避雷器。目前使用的避雷器主要有四种类型：①保护间隙；②排气式避雷器；③阀式避雷器；④金属氧化物避雷器。保护间隙和排气式避雷器主要用于配电系统、线路和发、变电所进线段的保护，以限制入侵的大气过电压；阀式避雷器和金属氧化物避雷器用于变电所和发电厂的保护，在 220kV 及以下系统主要用于限制大气过电压，在超高压系统中还将用来限制内过电压或作内过电压的后备保护。

一、基本要求

为了使避雷器达到预期的保护效果，必须正确使用和选择避雷器，一般有如下基本要求：

（1）雷电击于输电线路时，过电压波会沿着导线入侵发电厂或变电所，在危及被保护绝缘时，要求避雷器能瞬时动作。

（2）避雷器一旦在冲击电压作用下放电，就造成对地短路，此时瞬间的雷电过电压虽然已经消失，但工频电压却相继作用在避雷器上，此时流经间隙的工频电弧电流，称为工频续流，此电流将是间隙安装处的短路电流，为了不造成断路器跳闸，避雷器应当具有自行迅速截断工频续流，恢复绝缘强度的能力，使电力系统得以继续正常工作。

（3）应当具有平直的伏秒特性曲线，并与被保护设备的伏秒特性曲线之间有合理的配合。这样，在被保护物可能击穿以前，避雷器便发生动作，将过电压波截断，从而起着可靠的保护。

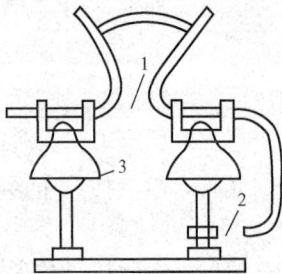

图 5-9　角形保护间隙
1—主间隙；2—辅助间隙；
3—瓷瓶

（4）具有一定通流容量，且其残压应低于被保护物的冲击耐压。避雷器动作以后，在规定的雷电流通过时，不应损坏避雷器，同时在避雷器上造成的压降——残压（冲击电压通过阀式避雷器时，在避雷器上产生的最大压降）应低于被保护物的冲击耐压。否则，虽然避雷器动作，被保护物仍有被击穿的危险。

二、保护间隙

1. 结构

保护间隙可以说是一种最简单的避雷器。按其形状分可有棒形、角形、环形、球形等。图 5-9 为常用的角形间隙，电极做成角形是为了使工频电弧易于伸长而自行熄灭。

2. 作用原理

如图 5-10 所示，当雷电侵入波要危及它所保护的电气设备的绝缘时，间隙首先击穿，工作母线接地，避免了被保护设备上的电压升高，从而保护了设备。过电压消失后，由于工频电压的作用，间隙中仍有工频续流，通过间隙而形成工频电弧。然后根据间隙的熄弧能力决定在电流过零时，或自行熄弧，恢复正常运行，或不能自行熄弧，将引起断路器跳闸。

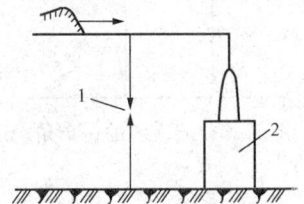

图 5-10　保护间隙与被
保护设备的连接
1—保护间隙；2—被保护设备

保护间隙应满足在绝缘配合条件下，选用最大容许值，以防不必要的误动作。一般保护间隙除了主间隙外，在接地引线上还串联了一个辅助间隙，这样即使主间隙由于意外原因短路，也不会引起导线接地。

3. 优缺点

保护间隙的优点是显见的，它结构简单、制造方便。然而由于一般保护间隙的电场属于极不均匀电场，因此它的伏秒特性曲线比较陡，与被保护设备的绝缘配合不理想，并且动作后会形成截波。保护间隙还具有另一个重要的缺点，就是熄弧能力低。在中性点有效接地系统中一相间隙动作或在中性点非有效接地系统中两相间隙动作后，流过的工频续流就是电网的短路电流。对于这种续流电弧，保护间隙一般是不能自行熄灭的。因此保护间隙多用于低压配电系统中。

三、排气式避雷器

由于保护间隙熄弧能力较差，目前使用不多。为了提高熄弧能力，生产了排气式避雷器，它实质上是一个具有较高熄弧能力的保护间隙。

1. 结构

如图 5-11 所示，它有两个间隙相互串联，一个在大气中称为外间隙，其作用是隔离工作电压以避免产气管被工频电流烧坏，另一个间隙装在管内称为内间隙或灭弧间隙，其电极一端为棒形，另一端为环形。管由纤维、塑料或橡胶等产气材料制成。

图 5-11　排气式避雷器
1—产气管；2—棒形电极；3—环形电极；
4—导线；S_1—内间隙；S_2—外间隙

2. 作用原理

当排气式避雷器受到雷电波入侵时，内外间隙同时击穿，雷电流经间隙流入大地，过电压消失后，内外间隙的击穿状态将由导线的工作电压所维持，此时流经间隙的工频续流就是排气式避雷器安装处的短路电流，工频续流电弧的高温使管内产气材料分解出大量气体，管内压力升高，气体在高压力作用下由环形电极的开口孔喷出，形成强烈的纵吹作用，从而使工频续流在第一次经过零值时就熄灭。排气式避雷器的熄弧能力与工频续流大小有关，续流太大产气过多，管内气压太高将造成管子炸裂；续流太小产气过少，管内气压太低不足以熄弧。故排气式避雷器熄灭工频续流有上下限的规定，通常在型号中表明。例如 GXS $\dfrac{u_N}{I_{min}-I_{max}}$，$u_N$ 是额定工作电压（有效值），I_{max}、I_{min}（有效值）是熄弧电流上、下限。使用时必须核算安装处在各种运行情况下短路电流的最大值与最小值，排气式避雷器的上下限熄弧电流应分别大于和小于短路电流的最大值和最小值。

排气式避雷器的熄弧能力还与管子材料、内径和内间隙大小有关。管的内径愈小，电弧和管壁就愈容易接触，便于产生气体。所以缩小管的内径可以使管型避雷器的下限电流降低，但此时上限电流也随之降低。

3. 优缺点

正如前述，排气式避雷器的熄弧能力比保护间隙要强，但它具有一些和保护间隙同样的缺点，那就是伏秒特性较陡且放电分散性较大，不宜与被保护电气设备实现合理的绝缘配合。同时，排气式避雷器动作后工作导线直接接地形成截波，对变压器纵绝缘不利。此外，

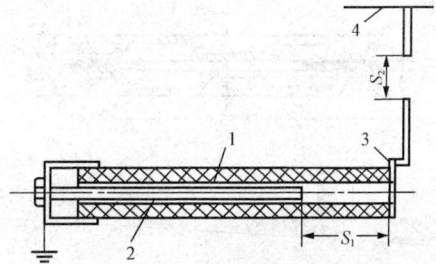

其放电特性受大气条件影响较大，因此，排气式避雷器目前只用于线路保护和发、变电所的进线段保护。

四、阀式避雷器

由于保护间隙和排气式避雷器存在上述缺点，所以在变电所和发电厂大量使用阀式避雷器，它相对于排气式避雷器来说在保护性能上有重大改进，是电力系统中广泛采用的主要防雷保护设备，阀式避雷器的保护特性是决定高压电气设备绝缘水平的基础。它分普通型和磁吹型两大类。普通型有 FS 和 FZ 型；磁吹型有 FCZ 和 FCD 型。

（一）普通型阀式避雷器

1. 结构与元件作用原理

阀式避雷器是由火花间隙和非线性电阻这两个基本部件组成。

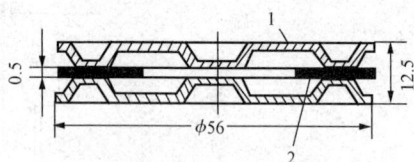

图 5 - 12　单个火花间隙

1—黄铜电极；2—云母垫圈

（1）火花间隙。普通型阀式避雷器的火花间隙由许多如图 5 - 12 所示的单个间隙串联而成，单个间隙的电极由黄铜冲压而成，二电极以云母垫圈隔开形成间隙，间隙距离为 0.5～1.0mm。由于电极之间的电场接近均匀电场，而且在过电压的作用下云母垫圈与电极之间的空气缝隙中还会发生局部放电，对间隙提供了光辐射使间隙的放电时间缩短。因此火花间隙的伏秒特性比较平缓，放电分散性也较小，有利于实现绝缘配合。单个间隙的工频放电电压约为 2.7～3.0kV（有效值）。

一般有若干个火花间隙形成一个标准组合件，然后再把几个标准组合件串联在一起，就构成了阀式避雷器的全部火花间隙。这种结构方式的火花间隙除了伏秒特性较平缓外，还有另一方面的好处，就是易于切断工频续流。在避雷器动作后，工频续流被许多单个间隙分割成许多短弧，利用短间隙的自然熄弧能力使电弧熄灭。短弧还具有工频电流过零后不易重燃的特性，所以提高了避雷器间隙绝缘强度的恢复能力。试验表明，间隙工频续流需限制在 80A 以下，以避免电极产生热电子发射，此时单个间隙的绝缘强度可达 250V。

因为阀式避雷器的间隙是由许多单个间隙串联而成的，所以间隙串联后将形成一等值电容链，由于间隙各电极对地和对高压端有寄生电容存在，故电压在间隙上的分布是不均匀的，这会使每个火花间隙的作用得不到充分发挥，减弱了避雷器的熄弧能力，它的工频放电电压也会降低。为了解决这个问题，可在每组间隙上并联一个分路电阻如图 5 - 13 所示。在工频电压和恢复电压作用下，间隙电容的阻抗很大，而分路电阻阻值较小，故间隙上的电压分布将主要由分路电阻决定，因分路电阻阻值相等，故间隙上的电压分布均匀，从而提高了熄弧电压和工频放电电压。在冲击电压作用下，由于冲击电压的等值频率很高，电容的阻抗小于分路电阻，间隙上的电压分布主要取决于电容分布，由于间隙对地和瓷套寄生电容的存在，使电压分布很不均匀，因此其冲击放电电压较低，避雷器的冲击放电电压低于单个间隙放电电压的总和，冲击系数一般为 1 左右，甚至小于 1，从而改善了避雷器的保护性能。

采用分路电阻均压后，在系统工作电压作用下，分路电阻中长期有电

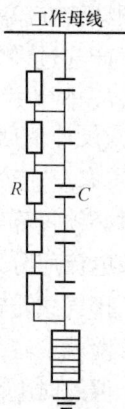

图 5 - 13　在间隙上并联分路电阻

C—间隙电容；

R—并联电阻

流流过，因此，分路电阻必须有足够的热容量，通常采用非线性电阻，其伏安特性为

$$u = C_s i^{-\alpha_s}$$

式中　C_s——取决于材料的常数；

　　　α_s——非线性系数，约为 $0.35 \sim 0.45$，其优点主要是热容量大和热稳定性好。

FS 型的配电系统用避雷器的间隙无并联电阻。

（2）非线性电阻。非线性电阻通常称为阀片电阻，它由金刚砂（SiC）和结合剂烧结而成，呈圆盘状，其直径为 $55 \sim 105\text{mm}$。阀片的电阻值随流过电流的大小而变化，其伏安特性如图 5-14 所示，亦可用下式表示

$$U = Ci^{\alpha} \tag{5-10}$$

图 5-14　阀片的伏安特性
i_1—工频续流；u_1—工频电压；
i_2—雷电流；u_2—残压

式中　C——常数；

　　　α——非线性系数，普通型阀片的 α 一般在 0.2 左右，α 愈小，说明阀片的非线性程度愈高，性能愈好。

阀片电阻的作用主要是利用它的阀性来限制雷电流下的残压。前已述及，如果避雷器只有火花间隙，当截断冲击电压波以后，将会出现对绝缘不利的截波，而且工频续流就是导致直接接地的短路电流，难以自行熄灭。在火花间隙中串入电阻以后可限制工频续流以利熄弧。但如果电阻过大，当雷电流通过时其端部残压会甚高，数值过高的残压作用在被保护的电气设备上，同样会破坏绝缘，采用非线性阀片电阻有助于解决这一矛盾。在雷电流的作用下，由于电流甚大，阀片工作在低阻值区域，因而使残压降低；当工频续流流过时，由于电压相对较低，阀片工作在阻值高的区域，因而限制了电流。由此可见，阀片电阻具有使雷电流顺利地流过而又阻止工频续流，如阀门般的特性起自动节流的作用，这就是阀式避雷器的名称由来。显见，阀片电阻的非线性程度愈高，其保护性能愈好。

阀片电阻的另一个重要参数是通流容量，它表示阀片通过电流的能力。我国规定普通型阀片的通流容量为波形 $20/40\mu s$、幅值 5kA 的冲击电流和幅值 100A 的工频半波各 20 次。这是因为根据实测统计，在有关规程建议的防雷结线的 $35 \sim 220\text{kV}$ 的变电所中，流经阀式避雷器的雷电流超过 5kA 的概率是非常小的，因此我国对 $35 \sim 220\text{kV}$ 的阀式避雷器以 5kA 作为设计依据，此类电网的电气设备的绝缘水平也以避雷器 5kA 下的残压作为绝缘配合的依据；对 330kV 及更高的电网，由于线路绝缘水平较高，雷电侵入波的幅值也高，故流过避雷器的雷电流较大，一般不超过 10kA，我国规定取 10kA 作为计算标准。由于普通型阀式避雷器阀片的通流容量与直击雷雷电流相差甚远，因此不宜用作线路防雷保护，一般只用于发电厂和变电所中。

2. 工作原理

在系统正常工作时，间隙将电阻阀片与工作母线隔离，以免由工作电压在阀片电阻中产生电流使阀片烧坏。由于采用电场比较均匀的间隙，因此其伏秒特性曲线较平，放电分散性较小，能与变压器绝缘的冲击放电特性很好地配合。当系统中出现过电压且其幅值超过间隙放电电压时，间隙击穿，冲击电流通过阀片流入大地，从而使设备得到保护。由于阀片的非线性特性，其电阻在流过大的冲击电流时变得很小，故在阀片上产生的残压将得到限制，使其低于

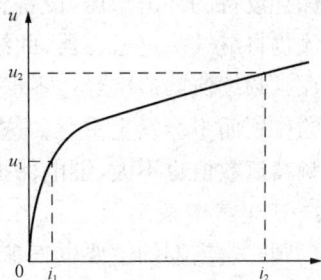

被保护设备的冲击耐压，设备就得到了保护；当过电压消失后，间隙中由工作电压产生的工频续流仍将继续流过避雷器，此续流是在工频恢复电压作用下，其值远较冲击电流为小，使间隙能在工频续流第一次经过零值时就将电弧切断。此后，间隙的绝缘强度能够耐受电网恢复电压的作用而不会发生重燃。这样，避雷器从间隙击穿到工频续流的切断不超过半个周期，而且工频续流数值也不大，继电保护来不及动作系统就已恢复正常。

3. 电气参数

阀式避雷器的主要电气参数如下：

(1) 额定电压 u_N。避雷器两端子间允许的最大工频电压的有效值。

(2) 灭弧电压。指避雷器保证能够在工频续流第一次经过零值时灭弧的条件下允许加在避雷器上的最高工频电压。灭弧电压应当大于避雷器工作母线上可能出现的最高工频电压，否则将不能保证续流灭弧而使阀片烧坏，酿成事故。工作母线上可能出现的最高电压与系统运行方式有关，根据实际运行经验又从安全的角度考虑，系统中会出现已经存在单相接地故障、非故障相的避雷器又发生放电的情况。因此单相接地时非故障相电压就成为可能出现的最高工频电压，避雷器的灭弧电压应当高于这个数值。

计算表明，发生单相接地时非故障相的电压在中性点直接接地的系统中可达工作线电压的 80%，在中性点不接地（包括经消弧线圈接地）的系统中可达工作线电压的 100%～110%。当选用避雷器时，对 35kV 及以下的中性点不接地系统，灭弧电压取为系统最大工作线电压的 100%～110%；对 110kV 及以上的中性点直接接地系统，则取最大工作线电压的 80%。

(3) 工频放电电压。指在工频电压作用下，避雷器将发生放电的电压值。由于间隙击穿的分散性，它都是给出一个上、下限范围以供选择使用。指明避雷器工频放电电压的上限（不大于）值，使用户了解如工频电压超过这一数值时此避雷器将会击穿放电；指明下限值，使用户了解在低于它的工频电压作用下，避雷器不会击穿放电。

避雷器的工频放电电压不能太高，因为避雷器间隙的冲击系数是一定的。工频放电电压太高意味着冲击放电电压也高，将使避雷器的保护性能变坏；工频放电电压也不能太低，这是因为工频放电电压太低就意味着灭弧电压太低，将不能可靠地切断工频续流。普通型阀式避雷器不允许在内过电压下动作，工频放电电压太低还意味着有可能在内过电压下动作，导致避雷器爆炸。在 35kV 以下中性点不直接接地电网和 110kV 及以上中性点直接接地电网中，内过电压通常分别不超过 3.5 倍和 3.0 倍最大工作相电压，因此，为防止避雷器在内过电压下动作，35kV 及以下和 110kV 及以上的避雷器的工频放电电压应分别大于系统最大工作相电压的 3.5 倍和 3.0 倍。

(4) 冲击放电电压。指在预放电时间为 $1.5\sim20\mu s$ 的冲击放电电压。它应当低于被保护设备绝缘的冲击击穿电压才能起到保护作用。我国生产的避雷器其冲击放电电压与 5kA（对 330kV 为 10kA）下的残压基本相同。

(5) 残压。指雷电流通过避雷器时在阀片电阻上产生的压降。在防雷计算中以 5kA 下的残压作为避雷器的最大残压。残压对于出现在被保护设备上的过电压有着直接影响，根据阀式避雷器的工作原理可知，避雷器放电以后就相当于以残压突然作用到被保护设备上，因此避雷器残压愈低则保护性能就愈好。为了降低被保护设备的冲击绝缘水平，必须同时降低避雷器的冲击放电电压和残压。

（6）保护比。指避雷器残压与灭弧电压（幅值）之比。保护比愈小，说明残压愈低或灭弧电压愈高，这样的避雷器显然保护性能愈好。普通型阀式避雷器的保护比约为 2.3～2.5，磁吹型阀式避雷器约为 1.7～1.8。

（7）直流电压下电导电流。指避雷器在直流电压作用下测得的电导电流，它可以判断间隙分路电阻的性能。电导电流太小，意味着分路电阻值太大，均压效果减弱；电导电流太大，意味着分路电阻太小，在工作电压作用下流经分路电阻的电流增大，发热较多易烧毁，故电导电流也必须在一定范围之内。

（二）磁吹型阀式避雷器（磁吹避雷器）

为了改善阀式避雷器的保护特性，在普通型基础上发展了磁吹型阀式避雷器。与普通型相比较，它具有更高的熄弧能力和较低的残压，因此它适宜用于电压等级较高的变电所电气设备的保护以及绝缘水平较弱的旋转电机的保护。

磁吹避雷器的原理和基本结构与普通型避雷器相同，主要区别在于采用了磁吹式火花间隙。它也是由许多单个间隙串联而成的，但它是利用磁场对电弧的电动力，迫使间隙中的电弧加快运动并延伸，使间隙的去游离作用增强，从而提高了灭弧能力。单个火花间隙的基本结构和电弧运动如图 5-15 所示，火花间隙是一对羊角状电阻，在磁场 H 作用下会产生电动力 F 使电弧拉长，电弧最终进入灭弧栅中，可达起始长度的数十倍。灭弧栅由陶瓷或云母玻璃制成，电弧在其中受到强烈去游离而熄灭，使间隙绝缘强度迅速恢复。单个间隙的工频放电电压约 3kV，可以切断 450A 左右的工频电流。

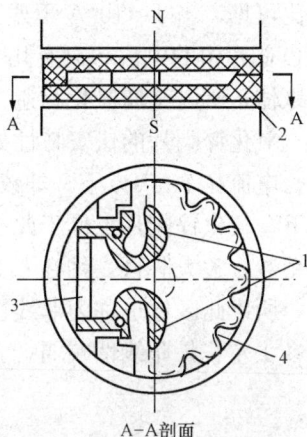

图 5-15 磁吹式火花间隙
1—间隙电极；2—灭弧盒；
3—并联电阻；4—灭弧栅

由于电弧被拉长，电弧电阻明显增大，因此还可以起到限制工频续流的作用，因而这种火花间隙又称为限流间隙。计入电弧电阻的限流作用就可以适当减少阀片电阻的数目，这样又能降低避雷器的残压。

间隙中电弧受到的外加磁场是依靠工频续流自身产生的。办法就是在间隙串联回路中增加磁吹线圈，在工频电流作用下可产生磁场，其原理如图 5-16 所示。增加磁吹线圈以后，在冲击电流作用下线圈上会产生压降，此压降增大了避雷器残压，为了避免这种情况，又将磁吹线圈并联一个辅助间隙（如图 5-16 中间隙 2），当冲击电流流过时，由于频率高，线圈两端的电压降会使辅助间隙击穿，使磁吹线圈短路，放电电流经过辅助间隙、主间隙和阀片电阻而进入大地，从而使避雷器仍保持有较低的残压；对于工频续流，磁吹线圈的压降不足以维持辅助间隙放电，电流仍自线圈中流过并发挥磁吹作用。

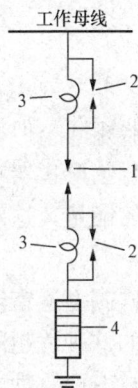

图 5-16 磁吹避雷器
结构原理
1—主间隙；2—辅助间隙；
3—磁吹线圈；4—阀片电阻

磁吹避雷器的阀片电阻也是用碳化硅原料烧结而成，与普通阀片电阻相比较，它是在高温下焙烧的，通流容量大，但非线系数较高，α 约等于 0.24。

（三）金属氧化物避雷器

金属氧化物避雷器（MOA）也称为氧化锌避雷器，是 70 年代开始出现的新一代避雷器，它的非线性电阻阀片主要成分是氧化锌，另外还有氧化铋及一些其他的金属氧化物，经过煅烧混料、造粒、成型、表面处理等工艺过程而制成。它的结构非常简单，仅由相应数量的氧化锌阀片密封在瓷套内组成。

1. 氧化锌阀片的伏安特性

氧化锌阀片较之碳化硅阀片有非常优异的伏安特性。两者比较如图 5-17 所示。从二者对比可见，当 $I = 10^4$ A 下残压相同时，在相同工作电压下，SiC 阀片中的电流有 100A，而 ZnO 阀片中的电流却只有几十微安。也就是说，在工作电压下氧化锌阀片实际上相当于一绝缘体，所以金属氧化物避雷器可以不用串联间隙隔离阀片电阻。

氧化锌阀片的伏安特性如图 5-18 所示。伏安特性可分三个典型区域。区域 Ⅰ 是小电流区，电流在 1mA 以下，非线性系数 α 较高，约为 0.2 左右，故曲线较陡峭。在正常运行电压下，氧化锌阀片工作于此小电流区。区域 Ⅱ 为工作电流区，电流在 $10^{-3} \sim 3 \times 10^3$ A，非线性系数 α 大大降低，约在 $0.02 \sim 0.04$ 左右。此区域内曲线较平坦，呈现出理想的非线性关系，所以此区域也称为非线性区。区域 Ⅲ 为饱和电流区，随电压的增加电流增长不快，α 约为 0.1 左右，非线性减弱。

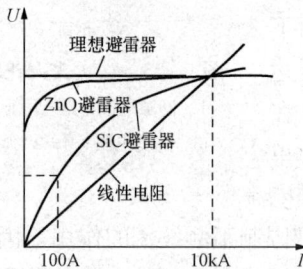

图 5-17　两种阀片伏安特性比较　　　　图 5-18　ZnO 阀片的伏安特性曲线

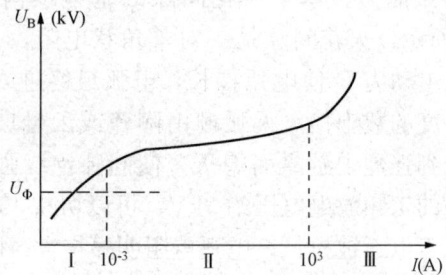

2. 金属氧化物避雷器的特点

与碳化硅阀型避雷器相比，金属氧化物避雷器有其明显的特点：

（1）保护性能好。虽然 10kA 雷电流下残压目前仍与碳化硅阀型避雷器相同，但后者串联间隙要等到电压升至较高的冲击放电电压时才可将电流泄放，而金属氧化物避雷器在整个过电压过程中都有电流流过，电压还未升至很高数值之前不断泄放过电压的能量，这对抑制过电压的发展是有利的。

由于没有间隙，金属氧化物避雷器在陡波头下伏秒特性上翘要比碳化硅阀型避雷器小得多，这样在陡波头下的冲击放电电压的升高也小得多。金属氧化物避雷器的这种优越的陡波响应特性（伏秒特性），对于具有平坦伏秒特性的 SF_6 气体绝缘变电所（GIS）的过电压保护尤为合适，易于绝缘配合，增加安全裕度。

（2）无续流和通流容量大。金属氧化物避雷器在过电压作用之后，流过的续流为微安级，可视为无续流，它只吸收过电压能量，不吸收工频续流能量，这不仅减轻了其本身的负载，而且对系统的影响甚微。再加上阀片通流能力要比碳化硅阀片大 $4 \sim 4.5$ 倍，又没有工频续流引起串联间隙烧伤的制约，金属氧化物避雷器的通流能力很大，所以金属氧化物避雷器具有耐受重复雷和重复动作的操作过电压或一定持续时间短时过电压的能力。并且进一步可通过并联阀片或整只避雷器并联的方法来提高避雷器的通流能力，制成特殊用途的重载避雷器，用于长电缆系统或大电容器组的过电压保护。

（3）无间隙。无间隙可以大大改善陡度响应，提高吸收过电压能力，以及可采用阀片并联以进一步提高通流容量；可以大大缩减避雷器尺寸和重量；可以使运行维护简化；可以使避雷器有较好的耐污秽和带电水冲洗的性能。有间隙的阀式避雷器瓷套在严重污秽，或在带电水冲洗时，由于瓷套表面电位分布的不均匀或发生局部闪络，通过电容耦合，使瓷套内部间隙放电电压降低，甚至此时在工作电压下动作，不能熄弧而爆炸。

无间隙还可以使避雷器易于制成直流避雷器。因为直流续流不像工频续流那样会自然过零，而金属氧化物避雷器当电压恢复到正常时，其电流非常小，所以只要改进阀片电阻的配方以使其能长期承受直流电压作用，就可以制成直流避雷器。

由于金属氧化物避雷器具有这些碳化硅阀型避雷器所没有的优点，使得其在电力系统中得到了越来越广泛的应用，特别是超高压电力设备的过电压保护和绝缘配合已完全取决于金属氧化物避雷器的性能。

第四节　防　雷　接　地

一、接地与防雷接地

所谓接地，就是把设备与电位参照点的地球作电气上的连接，使其对地保持一个低的电位差。其办法是在大地表面土层中埋设金属电极，这种埋入地中并直接与大地接触的金属导体，称为接地体，有时也称为接地装置。

按其目的接地可分为四种：

（1）工作接地：电力系统为了运行的需要，将电网某一点接地，其目的是稳定对地电位与继电保护上的需要。

（2）保护接地：为了保护人身安全，防止因电气设备绝缘劣化，外壳可能带电而危及工作人员安全。

（3）静电接地：在可燃物场所的金属物体，蓄有静电后，往往爆发火花，以致造成火灾。因此要对这些金属物体（如贮油罐等）接地。

（4）防雷接地：导泄雷电流，以消除过电压对设备的危害。

顾名思义，防雷接地装置的主要作用用于防雷保护中，防雷接地装置性能好坏将直接影响到被保护设备的耐雷水平和防雷保护的可靠性。

我们知道，避雷针或避雷器因雷击而动作时，幅值极高的雷电流将经避雷针或避雷器及其接地装置而流入大地，如果接地装置不符合要求，接地电阻 R 过大时，被击物（如避雷针、避雷线等）仍将会有很高电位，以致被保护设备有可能遭到反击，因此防雷接地装置起着十分重要的作用。本节将重点讨论防雷接地。

二、冲击电流流经接地装置入地时的基本现象

1. 土壤中的电位分布

当接地装置流过电流时，电流从接地体向周围土壤流散，由于大地并不是理想的导体，它具有一定的电阻率，接地电流将沿大地产生电压降。在靠近接地体处，电流密度和电位梯

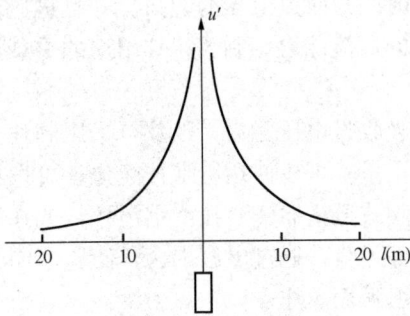

图 5-19　接地装置在地表面电位分布

度最大，距接地体越远，电流密度和电位梯度也越小，一般接地装置约在 $20 \sim 40 \mathrm{m}$ 处电位便趋于零。电位分布曲线如图 5-19 所示。

接地点电位 u 与接地电流 i 的关系服从欧姆定律，即 $u = Ri$，R 称为接地体的接地电阻，根据接地电流 i 的性质，若冲击电流或工频电流，接地电阻 R 可分别称为冲击接地电阻或工频接地电阻。当 i 为定值时，接地电阻愈小，电位 u 愈低，反之就愈高，这时地面上的接地物也具有了电位 u。由于接地点电位 u 的升高，有可能引起与其他带电部分间绝缘的闪络，也有可能引起大的接触电压和跨步电压，从而不利于电气设备的绝缘以及人身的安全，这就是为什么要力求降低接地电阻的原因。

2. 土壤中的电场强度

当冲击电流流经接地装置时，在接地装置附近的土壤中出现了很大的电流密度，因而在接地装置附近的土壤中产生很大的电场强度 E，土壤中的电场强度 E 由下式决定

$$E = \delta \rho \tag{5-11}$$

式中　δ——冲击电流在土壤中的密度；

ρ——土壤电阻率。

当土壤中的电场强度大于 $3 \sim 6 \mathrm{kV/cm}$ 时，土壤中就可能产生火花击穿，出现火花击穿后，此部分土壤的电阻率就大为降低而成为良好的导体，因而接地装置好像被良好的导电介质包围一样，其作用相当于扩大了接地装置的直径，这样，就会使接地装置流过冲击电流时的冲击接地电阻低于流过工频接地电阻。

从式（5-11）可知，冲击电流愈大（即 δ 愈大）、土壤电阻率愈大，则土壤中的电场强度也愈大；土壤中的火花击穿程度愈激烈，冲击接地电阻下降得就愈多。

3. 接地装置的电感效应及利用率

当工频电流流经接地装置时，由于电流频率不高，接地装置的利用程度最高；当冲击电流流经接地装置时，由于电流变化很快，接地装置本身电感的作用不能再忽略。其分布电感阻碍了电流流经接地装置较远的部分，此时冲击电流在接地装置全部长度上的电流扩散密度是不相同的，这使接地装置的利用程度降低，使冲击接地电阻增加，接地装置的长度愈长，则电感的效应愈显著，冲击接地电阻增加愈多，因此对于水平敷设的伸长接地体，为了得到在冲击电流作用下较好的接地效果，要求单根水平敷设的伸长接地体的长度有一定限制。

综上可知，流经冲击电流时接地装置的接地电阻 R_{ch} 与雷电流幅值、土壤电阻率和接地装置的长度及其结构形状有关。通常将冲击接地电阻 R_{ch} 与工频接地电阻 R_g 之比值 $\alpha_{ch}\left(=\dfrac{R_{ch}}{R_g}\right)$ 称为接地装置的冲击系数，由于考虑到雷电流幅值大，土壤中便会发生局部火花放电，使土壤电导率增加，接地电阻减小，所以其值一般小于 1；但由于雷电流频率高，对于伸长接地装置因有电感效应，阻碍电流向接地体远端流去，故冲击系数可能大于 1。

三、防雷接地装置的形式及其电阻估算方法

（一）接地装置的形式

接地装置一般可分为人工接地装置和自然接地装置。人工接地装置有水平接地、垂直接地以及既有水平又有垂直的复合接地装置，水平接地一般是作为变电所和输电线路防雷接地的主要方式；垂直接地一般作为集中接地方式，如避雷针、避雷线的集中接地；在变电所和输电线路防雷接地中有时还采用复合接地装置。对钢筋混凝土杆、铁塔基础、发电厂、变电所的构架基础等等我们称之为自然接地装置。

（二）接地电阻估算公式

1. 单个垂直接地体的工频接地电阻 R_{cg}

在 $l \gg d$ 时

$$R_{cg} = \frac{\rho}{2\pi l} \ln \frac{4l}{d} \qquad \Omega \qquad (5-12)$$

式中　ρ——土壤电阻率，$\Omega \cdot m$；

　　　l——接地体的长度，m；

　　　d——接地体的直径，m，当采用扁钢时 $d = \frac{b}{2}$，b 是扁钢宽度；当采用角钢时

　　　　$d = 0.84b$，b 是角钢每边宽度。

2. 水平接地体的工频接地电阻 R_{pg}

$$R_{pg} = \frac{\rho}{2\pi l} \left(\ln \frac{l^2}{dh} + A \right) \qquad (5-13)$$

式中　h——水平接地体埋没深度，m；

　　　A——形状系数，表 5-1 列出了不同形状水平接地体的形状系数，它反映了因受屏蔽影响而使接地电阻变化的系数。

表 5-1　　　　　　　　　　　　　水平接地体形状系数

序　号	1	2	3	4	5	6	7	8
接地体形式	—	∟	人	○	＋	□	✳	✸
形状系数 A	0	0.38	0.48	0.87	1.69	2.14	5.27	8.81

3. 单个接地体和冲击接地电阻 R_{ch}

$$R_{ch} = \alpha_{ch} R_g \qquad (5-14)$$

式中　R_g——工频接地电阻；

　　　α_{ch}——接地装置的冲击系数。

4. 钢筋混凝土杆的自然接地电阻

高压输电线路在每一杆塔下一般都设有接地装置，并通过引线与避雷线相连，其目的是使击中避雷线的雷电流通过较低的接地电阻而进入大地。高压线路杆塔的钢筋混凝土基础的电阻计算同式（5-12），然后再乘上系数 k，一般 k 取 1.4，即

$$R = 1.4R_{cg} \tag{5-15}$$

式中　R_{cg}——垂直工频接地体的电阻。

　　大多数情况下单纯依靠自然接地电阻是不能满足要求的，需要装设人工接地装置。我国有关标准规定线路杆塔接地电阻见表5-2。

表5-2　　　　　　　装有避雷线的线路杆塔工频接地电阻值（上限）

土壤电阻率 ρ（Ω·m）	工频接地电阻（Ω）
100 及以下	10
100 以上至 500	15
500 以上至 1000	20
1000 以上至 2000	25
2000 以上	30
	或敷设6~8根总长不超过500m的放射线，或用两根连续伸长接地体，限值不作规定

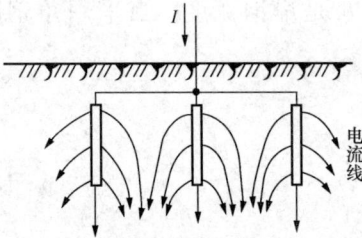

图5-20　三根垂直接地极组成的接地装置的电流分布

5. 复式接地体的电阻

　　复式接地装置由于各个接地体之间的相互屏蔽作用，会使接地装置的利用情况较差，图5-20表示三根垂直接地体组成的接地装置的电流分布示意图，由图5-20可知，相互的屏蔽作用妨碍了每个接地体向土壤中扩散电流，因此复式接地装置的总冲击电导并不等于各个接地体冲击电导之和，而要小一些，其影响可用冲击利用系数 η_{ch} 来表示。

　　由 n 根等长水平放射形接地体组成的接地装置，其冲击接地电阻 R_{ch} 可按下式计算

$$R_{ch} = \frac{R'_{ch}}{n} \times \frac{1}{\eta_{ch}} \tag{5-16}$$

式中　R'_{ch}——每根水平放射形接地体的冲击接地电阻；

　　　　η_{ch}——冲击利用系数。

　　由水平接地体连接的 n 根垂直接地体组成的接地网装置，其冲击接地电阻可按下式计算

$$R_{ch} = \frac{R_{c \cdot ch}/n \times R_{p \cdot ch}}{R_{c \cdot ch}/n + R_{p \cdot ch}} \times \frac{1}{\eta_{ch}} \tag{5-17}$$

式中　$R_{c \cdot ch}$——每根垂直接地体的冲击接地电阻；

　　　　$R_{p \cdot ch}$——水平接地体的冲击接地电阻；

　　　　η_{ch}——冲击利用系数。

　　一般，η_{ch} 小于1，在 0.65~0.8 左右。

6. 伸长接地体

　　在土壤电阻率较高的岩石地区，为了减少接地电阻，有时需要加大接地体的尺寸，主要是增加水平埋设的扁钢的长度，通常称这种接地体为伸长接地体。由于雷电流等值频率甚

高，接地体自身的电感将会产生很大影响。通常，伸长接地体只是在 40～60m 的范围内有效，超过这一范围接地阻抗基本上不再变化。

四、发电厂和变电所的防雷接地

发电厂和变电所内需要有良好的接地装置以满足工作、安全和防雷保护的接地要求。一般的做法是根据安全和工作接地要求敷设一个统一的接地网，然后再在避雷针和避雷器下面增加接地体以满足防雷接地的要求。

接地网由扁钢水平连接，埋入地下 0.6～0.8m 处，其面积 S 大体与发电厂和变电所的面积相同，如图 5-21，这种接地网的总接地电阻可按下式估算

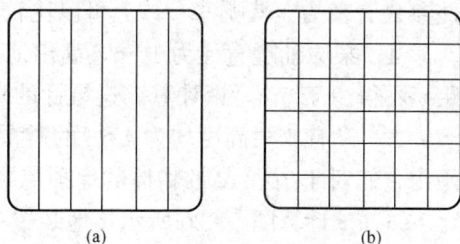

图 5-21 接地网示意图
(a) 长孔；(b) 方孔

$$R = \frac{0.44\rho}{\sqrt{S}} + \frac{\rho}{L} \approx 0.5\frac{\rho}{\sqrt{S}} \qquad \Omega \qquad (5-18)$$

式中　L——接地体（包括水平的与垂直的）总长度，m；

$\quad\quad\ S$——接地网的总面积，m^2。

接地网构成网孔形的目的，主要在于均压，接地网中两水平接地带之间的距离，一般可取为 3～10m，然后校核接触电位和跨步电位后再予以调整。

五、计算用土壤电阻率

土壤是由无机物、有机物颗粒及水分等这些基本成分组成，干燥的土壤及纯净的水的电阻率都是极高的，但是，由于土壤含有少量碱类物质，它们溶于水中形成电解液而决定了整个土壤的导电性能，所以土壤电阻率主要取决于其化学成分及湿度大小。计算防雷接地装置所采用的土壤电阻率应取雷季中最大可能的数值，一般按下式计算

$$\rho = \rho_0\varphi \qquad (5-19)$$

式中　ρ——计算防雷接地装置所采用的土壤电阻率；

$\quad\quad\ \rho_0$——雷季中无雨水时所测得的土壤电阻率；

$\quad\quad\ \varphi$——考虑土壤干燥程度所取的季节系数，见表 5-3。

表 5-3　　　　　　　　　　　防雷接地装置土壤电阻率的季节系数

埋　深	φ	
	水平接地体	2～3m 的垂直接地体　　(m)
0.5	1.4～1.8	1.2～1.4
0.8～1.0	1.25～1.45	1.3～1.5
2.5～3.0	1.0～1.1	1.0～1.1

注　测定土壤电阻率时如土壤比较干燥则采用表中较小值，如比较潮湿则应采用较大值。

习　　题

5-1　排气式避雷器的构造和工作原理是怎样的？试分析与保护间隙的相同与不同点。

5-2　试全面比较阀式避雷器与氧化锌避雷器的性能。

5-3　在过电压保护中对避雷器有哪些要求？这些要求是怎样反映到阀式避雷器的电气特性参数上来的？从哪些参数上可以比较和判别不同避雷器的性能优劣？

5-4　某原油罐直径为10m，高出地面10m，若采用单根避雷针保护，且要求避雷针与罐距离不得少于5m，试计算该避雷针的高度。

5-5　设有4根高度均为17m的避雷针，布置在边长40m的正方形面积的4个顶点上，试画出它们对于10m高的物体的保护范围。

5-6　试计算图5-20所示接地装置在流经冲击电流为40kA时的冲击接地电阻，垂直接地体为直径1.8cm的圆管，长3m，土壤电阻率 ρ 为 $2\times10^2\Omega\cdot m$，利用系数 η 为0.75。

第六章　输电线路的防雷保护

在整个电力系统的防雷中，输电线路的防雷问题最为突出。这是因为输电线路长度长、地处旷野、又往往是地面上最为高耸的物体，因此极易遭受雷击。计算表明：在 100km 长，平均高度为 8m 的输电线路中，每年平均受雷次数约为 4.8 次。又根据运行经验，电力系统中的停电事故几乎有一半之多是由雷击线路造成的。此外，雷击线路时自线路侵入发、变电所的雷电波也是威胁发、变电所的主要因素。因此，提高输电线路的防雷性能，不仅直接提高了供电的可靠性，而且还能保护发电厂、变电所的电气设备，使之能安全可靠运行。

输电线路防雷性能的优劣，主要有两个指标来衡量：一是耐雷水平，即雷击线路绝缘不发生闪络的最大雷电流幅值，以 kA（千安）为单位，低于耐雷水平的雷电流击于线路不会引起闪络，反之，则将发生闪络；二是雷击跳闸率，即每 100km 线路每年由雷击引起的跳闸次数，这是衡量线路防雷性能的综合指标。显然，雷击跳闸率越低，说明线路防雷性能越好。

虽然，输电线路的防雷是十分重要的，但在目前还不可能要求线路绝对防雷。对各种线路究竟采用什么防雷措施，仍需综合多方面考虑，一般可以从线路通过地区雷电活动强弱、该线路的重要性以及防雷设施投资与提高线路耐雷性能所得到的经济效益的因素等来考虑。总之，通过一系列的措施以提高输电线路的耐雷水平和降低雷击跳闸率以达到人们所能接受的程度。

输电线路上出现的大气过压一般有两种：直击雷过电压和感应雷过电压。运行经验表明，直击雷过电压对电力系统的危害更为严重，因此本章着重要求掌握输电线路直击雷过电压的计算方法以及它们耐雷水平和雷击跳闸率的计算，同时要求掌握输电线路的防雷措施。

第一节　输电线路的感应雷过电压

一、雷击线路附近大地时，线路上的感应过电压

1. 感应过电压的产生

当雷电击于线路附近大地时，由于雷电通道周围空间电磁场的急剧变化，会在线路上产生感应过电压，它包括静电和电磁两个分量，感应过电压的形成如图 6-1 所示。在雷云放电的起始阶段，存在着向大地发展的先导放电过程，线路处于雷云与先导通道的电场中，由于静电感应，沿导线方向的电场强度分量 E_x 将导线两端与雷云异号的正电荷吸引到靠近先导通道的一段导线上成为束缚电荷，导线上的负电荷则由于 E_x 的排斥作用而使其向两端运动，经线路的泄漏电导和系统的中性点而流入大地。导线上正电荷产生的电场在导线高度处被先导通道的负电荷产生的电场所抵消。因为先导通道发展速度不大，所以导线上电荷的运动也很缓慢，由此而引起的导线中的电流很小，同时由于导线对地泄漏电导的存在，导线电位将与远离雷云处的导线电位相同。当雷云对线路附近的地面放电时，先导通道中的负电荷被迅速中和，先导通道所产生的电场迅速降低，使导线上的束缚面电荷得到释放，沿导线向

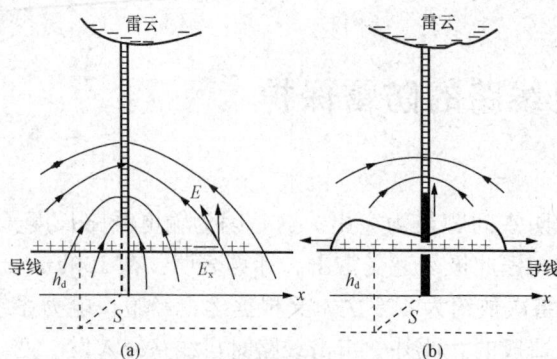

图 6-1 感应雷过电压形成示意图

(a) 主放电前; (b) 主放电后

h_d—导线高度; S—雷击点与导线间的距离

两侧运动形成感应雷过电压。这种由于先导通道中电荷所产生的静电场突然消失而引起的感应电压称为感应过电压的静电分量。同时，雷电通道中雷电流在通道周围空间建立了强大的磁场，其中一部分磁力线会穿链导线——大地回路，因而在导线上感应出很高的电压，由于先导通道中雷电流所产生的磁场变化而引起的感应电压称为感应过电压的电磁分量。

2. 感应过电压的计算

（1）导线上方无避雷线。当雷击点离开线路的距离 S（垂直距离）大于 65m 时，则导线上的感应雷过电压最大值 U_g（kV）可按下式计算

$$U_g \approx 25 \frac{Ih_d}{S} \tag{6-1}$$

式中　S——雷击点与线路的垂直距离，m；

　　　h_d——导线悬挂的平均高度；

　　　I——雷电流幅值。

感应雷过电压 U_g 的极性与雷电流极性相反。从式（6-1）可知，感应过电压与雷电流幅值 I 成正比，与导线悬挂平均高度 h_d 成正比。h_d 越高则导线对地电容越小，感应电荷产生的电压就愈高；感应过电压与雷击点到线路的距离 S 成反比，S 越大，感应过电压越小。

由于雷击地面时雷击点的自然接地电阻较大，雷电流幅值 I 一般不超过 100kA。实测证明，感应过电压一般不超过 300～400kV，对 35kV 及以下水泥杆线路会引起一定的闪络事故；对 110kV 及以上的线路，由于绝缘水平较高，所以一般不会引起闪络事故。

感应过电压同时存在于三相导线，故相间不存在电位差，只能引起对地闪络，如果二相或三相同时对地闪络即形成相间闪络事故。

（2）导线上方挂有避雷线。当雷电击于挂有避雷线的导线附近大地时，则由于避雷线的屏蔽效应，导线上的感应电荷就会减少，从而降低了导线上的感应过电压。在避雷线的这种屏蔽作用下，导线上的感应过电压可用下法求得。

设导线和避雷线的对地平均高度分别为 h_d 和 h_b，若避雷线不接地，则根据式（6-1）可求得避雷线和导线上的感应过电压分别为 U_{gb} 和 U_{gd}

$$U_{gb} = 25 \frac{Ih_b}{S}, \qquad U_{gd} = 25 \frac{Ih_d}{S}$$

于是

$$U_{gb}/U_{gd} = \frac{h_b}{h_d}, \qquad 即 \ U_{gb} = U_{gd} \frac{h_b}{h_d}$$

但是避雷线实际上是通过每基杆塔接地的，因此必须设想在避雷线上尚有一个 $-U_{gb}$ 电压，以此来保持避雷线为零电位，由于避雷线与导线间的耦合作用，此设想的 $-U_{gb}$ 将在导

线上产生耦合电压 $k_0 \cdot (-U_{gb})$，k_0 为避雷线与导线间的几何耦合系数。这样导线上的电位将为 U'_{gd}

$$U'_{gd} = U_{gd} - k_0 \cdot U_{gb} = U_{gd}\left(1 - k_0\frac{h_b}{h_d}\right) \tag{6-2}$$

式（6-2）表明，接地避雷线的存在，可使导线上的感应过电压由 U_{gd} 下降到 U'_{gd}。耦合系数 k_0 愈大，则导线上的感应过电压愈低。

二、雷击线路杆塔时，导线上的感应过电压

式（6-1）只适用于 $S > 65m$ 的情况，更近的落雷，事实上将因线路的引雷作用而击于线路。当雷击杆塔或线路附近的避雷线（针）时，由雷电通道所产生的电磁场的迅速变化，将在导线上感应出与雷电流极性相反的过电压。目前，规程建议对一般高度（约 40m 以下）无避雷线的线路，此感应过电压最大值可用下式计算

$$U_{gd} = \alpha h_d \tag{6-3}$$

式中 α——感应过电压系数，kV/m，其数值等于以 kA/μs 计的雷电流平均陡度，即 $\alpha = I/2.6$。

有避雷线时，由于其屏蔽效应，式（6-3）应为

$$U'_{gd} = \alpha h_d\left(1 - k_0\frac{h_b}{h_d}\right) \tag{6-4}$$

式中 k_0——耦合系数。

第二节 输电线路的直击雷过电压和耐雷水平

输电线路遭受直击雷一般有三种情况：

（1）雷击杆塔塔顶；

（2）雷击避雷线或档距中央；

（3）雷击导线或绕过避雷线绕击于导线。

我们从中性点直接接地系统中有避雷线的线路为例进行分析，其他线路的分析原则相同。

一、雷击杆塔塔顶

1. 雷击塔顶时雷电流的分布及等值电路图

雷击塔顶前，雷电通道的负电荷在杆塔及架空地线上感应正电荷；当雷击塔顶时，雷电通道中的负电荷与杆塔及架空地线上的正感应电荷迅速中和形成雷电流，如图 6-2（a）所示。雷击瞬间自雷击点（即塔顶）有一负雷电流波沿杆塔向下运动，另有两个相同的负电流波分别自塔顶沿两侧避雷线向相邻杆塔运动，与此同时，自塔顶有一正雷电波沿雷电通道向上运动，此正雷电流波的数值与三个负电流波之总和相等，线路绝缘上的过电压即由这几个电流波所引起。对于一

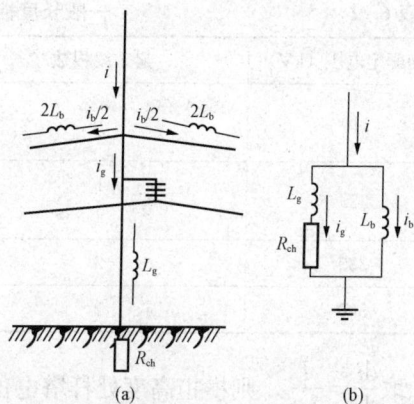

图 6-2 雷击塔顶时雷电流的分布及等值电路
(a) 分布图；(b) 等值电路

般高度的杆塔（40m 以下），在工程上常采用图 6 - 2（b）的集中参数等值电路进行分析计算，图中 L_{gt} 为杆塔的等值电感，R_{ch} 为被击杆塔的冲击接地电阻，L_b 为杆塔两侧的一个档距内避雷线电感的并联值，i 是雷电流。不同类型杆塔的等值电感 L_{gt} 可由表 6 - 1 查得。单根避雷线的等值电感 L_b 约为 $0.67l\ \mu H$（l 为档距长度，m），双根避雷线的 L_b 约为 $0.42l\ \mu H$。

表 6 - 1　　　　　　　　　　　杆塔的电感和波阻抗的平均值

杆 塔 型 式	杆塔电感（$\mu H/m$）	杆塔波阻（Ω）
无拉线水泥单杆	0.84	250
有拉线水泥单杆	0.42	125
无拉线水泥双杆	0.42	125
铁　　塔	0.50	150
门 型 铁 塔	0.42	125

2. 塔顶电位

考虑到雷击点的阻抗较低，故在计算中可略去雷电通道波阻的影响。由于避雷线的分流作用，流经杆塔的电流 i_{gt} 小于雷电流 i

$$i_{gt} = \beta i \tag{6-5}$$

式中　β——分流系数，对于不同电压等级一般长度档距的杆塔，β 值可由表 6 - 2 查得。

于是塔顶电位 U_{gt} 可由下式计算

$$U_{gt} = R_{ch}i_{gt} + L_{gt}\frac{\mathrm{d}i_{gt}}{\mathrm{d}t} = \beta R_{ch}i + \beta L_{gt}\frac{\mathrm{d}i}{\mathrm{d}t} \tag{6-6}$$

而杆塔横担高度处电位则为

$$U_{gh} = \beta R_{ch}i + \beta L_{gt}\frac{h_h}{h_g}\frac{\mathrm{d}i}{\mathrm{d}t} \tag{6-7}$$

式中　h_h——横担对地高度，m；

　　　h_g——杆塔对地高度，m。

表 6 - 2　　　　　　　　　　一般长度档距的线路杆塔分流系数 β

线路额定电压（kV）	避雷线根数	β 值
110	1 2	0.90 0.86
220	1 2	0.92 0.88
330	2	0.88
500	2	0.88

取 $\dfrac{\mathrm{d}i}{\mathrm{d}t} = \dfrac{I}{2.6}$，则横担高度处杆塔电位的幅值 U_{gh} 为

$$U_{gh} = \beta I\left(R_{ch} + \frac{L_{gt}}{2.6}\frac{h_h}{h_d}\right) \tag{6-8}$$

式中　I——雷电流幅值。

3. 导线电位和线路绝缘子串上的电压

当塔顶电位为 U_{gt} 时，则与塔顶相连的避雷线上也将有相同的电位 U_{gt}；由于避雷线与导线间的耦合作用，导线上将产生耦合电压 kU_{gt}，此电压与雷电流同极性；此外，由于雷电通道的作用，根据式（6-4）在导线上尚有感应过电压，此电压与雷电流异极性。所以，导线电位的幅值 U_d 为

$$U_d = kU_{gt} - \alpha h_d\left(1 - k_0\frac{h_b}{h_d}\right) \qquad (6-9)$$

线路绝缘子串上两端电压为杆塔横担高度处电位和导线电位之差，故线路绝缘上的电压幅值 U_j 为

$$U_j = U_{gh} - U_d = U_{gh} - kU_{gt} + \alpha h_d\left(1 - k_0\frac{h_b}{h_d}\right)$$

把式（6-6）、式（6-8）代入上式，得

$$U_j = I\left[(1-k)\beta R_{ch} + \left(\frac{h_h}{h_g} - k\right)\beta\frac{L_{gt}}{2.6} + \left(1 - \frac{h_b}{h_d}k_0\right)\frac{h_d}{2.6}\right] \qquad (6-10)$$

雷击时，导、地线上电压较高，将出现冲击电晕，k 值应采用电晕修正后的数值，电晕修正系数见表4-1。

应该指出，式（6-9）表示的导线电位没有考虑线路上的工作电压，事实上，作用在线路绝缘上的电压还有导线上的工作电压。对220kV及以下的线路，因其值所占的比重不大，一般可以略去；但对超高压线路，则不可不计，雷击时导线上工作电压的瞬时值及其极性应作为一随机变量来考虑。

4. 耐雷水平

从式（6-8）看出，当电压 U_j 未超过线路绝缘水平，即 $U_j < U_{50\%}$ 时，导线与杆塔之间不会发生闪络，由此可得出雷击杆塔时线路的耐雷水平 I_1

$$I_1 = \frac{U_{50\%}}{(1-k)\beta R_{ch} + \left(\frac{h_h}{h_g} - k\right)\beta\frac{L_{gt}}{2.6} + \left(1 - \frac{h_b}{h_d}k_0\right)\frac{h_d}{2.6}} \qquad (6-11)$$

需注意此处的 $U_{50\%}$ 应取绝缘子串中的正极性 50% 冲击放电电压，因为流入杆塔电流大多是负极性的，此时导线相对于塔顶处于正电位，而绝缘子串的 $U_{50\%}$ 在导线为正极性时较低。由上式可看出，减少接地电阻 R_{ch}、提高耦合系数 k、减小分流系数 β、加强线路绝缘都可以提高线路的耐雷水平。实际上往往以降低杆塔接电阻 R_{ch} 和提高耦合系数 k 作为提高耐雷水平的主要手段。对一般高度杆塔，冲击接地电阻 R_{ch} 上的压降是塔顶电位的主要成分，因此降低接地电阻可以减小塔顶电位，以提高其耐雷水平；增加耦合系数 k 可以减少绝缘子串上的电压和感应过电压，因此同样可以提高其耐雷水平。

如雷击杆塔时雷电流超过线路的耐雷水平 I_1，就会引起线路闪络，这是由于接地的杆塔及避雷线电位升高所引起的，故此类闪络称为"反击"。"反击"这个概念很重要，因为原来被认为接了地的杆塔却带上了高电位，反过来对输电线路放电，把雷电压施加在线路上，并进而侵入变电所。为了减少反击，我们必须提高线路的耐雷水平，规程规定，不同电压等级的输电线路，雷击杆塔时的耐雷水平 I_1 不应低于表6-3所列数值。

表 6-3			有避雷线线路的耐雷水平			
额定电压（kV）	35	60	110	220	330	500
耐雷水平（kA）	20～30	30～60	40～75	80～120	100～150	125～175

二、雷击避雷线档距中央

1. 等值电路图及雷击点的电压

雷击避雷线档距中央如图 6-3（a）所示，根据彼德逊法则可画出它的等值电路图，如图 6-3（b）所示。于是雷击点 A 的电压 U_A 为

$$U_A = i \frac{Z_0 Z_b}{2Z_0 + Z_b} \tag{6-12}$$

式中　i——雷电流。

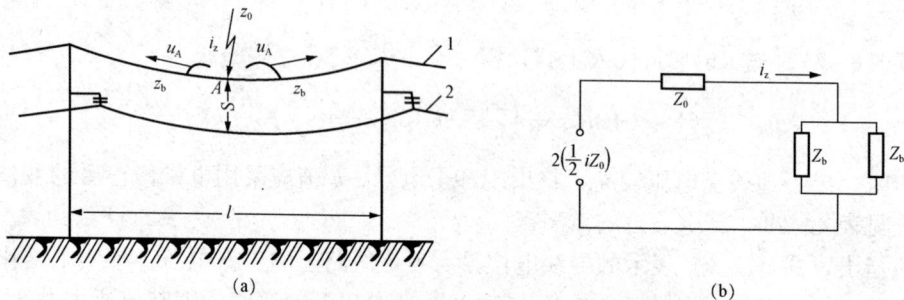

图 6-3　雷击避雷线档距中央及其等值电路图

（a）线路示意图；（b）等值电路图

1—避雷线；2—导线；Z_0—雷电通道的波阻抗；z_b—避雷线波阻抗；

S—避雷线与导线间空气隙；i_z—流入雷击点的雷电流

2. 避雷线与导线空气隙 S 所承受的最大电压

雷击点 A 处的电压波 U_A 沿两侧避雷线的相邻杆塔运动，经 $\dfrac{l}{2v_b}$ 时间（l 为档距长度，v_b 为避雷线中的波速）到达杆塔，由于杆塔的接地作用，在杆塔处将有一负反射波返回雷击点；又经 $\dfrac{l}{2v_b}$ 时间，此负反射波到达雷击点，若此时雷电流尚未到达幅值，即 $2\dfrac{l}{2v_b}$ 小于雷电流波头时间，则雷击点的电位将下降，故雷击点 A 的最高电位将出现在 $t = 2 \times \dfrac{l}{2v_b} = \dfrac{l}{v_b}$ 时刻。

若雷电流取为斜角波头，即 $i = \alpha t$，则根据式（6-12）以 $t = \dfrac{l}{v_b}$ 代入可得雷击点的最高电位 U_A，如下式

$$U_A = \alpha \frac{l}{v_b} \frac{Z_0 Z_b}{2Z_0 + Z_b}$$

由于避雷线与导线间的耦合作用，在导线上将产生耦合电压 kU_A，故雷击处避雷线与导线间的空气隙 S 上所承受的最大电压 U_S 如下式表示

$$U_S = U_A(1-k) = \alpha \frac{l}{v_b} \frac{Z_0 Z_b}{2Z_0 + Z_b}(1-k) \tag{6-13}$$

由此可见，U_S 与耦合系数 k、雷电流陡度 α、档距长度 l 等因素有关。利用式（6-13）并依据空气间隙的抗电强度，可以计算出不发生击穿的最小空气距离 S。经过我国多年运行经验，规程认为如果档距中央导、地线间空气距离 S（m）满足下述经验公式则一般不会出现击穿事故，

$$S = 0.012l + 1 \qquad (6-14)$$

式中 l——档距长度，m。

对于大跨越档距，若 $\dfrac{l}{v_b}$ 大于雷电流波头时间，则相邻杆塔来的负反射波到达雷击点 A 时，雷电流已过峰值，故雷击点的最高电位由雷电流峰值所决定，导、地线间的距离 S 将由雷击点的最高电位和间隙平均击穿强度所决定。

三、雷绕过避雷线击于导线或直接击于导线

1. 等值电路图及雷击点的电压

其等值电路图可用图 6-4 所示，于是雷击点 d 的电压 U_d 为

$$U_d = i \frac{Z_0 Z_d}{2Z_0 + Z_d} \qquad (6-15)$$

图 6-4 雷击导线等值电路图
Z_d—导线的波阻抗

按我国有关标准，雷电通道的波阻抗 $Z_0 \approx Z_d/2$，故

$$U_d = i \frac{Z_d}{4}$$

一般 Z_d 大约等于 400Ω，所以

$$U_d \approx 100i \qquad (6-16)$$

式中 i——雷电流。

显然导线上电压 U_d 随雷电流 i 的增加而增加，若其幅值超过线路绝缘子串的冲击闪络电压，则绝缘将发生闪络。

2. 耐雷水平

雷击导线的耐雷水平 I_2 可令 U_d 等于绝缘子串 50% 闪络电压 $U_{50\%}$ 来计算。这样

$$I_2 \approx \frac{U_{50\%}}{100} \qquad (6-17)$$

根据我国有关标准，35、110、220、330kV 线路的绕击耐雷水平分别为 3.5、7、12kA 和 16kA，其值较雷击杆塔的耐雷水平小得多。

第三节 输电线路的雷击跳闸率

输电线路落雷时，引起线路跳闸必须要满足两个条件，其一是雷电流超过线路耐雷水平，引起线路绝缘发生冲击闪络；这时，雷电流沿闪络通道入地，但由于时间只有几十微秒，线路开关来不及动作，因此还必须满足第二个条件，即雷电流消失后，沿着雷电通道流过工频短路电流的电弧持续燃烧，线路才会跳闸停电。但是并不是每次闪络都会转化为稳定工频电弧，它有一定的统计性，所以还必须研究其建弧的概率——建弧率的问题。

一、建弧率

所谓建弧率就是冲击闪络转为稳定工频电弧的概率，用 η 来表示。从冲击闪络转为工频

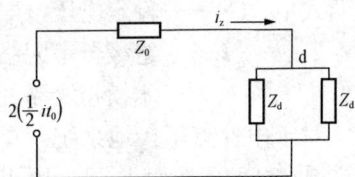

电弧的概率与弧道中的平均电场强度有关，也与闪络瞬间工频电压的瞬时值和去游离条件有关，根据实验和运行经验，建弧率 η（％）可用下式表示

$$\eta = 4.5E^{0.75} - 14 \tag{6-18}$$

式中　E——绝缘子串的平均运行电压梯度，kV（有效值）/m。

对中性点直接接地系统

$$E = \frac{U_N}{\sqrt{3}(l_j + 0.5l_m)} \tag{6-19}$$

对中性点非直接接地系统

$$E = \frac{U_N}{2l_j + l_m} \tag{6-20}$$

上两式中　U_N——额定电压，kV（有效值）；

l_j——绝缘子串闪络距离，m；

l_m——木横担线路的线间距离，m，对铁横担和水泥横担，则 $l_m = 0$。

对于中性点不接地系统，单相闪络不会引起跳闸，只有当第二相导线再发生反击后才会造成相间闪络而跳闸，因此在式（6-19）和式（6-20）中应是线电压和相间绝缘长度。

实践证明，当 $E \leqslant 6$kV（有效值）/m 时，则建弧率很小，所以近似地认为 $\eta = 0$。

二、有避雷线线路雷击跳闸率的计算

输电线路的雷击跳闸率与线路可能受雷击的次数有密切的关系。在工程设计中它常被用一个综合指标，来衡量输电线路的防雷性能。对于 110kV 及以上的输电线路，雷击线路附近地面时的感应过电压一般不会引起闪络；而根据国内外的运行经验，在档距中间雷击避雷线引起的闪络事故也极为罕见。因此，在求 110kV 及以上有避雷线线路的雷击跳闸率时，可以只考虑雷击杆塔和雷绕击于导线两种情况下的跳闸率并求其总和，现分述如下。

1. 雷击杆塔时的跳闸率 n_1

雷击杆塔时的跳闸率 n_1 次/（100km·a）可用下式表达

$$n_1 = NgP_1\eta \tag{6-21}$$

式中　N——每 100km 线路每年（40 个雷暴日）落雷次数，根据式（5-5）知，$N = 0.28(b+4h)$ 次/（100km·a）；

g——击杆率，雷击杆塔次数与雷击线路总次数的比称为击杆率，它与避雷线所经过地区地形有关，规程建议击杆率可取表 6-4 的数值；

P_1——雷电流峰值超过雷击杆塔的耐雷水平 I_1 的概率，它可由式（6-11）及式（5-2）计算得出；

η——建弧率，它可由式（6-18）计算得到。

表 6-4 击 杆 率 g

地形＼避雷线根数	0	1	2
平　原	1/2	1/4	1/6
山　区	—	1/3	1/4

2. 绕击跳闸率 n_2

雷电绕过避雷线直击于线路的跳闸率 n_2 次/（100km·a）可由下式表示

$$n_2 = NP_\alpha P_2 \eta \qquad (6-22)$$

式中　P_2——雷电流峰值超过绕击耐雷水平 I_2 的概率，它可由式（6-17）和式（5-2）计算得出；

　　　　P_α——绕击率。

绕击率即雷电绕过避雷线直击于线路的概率，模拟试验和现场经验证明，绕击概率与避雷线对外侧导线的保护角 α（如图5-8所示）、杆塔高度和线路经过地区的地貌和地质有关，我国有关标准建议用下列公式计算绕击率 P_α

对平原地区
$$\lg P_\alpha = \frac{\alpha\sqrt{h}}{86} - 3.9 \left.\begin{array}{}\\\\\\\\\end{array}\right\} \qquad (6-23)$$
对山区
$$\lg P_\alpha = \frac{\alpha\sqrt{h}}{86} - 3.35$$

式中　α——保护角度，度；

　　　　h——杆塔高度，m。

3. 输电线路雷击跳闸率 n

不论雷击杆塔，还是绕过避雷线击于线路，均属于雷击输电线路，因此输电线路雷击跳闸率 n 次/（100km·a）可得

$$n = n_1 + n_2 = N(gP_1 + P_\alpha P_2)\eta \qquad (6-24)$$

【例6-1】　平原地区220kV双避雷线线路如图6-5所示，绝缘子串由 $13 \times X-4.5$ 组成，其正极性 $U_{50\%}$ 为1200kV，避雷线半径 $r = 5.5\text{mm}$，导线弧垂12m，避雷线弧垂7m，杆塔冲击接地电阻 $R = 7\Omega$，求该线路的耐雷水平及雷击跳闸率。

解　（1）计算避雷线和导线对地的平均高度 h_b 和 h_d。如图6-5所示，避雷线在杆塔端点距地高 $h = (23.4+22+3.5)\text{m}$，避雷线弧垂 $h' = 7\text{m}$

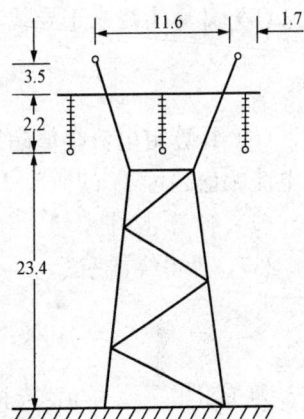

图6-5　[例6-1]图（单位:m）

则
$$h_b = h - \frac{2}{3}h'$$
$$= (23.4+22+3.5) - \frac{2}{3} \times 7$$
$$= 24.5 \text{ (m)}$$

导线在杆塔端点距地高 $h = 23.4\text{m}$，导线弧垂 $h' = 12\text{m}$

则
$$h_d = h - \frac{2}{3}h'$$
$$= 23.4 - \frac{2}{3} \times 12$$
$$= 15.4 \text{ (m)}$$

（2）计算双避雷线对外侧导线的几何耦合系数 k。避雷线对外侧导线的耦合系数比对中相导线的耦合系数为小，线路绝缘的过电压也较为严重，故取作计算条件，双避雷线对外侧

导线的几何耦合系数设为 k_0，根据式（4-48）可算得为

$$k_0 = \frac{\ln\dfrac{\sqrt{39.9^2 + 1.7^2}}{\sqrt{9.1^2 + 1.7^2}} + \ln\dfrac{\sqrt{39.9^2 + 13.3^2}}{\sqrt{9.1^2 + 13.3^2}}}{\ln\dfrac{2 \times 24.5}{0.0055} + \ln\dfrac{\sqrt{49^2 + 11.6^2}}{11.6}} = 0.237$$

考虑电晕影响，查表 4-1，电晕修正系数 $k_1 = 1.25$，于是校正后的耦合系数

$$k = k_1 \cdot k_0 = 1.25 \times 0.237 = 0.296$$

（3）计算杆塔等值电感及分流系数。查表 6-1，铁塔的电感可按 $0.5\mu H/m$ 计算，故得

$$L_{gt} = 0.5 \times 29.1 = 14.55(\mu H)$$

查表 6-2，可得分流系数 $\beta = 0.88$。

（4）计算雷击杆塔时耐雷水平 I_1。根据式（6-11），代入数据，可得

$$I_1 = \frac{1200}{(1 - 0.296) \times 0.88 \times 7 + \left(\dfrac{25.6}{29.1} - 0.296\right) \times 0.88 \times \dfrac{14.5}{2.6} + \left(1 - \dfrac{24.5}{15.4} \times 0.237\right) \times \dfrac{15.4}{2.6}}$$

$$= 110(kA)$$

（5）计算雷绕击于导线时的耐雷水平 I_2。根据式（6-17），代入数据，可得

$$I_2 = \frac{1200}{100} = 12(kA)$$

（6）计算雷电流幅值超过耐雷水平的概率。根据雷电流幅值概率曲线式（5-2），可得雷电流幅值超过 I_1 的概率 $P_1 = 5.6\%$，超过 I_2 的概率 $P_2 = 73.1\%$。

（7）计算击杆率 g、绕击率 P_α 和建弧率 η。查表 6-4，得击杆率 $g = 1/6$。按式（6-23），可得绕击率

$$P_\alpha = \frac{16.6\sqrt{29.1}}{86} - 3.9 = 0.144\%$$

为了求出建弧率 η，先依据式（6-19）计算 E

$$E = \frac{220}{\sqrt{3} \times 2.2} = 57.735(kA/m)$$

所以，根据式（6-18）

$$\eta = (4.5 \times 57.735^{0.75} - 14)\% = 80\%$$

（8）计算线路跳闸率 n

$$n = 0.28 \times (11.6 + 4 \times 24.5) \times 0.8\left(\frac{1}{6} \times \frac{5.6}{100} + \frac{0.144}{100} \times \frac{73.1}{100}\right)$$

$$= 0.25[次/(100km \cdot a)]$$

第四节　输电线路的防雷措施

线路雷害事故的形成通常要经历这样几个阶段：首先输电线路要受到雷电过电压的作用，并且线路要发生闪络，然后从冲击闪络转变为稳定的工频电压，引起线路跳闸，如果在跳闸后不能迅速恢复正常运行，就会造成供电中止。因此输电线路的防雷措施在许可情况

下，要做到"四道防线"，即使输电线路不直击受雷；或者线路受雷后绝缘不发生闪络；或者闪络后不建立稳定的工频电弧；或者建立工频电弧后不中断电力供应。在确定输电线路的防雷方式时，还应全面考虑线路的重要程度、系统运行方式、线路经过地区雷电活动的强弱、地形地貌的特点、土壤电阻率的高低等条件，结合当地原有线路运行经验，根据技术经济比较的结果因地制宜、采取合理的保护措施。

一、架设避雷线

避雷线是高压和超高压输电线路最基本的防雷措施，其主要目的是防止雷直击导线，此外，还对雷电流有分流作用，减小流入杆塔的雷电流，使塔顶电位下降；对导线有耦合作用，降低雷击杆塔时绝缘子串上的电压；对导线有屏蔽作用，可降低导线上的感应电压。

我国有关标准规定，330kV 及以上应全线架设双避雷线；220kV 宜全线架设双避雷线；110kV 线路一般全线架设避雷线，但在少雷区或运行经验证明雷电活动轻微的地区可不沿全线架设避雷线。35kV 及以下线路一般不沿全线架设避雷线。保护角一般取 20°～30°，330kV 及 220kV 双避雷线线路，一般采用 20°左右。现代超高压、特高压线路或高杆塔，皆采用双避雷线，杆塔上两根避雷线间的距离不应超过导线与避雷线间垂直距离的 5 倍。

为了降低正常工作时避雷线中电流引起的附加损耗和将避雷线兼作通信用，可将避雷线经小间隙对地绝缘起来，雷击时此小间隙击穿避雷线接地。

二、降低杆塔接地电阻

对于一般高度的杆塔，降低杆塔接地电阻是提高线路耐雷水平防止反击的有效措施。规程规定，有避雷线的线路，每基杆塔（不连避雷线）的工频接地电阻，在雷季干燥时不宜超过表 6 - 5 所列数值。

土壤电阻率低的地区，应充分利用杆塔自然接地电阻，一般认为采用与线路平行的地中伸长地线办法，因其与导线间的耦合作用，可降低绝缘子串上的电压而使耐雷水平提高。

表 6 - 5　　　　　　　　　　有避雷线输电线路杆塔的工频接地电阻

土壤电阻率（Ω·m）	100 及以下	100～500	500～1000	1000～2000	2000 以上
接地电阻（Ω）	10	15	20	25	30

三、架设耦合地线

在降低杆塔接地电阻有困难时，可以采用在导线下方架设地线的措施，其作用是增加避雷线与导线间的耦合作用以降低绝缘子串上的电压；此外，耦合地线还可增加对雷电流的分流作用。运行经验表明，耦合地线对减少雷击跳闸率效果是显著的。

四、采用不平衡绝缘方式

在现代高压及超高压线路中，同杆架设的双回路线路日益增多，对此类线路在采用通常的防雷措施尚不能满足要求时，还可采用不平衡绝缘方式来降低双回路雷击同时跳闸率，以保证不中断供电。不平衡绝缘的原则是使二回路的绝缘子串片数有差异，这样，雷击时绝缘子串片少的回路先闪络，闪络后的导线相当于地线，增加了对另一回路导线的耦合作用，提高了另一回路的耐雷水平使之不发生闪络以保证另一回路可继续供电。一般认为，二回路绝缘水平的差异宜为$\sqrt{3}$倍相电压（峰值），差异过大将使线路总故障率增加，差异究竟为多少，应以各方面技术经济比较来决定。

五、采用消弧线圈接地方式

对于 35kV 及以下的线路，一般不采用全线架设避雷线的方式，而采用中性点不接地或经消弧线圈接地的方式。这可使得雷击引起的大多数单相接地故障能够自动消除，不致引起相间短路和跳闸；而在两相或三相着雷时，雷击引起第一相导线闪络并不会造成跳闸，闪络后的导线相当于地线，增加了耦合作用，使未闪络相绝缘子串上的电压下降，从而提高了耐雷水平。

六、装设自动重合闸

由于雷击造成的闪络大多能在跳闸后自行恢复绝缘性能，所以重合闸成功率较高，据统计，我国 110kV 及以上高压线路重合闸成功率为 75%～90%；35kV 及以下线路约为 50%～80%。因此，各级电压的线路应尽量装设自动重合闸。

七、装设排气式避雷器

一般在线路交叉处和在高杆塔上装设排气式避雷器以限制过电压。

八、加强绝缘

在冲击电压作用下木质是较良好的绝缘，因此可以采用木横担来提高耐雷水平和降低建弧率，但我国受客观条件限制一般不采用木绝缘。

对于高杆塔，可以采取增加绝缘子串片数的办法来提高其防雷性能，高杆塔的等值电感大，感应过电压大，绕击率也随高度而增加，因此规程规定，全高超过 40m 有避雷线的杆塔，每增高 10m 应增加一片绝缘子，全高超过 100m 的杆塔，绝缘子数量应结合运行经验通过计算确定。

习　题

6-1　输电线路防雷的基本措施是什么？

6-2　35kV 及以下的输电线路为什么一般不采取全线架设避雷线的措施？

6-3　在［例 6-1］中的线路如架设在山区，且杆塔冲击接地电阻 R 为 15Ω，其余条件不变。试求该线路的耐雷水平及雷击跳闸率。

6-4　某 35kV 水泥杆铁横担线路结构如图 6-6 所示。导线弧垂为 3m，导线型号为 LJ-50 型；绝缘子串由 3XX−4.5 组成，其长度为 0.6m，50% 放电电压为 350kV；水泥杆无人工接地，自然接地电阻为 20Ω。试计算其耐雷水平和雷击跳闸率。

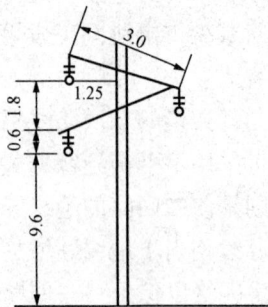

图 6-6　某 35kV 线路杆塔

（图中单位为：m）

第七章　发电厂和变电所的防雷保护

　　发电厂和变电所是电力系统的枢纽和心脏，一旦发生雷害事故，往往导致变压器、发电机等重要电气设备的损坏，并造成大面积停电，严重影响国民经济和人民生活。因此，发电厂、变电所的防雷保护必须是十分可靠的。

　　发电厂、变电所遭受雷害一般来自两方面，一是雷直击于发电厂、变电所；二是雷击输电线后产生的雷电波侵入发电厂、变电所。

　　对直击雷的保护，一般采用避雷针或避雷线，根据我国的运行经验，凡装设符合规程要求的避雷针（线）的发电厂和变电所绕击和反击事故率是非常低的。

　　因线路落雷比较频繁，所以沿线路侵入的雷电波是造成变电所、发电厂雷害事故的主要原因。由线路侵入的雷电波电压受到线路绝缘的限制，其峰值不可能超过线路绝缘的闪络电压，但线路绝缘水平比发电厂、变电所电气设备的绝缘水平高，例如110kV线路绝缘子串50%放电电压为700kV，而变压器的全波冲击试验电压只有425kV，若不采取专门的防护措施，势必造成电气设备的损害事故。对侵入波防护的主要措施是在发电厂、变电所内安装阀式避雷器以限制电气设备上的过电压峰值，同时在发电厂、变电所的进线段上采取辅助措施以限制流过阀式避雷器的雷电流和降低侵入波的陡度。对于直接与架空线路相连的旋转电机（一般称为直配电机），还应在电机母线上装置电容器以降低侵入波陡度，使电机匝间绝缘和中性点绝缘不易损坏。

　　本章重点讲述雷电波沿线路侵入发电厂、变电所的保护原理及其措施，通过学习，要求掌握以进线、母线到各种电气设备的雷电侵入波保护并掌握其保护原理。

第一节　发电厂、变电所的直击雷保护

　　为了防止雷直击发电厂、变电所，可以装设避雷针（线）来保护。安装的避雷针（线）应满足所有设备处于避雷针（线）的保护范围之内，同时还必须防止雷击避雷针时引起与被保护物的反击事故。出于对反击问题的考虑，避雷针的安装方式可分为独立避雷针和构架避雷针两种，现分述如下。

一、独立避雷针

　　对于35kV及以下的变电所，由于绝缘水平较低，为了避免反击的危险，应架设独立避雷针，且其接地装置与主接地网分开埋设，并在空气中及地下保持足够的距离，如图7-1所示。

　　雷击避雷针时雷电流经避雷针及其接地装置在避雷针h高度处和避雷针的接地装置上将出现高电位u_k（kV）和u_d（kV）

$$u_k = L \frac{di_L}{dt} + i_L R_{ch} \tag{7-1}$$

$$u_d = R_{ch} \tag{7-2}$$

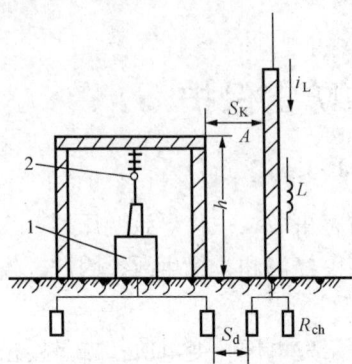

图 7-1 独立避雷针离配电构架的距离
1—变压器；2—母线

式中　L——避雷针的等值电感，μH；

　　　R_{ch}——避雷针的冲击接地电阻，Ω；

　　　i_L——流过避雷针的雷电流，kA；

　　　$\dfrac{di_L}{dt}$——雷电流的上升陡度，$kA/\mu s$。

取 $i_L = 150kA$，$\dfrac{di_L}{dt} = 30kA/\mu s$，$L = 1.7h\mu H$（$h$ 是避雷针的高度，单位为 m），于是

$$u_k = 150R_{ch} + 50h$$
$$u_d = 150R_{ch}$$

为防止避雷针与被保护的配电构架或设备之间的空气间隙 S_K（m）被击穿而造成反击事故，必须要求 S_K 大于一定距离，若取空气的平均耐压强度为 500kV/m，则 S_K 应满足下式要求

$$S_K > \frac{150R_{ch} + 50h}{500}$$

即　　　　　　　$S_K > 0.3R_{ch} + 0.1h$　　　　　　　　　　（7-3）

同样，为了防止避雷针接地装置和被保护设备接地装置之间在土壤中的间隙 S_d（m）被击穿，必须要求 S_d 大于一定距离，取土壤的平均耐电强度为 300kV/m，则 S_d 应满足下式要求

$$S_d > 0.3R_{ch}　　　　　　　　　　（7-4）$$

在一般情况下，S_K 不应小于 5m，S_d 不应小于 3m。

单独避雷针的工频接地电阻不宜大于 10Ω（规定工频接地电阻值是为了现场便于检查），接地电阻过大时，S_K、S_d 都需要增大，因而避雷针也要加高，这在经济上会不合理。

二、构架避雷针

对于 110kV 及以上的变电所，可以将避雷针架设在配电装置的构架上，由于此类电压等级配电装置的绝缘水平较高，雷击避雷针时在配电构架上出现的高电位不会造成反击事故，并且可以节约投资、便于布置。为了确保变电站中最重要而绝缘又较弱的设备——主变压器的绝缘免受反击的威胁，要求在装置避雷针的构架附近埋设辅助集中接地装置，且避雷针与主接地网的地下连接点至变压器接地线与主接地网的地下连接点，沿接地体的距离不得小于 15m。因为当雷击避雷针时，在接地装置上出现的电位升高，在沿接地体传播的过程中将发生衰减，经过 15m 的距离后，一般已不至于对变压器造成反击，基于同样的理由，在变压器的门型构架上，不允许装避雷针（线）。

至于线路终端杆塔上的避雷线能否与变电所构架相连，也要由是否发生反击来考虑。110kV 及以上的配电装置可以将线路避雷线引至出线门型架上，但在土壤电阻率 $\rho > 1000$ $\Omega \cdot m$ 的地区，应加设集中接地装置；对 35～60kV 配电装置，在 $\rho \leqslant 500\Omega \cdot m$ 的地区也允许线路避雷线与出线门型架相连，但同样需加设集中接地装置；当 $\rho > 500\Omega \cdot m$ 时，避雷线不能与门型架相连，最后一档线路靠避雷针保护；发电厂厂房一般不装避雷针，以免发生反击事故和引起继电保护误动作。

第二节　变电所的侵入波保护

变电所中限制雷电侵入波过电压的主要措施是安装避雷器，变压器及其他高压电气设备绝缘水平的选择，就是以阀式避雷器的特性作为依据的。下面我们来分析它的保护作用过程。

一、阀式避雷器的保护作用分析

1. 变压器和避雷器之间的距离为零

如图 7-2（a）所示，避雷器直接连在变压器旁，即认为变压器与避雷器之间的距离为零。为简化分析，不计变压器对地入口电容，且输电线路为无限长，雷电侵入波 u 自线路入侵，避雷器动作前后可用图 7-2（b）、（c）的等值电路来分析，假定避雷器的伏安特性 $u_b = f(i_b)$，且避雷器间隙的伏秒特性 u_f 为已知，则可用作图法求出变压器 z_1 上的电压来。

动作前避雷器电压 u_b 与侵入雷电波电压 u 相同，当 u 与避雷器冲击放电伏秒特性 $u_f = f(t)$ 相交时(参阅图 7-3)，则动作，避雷器动作后按图 7-2（c）的等值电路，可列出下列方程

$$2u = \left(i_b + \frac{u_b}{z_1} \right) z_1 + u_b$$

即
$$u_b + i_b \frac{z_1}{2} = u \tag{7-5}$$

式中　i_b——避雷器流过的电流。

这是一个非线性方程，用作图法可求出变压器上的电压，如图 7-3 所示。纵坐标取为电压 u，横坐标分别取为时间 t 和电流 i；在 u—t 坐标内当侵入波 u 与伏秒特性 u_f 相交于 U_{ch} 时避雷器开始放电；在 u—i 坐标内根据给定的避雷器伏安特性 $u_b = f(i_b)$ 和线路波阻抗 z_1 可以画出曲线 $u_b + i_b \frac{z_1}{2}$，由式（7-5）可知，它必须与侵入波 u 相等。因此就可以根据给定的 u 波形，按照图 7-3 中虚线表示的步骤，逐点求出避雷器上的电压 u_b，这也就是变压器上的电压。例如，要求雷电电压达幅值时变压器和避雷器上的电压值，只要从雷电波幅值处作水平线与曲线 $u = u_b +$

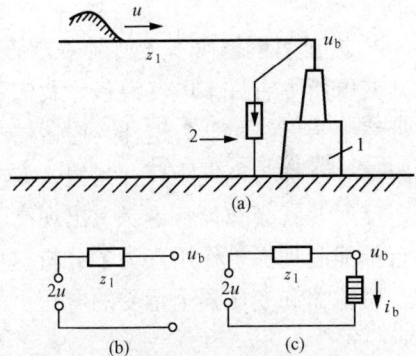

图 7-2　避雷器直接装在变压器旁边
（a）接线圈；（b）动作前的等值电路；
（c）动作后的等值电路
1—变压器；2—阀式避雷器

$i_b \frac{z_1}{2}$ 相交，交点的横坐标就是流过避雷器的雷电流 i_b，由伏安特性 $u_b = f(i_b)$ 决定的电压 U_{ca} 就是变压器在该时刻所承受的过电压值。

由图 7-3 可见，避雷器电压 u_b 具有两个峰值：一个是 U_{ch}，它是避雷器冲击放电电压，其值决定于避雷器的伏秒特性，由于阀式避雷器的伏秒特性 u_f 很平，可认为 U_{ch} 是一固定值；另一个是 U_{ca}，这就是避雷器残压的最高值，在避雷器伏安特性已定的情况下，它与通过避雷器的电流 i_b 的大小有关，但由于阀片的非线性，电流 i_b 在很大范围内变动时残压变

化很小。由于在具有正常防雷接线的 110～220kV 变电所中，流经避雷器的雷电流一般不超过 5kA（对应的 330kV 为 10kA），故残压的最大值 U_{ca} 取为 5kA 下的残压基本相等，因此我们可以将避雷器电压 U_b 近似地视为一斜角平顶波，如图 7-4 所示，其幅值为 5kA 的残压 $U_{c.5}$，波头时间（即避雷器放电时间 t_p）则取决于侵入波陡度。若雷电侵入波为斜角波，即 $u = \alpha t$，则避雷器的作用相当于在 $t = t_p$ 时刻，在避雷器安装处产生一负电压波 u'，即 $u' = -\alpha(t - t_p)$。

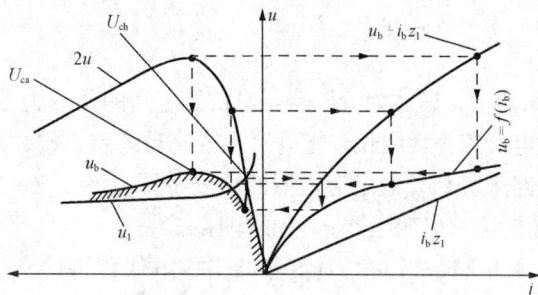

图 7-3　避雷器电压 u_b 图解法

u—来波；u_f—避雷器伏秒特性；u_b—避雷器上电压；

$u_b = f(i_b)$—避雷器伏安特性

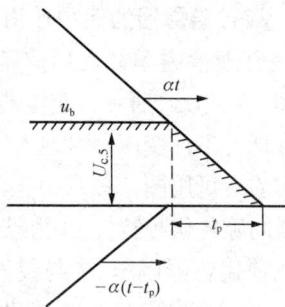

图 7-4　分析用避雷器上电压波形 u_b

由于避雷器直接接在变压器旁，故变压器上的过电压波形与避雷器上电压波形相同，若变压器的冲击耐压大于避雷器的冲击放电电压和 5kA 下的残压，则变压器将得到可靠的保护。

2. 变压器和避雷器之间有一定的电气距离

变电所中有许多电气设备，我们不可能在每个设备旁边装设一组避雷器，一般只在变电所母线上装设避雷器，这样，避雷器与各个电气设备之间就不可避免地要沿连接线分开一定的距离——称为电气距离。当侵入波电压使避雷器动作时，由于波在这段距离的传播和发生折、反射，就会在设备绝缘上出现高于避雷器端点的电压。此时，避雷器对变电所所有设备是否都能起到保护作用，为了分析这个问题，我们以图 7-5 所示接线来分析当雷电波侵入时，避雷器和变压器上承受的电压。

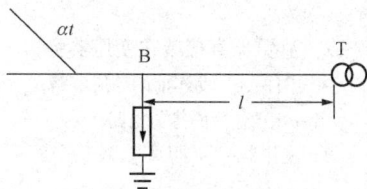

图 7-5　避雷器与变压器分开一定距离

图 7-5 所示避雷器离开变压器距离为 l，为计算方便，不计变压器的对地电容。设侵入波为斜角波 αt，根据第四章第四节介绍的用网格法计算行波的多次折、反射，可画出网格图如图 7-6 所示。在计算折、反射时，避雷器动作前看作开路，动作后看作短路；变压器相当于开路终端；同时不取统一的时间起点，而以各点开始出现电压时为各点的时间起点。

下面我们先讨论避雷器上的电压 $u_B(t)$：

（1）点 T 反射波尚未到达 B 点时

$$u_B(t) = \alpha t \qquad (t < 2\tau)$$

（2）点 T 反射波到达 B 点以后至避雷器动作以前$\left(\text{设避雷器的动作时间 } t_p > \dfrac{2l}{v}\right)$

$$u_B(t) = \alpha t + \alpha(t-2\tau) = 2\alpha(t-\tau) \qquad (2\tau \leqslant t < t_p)$$

（3）在避雷器动作瞬时，即 $t=t_p$ 时，$u_B = 2\alpha(t_p-\tau)$。

（4）避雷器动作以后 $t>t_p$ 时，根据前面的分析，t_p 出现在避雷器的伏秒特性曲线 u_f 与电压 $u_B(t)$ 相交的一点。又认为避雷器动作以后即保持残压，因此 $t>t_p$ 以后可以看作在 B 点又叠加上一个负波 $-2\alpha(t-t_p)$，即

$$u_B(t) = 2\alpha(t-\tau) - 2\alpha(t-t_p)$$
$$= 2\alpha(t_p-\tau) = U_{c.5}$$

电压 $u_B(t)$ 的波形及公式如图 7-7 及表 7-1 所示。

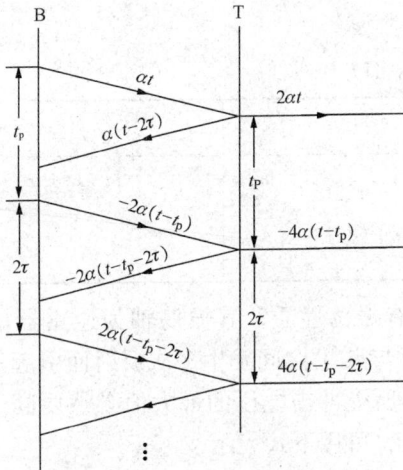

图 7-6 用网格法分析避雷器和变压器上

的电压 $\left(\tau = \dfrac{l}{v}\right)$

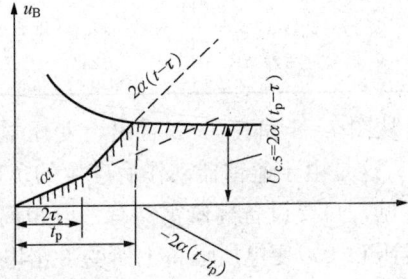

图 7-7 避雷器上电压 $u_B(t)$

表 7-1   **避雷器上的电压 $u_B(t)$**

t	$u_B(t)$
$t < 2\tau$	αt
$2\tau \leqslant t < t_p$	$\alpha t + \alpha(t-2\tau) = 2\alpha(t-\tau)$
$t = t_p$	$2\alpha(t_p-\tau) = U_{c.5}$
$t > t_p$	$2\alpha(t-\tau) - 2\alpha(t-t_p) = 2\alpha(t_p-\tau) = U_{c.5}$

再讨论变压器上电压 $u_T(t)$

（1）雷电侵入波到达变压器端点之后，避雷器动作后的来波尚未到达变压器端点，即 $t<t_p$ 时

$$u_T(t) = 2\alpha t$$

（2）当 $t=t_p$ 时

$$u_T(t) = 2\alpha t_p = 2(t_p - \tau + \tau)$$
$$= 2\alpha(t_p - \tau) + 2\alpha\tau$$
$$= U_{c.5} + 2\alpha\tau$$

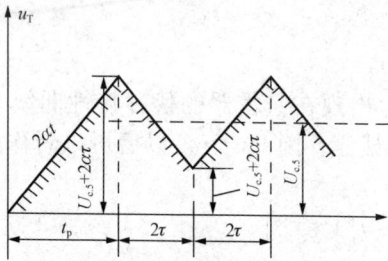

图 7-8　变压器 $u_T(t)$ 的波形

（3）当 $t_p < t < t_p + 2\tau$ 时

$$u_T(t) = 2\alpha t - 4\alpha(t - t_p) = -2\alpha(t - 2t_p)$$

（4）当 $t = t_p + 2\tau$ 时

$$u_T(t) = -2\alpha(t_p + 2\tau - 2t_p)$$
$$= -2\alpha(2\tau - t_p)$$
$$= 2\alpha(t_p - 2\tau)$$
$$= 2\alpha(t_p - \tau) - 2\alpha\tau$$
$$= U_{c.5} - 2\alpha\tau$$

电压 $u_T(t)$ 的波形及公式如图 7-8 及表 7-2 所示。

表 7-2　　　　　　　　　　变压器上电压 u_T (t)

t	$u_T(t)$	t	$u_T(t)$
$t < t_p$	$2\alpha\tau$	$t = t_p + 2\tau$	$U_{c.5} - 2\alpha\tau$
$t = t_p$	$U_{c.5} + 2\alpha\tau$	$\vdots$	$\vdots$
$t_p < t < t_p + 2\tau$	$-2\alpha(t - 2t_p)$		

从图 7-8 和表 7-2 看出，变压器上的电压具有振荡性质，其振荡轴为避雷器的残压 $U_{c.5}$。这是由于避雷器动作后产生的负电压波在点 B 与点 T 之间发生多次反射而引起的，由此可见，只要设备离避雷器有一段距离 l，则设备上所受冲击电压的最大值必然要高于避雷器残压 $U_{c.5}$，变电所设备上所受冲击电压的最大值 U_m 可用下式表示

$$U_m = U_{c.5} + 2\alpha\tau = U_{c.5} + 2\alpha\frac{l}{v} \tag{7-6}$$

式中　l——设备与避雷器之间的距离。

二、变压器承受雷电波能力

前面分析的变压器波形是以最简单、也是最严重的情况下出发。在实际情况下，由于变电所接线比较复杂，出线可能不止一路，设备本身又存在对地电容，这些都将对变电所的波过程产生影响。实测表明，雷电波侵入变电所时变压器上实际电压的典型波形如图 7-9 所示。它相当于在避雷器的残压上叠加一个衰减的振荡波，这种波形和全波波形相差较大，对变压器绝缘的作用与截波的作用较为接近，因此我们常以变压器承受截波的能力来说明在运行中该变压器承受雷电波的能力。变压器承受截波的能力称为多次截波耐压值 U_j，根据实践经验，对变压器而言，此值为变压器三次截波冲击试验电压 $U_{j.3}$ 的 $\frac{1}{1.5}$ 倍，即 $U_j = \frac{U_{j.3}}{1.15}$。同样，其他电气设备在运行中承受雷波的能力可用多次截波耐压值 U_j 来表示。

当雷电波侵入变电所时，若设备上受到最大冲击电压值 U_m 小于设备本身的多次截波耐压值 U_j，则设备不会发生事故，反之，则可能造成雷害事故。因此，为了保证设备安全运行，必须满足下式

$$U_m \leqslant U_j$$

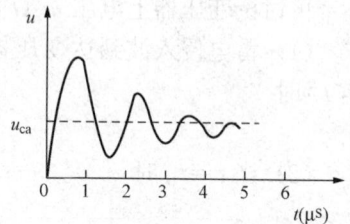

图 7-9　雷电波侵入变电所时，变压器上电压的实际典型波形

即
$$U_{c.5}+2\alpha\frac{l}{v}\leqslant U_j \qquad\qquad (7-7)$$

式中　U_m——设备上所受冲击电压的最大值；

$\quad\quad\ U_j$——设备多次截波耐压值；

$\quad\quad\ U_{c.5}$——避雷器上 5kA 下的残压；

$\quad\quad\ \alpha$——雷电波的陡度；

$\quad\quad\ l$——设备与避雷器间的距离；

$\quad\quad\ v$——雷电波传播速度。

式（7-7）表明，为了保证变压器和其他设备的安全运行，必须对流过避雷器的电流加以限制使之不大于 5kA，同时也必须限制侵入波陡度 α 和设备离开避雷器的电气距离 l。此外，从式中看到，变压器绝缘的冲击耐压强度 U_j 是由避雷器残压 $U_{c.5}$ 所决定的，残压愈高，则需要变压器本身绝缘的冲击耐压值就愈高，反之则低，从这里可以看到降低避雷器残压的重大经济效果。

三、变电所中变压器距避雷器的最大允许电气距离 l_m

从前面的分析中知道，当侵入波的陡度一定时，避雷器与变压器的电气距离愈大，变压器上电压高出避雷器上的残压就愈多。为了限制变压器上电压以免发生绝缘击穿事故，就必须规定避雷器与变压器间允许的最大电气距离。变电所中变压器到避雷器的最大允许电气距离 l_m 可用式（7-7）导出

$$l_m\leqslant\frac{U_j-U_{c.5}}{2\alpha/v} \qquad\qquad (7-8)$$

式（7-8）表明，避雷器的保护作用是有一定范围的，变压器到避雷器的最大允许电气距离 l_m 与变压器多次截波冲击耐压值 U_j 和避雷器 5kA 下残压的差值（$U_j-U_{c.5}$）有关，（$U_j-U_{c.5}$）值愈大，则 l_m 愈大。不同电压等级变压器的多次截波冲击耐压 U_j 和避雷器 5kA 下残压 $U_{c.5}$ 见表 7-3。从表可知，U_j 比普通型避雷器残压 $U_{c.5}$ 高出 40％左右，比磁吹型残压高出约 80％左右。因此，变电所中若使用磁吹避雷器，则变压器到避雷器的最大允许电压距离 l_m 将比使用普通型时为大。

式（7-8）又表明，最大允许电气距离 l_m 与侵入波陡度 α 密切相关，α 愈大，则 l_m 愈小；α 愈小，则 l_m 愈大。

表 7-3　　　　　　　　变压器多次截波耐压值 U_j 与避雷器残压 $U_{c.5}$ 的比较

额定电压（kV）	变压器三次截波耐压（kV）	变压器多次截波耐压（kV）	FZ 避雷器 5kA 残压	FCZ 避雷器 5kA 残压（kV）	变压器多次截波耐压与避雷器残压的比	
					FZ	FCZ
35	225	196	134	108	1.46	1.81
110	550	478	332	260	1.44	1.83
220	1090	949	664	515	1.43	1.85
330	1130	1130		820		1.38

图 7-10 和图 7-11 是对装设普通型阀式避雷器的 35～330kV 变电所典型接线通过模拟试验求得的变压器到避雷器的最大允许电气距离 l_m 与侵入波陡度 α 的关系曲线。变电所内

其他设备的冲击耐压值比变压器高，它们距避雷器的最大允许电气距离可比图 7-10 和图 7-11 相应增加 35%。

对于多路出线的变电所，其最大允许电气距离 l_m 可比单路出线时为大，我国有关标准建议，三路进线变电所的 l_m 可按图 7-11 增大 20%，四路及以上进线可增大 35%。

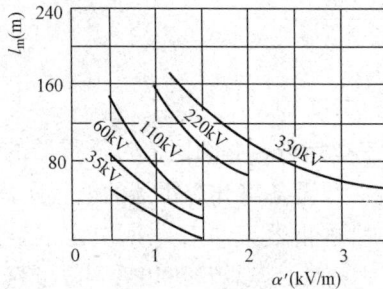

图 7-10　一路进线的变电所中，避雷器
与变压器的最大电气距离与入侵波
计算陡度的关系曲线

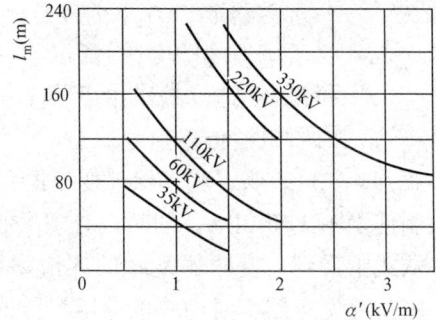

图 7-11　二路进线的变电所中，
避雷器与变压器的最大电气距离
与入侵波计算陡度的关系曲线

对一般变电所的侵入雷电波防护设计主要是选择避雷器的安装位置，其原则是在任何可能的运行方式下，变电所的变压器和各设备距避雷器的电气距离皆应小于最大允许电气距离 l_m。一般说来，避雷器安装在母线上，若一组避雷器不能满足要求，则应考虑增设。

第三节　变电所的进线段保护

一、变电所的进线段保护作用

第二节通过阀式避雷器的保护作用分析知道，要使避雷器能可靠地保护电气设备，必须设法使避雷器电流幅值不超过 5kA（在 330~500kV 级为 10kA），而且必须保证来波陡度 α 不超过一定的允许值。但对 35~110kV 无避雷线线路来说，如果当雷直击于变电所附近的导线时，流过避雷线的电流显然可能超过 5kA，而且陡度也会超过允许值。因此，必须在靠近变电所的一段进线上采取可靠的防直击雷保护措施，进线段保护是对雷电侵入波保护的一个重要辅助手段。

进线段保护是指在临近变电所 1~2km 的一段线路上加强防雷保护措施。当线路全线无避雷线时，此段必须架设避雷线；当线路全线有避雷线时，应使此段线路具有较高耐雷水平，减小该段线路内由于绕击和反击所形成侵入波的概率。这样，就可以认为侵入变电所的雷电波主要是来自"进线"保护段之外，使它经过这段距离后才能达到变电所。在这一过程中由于进线波阻抗的作用减小了通过避雷器的雷电流，同时由于导线冲击电晕的影响削弱了侵入波的陡度。

二、雷电侵入波经进线段后的电流和陡度的计算

采取进线段保护以后，能否满足规程规定的雷电流幅值和陡度的要求，让我们在最不利的情况下计算雷电流 i_b 和陡度 α。

1. 进线段首端落雷，流经避雷器电流的计算

最不利的情况是进线段首端落雷，由于受线路绝缘放电电压的限制，雷电侵入波的最大

幅值为线路绝缘 50％冲击闪络电压 $U_{50\%}$；行波在 1～2km 的进线段来回一次的时间需要 $\frac{2l}{v}=\frac{2（1000\sim2000）}{300}=6.7\sim13.7\mu s$，侵入波的波头又甚短，故避雷器动作后产生的负电压波折回雷击点在雷击点产生的反射波到达避雷器前，流经避雷器的雷电流已过峰值，因此可以不计这反射波及其以后过程的影响，只按照原侵入波进行分析计算。

根据图 7-12（a）画出彼德逊等值电路图 7-12（b），而有

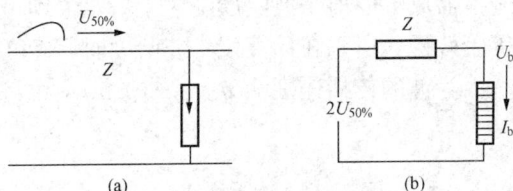

图 7-12　进线段限制通过避雷器电流的原理接线与等值电路

（a）原理接线图；（b）等值电路

$$2U_{50\%}=i_bZ+u_b \atop u_b=f（i_b）} \tag{7-9}$$

式中　　Z——导线波阻抗；

$u_b=f(i_b)$——避雷器阀片的非线性伏安特性。

参阅图 7-12，可用图解法解出通过避雷器的最大电流 i_b。例如，220kV 线路绝缘强度 $U_{50\%}=1200$kV，导线波阻抗 $Z=400\Omega$，采用 FZ-220J 型避雷器，算出通过避雷器的最大雷电流不超过 4.5kA。这也就是避雷器电气特性中一般给出 5kA 下的残压值作为标准的理由。不同电压等级的 i_b 见表 7-4。

表 7-4　　　　进线段外落雷，流经单路进线变电所避雷器雷电流最大值的计算值

额定电压（kV）	避雷器型号	线路绝缘的 $U_{50\%}$（kV）	i_b（kA）
35	FZ-35	350	1.4
110	FZ-110	700	2.6
220	FZ-220	1200～1400	4.35～5.5
330	FCZ-330	1645	7

从表可知，1～2km 长的进线段已能够满足限制避雷器中雷电流不超过 5kA（或 10kA）的要求。

2. 进入变电所的雷电波陡度 α 的计算

可以认为，在最不利的情况下，出现在进线段首端的雷电侵入波的最大幅值为线路绝缘的 50％冲击闪络电压 $U_{50\%}$且具有直角波头。$U_{50\%}$已大大超过导线的临界电晕电压，因此在侵入波作用下，导线将发生冲击电晕，于是直角波头的雷电波自进线段首端向变电所传播的过程中，波形将发生变形、波头变缓。根据式（4-50）可求得进入变电所雷电波的陡度 α（kV/μs）为

$$\alpha=\frac{u}{\Delta\tau}=\frac{u}{l\left(0.5+\dfrac{0.008u}{h_d}\right)} \tag{7-10}$$

式中　　h_d——进线段导线悬挂平均高度，m；

　　　　l——进线段长度，km；

　　　　u——避雷器的冲击放电电压或残压。

虽然来波幅值由线路绝缘的 $U_{50\%}$ 决定，但由于变电所内装有阀式避雷器，只要求在避雷器放电以前来波陡度不大于一定值即可，而在避雷器放电后，电压已基本上不变，其值等于残压，所以在计算侵入波陡度时，u 值取为避雷器的冲击放电电压或残压。

因为波的传播速度为 $v = 3 \times 10^8 \, \text{m/s}$，可用式（7-10）的陡度化为 kV/m 单位

$$\alpha' = \frac{\alpha}{v} = \frac{\alpha}{300} \tag{7-11}$$

表 7-5 列出了用式（7-10）和式（7-11）计算出的不同电压等级变电所雷电侵入波计算用陡度 α' 值。由该表按已知的进线段长度求出 α' 值，就可根据图 7-10 和图 7-11 求得变压器或其他设备到避雷器的最大允许电气距离 l_m。

表 7-5   变电所侵入波计算用陡度

额 定 电 压（kV）	侵入波计算陡度（kV/m）	
	1km 进线段	2km 进线段或全线有避雷线
35	1.0	0.5
110	1.5	0.75
220	—	1.2
330	—	2.2

三、35kV 及以上变电所的进线段保护

对于 35～110kV 无避雷线的线路，则雷直击于变电所附近线路上时，流经避雷线的雷电流可能超过 5kA，而且陡度 α 也可能超过允许值。因此对 35～110kV 无避雷线的线路，在靠近变电所的一段进线上必须架设避雷线，其长度一般取为 1～2km，如图 7-13 所示。

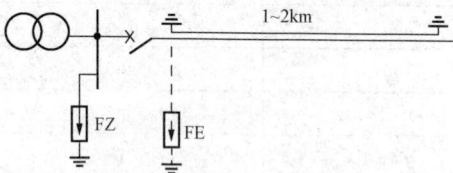

图 7-13 未沿全线架设避雷线的 35～110kV线路的变电所的进线保护接线

进线段应具有较高的耐雷性能，我国有关标准规定不同电压等级进线段的耐雷水平见表 7-6，避雷线的保护角应为 20°左右，以尽量减少绕击机会。对于全线有避雷线的线路，我们也将变电所附近 2km 长的一段进线列为进线保护段，此段的耐雷水平及保护角也应符合上述规定。

这样，在进线段内雷绕击或反击而产生雷电侵入波的机会是非常小的，在进线段以外落雷时，则由于进线段导线本身阻抗的作用使流经避雷器的雷电流小于 5kA，同时在进线段内导线上冲击电晕的影响将使侵入波陡度和幅值下降。

表 7-6   进线段的耐雷水平

额定电压（kV）	35	60	110	220	330
耐雷水平（kA）	30	60	75	120	140

在图 7-13 的标准进线段保护方式中，安装了排气式避雷器 FE。这是因为线路断路器隔离开关在雷季可能经常开断而线路侧又带有工频电压（热备用状态），沿线袭来的雷电波（其幅值为 $U_{50\%}$）在此处碰到了开路的末端，于是电压可上升到 $2U_{50\%}$，这时可能使开关绝缘对地放电并引起工频短路，将断路器或隔离开关的绝缘支座烧毁，为此在靠近隔离开关或断路器处装设一组排气式避雷器 FE。在断路器闭合运行时雷电侵入波不应使 FE 动作，也即此时 FE 应在变电所阀式避雷器保护范围之内。如 FE 在断路器闭合运行时侵入波使之放

电，则将造成截波，可能危及变压器纵绝缘与相间绝缘。若缺乏适当参数的排气式避雷器，则 FE 可用阀式避雷器代替。

四、35kV 小容量变电所的简化进线保护

对 35kV 的小容量变电所，可根据变电所的重要性和雷电活动强度等情况来采取简化的进线保护。35kV 小容量变电所范围小，避雷器距变压器的距离一般在 10m 以内，这样，在变压器多次截波冲击耐压值 U_j 和避雷器 5kA 残压 $U_{c.5}$ 不变的情况下，侵入波陡度 α 允许增加，故进线长度可以缩短到 $500 \sim 600m$，为了限制流入变电所阀式避雷器的雷电流，在进线首端可装设一组排气式避雷器或保护间隙，如图 7-14 所示。

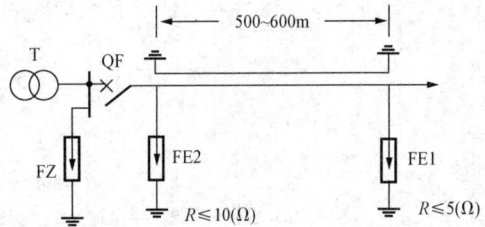

图 7-14　35kV 小容量变电所的
简化进线保护

第四节　变压器防雷保护的几个具体问题

一、三绕组变压器的防雷保护

在第四章第七节中讨论了冲击电压绕组间的传递问题，就双绕组变压器而言，当变压器高压侧有雷电波侵入时，通过绕组间的静电和电磁耦合，会使低压侧出现过电压。但实际上，双绕组变压器在正常运行时，高压与低压侧断路器都是闭合的，两侧都有避雷器保护，所以一侧来波，传递到另一侧去的电压不会对绕组造成损害。

三绕组变压器在正常运行时，可能出现只有高、中压绕组工作而低压绕组开路的情况。这时，当高压或中压侧有雷电波作用时，因处于开路状态的低压绕组侧对地电容较小，低压绕组上的静电感应分量可达很高的数值以至危及低压绕组的绝缘。由于静电分量使低压绕组三相电压同时升高，因此为了限制这种过电压，在低压绕组三相出线上加装阀式避雷器。变压器低压绕组当接有 25m 以上金属外皮电缆时，因对地电容增大，足以限制静电感应分量，可不必再装避雷器。

三绕组变压器的中压绕组虽然也有开路运行的可能性，但其绝缘水平较高，一般可以不必装设上述限制静电耦合电压的避雷器。

二、自耦变压器的防雷保护

自耦变压器除有高、中压自耦绕组之外，还有三角形接线的低压非自耦绕组，以减小系统的零序阻抗和改善电压波形。在该低压非自耦绕组上，为限制静电感应电压需在三相出线上装设阀式避雷器。此外，根据自耦变压器的运行方式，会在高、中压侧产生过电压。下面我们依据它的运行方式，来分析过电压产生情况以及保护措施。

1. 高、低压绕组运行，中压开路

图 7-15 (a) 画出了自耦变压器自耦绕组的线路图，A 为高压端，A′为中压端，设它们的变比为 K。当幅值为 U_0 的侵入波加在高压端 A 时，绕组中的电位的起始与稳态分布以及最大电位包络线都和中性点接地的绕组相同，如图 7-15 (b) 所示。在开路的中压端子 A′上出现的最大电压约为高压侧电压 U_0 的 $2/K$ 倍，这可能使处于开路状态的中压端套管闪络，因此在中压侧与断路器之间应装设一组避雷器，如图 7-15 (c) 中 FZ2，以便当中压侧

断路器开路时保护中压侧绝缘。

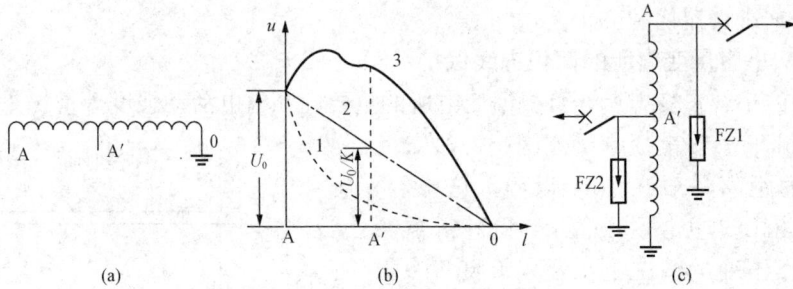

图 7-15 　自耦变压器防雷保护分析之一
(a) 自耦变压器线路图；(b) 电压分布图；(c) 安装避雷器的自耦变压器

2. 中、低压绕组运行，高压开路

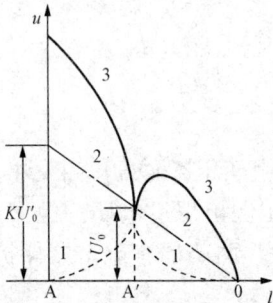

当高压侧开路中压侧端上出现幅值为 U_0' 的侵入波时，绕组中电位的起始分布、稳态分布如图 7-16 所示。由 A′ 到 0 这段绕组的电位分布与末端接地的变压器绕组相同。由 A′ 到 A 端绕组的电位稳态分布是由与 A′0 段稳态分布相应的电磁感应所形成，高压端稳态电压为 KU_0'。由 A′ 到 A 端绕组的电位起始分布与末端开路的变压器绕组相同。在振荡过程中 A 点的电位最高可能达到 $2KU_0'$，这将危及处于开路状态的高压端绝缘。因此在高压端与断路器之间也必须装一组避雷器，如图 7-15 (c) 中 FZ1。

图 7-16 　自耦变压器防雷
保护分析之二

三、变压器中性点保护

(一) 中性点绝缘水平

中性点绝缘水平可分为全绝缘和分级绝缘两种。凡中性点绝缘与相线端的绝缘水平相等，称为全绝缘。一般在 60kV 及以下的电力变压器中性点是全绝缘的。如果中性点绝缘低于相线端绝缘水平，称为分级绝缘。一般在 110kV 及以上时，大多中性点是分级绝缘的。

(二) 不同电压等级的中性点保护

1. 60kV 及以下的电网中的变压器

我国 60kV 及以下的电网，变压器中性点是非直接接地的。这种电网因额定电压较低，所以线路绝缘不高，加上 35kV 及其以下的线路通常又不架避雷线，所以常有沿线路三相来雷电波的机会，据统计，三相来波的机会约占 10%。当三相来波时，波侵入变压器绕组到达非直接接地的中性点，相当于遇到末端开路的情况，冲击电压会上升约一倍，虽然变压器中性点是全绝缘的，也会造成威胁。但运行经验表明，这种电网的雷害故障一般每一百台一年只有 0.38 次，实际上是可以接受的。35～60kV 中性点雷害之所以较少，是由于以下几方面的原因：

(1) 流过避雷器的雷电流小于 5kA，一般只有 1.4～2.0kV，此时避雷器的残压与 $U_{c.5}$ 相比减小了 20% 左右；

(2) 实际上变电所进线不只一条，它是多路进线，一条线路的来波可由其他线路流走一部分电流，这就进一步减少了流经避雷器中的雷电流 i_b；

(3) 大多数来波是以线路远处袭来的，其陡度很小；

（4）变压器绝缘有一定裕度；

（5）避雷器到变压器间的距离实际值比允许值近一些；

（6）三相来波的概率只有 10%，机会不是很多，据统计约 15 年才有一次。

因此我国有关标准规定，36～60kV 变压器中性点一般不需保护。

对于多雷区、单路进线的中性点非直接接地的变电所，宜在中性点上加装避雷器保护。装有消弧线圈的变压器且有单路进线运行的可能时，也应在中性点上加装避雷器，并且非雷季避雷器也不准退出运行，以限制消弧线圈的磁能可能引起的操作过电压。避雷器可任选金属氧化物避雷器或阀式避雷器。

2. 110kV 及以上电网

我国 110kV 以上的电网的中性点一般是直接接地的，但为了继电保护的需要，其中一部分变压器的中性点是不接地的，如中性点采用分级绝缘且未装设保护间隙，应在中性点加装避雷器，且宜选变压器中性点金属氧化物避雷器。如果变压器的中性点是全绝缘的，但变电所为单进线且为单台变压器运行，也应在中性点加装避雷器。这些保护装置应同时满足下列条件：

（1）其冲击放电电压应低于中性点冲击绝缘水平；

（2）避雷器的灭弧电压应大于因电网一相接地而引起的中性点电位升高的稳态值 U_0，以免避雷器爆炸；

（3）保护间隙的放电电压应大于电网一相接地而引起的中性点电位升高的暂态最大值 U_{0m}，以免继电保护不能正确动作。

对 110kV 变压器中性点绝缘 35kV 来说，如选用 FZ-35 型或 FCZ-35 型，则其灭弧电压低于电网单相接地时中性点的电位升高稳态值，因此一般不可采用，应考虑选用 FZ-40 型避雷器。

第五节　旋转电机的防雷保护

一、旋转电机的防雷保护特点

这里讲的旋转电机防雷保护是指直配电机的防雷保护。所谓直配电机，就是指与架空线路直接相连的旋转电机（包括发电机、调相机、大型电动机等）。这些旋转电机是电力系统中重要而且昂贵的设备，由于它们与架空线直接相连，线路上的雷电波可直接侵入电机，故其防雷保护显得特别突出。如若这些重要设备遭受雷害，损失重大，且影响面广，因此要求其保护特别可靠。它的防雷保护具有以下几个特点：

（1）由于结构和工艺上的特点，在相同电压等级的电气设备中，它的绝缘水平是最低的。因为旋转电机不能像变压器等静止设备那样可以利用液体和固体的联合绝缘，而只能依靠固体介质绝缘。在制造过程中可能产生气隙和受到损伤，绝缘质量不均匀，容易发生局部游离而使绝缘逐渐损坏。试验证明，电机主绝缘的冲击系数接近于 1。旋转电机主绝缘的出厂冲击耐压值与变压器冲击耐压值见表 7-7。

从表 7-7 可知，旋转电机出厂冲击耐压值仅为变压器的 1/2.5～1/4 倍左右。

（2）电机在运行中受到发热、机械振动、臭氧、潮湿等因素的作用使绝缘容易老化。电机绝缘损坏的累积效应也比较强，特别在槽口部分，电场极不均匀，在过电压作用下容易受伤，日积月累就可能使绝缘击穿，因此，运行中电机主绝缘的实际冲击耐压将较表 7-7 中所列数值为低。

表 7-7　　　　　　　　　　　**电机和变压器的冲击耐压值**

电机额定电压（kV，有效值）	电机出厂工频耐压（kV，有效值）	电机出厂冲击耐压（kV，幅值）	同级变压器出厂冲击耐压（kV，幅值）	FCD 型磁吹避雷器 3kA 下残压（kV，幅值）
10.5	$2U_N+3$	34	80	31
13.8	$2U_N+3$	43.3	108	40
15.75	$2U_N+3$	48.8	108	45

（3）保护旋转电机用的磁吹避雷器（FCD 型）的保护性能与电机绝缘水平的配合裕度很小，从表 7-7 可知，电机出厂冲击耐压值只比磁吹避雷器残压高 8%～10% 左右。

（4）由于电机绕组的匝间电容 K 很小，所以当冲击波作用时可以把电机绕组看成是具有一定波阻和波速的导线，波沿电机绕组前进一匝后，匝间所受电压正比于侵入波陡度 α，要使该电压低于电机绕组的匝间耐压，必须把来波陡度限制得很低，试验结果表明，为了保护匝间绝缘必须将侵入波陡度 α 限制在 5kV/μs 以下。

（5）电机绕组中性点一般是不接地的，三相进波时在直角波头情况下，中性点电压可达进波电压的两倍，因此，必须对中性点采取保护措施。试验证明，侵入波陡度降低时，中性点过电压也随之减小，当侵入波陡度至 2kV/μs 以下时，中性点过电压不超过进波的过电压。表 7-8 列出了保护旋转电机中性点的避雷器。

表 7-8　　　　　　　　　　　**保护旋转电机中性点的避雷器**

电机额定电压（kV）	3	6	10	13.8	15.75
中性点避雷器型式	FCD-2 FZ-2	FCD-4 FZ-4	FCD-10 FZ-6	FCD-10	FCD-10

由上面分析知，直配电机的防雷保护包括主绝缘、匝间绝缘和中性点绝缘。

二、直配电机的防雷措施

根据旋转电机防雷保护特点知道，要保护主绝缘、匝间绝缘和中性点绝缘，仅依靠磁吹避雷器不行，从表 7-7 中看到电机厂出厂冲击耐压仅稍高于相应等级的 FCD 型磁吹避雷器的 3kA 时残压 $U_{c.3}$，因此还需与其他措施配合起来保护，才能降低侵入波陡度并限制流过 FCD 的雷电流不超过 3kA。

作用在直配电机上的大气过电压有两类，一类是与电机相连的架空线路上的感应雷过电压；另一类是由雷电直击于与电机相连的架空线路而引起的。其中感应雷过电压出现的机会较多，因此可以增加导线对地电容以降低感应过电压。直配电机的防雷保护元件主要有：避雷器、电容器、电缆段和电抗器等。采取这些综合保护措施就可以限制流经 FCD 型避雷器中的雷电流小于 3kA；可以限制侵入波陡度 α 和降低感应过电压。下面我们分别叙述这些保护元件的作用原理。

1. 避雷器保护

它主要功能是降低侵入波幅值。正如表 7-7 中所指出，出厂时的电机冲击耐压仅稍高于相应电压等级的 FCD 型磁吹避雷器的 3kA 时残压 $U_{c.3}$，所以，一般不用普通阀式避雷器（它的残压比磁吹型高）而采用 FCD 型磁吹避雷器。但由于磁吹避雷器的残压是在雷电流为 3kA 下的残压，所以还需配合进线保护措施（见电缆段保护）以限制流经 FCD 型避雷器中的雷电流使之小于 3kA。

2. 电容器保护

它主要功能是限制侵入波陡度 α 和降低感应雷过电压。限制 α 的主要目的是保护匝间绝缘和中性点绝缘。通常采用在发电机母线上装设电容器的办法来降低侵入波陡度，如图 7-17 所示。若侵入波为幅值 U_0 的直角波，则发电机母线上电压（即电容 C 上电压 U_c）可按图 7-17（b）的等值电路计算，计算结果表明，每相电容为 $0.25 \sim 0.5 \mu F$ 时，能够满足 $\alpha < 2kV/\mu s$ 的要求。同时也能满足限制感应过电压使之低于电机冲击耐压强度的要求。

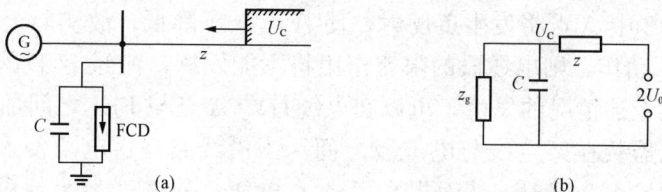

图 7-17 电机母线上装设电容以限制来波陡度
（a）原理接线图；（b）等值电路
z_g—发电机波阻

3. 电缆段保护（进线段保护）

它主要功能是限制流经 FCD 型避雷器中的雷电流使之小于 3kA。可采用电缆与排气式避雷器联合作用的典型进线保护段，如图 7-18 所示。雷电波侵入时，排气式避雷器 FE1 动作，电缆芯线与外皮经 FE1 短接在一起，雷电流流过 FE1 和接地电阻 R_1 所形成的电压 iR_1 同时作用在外皮与芯线上，沿着外皮将有电流 i_2 流向电机侧，于是在电缆外皮本身的电感 L_2 上将出现压降 $L_2 \dfrac{di_2}{dt}$，此压降是由环绕外皮的磁力线变化所造成的，这些磁力线也必然全部与芯线相匝链，结果在芯线上也感应出一个大小相等其值为 $L_2 \dfrac{di_2}{dt}$ 的反电动势来，此电动势阻止雷电流从 A 点沿芯线向电机侧流动，也即限制了流经 FCD 的雷电流，如果 $L_2 \dfrac{di_2}{dt}$ 与 iR，完全相等，则在芯线

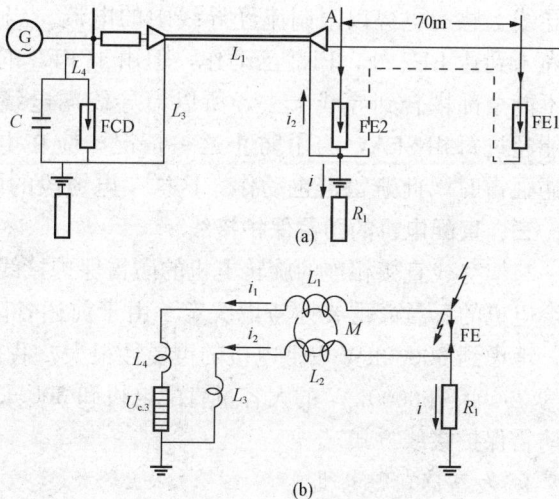

图 7-18 有电缆段的进线保护接线
（a）原理接线；（b）等值计算电路
L_1—电缆芯线的自感；L_2—电缆外皮的自感；
L_3—电缆末端外皮接地线的自感；
L_4—电缆末端至发电机之间连接线的电感；
M—电缆外皮与芯线间的互感；
$U_{c.3}$—FCD 磁吹避雷器 3kA 下的残压；
R_1—电缆首端 FE1 的接地电阻
注：以上皆为三相进波时的参数。

中就不会有电流流过，但因电缆外皮末端的接地引下线总有电感 L_3 存在（假定电厂接地网的接地电阻很小，可忽略），则 iR_1 与 $L_2\dfrac{\mathrm{d}i_2}{\mathrm{d}t}$ 之间就有差值，差值愈大则流经芯线的电流就愈大。

根据图 7-18（b）的等电路图，经计算表明，当电缆长度为 100m，电缆末端外皮接地引下线到接地网的距离为 12m，R_1 等于 5Ω，电缆段首端落雷且雷电流幅值为 50kA 时，流经每相 FCD 的雷电流不会超过 3kA，此时保护接线的耐雷水平为 50kA。

4. 电抗器保护

它主要功能是在雷电波侵入时抬高电缆首端冲击电压，从而使排气式避雷器放电。从电缆段保护原理知，它的限流作用完全依靠 FE1 动作，但是电缆的波阻远比架空线为小，侵入波到达图 7-18 中 A 点将发生负反射，使 A 点电压降低，故实际上 FE1 的动作是有困难的。若 FE1 不动作，则电缆段的限流作用将不能发挥，流经 FCD 的电流就有可能超过 3kA，为了避免上述情况的发生，可以在电缆首端 A 点与 FE1 之间加装一 $100\sim300\mu s$ 的电感，由于电抗器装在架空线与电缆段之间，当沿线路有雷电波侵入时，由于电感 L 的作用，使雷电波发生全反射，从而提高了 A 点电压，使 FE1 容易放电。此外也可以将 FE1 沿架空线前移 70m，如图 7-18（a）虚线中 FE2 所示，前移 70m 的架空线的作用与在 A 点加装一 $100\sim300\mu H$ 的电感可获相同效果。FE2 的接地端应通过电缆首端外皮的接地装置接地，其连接线悬挂在杆塔导线下面 $2\sim3m$，其目的是增加两线间的耦合，增加导线上感应电势以限制流经导线中的电流。当雷电波侵入时，电缆首端 A 点的负反射波尚未到达 FE2 处，FE2 已动作，但由于 FE2 的接地端到电缆首端外皮的连接线上的压降不能全部耦合到导线上去，所以沿导线向电缆芯线流动的电流就会增大，遇到强雷时可能超过每相 3kA，为了防止这一情况，应在电缆首端 A 点再加装一组排气式避雷器，当遇强雷时，此避雷器也动作，这样，电缆段的限流作用就可以充分发挥了。

三、直配电机的防雷保护接线

与架空线直接相连的旋转电机的防雷保护接线方式，可利用前面所讲述的保护措施，也结合电机的容量或重要性考虑决定。由于前述各防雷元件对电机的保护还不能认为完全可靠，考虑到 60000kW 以上电机的重要性很大，我国禁止直配这种电机。下面我们以单机容量为 $25000\sim60000kW$ 的大容量直配电机和 6000kW 以下的小容量直配电机为例，介绍它们的防雷保护接线方式。

1. 大容量直配电机

对于大容量（$25000\sim60000kW$）直配电机的典型防雷保护接线如图 7-19 所示。图中 L 为限制工频短路电流用电抗器，非为防雷专设；L 前加设一组 FS 型避雷器以保护电抗器和电缆终端。由于 L 的存在，侵入波到达 L 处将发生反射使电压提高，FS 动作使流经 FCD 的电流得到进一步限制，为了保护中性点绝缘，除了限制侵入波陡度 α 不超过 $2kV/\mu s$ 外，尚需在中性点加装避雷器，考虑到电机在受雷击同时可能有单相接地存在，中性点将出现相电压，故中性点避雷器的灭弧电压应大于相电压，可按表 7-8 选定。若电机中性点不能引出，则需将每相电容增大至 $1.5\sim2\mu F$，以进一步降低侵入波陡度确保中性点绝缘。若无合适的排气式避雷器，可用阀式避雷器 FS1 和 FS2 代替，见图 7-19（b），因为阀式避雷器放电后有一定的残压，此时电缆段的限流作用大为降低，所以要将 FS2 前移到离电缆首端约

150m 处，并将这 150m 架空线用避雷线保护之，每根杆的接地电阻 R 应小于或等于 3Ω，避雷线的保护角应不大于 $30°$，并最好将电抗器前面和中性点的避雷器均改为 FCD 型磁吹避雷器。

2. 小容量直配电机

容量较小（6000kW 以下）或少雷区的直配电机可不用电缆进线段，其保护接线如图 7-20（a）所示，在进线保护段长度 l_b 内应装设避雷针或避雷线。侵入波在 FE2 动作形成图 7-20（b）的等值电路，流经 FCD 的雷电流与 FE2 的接地电阻 R 有关，R 愈小，则流经 FCD 的雷电流愈小，因此规程建议：

对 3、6kV 线路

$$\frac{l_b}{R} \geqslant 200$$

对 10kV 线路

$$\frac{l_b}{R} \geqslant 150$$

一般进线长度 l_b 可取为 $450\sim600$m，若 FE2 的接地电阻达不到上两式的要求，可在 $l_b/2$ 处再装设一组排气式避雷器 FE1，见图 7-20（a）中虚线所示。图中 FS 是用来保护开路状态的断路器和隔离开关的。

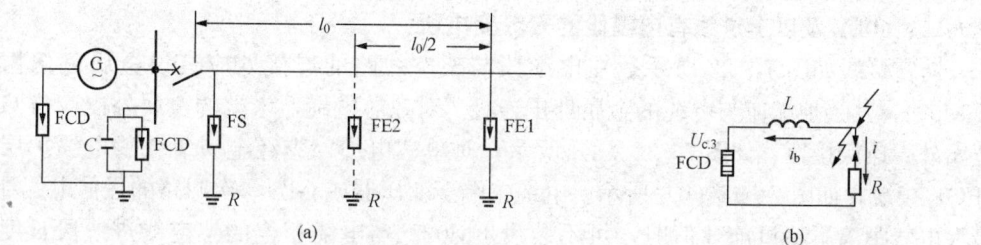

图 7-19　25000～60000kW 直配电机的保护接线
（a）使用排气式避雷器 FE；（b）使用 FS 型避雷器

图 7-20　1500～6000kW 以下直配电机和少雷区 60000kW 以下直配电机的保护接线图
（a）原理接线；（b）等值计算电路

四、非直配电机的保护

根据我国运行经验，在一般情况下，无架空直配线的电机不需要装设电容器和避雷器。在多雷区，特别重要的发电机，则宜在发电机出线上装设一组 FCD 型避雷器，如变压器侧装设 FCZ 型磁吹避雷器，对电机侧是否要装设避雷器，可视具体情况而定。

若发电机与变压器间有长于 50m 的架空母线或软连线时，对此段母线除应对直击雷保护外，还应防止雷击附近而产生的感应过电压，此时应在电机每相出线上架装不小于 $0.15\mu F$ 的电容器或磁吹避雷器。

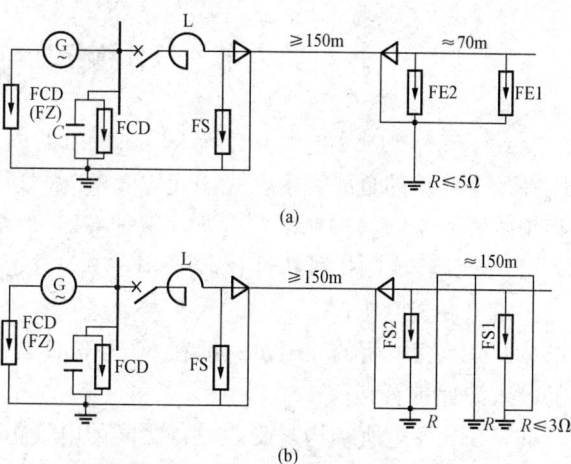

第六节　气体绝缘变电所的防雷保护

全封闭气体绝缘变电所（GIS）是除变压器以外的整个变电所的高压电力设备及母线，封闭在一个接地的金属壳内，壳内充以 3～4 大气压 SF_6 气体作为相间和对地的绝缘，它是近年来发展起来的一种新型变电所。这种 GIS 变电所防雷保护的特点是：

（1）GIS 绝缘的伏秒特性比较平坦，其冲击系数约为 1.2～1.3，因此其绝缘水平主要决定于雷电冲击电压；

（2）GIS 变电所的波阻抗一般在 60～100Ω 之间，远比架空线路的波阻抗低，这对变电所的侵入波保护有利；

（3）GIS 变电所结构紧凑，设备之间的电气距离小，避雷器离被保护设备较近，防雷保护措施比一般变电所容易实现；

（4）GIS 绝缘完全不允许电晕，一旦发生电晕，将立即击穿，而且无自恢复能力，致命的绝缘损伤可能导致整个 GIS 系统的损坏。

因此要求防雷保护应有较高的可靠性，在设备绝缘配合上留有足够的裕度。

一、60kV 及以上进线无电缆的 GIS 变电所

防雷保护接线如图 7 - 21 所示，在 GIS 管道与架空线路的连接处，应装设金属氧化物避雷器（FM01），其接地端应与管道金属外壳相连。如变压器或 GIS 一次回路的任何电气部分至 FM01 间的最大电气距离在 60kV 时不大于 50m，在 110～220kV 时不大于 130m，则图 7 - 21 中可不装 FM02。与 GIS 管道相连的架空线段长度应不小于 2km，且应符合进线段保护要求。

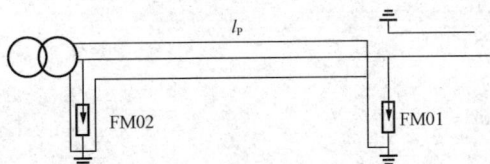

图 7 - 21　无电缆段进线的 GIS 变电所保护接线

二、60kV 及以上进线有电缆段的 GIS 变电所

防雷接线如图 7 - 22 所示，在电缆段与架空线路的连接处应装设金属氧化物避雷器（FM01），其接地端应与电缆的金属外皮连接。对三芯电缆，末端的金属外皮应与 GIS 管道金属外壳连接接地，如图 7 - 22（a）所示；对单芯电缆，应经金属氧化物电缆护层保护器（FC）接地，如图 7 - 22（b）所示。电缆末端至变压器或 GIS 一次回路的任何电气部分间的最大电气距离不超过前述值时，可不装设 FM02。与电缆相连的架空线进线段长度不小于 2km，且应符合进线段保护要求。

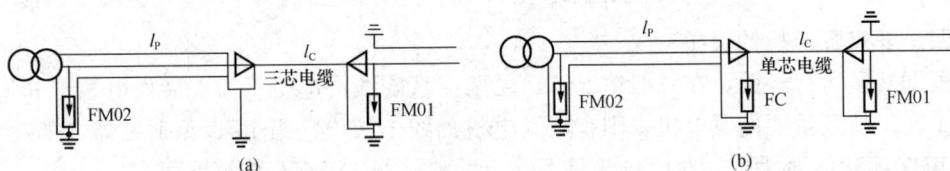

图 7 - 22　有电缆段进线的 GIS 变电所保护接线
（a）三芯电缆段进线的 GIS 变电所保护接线；（b）单芯电缆段进线的 GIS 变电所保护接线

习　　题

7-1　变电所的直击雷防护需要考虑什么问题？为防止反击应采取什么措施？

7-2　阀式避雷器与被保护设备间的电气距离对其保护作用有什么影响？

7-3　一般采取什么措施来限制流经避雷器的雷电流使之不超过 5kV，若超过则可能出现什么后果？

7-4　试说明变电所进线保护段的作用及对它的要求。

7-5　试述变电所进线保护段的标准接线中各元件的作用。

7-6　试说明直配电机防雷保护的基本措施及其原理，以及电缆段对防雷保护的作用。

7-7　某变电所主接线如图 7-23 所示。

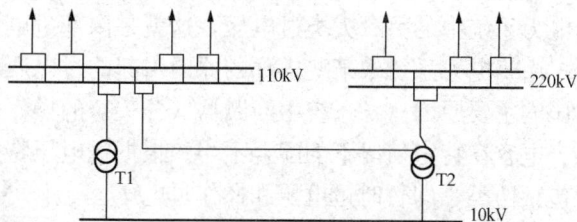

图 7-23　某变电所主接线图

T1—1 号主变压器型号为 SFPL—125000 型；

T1—2 号主变压器型号为 SFPSL—120000/120000/30000 型

110kV 有四路出线，有可能出现两路运行方式；220kV 有三路出线，有可能出现一路运行的方式，2 号主变压器有可能出现高低压绕组运行，中压侧开路和中低压绕组运行，高压侧开路的运行方式。

变电所中 110kV 侧只允许有一个中性点接地点，1 号主变压器为中性点分级绝缘变压器，其中性点绝缘水平为 35kV 级。

110kV 和 220kV 出线全线装有架空地线。

试作出该变电所 110kV 和 220kV 侧的防雷保护方案并作图；求出 110kV 和 220kV 避雷器离主变压器及各电气设备的最大允许电气距离。

第八章　电力系统的工频过电压

第一节　内过电压和工频过电压概况

上面几章分析讨论了由于大气中雷电引起的雷电过电压及其保护措施。从本章开始将讨论电力系统中的另一大类过电压，这就是内部过电压，简称内过电压。

由于电力系统中某些内部的原因引起的过电压称为内过电压。引起电力系统中出现内过电压的主要原因有：系统中断路器（开关）的操作、系统中的故障（如接地）以及系统中电感、电容在特定情况下的配合不当。根据过电压特点和产生原因的不同，电力系统的内过电压包括两类，即暂时过电压和操作过电压。

操作过电压是在电网从一种稳态向另一新稳态的过渡过程中产生的，其持续时间较短，而暂时过电压基本上与电路稳态相联系，其持续时间较长。

暂时过电压包括工频过电压和谐振过电压。

由于电力系统中存在储能元件的电感和电容，所以出现内过电压的实质是电力系统内部电感磁场能量与电容电场能量的振荡、互换与重新分布，在此过程中系统中出现高于系统正常运行条件下最高电压的各种内过电压。既然内过电压的能量来源于电网本身，所以它的幅值与电网的工频电压大致上有一定的倍数关系。一般将内过电压的幅值 U_m 表示成系统的最高运行相电压幅值（标幺值 p.u.）的倍数，即 $U_m = K$ p.u.。

习惯上就用此过电压倍数来表示内过电压的大小。例：某空载线路合闸过电压为 1.9 倍。这就表明合闸过电压的幅值为 $U_m = 1.9$ p.u.。

K 值与系统电网结构、系统运行方式、操作方式、系统容量的大小、系统参数、中性点运行方式、断路器性能、故障性质等诸多因素有关，并具有明显的统计性。我国电力系统绝缘配合要求内过电压倍数不大于表 8-1 所示数值。

表 8-1　　　　　　　　　　要求限制的内过电压倍数

系统电压等级（kV）	500	330	110～220	60 及以下
内过电压倍数 K	2.4	2.75	3	4

在正常或故障时，电力系统中所出现的幅值超过最大工作相电压、频率为工频（50Hz）的过电压称为工频过电压，也称工频电压升高，因为此类过电压表现为工频电压下的幅值升高。

工频过电压就其本身过电压倍数的大小来讲，对系统中正常绝缘的电气设备一般是不构成危险的，但是考虑到下列情况，对工频过电压须予以重视。

（1）工频电压升高的大小将直接影响操作过电压的实际幅值。伴随工频电压升高，若同时出现操作过电压，那么操作过电压的高频分量将叠加在升高的工频电压之上，从而使操作过电压的幅值达到很高的数值。

（2）工频电压升高的大小影响保护电器的工作条件和保护效果。例如避雷器的最大允许工作电压就是由避雷器安装处工频过电压值的大小来决定的，如工频过电压较高，那么避雷器的最大允许电压也要提高，这样避雷器的冲击放电电压和残压也将提高，相应被保护设备的绝缘水平亦要随之提高。

（3）工频电压升高持续时间长（甚至可持续存在），对设备绝缘及其运行性能有重大影响。例如引起油纸绝缘内部游离，污秽绝缘子闪络、铁芯过热、电晕等。

在各电压等级系统中工频过电压都存在，也都会带来上述三个影响作用，但是对于超高压系统，工频过电压显得尤为重要，这是因为在超高压系统中：目前在限制与降低雷电和操作过电压方面有了较好的措施；输电线路较长，工频电压升高相对比较高。因而持续时间较长的工频电压升高对于决定超高压系统电气设备的绝缘水平将起愈来愈大的作用。

常见的几种工频过电压为：空载线路电容效应引起的工频电压升高；不对称短路时，在正常相上的工频电压升高；甩负荷引起的工频电压升高。

上述第二种工频过电压已在《电力系统分析》中有关非全相状态下过电压的章节中作了阐述。而一般发电机都有快速灭磁保护，所以发电机突然甩负荷引起的工频过电压是非主要的工频电压。

第二节　空载线路电容效应引起的工频过电压

输电线路具有分布参数，线路有感性阻抗，还有对地电容。在距离较短的情况下，工程上可用集中参数的感性阻抗 L、r 和电容 C_1、C_2 所组成的 π 型电路来等值，如图 8-1（a）所示。一般线路的容抗远大于线路的感抗，故在线路末端空载（$\dot{I}_2=0$）的情况下，在首端电压 $\dot{U}_1$ 的作用下，回路中流过的电流为电容性电流 $\dot{I}_{C2}$。由于线路感性阻抗中 L 上的电压 $jX_L\dot{I}_{C2}$ 和电容 C_2 上电压

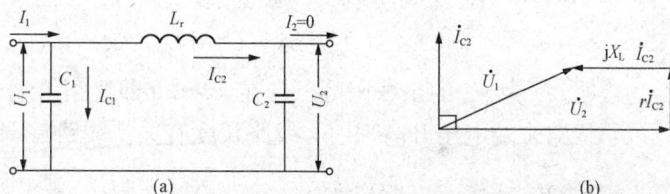

图 8-1　线路集中参数 π 型等值电路及其末端开路时的相量图
(a) 等值电路；(b) 相量图

$\dot{U}_2$ 分别超前和滞后 $\dot{I}_{C2}90°$，r 上压降与 $\dot{I}_{C2}$ 同相，又 $\dot{U}_1=\dot{U}_2+r\dot{I}_{C2}+jX_L\dot{I}_{C2}$，由此可得到如图 8-1（b）所示的相量图。

由图 8-1（b）所示的相量图可以看到：空载线路末端电压值 $\dot{U}_2$ 较线路首端电压值 $\dot{U}_1$ 有较大的升高，这就是空载线路的电容效应（空载线路总体表现为电容性阻抗）所引起的工频电压升高或工频过电压。

对于距离较长的线路，一般需要考虑它的分布参数特性，输电线路就需要采用如图 8-2 所示的 π 型链式电路来等值。图中 L_0、C_0 分别表示线路单位长度的电感和对地电容，X 为线路上某点到线路末端的距离，$\dot{E}$ 为系统电源电压，X_S 为系统电源等值电抗。

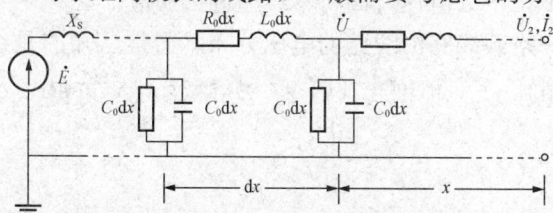

图 8-2　线路分布参数 π 型链式等值电路

根据如图 8-2 所示的分布参数 π 型链式等值电路，我们可以求得线路上距末

端 X 处的电压为

$$\dot{U}_{\mathrm{x}} = \frac{\dot{E}\cos\theta}{\cos(\alpha l + \theta)}\cos\alpha x \tag{8-1}$$

$$\theta = \arctan\frac{X_{\mathrm{S}}}{Z}$$

$$Z = \sqrt{\frac{L_0}{C_0}}$$

$$\alpha = \frac{\omega}{v}$$

式中　$\dot{E}$——系统电源电压；

　　　Z——线路导线波阻抗；

　　　ω——电源角频率；

　　　v——光速。

由式（8-1）可见：

（1）沿线路的工频电压从线路末端开始向首端按余弦规律分布，在线路末端电压最高。线路末端电压 $\dot{U}_2$ 为

$$\dot{U}_2 = \frac{\dot{E}\cos\theta}{\cos(\alpha l + \theta)}\cos\alpha x \bigg|_{x=0} = \frac{\dot{E}\cos\theta}{\cos(\alpha l + \theta)}$$

将此式代入式（8-1）就得

$$\dot{U}_{\mathrm{x}} = \dot{U}_2\cos\alpha x \tag{8-2}$$

这表明 $\dot{U}_{\mathrm{x}}$ 为 αx 的余弦函数，且在 $x=0$（即线路末端）处达到最大。

（2）线路末端电压升高程度与线路长度有关。线路首端电压 U_1 为

$$\dot{U}_1 = \frac{\dot{E}\cos\theta}{\cos(\alpha l + \theta)}\cos\alpha x \bigg|_{x=l} = \frac{\dot{E}\cos\theta}{\cos(\alpha l + \theta)}\cos\alpha l = \dot{U}_2\cos\alpha l$$

$$\frac{\dot{U}_2}{\dot{U}_1} = \frac{1}{\cos\alpha l} \tag{8-3}$$

这表明线路长度 l 越长，线路末端工频电压比首端升高得越厉害。对架空线路，α 约为 $0.06°/\mathrm{km}$，当 $\alpha l = 90°$，即 $l = \dfrac{90°}{0.06°/\mathrm{km}} = 1500\mathrm{km}$，$U_2 = \infty$。此时线路恰好处于谐振状态。实际的情况是，这种电压的升高受到线路电阻和电晕损耗的限制，在任何情况下，工频电压升高将不会超过 2.9 倍。

（3）空载线路沿线路的电压分布。通常已知的是线路首端电压 $\dot{U}_1$。根据式（8-2）及式（8-3）可得

$$\dot{U}_{\mathrm{x}} = \frac{U_1}{\cos\alpha l}\cos\alpha x \tag{8-4}$$

图 8-3　空载线路电压分布

线路上各点电压分布如图 8-3 所示。

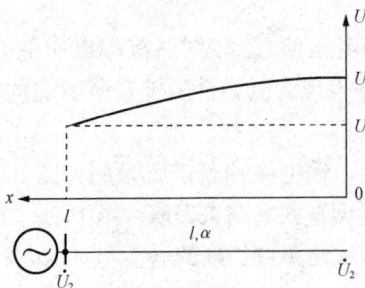

（4）工频电压升高与电源容量有关。将式（8-1）中 $\cos(\alpha l+\theta)$ 展开，并以 $\tan\theta=\dfrac{X_S}{Z}$ 代入

$$\dot{U}_x=\frac{\dot{E}\cos\theta}{\cos\alpha l\cos\theta-\sin\alpha l\sin\theta}\cos\alpha x$$

$$\dot{U}_x=\frac{\dot{E}}{\cos\alpha l-\tan\theta\sin\alpha l}\cos\alpha x$$

$$\dot{U}_x=\frac{\dot{E}}{\cos\alpha l-\dfrac{X_S}{Z}\sin\alpha l}\cos\alpha x \tag{8-5}$$

由式（8-5）可看出，X_S 的存在使线路首端电压升高从而加剧了线路末端工频电压的升高。电源容量越小（X_S 越大），工频电压升高越严重。当电源容量为无穷大时，$\dot{U}_x=\dfrac{\dot{E}}{\cos\alpha l}\cos\alpha x$，工频电压升高为最小。因此为了估计最严重的工频电压升高，应以系统最小电源容量为依据。在单电源供电的线路中，应取最小运行方式时的 X_S 为依据。在双端电源的线路中，线路两端的断路器必须遵循一定的操作程序：线路合闸时，先合电源容量较大的一侧，后合电源容量较小的一侧；线路切除时，先切电源容量较小的一侧，后切电源容量较大的一侧。这样的操作能减弱电容效应引起的工频过电压。

既然空载线路工频电压升高的根本原因在于线路中电容性电流在感抗上的压降使得电容上的电压高于电源电压，那么通过补偿这种电容性电流，从而削弱电容效应，就可以降低这种工频过电压。超高压线路，由于其工频电压升高比较严重，常采用并联电抗器来限制工频过电压。并联电抗器视需要可以装设在线路的末端、首端或中部。并联电抗器降低工频过电压的效果，我们通过一具体例子加以说明。

【例 8-1】　某 500kV 线路，长度为 250km，电源电抗 $X_S=263.2\Omega$，线路每单位长度电感和电容分别为 $L_0=0.9\mu H/m$，$C_0=0.0127nF/m$，求线路末端开路时末端的电压升高。若线路末端接有 $X_L=1837\Omega$ 的并联电抗器，求此时开路线路末端的电压升高。

解

$$Z=\sqrt{\frac{L_0}{C_0}}=\sqrt{\frac{0.9\times10^{-6}}{0.0127\times10^{-9}}}=266.2(\Omega)$$

$$\alpha l=0.06\times250=15°$$

不接并联电抗器时，末端线路电压为

$$\dot{U}_2=\frac{\dot{E}}{\cos\alpha l-\dfrac{X_S}{Z}\sin\alpha l}=\frac{\dot{E}}{\cos15°-\dfrac{263.2}{266.2}\sin15°}=1.41\dot{E}$$

接入并联电抗器后，末端线路电压可用下列公式计算

$$\dot{U}_2=\frac{\dot{E}}{\left(1+\dfrac{X_S}{X_L}\right)\cos\alpha l+\left(\dfrac{Z}{X_L}-\dfrac{X_S}{Z}\right)\sin\alpha l}$$

$$=\frac{\dot{E}}{\left(1+\dfrac{263.2}{1837}\right)\cos15°+\left(\dfrac{266.2}{1837}-\dfrac{263.2}{266.2}\right)\sin15°}$$

$$=1.13\dot{E}$$

可见并联电抗器接入后可大大降低工频过电压。但是并联电抗器的作用不仅是限制工频电压升高，还涉及系统稳定、无功平衡、潜供电流、调相调压、自励磁及非全相状态下的谐振等因素。因而，并联电抗器容量及安装位置的选择需综合考虑。

习　　题

8-1　试说明内过电压的分类。

8-2　工频电压升高是怎样产生的？

8-3　试说明影响由空载线路电容效应引起工频电压升高的因素。

第九章　操　作　过　电　压

第一节　操作过电压的一般特性

操作过电压是在电力系统中由于操作所引起的一类过电压。这里所称的操作，包括正常的操作如空载线路的合闸与分闸等，还包括非正常的故障，如线路通过间歇性电弧接地。操作过电压是内部过电压中的一类。

产生操作过电压的原因是：在电力系统中存在储能元件的电感与电容，当正常操作或故障时，电路状态发生了改变，由此引起了振荡的过渡过程，这样就有可能在系统中出现超过正常工作电压的过电压，这就是操作过电压。在振荡的过渡过程中，电感的磁场能量与电容的电场能量互相转换。在某一瞬间储存于电感中的磁场能量会转变为电容中的电场能量，由此在系统中就出现数倍于系统电压的操作过电压。

电力系统中常见的操作过电压有：

（1）中性点绝缘系统的间歇电弧接地过电压；

（2）空载线路分闸过电压；

（3）空载线路合闸过电压；

（4）切除空载变压器过电压。

操作过电压有如下特点：

（1）持续时间比较短。操作过电压的持续时间虽比雷电过电压长，但比工频过电压短得多，一般在几毫秒至几十毫秒。操作过电压存在于暂态过渡过程之中，当同时又存在工频电压升高时，操作过电压表现为在工频过电压基础上叠加暂态的振荡过程，可使操作过电压的幅值达到更高的数值。

（2）由于电感中磁场能量与电容中电场能量都来源于系统本身，所以操作过电压幅值与系统相电压幅值有一定倍数关系。目前我国有关规程中规定选择绝缘时的计算用操作过电压大小如表 9-1 所示。

表 9-1　　　　　　　　　　　　　操作过电压的大小

系　统　电　压 （kV）	过电压 （相对地）	系　统　电　压 （kV）	过电压 （相对地）
35~60（中性点经消弧线圈接地或不接地）	4.0p. u.	330（中性点直接接地）	2.75p. u.
110~154（中性点经消弧线圈接地）	3.5p. u.	500（中性点直接接地）	2.0p. u.
110~220（中性点直接接地）	3.0p. u.	—	—

（3）操作过电压的幅值与系统的各种因素有关，且具有强烈的统计性。在影响操作过电压的各种因素中，系统的接线与断路器的特性起着很重要的作用。另外，许多影响操作过电压的因素，如影响合闸过电压的合闸相位等等因素有很大的随机性，因此操作过电压的具体幅值也具有很大的随机性，但是不同幅值操作过电压出现的概率服从一定的规律分布，这就是操作过电压的统计特性。一般认为操作过电压幅值近似以正态分布规律分布。

（4）各类操作过电压依据系统的电压等级不同，显示的重要性也不同。在电压等级较低的中性点绝缘的系统中，单相间隙电弧接地过电压最引人注意。对于电压等级较高的系统，随着中性点的直接接地，切空载变压器与空载线路分闸过电压就较为突出。而在超高压系统中，空载线路合闸过电压已成为重要的操作过电压。

（5）操作过电压是决定电力系统绝缘水平的依据之一。系统电压等级越高，操作过电压的幅值随之也越高，另一方面，由于避雷器性能在高电压等级系统中的不断改善，大气过电压保护的不断完善，使得操作过电压对电力系统绝缘水平的决定作用越来越大。在超高压系统中，操作过电压对某些设备的绝缘选择将逐渐起着决定性的作用。

由于系统运行方式、故障类型、操作过程的复杂多样，以及其他各种随机因素的影响，所以对操作过电压的定量分析，大都依靠系统中的实测记录、模拟研究以及计算机计算。本章就几种常见操作过电压进行一些定性的分析，分析各种操作过电压的形成机理、过电压幅值的分析、影响过电压幅值的因素以及常采用的过电压限制措施。

第二节　间歇电弧接地过电压

一、过电压产生原因

间歇电弧接地过电压发生于中性点不接地（也称中性点绝缘）的系统中。为什么要采用中性点不接地呢？主要是因为这种系统的供电可靠性高。单相接地故障是系统运行时的主要故障形式。在中性点不接地系统中发生单相接地，如图 9-1 中所示 A 相接地时，由于中性点对地绝缘，所以 A 相与 C 相、A 相与 B 相通过对地电容 C_2 和 C_3 构成回路，无短路电流流过接地点。此时流过接地点的电流为电容电流 $\dot{I}_d =$

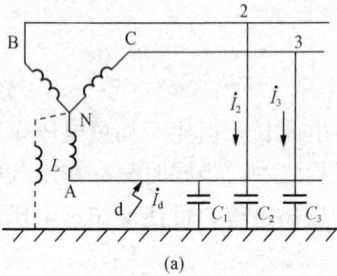

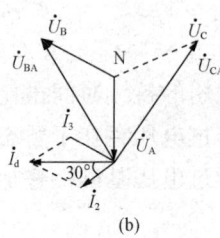

图 9-1　单相接地电路图及相量图
(a) 电路图；(b) 相量图

$\dot{I}_B + \dot{I}_C$（由于容抗很大）；与此同时，系统三相电源电压仍维持对称不变，所以这种系统在一相接地情况下，不必立即切除线路，中断对用户的供电，运行人员可借助接地指示装置来发现故障并设法找出故障所在并及时处理，这样就大大提高了供电可靠性。

然而从另一方面看，中性点不接地系统会带来两个不利影响作用：①非故障相的对地相电压升至线电压；②引起间歇电弧接地过电压。第一个影响作用不会构成对绝缘的危险，因为这些系统的绝缘水平要比线电压高得多。至于第二个影响作用，由于间歇电弧接地过电压幅值高（可能超过绝缘水平）、持续时间长（这类系统允许带单相接地运行 0.5～2h）、出现的概率又相当大，所以对这种过电压须予以充分重视。

电力系统中大多数接地故障都伴有电弧发生。中性点不接地系统中单相接地时，这种电弧接地电流就是流过非故障相对地电容的电流。当这种接地电容电流在 6～10kV 线路中超过 30A，在 20～60kV 线路中超过 10A（对应线路较长）时，接地电弧不会自行熄灭，又不会形成稳定持续电弧（因为这种电容电流并不足够大），而是表现为接地电流过零时电弧暂时性熄灭，随后在恢复电压作用下又重新出现电弧——电弧重燃，而后又过零暂时熄灭，又……，即出现电弧熄灭重燃的不稳定状态，这种电弧称之为间歇性电弧。每次电弧熄灭和重燃的同时，将引起电磁暂态的振荡过渡过程，在过渡过程中会出现过电压，这种过电压就是间歇电弧接地过电压。所以在中性点不接地系统中出现间歇电弧接地过电压的根本原因是接地电弧的间歇性熄灭与重燃。而出现这种间歇性电弧的条件：一是电弧性接地；二是接地电流超过某数值。

二、过电压产生的物理过程

下面我们通过讨论伴随间歇性电弧熄灭重燃时所发生的过渡过程来说明间歇电弧接地过电压的形成与发展。

1. 等值电路图

中性点不接地系统的等值电路如图 9-1（a）所示。C_1、C_2、C_3 为各相对地电容，$C_1 = C_2 = C_3 = C_0$，设 A 相对地发生电弧接地，以 D 表示故障点发弧间隙。u_A、u_B、u_C 为三相电源电压，u_1、u_2、u_3 为三相线路对地电压，即 C_1、C_2、C_3 上的电压。U_{xg} 为电源相电压幅值。

2. $t = t_1$ 时 A 相电弧接地

假定在 A 相电压达到最大值时 A 相电弧接地，这是过电压最严重的情况。则 A 相电弧接地发弧前瞬间 $t = t_1^-$ 时，$u_1 = U_{xg}$，$u_2 = -0.5U_{xg}$，$u_3 = -0.5U_{xg}$。

在 t_1 瞬间，A 相电弧接地，即图中间隙 D 发弧导通，A 相电容 C_1 上电荷通过间隙电弧泄放入地，其电压 u_1 突降为零，即电压幅值改变了 $-U_{xg}$（从 U_{xg} 变至 0）。相应 B、C 相电容 C_2、C_3 上电压 u_2、u_3 的幅值也应改变 $-U_{xg}$，即从 $-0.5U_{xg}$ 变至 $-1.5U_{xg}$。而 u_2、u_3 电压的这种改变是要通过电源线电压 U_{BA}、U_{CA} 经电源电感对 C_2、C_3 的充电来完成的，这个过程是一个高频振荡过程，也即高频振荡过程结束后 C_2、C_3 上的电压将达到 $-1.5U_{xg}$。对高频振荡过程来讲，振荡过程发生前瞬时值为初始值，振荡过程结束后应达到的值为稳定值，而过电压就出现于振荡过程中，过电压的最大幅值可按下面公式来估算

$$过电压幅值 = 稳态值 + （稳态值 - 初始值）$$

这样在振荡的过渡过程中，C_2、C_3 上出现的过电压幅值如表 9-2 所示。

表 9-2　　　　　　　　　　　　　过 电 压 幅 值

	C_2	C_3
振荡过程开始前初始值	$-0.5U_{xg}$	$-0.5U_{xg}$
振荡过程结束后应达到值	$-1.5U_{xg}$	$-1.5U_{xg}$
振荡过程中过电压幅值	$-2.5U_{xg}$	$-2.5U_{xg}$

过渡过程结束后 u_2、u_3 按 u_{BA}、u_{CA} 而变化，如图 9-2 所示。

3. $t = t_2$ 时，A 相接地电弧第一次熄灭

故障点的电弧电流中包含工频分量 $\dot{I}_B + \dot{I}_C$ 和逐渐衰减的高频分量。假定高频分量过零时电弧不熄灭，而后高频分量衰减至零，电弧电流就是工频电流 $\dot{I}_B + \dot{I}_C$，其相位与 $\dot{U}_A$ 差 90°［如图 9-1（b）所示］。那么经过半个工频周期，在 $t = t_2$ 时，$u_A = -U_{xg}$，$u_B = 0.5U_{xg}$，$u_C = 0.5U_{xg}$。由于 $\dot{U}_A$ 达到负的幅值，所以工频电弧电流过零，电弧第一次熄灭。

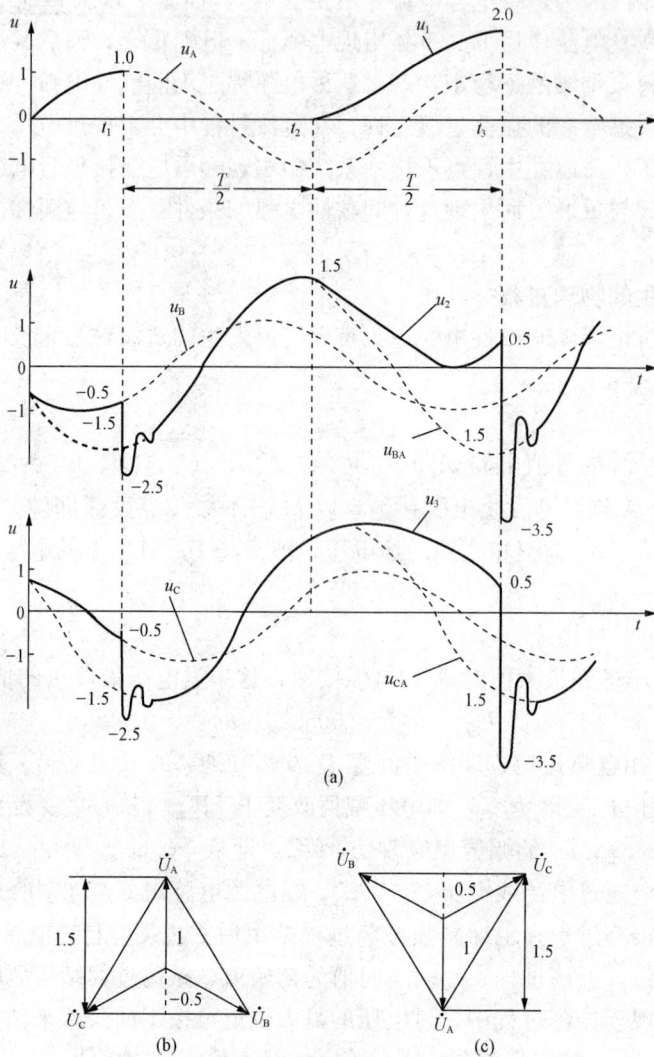

图 9-2　工频电流过零时熄弧的电弧接地过电压发展过程

(a) 过电压发展过程；(b) t_1 瞬间电压相量图；(c) t_2 瞬间电压相量图

$$u_A = U_{xg}\sin\omega t; \quad u_B = U_{xg}\sin(\omega t - 120°); \quad u_C = U_{xg}\sin(\omega t + 120°);$$

$$u_{BA} = \sqrt{3}U_{xg}\sin(\omega t - 150°); \quad u_{CA} = \sqrt{3}U_{xg}\sin(\omega t + 150°)$$

在熄弧瞬间 $t = t_2^-$ 时，$u_1 = 0$，$u_2 = 1.5U_{xg}$，$u_3 = 1.5U_{xg}$。熄弧后 B、C 相线路上储有电荷 $q = 2C_0 \times 1.5U_{xg} = 3C_0U_{xg}$，这些电荷无处泄漏，于是在三相对地电容间平均分配，其结果使三相导线对地有一个电压偏移 $\dfrac{q}{3C_0} = U_{xg}$。这样，接地电弧第一次熄灭后，作用在三相导线对地电容上的电压为三相电源电压叠加此偏移电压，即在熄弧后瞬间 $t = t_2^+$ 时，$u_1 = -U_{xg} + U_{xg} = 0$，$u_2 = 0.5U_{xg} + U_{xg} = 1.5U_{xg}$，$u_3 = 0.5U_{xg} + U_{xg} = 1.5U_{xg}$，这样第一次熄弧瞬间 $t = t_2^-$ 时的电压值与 $t = t_2^+$ 时的电压值相同，熄弧后不会引起过渡过程。

4. $t = t_3$ 时电弧重燃

熄弧后 A 相对地电压逐渐恢复，再经过半个工频周期，在 $t = t_3$ 时，A 相对地电压幅值达 $2U_{xg}$（见图 9-2）。如果此时再次发生电弧（称电弧重燃），u_1 再次降为零，u_2、u_3 的电压将再次出现振荡。振荡过程中的过电压幅值如表 9-3 所示。

表 9-3　　　　　　　　　　　　　振荡过程中过电压幅值

	C_2	C_3
振荡过程开始前初始值	$0.5U_{xg}$	$0.5U_{xg}$
振荡过程结束后应达到值	$-1.5U_{xg}$	$-1.5U_{xg}$
振荡过程中过电压幅值	$-3.5U_{xg}$	$-3.5U_{xg}$

以后发生的隔半个工频周期的熄弧与再隔半个周期的电弧重燃，过渡过程与上面完全重复，且过电压的幅值也与之相同。从上分析可看到，中性点不接地系统发生间歇性电弧接地时，非故障相上最大过电压为 3.5 倍，而故障相上的最大过电压为 2.0 倍。

长时期来的试验和研究表明：工频过零熄弧与振荡高频过零熄弧都是可能的；故障相的电弧重燃也不一定在最大恢复电压值时发生，并具有很大的分散性。因而间歇电弧接地过电压也具有很强烈的随机统计性质；目前普遍认为，间歇电弧接地过电压的最大值不超过 3.5 倍，一般在 3 倍以下。

三、影响过电压的因素

影响间歇电弧接地过电压大小的因素主要有：

（1）电弧熄灭与重燃时的相位。这种因素具有很大的随机性。上述分析得到 3.5 倍过电压的熄灭和重燃时的相位对应最严重情况时的相位。

（2）系统的相关参数。如考虑线间电容时比不考虑线间电容时在同样情况下的这种过电压要低。还有，在振荡过程中过电压幅值的估算值由于实际线路的损耗而也达不此数值。

（3）中性点接地方式。间歇电弧接地过电压仅存在于中性点不接地系统中。若将中性点直接接地，一旦发生单相接地，此时就是单相对地短路，接地点将流过很大的短路电流，不会出现间歇性电弧，从而彻底消除间歇电弧接地过电压。但由于接地点流过很大的短路接地电流，稳定的接地电弧不能自行熄灭，必须由断路器跳闸将其尽快熄灭从而切除短路电流。这样，操作次数增多，并由此增加许多设备，又影响供电的连续性，所以在单相接地故障较为频繁的低电压等级（35kV 及以下）的系统中仍不采用中性点直接接地。在中性点不接地系统中限制间歇电弧接地过电压的有效措施就是中性点经消弧线圈接地。

四、消弧线圈及其对限制电弧接地过电压的作用

消弧线圈是一个铁芯有气隙的电感线圈，其伏安特性相对来说不易饱和。消弧线圈接在中性点与地之间。下面分析消弧线圈是如何限制（降低）间歇电弧接地过电压的。在原中性点不接地系统的中性点与地之间接上一消弧线圈 L，如图 9-3（a）所示。同样假设 A 相发生电弧接地。A 相接地后，流过接地点的电弧电流除了原先的非故障相通过对地电容 C_2、C_3 的电容电流相量和 $(\dot{i}_B + \dot{i}_C)$ 之外，还包括流过消弧线圈 L 的电流 $\dot{i}_L$（A 相接地后，消弧线圈上的电压即为 A 相电源电压），根据如图 9-3（b）所示的相量图分析，$\dot{i}_L$ 与 $(\dot{i}_B + \dot{i}_C)$ 相位反向，所以适当选择消弧线圈的电感量 L 值，亦即适当选择电感电流 $\dot{i}_L$ 的值，

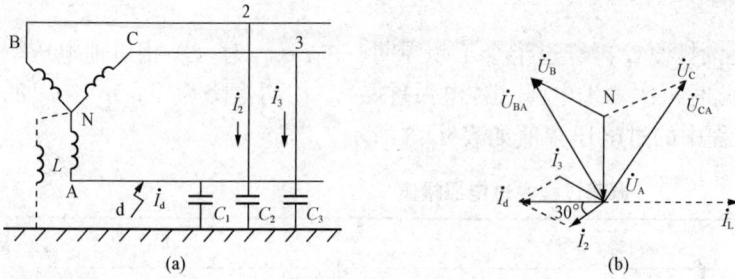

图 9-3　中性点经消弧线圈接地后的电路图及相量图

(a) 电路图；(b) 相量图

可使得接地电流 $\dot{I}_d = \dot{I}_L + (\dot{I}_B + \dot{I}_C)$ 的数值（称经消弧线圈补偿后的残流）减小到足够小，使接地电弧很快熄灭，且不易重燃，从而限制（降低）了间歇电弧接地过电压。

通常把消弧线圈电感电流补偿系统对地电容电流的百分数称为消弧线圈的补偿度（又称调谐度），用 K 表示；而将 $1-K$ 称为脱谐度，用 ν 表示，即

$$K = \frac{I_L}{I_C} = \frac{U_{xg} / \dfrac{1}{\omega L}}{\omega (C_1 + C_2 + C_3) U_{xg}}$$

$$= \frac{1}{\omega^2 L (C_1 + C_2 + C_3)}$$

$$= \frac{\left(\dfrac{1}{\sqrt{L(C_1 + C_2 + C_3)}}\right)^2}{\omega^2} = \frac{\omega_0^2}{\omega^2}$$

$$\omega_0 = \frac{1}{\sqrt{L(C_1 + C_2 + C_3)}}$$

式中　ω_0——电路中的自振角频率。

$$\nu = 1 - K = 1 - \frac{I_L}{I_C} = \frac{I_C - I_L}{I_C} = 1 - \frac{\omega_0^2}{\omega^2}$$

根据补偿度（或脱谐度）的不同，消弧线圈可以处于三种不同的运行状态：

(1) 欠补偿。$I_L < I_C$，表示消弧线圈的电感电流不足以完全补偿电容电流，此时故障点流过的电流（残流）为容性电流。欠补偿时，$K < 1$，$\nu > 0$。

(2) 全补偿。$I_L = I_C$，表示消弧线圈的电感电流恰好完全补偿电容电流。此时消弧线圈与并联后的三相对地电容处于并联谐振状态，流过故障点的电流（残流）为非常小的电阻性泄漏电流。全补偿时，$K = 1$，$\nu = 0$。

(3) 过补偿。$I_L > I_C$，表示消弧线圈的电感电流不仅完全补偿电容电流而且还有数量超出。此时流过故障点的电流（残流）为感性电流。过补偿时，$K > 1$，$\nu < 0$。

消弧线圈的脱谐度不能太大（对应补偿度不能太小）。脱谐度太大时，故障点流过的残流增大，且故障点恢复电压增长速度快，不利于熄弧。脱谐度愈小，故障点恢复电压增长速度减小，电弧愈容易熄灭。但脱谐度也不能太小，当 ν 趋近于零时，在正常运行时，中性点将发生很大的位移电压。其理由如下：对如图 9-3 所示的电路，略去三相对地电导 g_1、g_2、g_3 以及消弧线圈的电导时，可以写出接有消弧线圈时的中性点位移电压 $\dot{U}_N$ 为

$$\dot{U}_N = -\frac{\dot{U}_A Y_A + \dot{U}_B Y_B + \dot{U}_C Y_C}{Y_A + Y_B + Y_C + Y_N}$$

将 $Y_A = j\omega C_1$，$Y_B = j\omega C_2$，$Y_C = j\omega C_3$，$Y_N = j\omega L$ 代入得

$$\dot{U}_N = -\frac{\dot{U}_A C_1 + \dot{U}_B C_2 + \dot{U}_C C_3}{(C_1 + C_2 + C_3) - \dfrac{1}{\omega^2 L}}$$

当消弧线圈的脱谐度 $\nu = 0$ 时，$\omega = \omega_0$ 即

$$\omega = \frac{1}{\sqrt{L(C_1 + C_2 + C_3)}}$$

$$\omega^2 = \frac{1}{L(C_1 + C_2 + C_3)}$$

$$C_1 + C_2 + C_3 = \frac{1}{\omega^2 L}$$

又由于 $C_1 \neq C_2 \neq C_3$，所以使得 $\dot{U}_N$ 表达式中分子不为零，而分母为零，从而中性点位移电压将达到很高数值。

为了避免危险的中性点电压升高，最好使三相对地电容对称。因此在电网中要进行线路换位。但由于实际上对地电容电流受各种因素影响是变化的，且线路数目也会有所增减，很难做到各相电容完全相等，为此要求消弧线圈处于不完全调谐（全补偿）工作状态。

通常消弧线圈采用过补偿 5%～10% 运行（即 $\nu = -0.05 \sim -0.1$）。之所以采用过补偿是因为电网发展过程中可以逐渐发展成为欠补偿运行，不至于像欠补偿那样因为电网的发展而导致脱谐度过大，失去消弧作用。其次是若采用欠补偿，在运行中部分线路可能退出，则可能形成全补偿，产生较大的中性点电压偏移，有可能引起零序网络中产生严重的铁磁谐振过电压。中性点经消弧线圈接地后，在大多数情况下能够迅速地消除单相的接地电弧而不破坏电网的正常运行，接地电弧一般不重燃，从而把单相间歇电弧接地过电压限制到不超过 2.5 倍数的数值。然而，消弧线圈的阻抗较大，既不能释放线路上的残余电荷，又不能降低过电压的稳态分量，因而对其他形式的操作过电压不起作用。

第三节　空载线路分闸过电压

一、过电压产生原因

空载线路的分闸（切除空载线路）是电网中最常见的操作之一。对于单端电源的线路，正常或事故情况下，在将线路切除时，一般总是先切除负荷，后断开电源，那么后者的操作即为切除空载线路。而对于两端电源的线路，由于两端的断路器分闸时间总是存在一定的差异（一般约为 0.01～0.05s），所以无论哪一端先断开，后断开的操作即为空载线路的分闸。运行经验表明，在 35～220kV 电网中，都曾因为切除空载线路时出现过电压而引起多次绝缘闪络和击穿。经统计，切除空载线路时出现的过电压—空载线路分闸过电压不仅幅值高，而且持续时间长，可达 0.5～1 个工频周期以上。所以在确定 220kV 及以下电网绝缘水平时，空载线路分闸过电压是最重要的操作过电压。空载线路分闸过电压是空载线路分闸操作时，在空载线路上出现的过电压。初看起来，线路既从电源断开，哪来过电压？问题是断路器分闸后，断路器触头间可能会出现电弧的重燃，电弧重燃又会引起电磁暂态的过渡过程，从而产生这种切空载线路过电压。所以，产生这种过电压的根本原因是断路器开断空载线路

时断路器触头间出现电弧重燃。切除空载线路时，流过断路器的电流为线路的电容电流，其比起短路电流要小得多。但是能够切断巨大短路电流的断路器却不一定能够不重燃地切断空载线路，这是因为断路器分闸初期，触头间恢复电压值较高，断路器触头间抗电强度耐受不住高幅值恢复电压而引起电弧重燃。

二、过电压产生的物理过程

空载线路是容性负载，定性分析时可用 T 型集中参数电路来等值，如图 9-4（a）所示。图中 L_T 为线路电感，C_T 为线路对地电容，L 为电源系统等值电感（即发电机、变压器漏感之和），$e(t)$ 为电源电势。图 9-4（a）的电路可以进一步简化成图 9-4（b）所示的等值电路。下面就图 9-4（b）

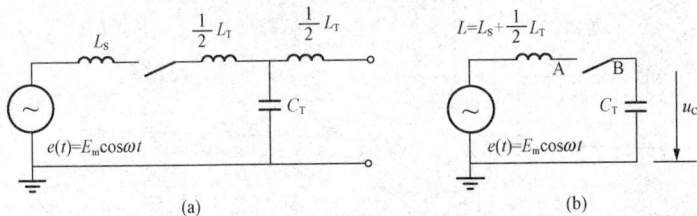

图 9-4　切除空载线路时的等值电路
（a）等值电路；（b）简化后的等值电路，$L_S = L + L_T/2$

所示的等值电路来分析空载线路分闸过电压的形成与发展过程。

设电源电势

$$e(t) = E_m \cos\omega t$$

则电流

$$i(t) = \frac{E_m}{X_{CT} - X_L} \cos(\omega t + 90°)$$

因此电流 $i(t)$ 超前电源电压 $e(t)$ 90°。

在空载线路分闸过程中，电弧的熄灭和重燃具有很大的随机性，在我们以下的分析过程中，以产生过电压最严重的情况来考虑。

1. $t = t_1$ 时，发生第一次熄弧

如图 9-5 所示，$t = t_1$ 时，$e(t) = -E_m$，由于电流超前电源电压90°，所以此时流过断路器的工频电流恰好为零。此时断路器分闸，断路器断口 A、B 间第一次断弧。若断路器不在 t_1 时刻分闸，设在 t_1 前工频半周内任何一个时刻分闸，只要不发生电流的突然截断现象，断路器断口间电弧总是要等到电流过零，即也在 $t = t_1$ 时才会熄灭。

断路器分闸后，线路电容 C_T 上的电荷无处泄漏，使得线路上保持这个残余电压 $-E_m$。即图 9-4 中断路器断口 B 侧对地电压保持 $-E_m$。然而断路器断口 A 侧的

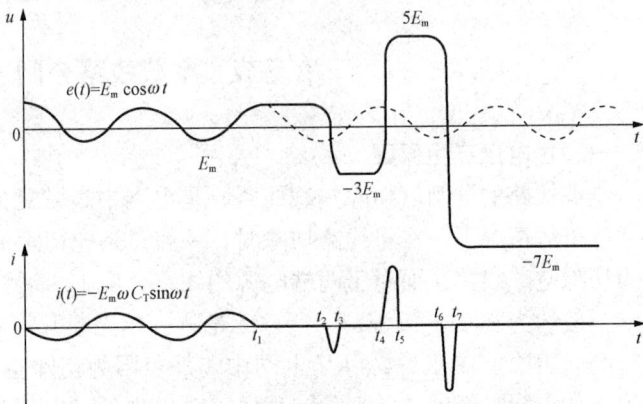

图 9-5　空载线路分闸过电压的产生过程
t_1—第一次熄弧；t_2—第一次重燃；t_3—第二次熄弧；
t_4—第二次重燃；t_5—第三次熄弧

对地电压在 t_1 之后仍要按电源作余弦规律的变化（见图 9-5 中的虚线），断路器触头间（即断口间）的恢复电压 u_{AB} 为

$$u_{AB} = e(t) - (-E_m) = E_m(1 + \cos\omega t)$$

$t = t_1$ 时，$u_{AB} = 0$，随后恢复电压 u_{AB} 越来越高，在 $t = t_2$（再经过半个周期）时达到最大为 $2E_m$。

在 t_1 之后若断路器触头间去游离能力很强，触头间抗电强度的恢复超过恢复电压的升高，则电弧从此熄灭，线路被真正断开，这样无论在母线侧（即断口 A 侧）或线路侧（即断口 B 侧）都不会产生过电压。但若断路器断口间抗电强度的恢复赶不上断口间恢复电压的升高，断路器触头间（即断口间）可能发生电弧重燃。

2.$t = t_2$ 时发生第一次重燃

电弧重燃时刻具有强烈的统计性，从而使这种过电压的数值大小也具有统计性。当考虑过电压最严重的情况时，假定在恢复电压 u_{AB} 达到最大时发生电弧重燃，也即在图 9-5 中 $t = t_2$ 时发生第一次电弧重燃。此刻电源电压 $e(t)$ 通过重燃的电弧突然加在 L_S 和具有初始值 $-E_m$ 的线路电容 C_T 上，而此回路是一振荡回路，所以电弧重燃后将产生暂态的振荡过程，而在振荡过程中就会产生过电压。振荡回路的固有频率 $f_0 = \dfrac{1}{2\pi\sqrt{L_S C_T}}$ 要比工频 50Hz 大得多，因而 $T_0 = \dfrac{1}{f_0}$ 要比工频周期 0.02s 小得多，这样可以认为在暂态高频振荡期间电源电压 $e(t)$ 保持 t_2 时的值 E_m 不变，同时高频振荡过程可用图 9-6（a）所示的等值电路进行分析。振荡过程中线路上电压波形（即 C_T 上的电压波形）如图 9-6（b）所示。若不计及回路损耗所引起的电压衰减，则线路上的过电压幅值可按下式估算

$$过电压幅值 = 稳态值 + (稳态值 - 初始值) = E_m + [E_m - (-E_m)] = 3E_m$$

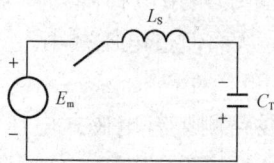
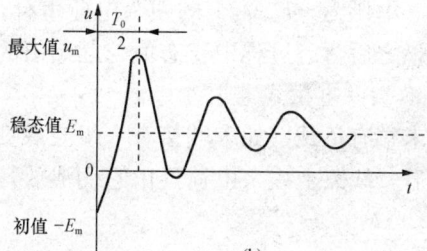

图 9-6　电弧重燃时的等值电路及振荡波形
(a) 等值电路；(b) 振荡波形

3.$t = t_3$ 时发生第二次熄弧

当线路上电压（即 C_T 上电压）振荡达到最大值 $3E_m$ 瞬间，由于振荡回路中流过的是电容电流，故此瞬间断路器中流过的高频振荡电流恰好为零，此时（t_3 时刻）电弧第二次熄灭（断路器试验的示波图表明，电弧几乎全部都在高频振荡电流第一次过零瞬间熄灭）。电弧第二次熄灭后，线路对地电压保持 $3E_m$，而断路器断口 A 侧的对地电压在 t_3 之后要按电源作余弦规律的变化（见图 9-5 中的虚线），断路器触头间恢复电压 u_{AB} 越来越高，再经半个工频周期将达最大（$4E_m$）。

4.$t = t_4$ 时发生第二次重燃

考虑过电压最严重的情况，恢复电压 u_{AB} 达到最大 $4E_m$ 时发生电弧第二次重燃。电弧

重燃后又要发生暂态的振荡过程，在此振荡过程中，C_T 上电压的初始值为 $3E_m$，振荡过程结束后的稳态值为 $-E_m$，所以产生的过电压幅值为

$$稳态值＋（稳态值－初始值）＝－E_m＋（－E_m－3E_m）＝－5E_m$$

假若继续每隔半个工频周期电弧重燃一次，则过电压将按 $3E_m$、$-5E_m$、$7E_m$、……的规律变化，愈来愈高，直到触头已有足够的绝缘强度，电弧不再重燃为止。同样，在母线上也将出现过电压。

三、影响过电压的因素

以上分析过程是理想化了的，是考虑最严重的情况。在实际中，过电压将受到一系列因素的影响。

1. 断路器的性能

由于空载线路分闸过电压是由电弧重燃引起的，所以过电压与断路器的灭弧性能有很大关系。SF_6 断路器较油断路器灭弧性能更好，所以，油断路器重燃次数较多，有时可达 $6\sim7$ 次，过电压往往较高，而 SF_6 断路器基本不重燃，过电压也较低。当然，重燃次数不是决定过电压大小的唯一判据，另外还要看电弧重燃的时刻（重燃不一定发生在电源电压达到最大值）以及电弧熄灭时刻（这决定线路上残余电压的高低），此两个因素具有很大随机性。但是，断路器灭弧性能差，重燃次数多，发生高幅值过电压的概率就大。

2. 母线出线数

当母线上有多回出线时，一路线路分闸，工频电流过零熄弧，分闸的空载线路保持 $-E_m$，但未分闸的其他线路将随电源电压变化，半个周期后断路器触头间出现幅值为 $2E_m$ 的恢复电压，电弧可能重燃，在重燃的一瞬间，未开断线路（电压为 E_m）上的电荷将迅速与断开线路（电压为 $-E_m$）上的残余电荷重合，使断开线路的残余电荷降为零（或为正），使得电弧重燃之后暂态过程中稳态值与起始值的差别减小，从而使过电压减小。

3. 线路负载及电磁式电压互感器

当线路末端有负载（如末端接有一组空载变压器）或线路侧装有电磁式电压互感器时，断路器分闸后，线路上残余电荷经由它们泄放，将降低线路上的残余电压，从而降低重燃后的过电压。

4. 中性点接地方式

中性点直接接地系统中，各相有自己的独立回路，相间电容影响不大，空载线路分闸过电压的产生过程如上所述。当中性点不接地或经消弧线圈接地时，由于三相断路器分闸的不同期性，会形成瞬间的不对称电路，使中性点发生偏移。三相间互相影响，使分闸时断路器中电弧的重燃和熄灭过程变得更复杂，在不利的条件下，会使过电压显著增高。一般比中性点直接接地时的过电压要高出 20% 左右。

另外，当过电压较高时，线路上出现电晕所引起的损耗，也是影响（降低）空载线路分闸过电压的一个因素。

四、限制过电压措施及过电压实测数据

空载线路分闸过电压由于其出现比较频繁，持续时间长（可达 $1\sim2$ 个工频半波），且作用于全线路，所以它是选择线路绝缘水平和确定电气设备试验电压的重要依据。因此限制这种过电压，对于保证电力系统安全运行和进一步降低电网绝缘水平具有十分重要的经济意义。目前降低这种过电压的措施主要有以下几种。

1. 提高断路器灭弧性能

因为空载线路分闸过电压的主要成因是断路器开断后触头间电弧的重燃。那么限制这种过电压的最有效措施就是改善断路器的结构、提高触头间介质的恢复强度和灭弧能力，以减少或避免电弧重燃。现在我国生产的空气断路器、带压油式灭弧装置的少油断路器以及六氟化硫断路器都大大改善了灭弧性能，大大减少了在开断空载线路时的电弧重燃。

2. 采用带并联电阻的断路器

通过断路器的并联电阻降低断路器触头间的恢复电压，避免电弧重燃，这也是限制这种过电压的一有效措施。

如图 9-7 所示，在断路器主触头 K1 上并一分闸电阻 R（约 3000Ω）和辅助触头 K2 以实现线路的逐级开断。线路分闸时，主触头 K1 先断开，此时 K2 仍闭合，由于 R 串在回路中从而抑制了 K1 断开后的振荡。而这时 K1 触头两端间的恢复电压只是电阻 R 上的压降，其值较低，故主触头间电弧不易重燃。经 1.5~2 个工频周期，辅助触头 K2 断开，由于串入电阻

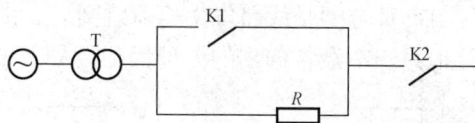

图 9-7　带并联电阻断路器以限制空载线路分闸过电压

后，线路上的稳态电压降低，线路上残余电压较低，故触头 K2 上的恢复电压不高，K2 中的电弧也就不易重燃。即使 K2 触头间发生电弧重燃，由于电阻 R 的阻尼作用及对线路残余电荷的泄放作用，过电压也会显著下降。实践表明，即使在最不利情况下发生重燃，过电压实际也只有 2.28 倍。

此外，线路上接有电磁式电压互感器以及线路末端接有空载变压器也有助于降低这种空载线路分闸过电压。

近年来我国在 110~220kV 线路上进行了一些实测，结果表明，使用重燃次数较多的断路器时，出现 3.0 倍过电压的概率为 0.86%；使用重燃次数较少的空气断路器时，出现 2.6 倍过电压的概率为 0.73%，使用油断路器时测得的最大过电压为 2.8 倍；当使用有中值和低值并联电阻断路器时，过电压被限制到 2.2 倍以下。在中性点不接地和经消弧线圈接地电网中，这种过电压一般不超过 3.5 倍。在 110~220kV 系统中这种过电压低于线路绝缘水平，所以我国生产的 110~220kV 系统的各种断路器一般不加并联电阻。在超高压电网中，断路器都带有并联电阻，从而基本上消除了电弧的重燃，也就基本上消除了这种过电压，如在 330kV 线路上测到这种过电压最大仅为 1.19 倍。

第四节　空载线路合闸过电压

一、过电压产生原因

空载线路的合闸有两种情况，即计划性合闸和故障跳闸后的自动重合闸。由于合闸初始条件的不同，过电压大小是不同的。空载线路无论是计划性合闸还是自动重合闸，合闸之后要发生电路状态的改变，又由于 L、C 的存在，这种状态改变，即从一种稳态到另一稳态的暂态过程表现为振荡型的过渡过程，而过电压就产生于这种振荡过程中。振荡过程中最大过电压幅值同样可用下面公式估算。

$$过电压幅值＝稳态值＋（稳态值－初始值）$$

二、过电压产生的物理过程

1. 计划性合闸

在计划性合闸时，线路上不存在接地，线路上初始电压为零。断路器合闸后，电源电压通过系统等值电感 L_S 对空载线路的等值电容 C_T 充电，若合闸瞬间电源电压刚好为零则合闸后直接进入稳态而无暂态过程，若合闸时电源电压非零，则合闸后回路中将发生高频振荡过程。考虑过电压严重的情况，即在电源电压 $e(t)$ 为幅值 E_m（或 $-E_m$）时合闸，则合闸过电压的幅值＝稳态值＋（稳态值－初始值）＝$2E_m$（或 $-2E_m$）。考虑回路中存在损耗，最严重的空载线路合闸过电压要比 $2E_m$（或 $-2E_m$）低。

2. 自动重合闸

自动重合闸是线路发生故障跳闸后，由自动装置控制而进行的合闸操作，这是中性点直接接地系统中经常遇到的一种操作。如图 9-8 所示，当 C 相接地后，断路器 QF2 先跳闸，然后断路器 QF1 跳闸。在断路器 QF2 跳开后，流过断路器 QF1 中健全相的电流是线路电容电流，故当电流为零，电压达最大值时（两者相位差 90°），断路器 QF1 熄弧。但由于系统内存在单相接地，健全相的电压将为 $(1.3 \sim 1.4)E_m$

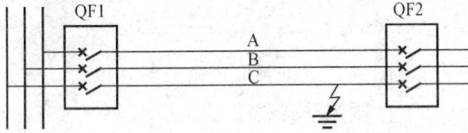

图 9-8　自动重合闸示意图

，因此断路器 QF1 跳闸熄弧后，线路上残余电压也将为此值。在断路器 QF1 重合前，线路上的残余电荷将通过线路泄漏电阻入地，使线路残余电压有所下降，残余电压下降的速度与线路绝缘子污秽情况、气候条件有关。经 Δt 时间间隔后，QF1 将重新合闸，此时假定线路残余电压已经降低了 30%，即为 $0.7 \times (1.3 \sim 1.4)E_m = (0.91 \sim 0.98)E_m$。

考虑过电压最严重的情况，即重合闸时电源电压恰好与线路残余电压极性相反且为峰值 $-E_m$，则合闸时过渡过程中最大过电压为 $-E_m + [-E_m - (0.91 \sim 0.98)E_m] = (-2.91 \sim -2.98)E_m$。在实际情况下，由于在重合闸时刻电源电压不一定恰好在峰值，也并不一定与线路残余电压极性相反，这时过电压的倍数还要低些。

若线路不采用三相重合闸，而是采用单相重合闸，则重合闸过电压与计划性合闸过电压相同，因重合的故障相上无残余电压。

三、影响过电压的因素

1. 合闸相位

由于断路器在合闸时有预击穿现象，即在机械上断路器触头未闭合前，触头间的电位差已足够击穿介质使触头在电气上先行接通。因而，较常见的合闸是在接近最大电压时发生的。对油断路器的统计表明，合闸相位多半处在最大值附近的 $\pm 30°$ 范围之内。但对于快速的空气断路器与 SF_6 断路器，预击穿对合闸相位影响较小，合闸相位的统计分布较均匀，既有 0° 时的合闸，也有 90° 时的合闸。

2. 线路残余电压的大小与极性

这对重合闸过电压影响甚大。残余电压大小取决于故障引起分闸后健全相上残余电荷的泄漏速度，这与线路绝缘子的污秽状况、大气湿度、雨雪等情况有关，在 $0.3 \sim 0.5s$ 重合闸时间内，残余电压一般可下降 $10\% \sim 30\%$。

另外，空载线路合闸过电压还与系统参数、电网结构、断路器合闸时三相的同期性、母线的出线数、导线的电晕等因素有关。

四、限制过电压措施

1. 采用带并联电阻的断路器

这是目前限制合闸过电压特别是重合闸过电压的主要措施。与图 9-7 相同，在断路器主触头 K1 上并联一合闸电阻（约数百欧）与辅助触头 K2 以实现线路的逐级合闸。线路合闸时，主辅触头动作次序与分闸时相反。合闸时，辅助触头 K2 先闭合，电阻 R 的串入对回路中的振荡过程起阻尼作用，使过渡过程中过电压降低，电阻越大阻尼作用越强，过电压也就越低。经 $1.5\sim2$ 个工频周期左右，主触头 K1 闭合，将合闸电阻 R 短接，完成合闸操作。由于 K1 闭合前主触头两端的电位差即 R 上的压降，R 上压降由于之前的振荡被阻尼而较低，所以 K1 闭合之后的过电压也就较低。很明显，此时 R 越小，K1 闭合后过电压越低。从以上分析可见，辅助触头 K2 闭合时要求合闸电阻 R 大，而主触头 K1 闭合时要求合闸电阻小，两者同时考虑时，可以找到某一电阻值，在此电阻值下，可将合闸过电压限制到最低。

2. 消除和削弱线路残余电压

采用单相自动重合闸后完全消除了线路残余电压，重合闸时就不会出现高值过电压。而线路侧装有电磁式电压互感器时，通过泄放线路上的残余电荷，有助于降低重合闸过电压。

3. 同步合闸

通过专门装置控制，使断路器触头间电位差接近于零时完成合闸操作，使合闸暂态过程降低到最微弱的程度，从而基本消除合闸过电压。

4. 安装避雷器

采用熄弧能力较强，通流容量较大的磁吹避雷器、复合型避雷器或氧化锌避雷器作为这种过电压的后备保护。

此外，对于两端供电的线路，先合系统电源容量较大的一端，后合电源容量较小的一端，有利于降低合闸过电压，因为合闸过电压是叠加在工频电压基础之上的。

近年来，我国在 220kV 线路上做了不少试验，综合这些试验数据，得出的最大合闸过电压值见表 9-4。

表 9-4　　　　　　　　　220kV 线路合闸、重合闸最大过电压（相对地）

位　置	母　线	线　首	线　末
合闸过电压	1.50p.u.	1.86p.u.	1.92p.u.
重合闸过电压	2.50p.u.	2.61p.u.	2.97p.u.

在超高压电网中，由于断路器都采用了带并联电阻，所以合闸过电压一般不超过 2.0 倍。

第五节　切除空载变压器过电压

一、过电压产生原因及物理过程

切除空载变压器也是一种常见的操作，用断路器切除空载变压器时可能出现幅值较高的过电压。同样，切除电抗器、电动机、消弧线圈等电感性负荷时也会产生类似的过电压。图 9-9 为切除空载变压器的等值电路，图中 L_T 为空载变压器的励磁电感，C_T 为变压器的等

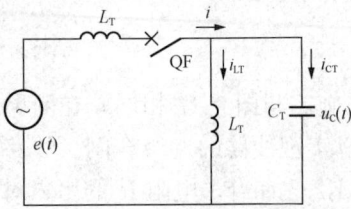

图 9-9 切除空载变压器等值电路

值对地电容，L_S 为母线侧电源的等值电感，QF 为断路器。

由于 $X_{CT} \gg X_{LT}$，空载变压器切除前，流过空载变压器的电流（空载电流）几乎就是流过励磁电感的电流（容抗远大于感抗），而且此空载电流仅为变压器额定电流的 $0.5\% \sim 4\%$，小的甚至只有 0.3%。断路器的灭弧能力是按切断大的电流（如短路电流）设计的，在切断大电流时，断路器分闸后触头断口间仍有电弧，这种电弧要到工频电流过零时熄灭，此时等值电感 L_T 中储藏的磁场能量为零，在切除过程中不会产生过电压。但是当断路器切断相对很小的空载励磁电流时，灭弧能力显得异常强大从而使空载电流未到零之前就发生熄弧，造成这种空载电流从某一数值突然降至零，这就是所称的空载电流的突然"截断"。正由于这种电流的"截断"，使得截断前 L_T 中的磁场能量全部转变成截断后 C_T 中的电场能量从而产生这种切空载变压器过电压。

设空载电流 $i = I_0$ 时发生截断（即由 I_0 突然至零），$I_0 = I_m \sin\alpha$（α 为截流时的相角），此时电源电压为 U_0，$U_0 = U_m \sin(\alpha + 90°) = -U_m \cos\alpha$（空载励磁电流滞后电源电压 $90°$）。截流前瞬时回路总能量为

$$\frac{1}{2} L_T I_0^2 + \frac{1}{2} C_T U_0^2 = \frac{1}{2} L_T I_m^2 \sin^2\alpha + \frac{1}{2} C_T U_m^2 \cos^2\alpha$$

电流截断瞬时，L_T 中能量全部转变成电容 C_T 中的能量，此时电容上电压达到最大，设为 U_C，则根据能量守恒

$$\frac{1}{2} C_T U_C = \frac{1}{2} L_T I_0^2 + \frac{1}{2} C_T U_0^2$$

$$U_C = \sqrt{U_m^2 \cos^2\alpha + \frac{L_T}{C_T} I_m^2 \sin^2\alpha}$$

考虑到 $I_m \approx \dfrac{U_m}{2\pi f L_T}$，$f_0 = \dfrac{1}{2\pi \sqrt{L_T C_T}}$（自振频率）

$$U_C = U_m \sqrt{\cos^2\alpha + \left(\frac{f_0}{f}\right)^2 \sin^2\alpha}$$

过电压倍数
$$K = \frac{U_C}{U_m} = \sqrt{\cos^2\alpha + \left(\frac{f_0}{f}\right)^2 \sin^2\alpha}$$

实际上，磁场能量转化为电场能量的过程中必然有损耗，这可通过引入一转化系数 η_m（$\eta_m < 1$）加以考虑，则

$$K = \sqrt{\cos^2\alpha + \eta_m \left(\frac{f_0}{f}\right)^2 \sin^2\alpha}$$

转化系数 η_m 一般小于 0.5，国外大型变压器实测数据约在 $0.3 \sim 0.45$ 之间，自振频率 f_0 与变压器的参数和结构有关，通常为工频的 10 倍以上，但超高压变压器则只有工频的几倍。显然，当空载励磁电流在幅值处被截断，即 $\alpha = 90°$ 时，过电压数值达到可能的最大值，此时

$$K = \sqrt{\eta_m} \frac{f_0}{f}$$

二、影响过电压的因素及限压措施

1. 影响因素

从上分析可看出，切除空载变压器过电压的大小与空载电流截断值以及变压器的自振频率 f_0 有关。空载电流的截断值与断路器的灭弧性能有关。切断小电流电弧时性能差的断路器（尤其是多油断路器），由于截流能力不强，切空载变压器时过电压较低，而切除小电流电弧时性能好的断路器（如空气断路器、SF_6 断路器），由于截流能力强，切空载变压器时过电压较高。另外，当断路器去游离作用不强时（由于灭弧能力差），截流后在断路器触头间可引起电弧重燃，而这种电弧的重燃使变压器侧的电容电场能量向电源释放，从而降低这种过电压。

使用相同断路器，即在相同截流下，当变压器引线电容较大时（如空载变压器带有一段电缆或架空线）时，这使得等值电容 C_T 加大，从而降低这种过电压。

我国对切除 110～220kV 空载变压器做过不少试验，实测结果表明，在中性点直接接地的电网中，这种过电压一般不超过 3 倍相电压；在中性点不接地电网中，一般不超过 4 倍相电压。

2. 限压措施

目前，限制切除空载变压器的主要措施是采用阀型避雷器。切空载变压器过电压虽然幅值较高，但由于其持续时间短，能量小（要比阀型避雷器允许通过的能量小一个数量级），故可用阀型避雷器加以限制。用来限制切空载变压器过电压的避雷器应接在断路器的变压器侧，否则在切空载变压器时将使变压器失去避雷器的保护。另外，这组避雷器在非雷雨季节也不能退出运行。如果变压器高低压侧电网中性点接地方式一致，那么可不在高压侧而只在低压侧装阀型避雷器，这就比较经济方便。如果高压侧中性点直接接地，而低压侧电网中性点不是直接接地的，则只在变压器低压侧装避雷器时，应装磁吹阀型避雷器或氧化锌避雷器。

习　　题

9-1　试列表比较各种操作过电压的产生原因和主要影响因素。

9-2　试简述消弧线圈的作用及消弧线圈补偿度的选择。

9-3　试比较断路器灭弧性能对切除空载线路和对切除空载变压器过电压的影响。

9-4　试简述带并联电阻的断路器限制切合空载线路过电压的原理及操作时主辅触头动作的顺序。

9-5　试简述对用来限制操作过电压避雷器的要求。

第十章 铁磁谐振过电压

第一节 电力系统的谐振过电压

电力系统中有许多电感、电容元件，例如电力变压器、互感器、发电机、电抗器等的电感；线路导线的对地与相间电容、补偿用的串联和并联电容器组、各种高压设备的等值电容。它们的组合可以构成一系列不同自振频率的振荡回路。当系统进行操作或发生故障时，某些振荡回路就有可能与外加电源发生谐振现象，导致系统中某些部分（或设备）上出现过电压，这就是谐振过电压。

谐振是一种周期性或准周期性的运行状态，其特征是某一个或某几个谐波的幅值急剧上升。复杂的电感、电容电路可以有一系列的自振频率，而电源中也往往含有一系列的谐波，因此只要某部分电路的自振频率与电源的谐波频率之一相等（或接近）时，这部分电路就会出现谐振现象。谐振频率，也即谐振过电压的频率可以是工频 50Hz，也可以是高于工频的高次频率，也可以是低于工频的分次频率。

在不同电压等级以及不同结构的电力系统中可以产生不同类型的谐振，按其性质可分为以下三类。

1. 线性谐振

线性谐振是电力系统中最简单的谐振形式。线性谐振电路中的参数是常数，不随电压或电流变化，这些电路元件主要是不带铁芯的电感元件（如线路电感和变压器漏感）或励磁特性接近线性时的有铁芯电感（如消弧线圈，其铁芯中通常有空气隙），以及系统中的电容元件（如线路对地与相间电容、设备等值电容、补偿电容等）。在正弦交流电源作用下，当系统自振频率与电源频率相等或接近时，就发生线性谐振。

在电力系统运行中，可能出现的线性谐振有：空载长线路电容效应引起的谐振，中性点非有效接地系统中不对称接地故障时的谐振（系统零序电抗与正序电抗在特定配合下），消弧线圈全补偿时（如欠补偿的消弧线圈在遇某些情况像电压扰动时会形成全补偿）的谐振以及某些传递过电压的谐振。

2. 铁磁谐振（非线性谐振）

铁磁谐振回路是由带铁芯的电感元件（如变压器、电压互感器）和系统的电容元件组成。因铁芯电感元件的饱和现象，使回路的电感参数是非线性的，这种含有非线性电感元件的回路，在满足一定谐振条件时，会产生铁磁谐振，而且它具有与线性谐振完全不同的特点和性能。

3. 参数谐振

参数谐振是指水轮发电机在正常的同步运行时，直轴同步电抗 X_d 与交轴同步电抗 X_q 周期性地变动，或同步发电机在异步运行时，其电抗将在 $X'_d \sim X_q$ 之间周期性地变动，如果与发电机外电路的容抗 X_c 满足谐振条件，就有可能在电感参数周期性变化的振荡回路中，激发起谐振现象，称为参数谐振。

谐振是一种稳态现象，因此谐振过电压不仅会在操作或故障时的过渡过程中产生，而且还可能在过渡过程结束以后，较长时间内稳定存在，直到发生新的操作或故障，谐振条件受到破坏为止。所以一旦出现这种不仅幅值较高而且持续时间又较长的谐振过电压，往往会造成严重后果。运行经验表明，谐振过电压可在各电压等级的电网中产生，尤其是在 35kV 及以下的电网中，由谐振过电压造成的事故较多，已成为一个普遍关注的问题。因此必须在设计和操作时事先进行必要的计算和安排，避免形成不利的谐振回路，或者采取一定的附加措施（如装设阻尼电阻等），以防止谐振的产生或降低谐振过电压的幅值及缩短其持续时间。

第二节　铁磁谐振的基本原理

一、铁磁谐振

铁磁谐振仅发生于含有铁芯电感的电路中。铁芯电感的电感值随电压、电流的大小而变化，不是一个常数，所以铁磁谐振又称为非线性谐振。

图 10 - 1 为最简单的 R、C 和铁芯电感 L 的串联电路。假设在正常运行条件下，其初始状态是感抗大于容抗，即 $\omega L > \dfrac{1}{\omega C}$，此时不具备线性谐振条件。但当铁芯电感两端电压有所升高时，或电感线圈中出现涌流时，就有可能使铁芯饱和，其感抗随之减小。当降至 $\omega L = \dfrac{1}{\omega C}$ $\left(\text{即}\ \omega = \omega_0 = \dfrac{1}{\sqrt{LC}}\right)$，满足串

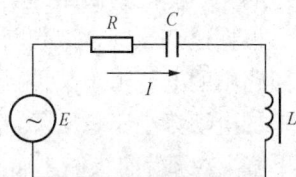

图 10 - 1　串联铁磁谐振回路

联谐振条件时，发生谐振，且在电感和电容两端形成过电压，这种现象称为铁磁谐振现象。

因为谐振回路中电感不是常数，故回路没有固定的自振频率（即 ω_0 非定值）。当谐振频率 f_0 为工频（50Hz）时，回路的谐振称为基波谐振；当谐振频率为工频的整数倍（如 3 倍、5 倍等）时，回路的谐振称为高次谐波谐振；同样的回路中也可能出现谐振频率为分次（如 1/3 次，1/5 次等）的谐振，称为分次谐波谐振。因此，具有各种谐波谐振的可能性是铁磁谐振的重要特点，此特点是线性谐振所没有的。

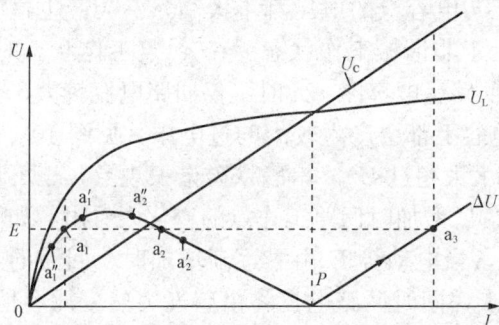

二、铁磁谐振产生的物理过程

我们以基波谐振为例。

图 10 - 2 画出了铁芯电感和电容上的电压随电流变化的曲线 U_L、U_C，电压和电流都用有效值表示。显然 U_C 应是一根直线 $\left(U_C = \dfrac{I}{\omega C}\right)$。对铁芯电感，在铁芯未饱和前，$U_L$ 基本上是一直线（见图中 U_L 的起始部分），它具有未饱和的电感值 L_0，当铁芯饱和以后，电感值减小，则 U_L 不再是直线。前面

图 10 - 2　串联铁磁谐振回路的伏安特性

已分析过当正常运行条件下，铁芯电感的感抗要大于容抗，才有可能在铁芯饱和之后，由于电感值的下降而出现感抗等于容抗的谐振条件，即未饱和时电感值 L_0 应满足 $\omega L_0 > \dfrac{1}{\omega C}$，这是产生铁磁谐振的必要条件但不是充分条件。只有满足上述条件，伏安特性 U_L、U_C 才有

可能相交。从物理意义上可理解为：当满足以上条件时，电感未饱和时电路的自振频率低于电源频率。而随铁芯的饱和，铁芯线圈中电流的增加，电感值下降，使得在某一电流值（或电压）下，回路的自振频率正好等于或接近电源频率，见 U_L、U_C 两伏安特性曲线的交点。

　　若忽略回路电阻，则回路中 L 和 C 上的压降之和应与电源电动势相平衡，即 $\dot{E}=\dot{U}_L+\dot{U}_C$，由于 $\dot{U}_L$ 与 $\dot{U}_C$ 相位相反，故此平衡方程变为 $E=\Delta U$，而 $\Delta U=|U_L-U_C|$。在图 10-2 中也画出了 ΔU 曲线。从图中可看到 ΔU 曲线与 E 线（虚线）在三处（a_1、a_2、a_3）相交，这三点都满足电压平衡条件 $E=\Delta U$，称为平衡点。根据物理概念：平衡点满足电压的平衡条件，但不一定满足稳定条件，而不满足稳定条件的点就不能成为实际的工作点。通常可用"小扰动"来考察某平衡点是否稳定。即假定有一个小扰动使回路状态离开平衡点，然后分析回路状态能否回到原来的平衡点状态，若能回到平衡点，则说明该平衡点是稳定的，能成为回路的实际工作点；否则，若小扰动以后，回路状态越来越偏离平衡点，则该平衡点是不稳定的，不能成为回路的实际工作点。

　　根据这个原则，来判断平衡点 a_1、a_2、a_3 哪是稳定的，哪是不稳定的。对 a_1 点来说，若回路中的电流由于某种扰动而有微小的增加，ΔU 沿曲线偏离 a_1 点到 a_1' 点，此时 $E<\Delta U$，即外加电动势小于总压降，使电流减小，从而从 a_1' 又回到 a_1；相反，若扰动使电流有微小的下降，ΔU 沿曲线偏离 a_1 点到 a_1'' 点，此时 $E>\Delta U$，即外加电势大于总压降，使得电流增大，从而从 a_1'' 又回到 a_1。根据以上判断，可见 a_1 点是稳定的。用同样方法可以判断 a_3 点也是稳定的。对 a_2 点来说，若回路中的电流由于某种扰动而有微小的增加从 a_2 偏离至 a_2' 点，此时外加电动势 E 将大于 ΔU，这使得回路电流继续增加，直至达到新的平衡点 a_3 为止；反之，若扰动使电流稍有减小，ΔU 沿曲线从 a_2 点偏离至 a_2'' 点，此时外加电动势 E 不能维持总压降 ΔU，这使回路电流继续减小，直到稳定的平衡点 a_1 为止。可见平衡点 a_2 不能经受任何微小的扰动，是不稳定的。

　　由此可见，在一定外加电动势 E 的作用下，铁磁谐振回路稳定时可能有两个稳定工作状态，即 a_1 点与 a_3 点。在 a_1 点工作状态时，$U_L>U_C$，整个回路呈电感性，回路中电流很小，电感上与电容上的电压都不太高，不会产生过电压，回路处于非谐振工作状态。在 a_3 点工作状态时，$U_L<U_C$，回路呈电容性，此时不仅回路电流较大，而且在电感电容上都会产生较大的过电压（见图 10-2，U_C、U_L 都大大超过 E）。串联铁磁谐振现象，也可从电源电动势 E 增加时回路工作点的变化中看出。如图 10-3 所示，当电动势 E 由零逐渐增加时，回路的工

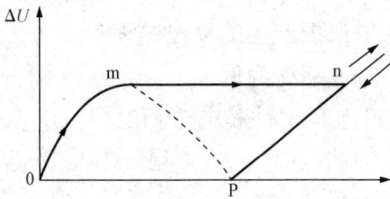

图 10-3　铁磁谐振中的跃变现象

作点将由 0 点逐渐上升到 m 点，然后跃变到 n 点，同时回路电流将由感性突然变成容性，这种回路电流相位发生 180° 的突然变化的现象，称为相位反倾现象。在跃变过程中，回路电流激增，电感和电容上的电压也大幅度地提高，这就是铁磁谐振的基本现象。

　　从图 10-2 可以看到，当电动势 E 较小时，回路存在两个可能的工作点 a_1、a_3，而当 E 超过一定值以后，只可能存在一个工作点（图 10-2 中 a_3 点右移）。当存在两个工作点时，若电源电动势没有扰动，则只能处在非谐振工作点 a_1。为了建立起稳定的谐振（工作于 a_3 点），回路必须经过强烈的过渡过程，如电源的突然合闸等。这时到底工作在非谐振工作点

a_1 还是谐振工作点 a_3，取决于过渡过程的激烈程度。这种需要经过过渡过程来建立谐振的现象，称为铁磁谐振的激发。但是谐振一旦激发（即经过过渡过程之后工作于 a_3），则谐振状态可能"自保持"（因为 a_3 点属于稳定工作点），维持很长时间而不衰减。

我们再来看图 10-2 中的 P 点，在该点，$U_C=U_L$，这时回路发生串联谐振（回路的自振角频率 ω_0 等于电源角频率 ω）。但 P 点不是平衡点故不能成为工作点，由于铁芯的饱和，随着振荡的发展，在外界电动势作用下，回路将偏离 P 点，最终稳定于 a_3 或 a_1 点。而在 a_3 工作点时出现铁磁谐振过电压，正因如此，我们将 a_3 点而不是 P 点称为谐振点。

综上所述，可以总结铁磁谐振的几个主要特点：

（1）发生铁磁谐振的必要条件是谐振回路中 $\omega L_0 > \dfrac{1}{\omega C}$，$L_0$ 为在正常运行条件下，即非饱和状态下回路中铁芯电感的电感值。这样，对于一定的 L_0 值，在很大的 C 值范围内（即 $C > \dfrac{1}{\omega^2 L_0}$）都可能产生铁磁谐振。

（2）对于满足必要条件的铁磁谐振回路，在相同的电源电动势作用下，回路可能有不只一种稳定工作状态（如就基波而言，就有非谐振状态和谐振状况两种稳定工作状态）。回路究竟是处于谐振工作状态还是处于非谐振工作状态要看外界激发引起过渡过程的情况。在这种激发过程中，伴随电路由感性突变成容性的相位反倾现象，且一旦处于谐振状态下，将产生过电流与过电压，谐振也能继续保持。

（3）铁磁谐振是由电路中铁磁元件铁芯饱和引起的。但铁芯的饱和现象也限制了过电压的幅值。此外，回路损耗（如有功负荷或电阻损耗）也使谐振电压受到阻尼和抑制。当回路电阻大到一定数值，就不会产生强烈的铁磁谐振过电压。这就说明为什么电力系统中的铁磁谐振过电压往往发生在变压器处于空载或轻载的时候。

上面就基波铁磁谐振过程进行了分析。实际运行和实验分析表明，在铁芯电感的振荡回路中，如满足一定的条件，还可能出现持续性的高次谐波铁磁谐振与分次谐波铁磁谐振，在某些特殊情况下，还会同时出现两个以上频率的铁磁谐振。

第三节　几种常见的谐振过电压

一、传递过电压

传递过电压发生于中性点绝缘或经消弧线圈接地的电网中。在正常运行条件下，此类电网的中性点位移电压很小（当三相平衡运行，即零序电流为零时，中性点位移电压为零）。但是，当电网中发生不对称接地故障、断路器非全相或不同期操作时，中性点位移电压将显著增大，通过静电耦合和电磁耦合，在变压器的不同绕组之间或者相邻的输电线路之间会发生电压的传递现象，若此时在不利的参数配合下使耦合回路处于线性串联谐振或铁磁谐振状态，那就会出现线性谐振过电压或铁磁谐振过电压，这就是传递过电压。

下面就发电机—升压变压器接线分析这种传递过电压的产生过程。图 10-4（a）为一发电机—升压变压器组的接线图。

变压器高压侧相电压为 U_x，中性点经消弧线圈接地（或中性点绝缘），C_{12} 为变压器高低压绕组间的耦合电容，C_0 为低压侧每相对地电容，L 为低压侧对地等值电感（包括消弧

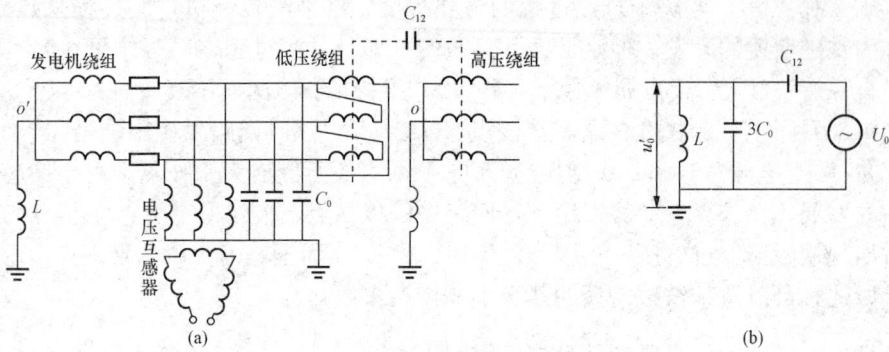

图 10 - 4　发电机—升压变压器组的接线图与等值电路

(a) 接线图；(b) 等值电路

线圈电感与电压互感器励磁电感）。当发生前面所述不对称接地等故障时，将出现较高的高压侧中性点位移电压 $\dot{U}_0$，$\dot{U}_0$ 即零序电压（单相接地时 $\dot{U}_0$ 达相电压 $\dot{U}_x$）。$\dot{U}_0$ 的电压将通过静电与电磁的耦合传递至低压侧。考虑主要通过耦合电容 C_{12} 的静电耦合时，等值电路见图 10 - 4 (b)，传递至低压侧的电压为 $\dot{U}'_0$。通常低压侧消弧线圈采取过补偿运行，所以 L 与 $3C_0$ 并联后呈感性，即并联后阻抗 $\dfrac{1}{\dfrac{1}{\omega L} - 3\omega C_0}$ 为感性阻抗。在特定情况下，当 $\dfrac{1}{\dfrac{1}{\omega L} - 3\omega C_0}$ $= \dfrac{1}{\omega C_{12}}$ 时，即 $\omega C_{12} = \dfrac{1}{\omega L} - 3\omega C_0$ 时，将发生串联谐振，U'_0 达到很高的数值，即出现了传递过电压。当出现这种传递过电压时同时伴随消弧线圈、电压互感器等的铁芯饱和时可表现为铁磁谐振，否则为线性谐振。

防止传递过电压的办法首先是尽量避免出现中性点位移电压，如尽量使断路器三相同期动作，不出现非全相操作等措施；其次是适当选择低压侧消弧线圈的脱谐度，如错开串联谐振条件 $\omega L = \dfrac{1}{\omega C_{12} + 3\omega C_0}$。

二、断线引起的谐振过电压

电力系统中发生基波铁磁谐振比较典型的另一类情况是断线过电压。所谓断线过电压是泛指由于线路故障断线、断路器的不同期切合和熔断器的不同期熔断时引起的铁磁谐振过电压。只要电源侧和受电侧中任一侧中性点不接地，在断线时，都可能出现谐振过电压，导致避雷器爆炸，负载变压器相序反倾和电气设备绝缘闪络等现象。

对于断线过电压，最常遇到的是三相对称电源供给不对称三相负载。下面以中性点不接地系统线路末端接有空载（或轻载）变压器，变压器中性点不接地，其中一相（例如 A 相）导线断线为例分析断线过电压的产生过程。

如图 10 - 5 所示，忽略电源内阻抗及线路阻抗（相比于线路电容来讲数值很小），L 为空载（或轻载）变压器每相励磁电感，C_0 为每相导线对地电容，C_{12} 为导线相间电容，l 为线路长度，变压器接在线路末端。若在离电源 $xl(x < 1)$ 处发生一相导线（A 相）断线，断线处两侧 A 相线的对地电容分别为 $C'_0 = xC_0$ 与 $C''_0 = (1-x)C_0$。断线处变压器侧 A 相导线的相间电容为 $C''_{12} = (1-x)C_{12}$。设线路的正序电容与零序电容的比值为

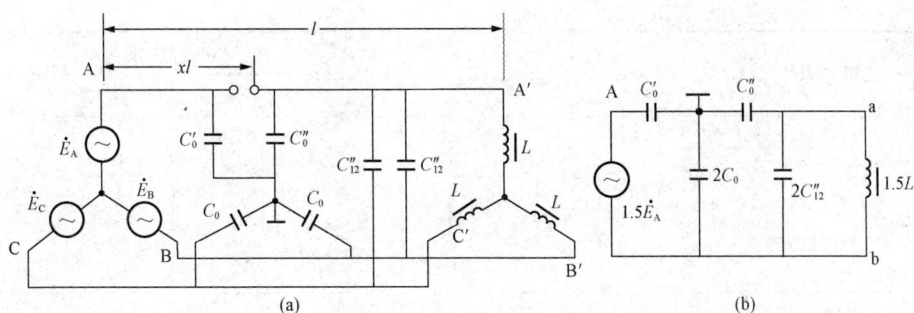

图 10-5　中性点不接地系统一相断线时的电路

(a) 接线图；(b) 等值电路

$$\delta = \frac{C_0 + 3C_{12}}{C_0}$$

一般 $\delta = 1.5 \sim 2.0$，由上式得

$$C_{12} = \frac{1}{3}(\delta - 1)C_0$$

由于电源三相对称，且当 A 相断线后，B、C 相在电路上完全对称，因而可以简化成图 10-5 (b) 所示的单相等值电路。对此等值电路，还可应用有源两端网络的戴维南定理进一步简化为如图 10-6 所示的串联谐振电路。在此电路中，等值电动势 $\dot{E}$ 就是图 10-5 (b) 中 a、b 两点间的开路电压，等值电容 C 为图 10-5 (b) 中 a、b 两点间的入口电容。通过计算可求得

图 10-6　图 10-5 (b) 的戴维南等值串联谐振电路

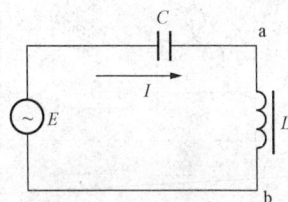

$$C = \frac{C_0}{3}\big[(x + 2\delta)(1 - x)\big]$$

$$\dot{E} = 1.5\dot{E}_A \frac{1}{1 + \dfrac{2\delta}{x}}$$

随着断线（非全相运行）的具体情况不同，各自具有相应的等值单相接线图和等值串联谐振回路。表 10-1 列出了几种有代表性的断线故障的电路以及简化后的等值电势 E 和等值电容 C 的表达式。

表 10-1　　　　　　　　　　　　　断线故障等值电路及其参数

序号	断线系统接线图	等 值 电 路	串联等值电路参数	
			E	C
1			$\dfrac{1.5\dot{E}_A}{1 + \dfrac{2\delta}{x}}$	$\dfrac{(1-x)(2\delta + x)}{3}C_0$

续表

序号	断线系统接线图	等 值 电 路	串联等值电路参数	
			E	C
2			$\dfrac{4.5\dot{E}_A}{1+2\delta}$	$\dfrac{(1-x)(1+2\delta)}{3}C_0$
3			$\dfrac{4.5\dot{E}_A}{4+5x+2\delta(1-x)}$	$\dfrac{4+5x+2\delta(1-x)}{3}C_0$
4			$\dfrac{1.5\dot{E}_A}{1+\dfrac{\delta}{2x}}$	$\dfrac{2(1-x)(\delta+2x)}{3}C_0$
5			$\dfrac{1.5\dot{E}_A}{1+2\delta}$	$\dfrac{(1-x)(1+2\delta)}{3}C_0$
6			$\dfrac{1.5\dot{E}_A}{1+\dfrac{\delta}{2}}$	$\dfrac{2(1-x)(2+\delta)}{3}C_0$

从表 10-1 中可以看到，以上几种断线中，在第三种情况即中性点不接地系统中，单相断线且负载侧导线接地时，等值电容 C 的数值较大，尤其在 $x=1$ 时，即当断线故障发生在负载侧时，电容 C 最大达 $C_{max}=3C_0$，因此不发生由于断线引起基波铁磁谐振过电压的条件为

$$3\omega C_0 \leqslant \frac{1}{1.5\omega L_0} \qquad (L_0 \text{ 为变压器不饱和时的励磁电感})$$

若变压器的励磁阻抗 $X_m=\omega L_0$，则上述情况下不发生断线引起基波铁磁谐振过电压的条件改写成

$$C_0 \leqslant \frac{1}{4.5X_m\omega}$$

而 X_m 可根据变压器的额定电压 U_N（kV），额定容量 P_N（kVA），空载电流 I_0（%）由

$$X_m = \frac{U_N^2}{I_0 P_N} \times 10^5 \text{ 求得}。$$

由此 C_0 值可进一步算出不发生基波铁磁谐振的线路长度。

为限制断线过电压可采取以下措施：

（1）保证断路器的三相同期动作；避免发生拒动；不采用熔断器。

（2）加强线路的巡视和检修，预防发生断线。

（3）若断路器操作后有异常现象，可立即复原，并进行检查。

（4）在中性点接地电网中，操作中性点不接地的负载变压器时，应将变压器中性点临时接地。此时负载变压器未合闸相的电位被三角形连接的低压绕组感应出来的恒定电压所固定，不会谐振。

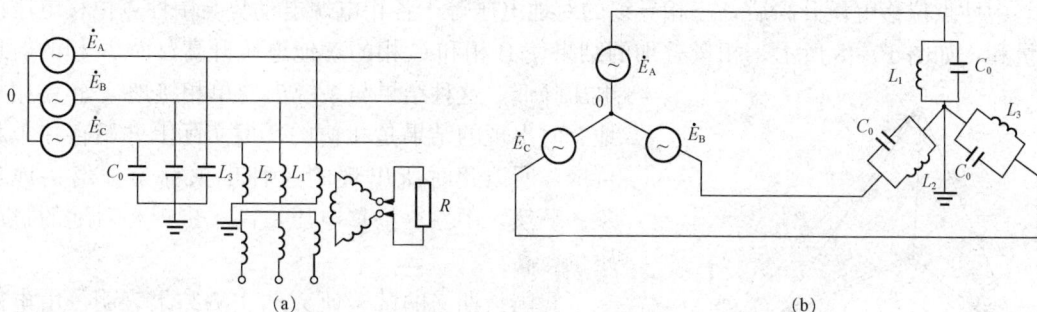

图 10 - 7　带有 Y_0 接线电压互感器的三相回路

（a）原理接线；（b）等值接线

三、电磁式电压互感器饱和引起的谐振过电压

在中性点不接地系统中，为了监视三相对地电压，在发电厂、变电所母线上常接有 Y_N 接线的电磁式电压互感器。如图 10 - 7 所示。$L_1 = L_2 = L_3 = L$ 为电压互感器各相的励磁电感，$\dot{E}_A$、$\dot{E}_B$、$\dot{E}_C$ 为三相电源电动势，C_0 为各相导线对地电容。正常运行时，电压互感器的励磁阻抗是很大的，所以每相对地阻抗（L 和 C_0 并联后）呈容性，三相基本平衡，电网中性点 0 的位移电压很小。但当系统中出现某些扰动，使电压互感器各相电感的饱和程度不同时，就可能出现较高的中性点位移电压，可能激发起谐振过电压。

常见的使电压互感器产生严重饱和的各种扰动有：电压互感器的突然合闸，使得某一相或两相绕组出现较大的励磁涌流；由于雷击或其他原因使线路发生瞬时单相弧光接地，使健全相上电压突然升高到线电压，而故障相在接地消失时又可能有电压的突然上升，在这些暂态过程中会有很大的涌流；传递过电压，例如高压绕组侧发生单相接地或不同期合闸，低压侧有传递过电压使电压互感器铁芯饱和。

既然过电压是由零序电压（即中性点位移电压）引起的，那么网络零序参数的不同，外界激发条件的不同，使这种谐振过电压可以是基波谐振过电压，也可以是高次谐波或分次谐波谐振过电压。下面分析基波谐振过电压的产生过程。

对于如图 10 - 7（b）的等值接线，中性点的位移电压 $\dot{U}_0$ 为

$$\dot{U}_0 = \frac{\dot{E}_A Y_1 + \dot{E}_B Y_2 + \dot{E}_C Y_3}{Y_1 + Y_2 + Y_3}$$

正常运行时，$Y_1 = Y_2 = Y_3 = Y$　所以

$$\dot{U}_0 = \frac{(\dot{E}_A + \dot{E}_B + \dot{E}_C) Y}{3Y} = 0 \qquad (\dot{E}_A + \dot{E}_B + \dot{E}_C = 0)$$

各相对地导纳呈容性（电压互感器励磁电感与 C_0 并联值），也即流过 C_0 的电容电流大

于流过 L 的电感电流。

由于扰动的结果使电压互感器上某些相的对地电压瞬时升高，假定 B 相和 C 相的对地电压瞬时升高，由于电感的饱和使 L_2 和 L_3 减小，使流过 L_2 和 L_3 的电感电流增大，这样就有可能使得 B 相和 C 相的对地导纳变成电感性，即 Y_2、Y_3 为感性导纳，而 Y_1 为容性导纳，容性导纳与感性导纳的抵消作用使 $Y_1+Y_2+Y_3$ 显著减小，导纳中性点位移电压大大增加。如参数配合不当使 $Y_1+Y_2+Y_3=0$，则发生串联谐振，使中性点位移电压急剧上升。

中性点位移电压升高后，三相导线的对地电压等于各相电源电动势与中性点位移电压的相量和，如图 10-8 所示。相量叠加的结果使 B 相和 C 相的对地电压升高，而 A 相的对地电压降低。这种结果与系统出现单相接地（如 A 相接地）时出现的结果是相仿的，但实际上并不存在单相接地，所以此时所出现的这种现象称为虚幻接地现象。显然，中性点位移电压愈高，出现相对地的过电压也愈高。

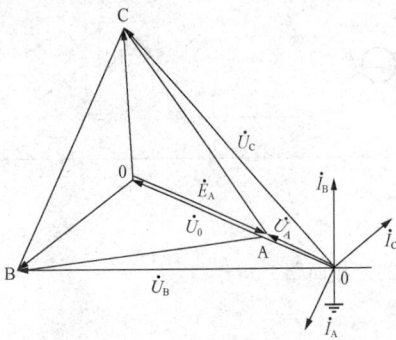

图 10-8 中性点位移时三相电压相量图

我国长期来的试验研究和实测结果表明，由电磁式电压互感器饱和所引起的基波和高次谐波谐振过电压很少超过 3p.u.，因此除非存在弱绝缘设备，一般是不危险的，但其经常引起电压互感器喷油冒烟，高压熔断器熔断等异常现象以及引起接地指示的误动作（虚幻接地）。对于分次谐波过电压来说，由于受到电压互感器铁芯严重饱和的限制，过电压一般不超过 2p.u.，但励磁电流急剧增加，引起高压熔断器的频繁熔断甚至造成电压互感器的烧毁。

为了限制和消除这种铁磁谐振过电压，可以采取以下措施：

（1）选用励磁特性较好的电压互感器或改用电容式电压互感器。

（2）在电磁式电压互感器的开口三角绕组中加阻尼电阻，阻值 $R \leqslant 0.4 X_T$（X_T 为互感器在额定线电压作用下换算到低压侧的单相绕组励磁阻抗），这样可消除各种谐波的谐振现象出现。对于 35kV 及以下电网，一般要求 R 值为 10～100Ω，若阻尼电阻长期接在开口三角绕组中，则阻值不能过小，否则当系统内发生持续单相接地故障时，开口三角绕组两端将出现 100V 工频零序电压，从而造成互感器过载。为此最好采用非线性电阻，这样既可保证可靠地消除谐振，又能满足互感器的容量要求。

（3）在母线上加装一定的对地电容，使达到 $\dfrac{X_{C0}}{X_T} \leqslant 0.01$，谐振也就不能发生。

（4）采取临时的倒闸措施，如投入消弧线圈，将变压器中性点临时接地以及投入事先规定的某些线路或设备等。

习 题

10-1 铁磁谐振过电压是怎样产生的，其与线性谐振相比有什么不同的特点？

10-2 电磁式电压互感器是如何引起基波铁磁谐振过电压的，如何限制和消除？

10-3 产生断线过电压的条件是什么，如何限制和消除？

第十一章　电力系统的绝缘配合

一、绝缘配合、绝缘水平与试验电压

绝缘与过电压是高电压技术中的两大主要内容。电力系统的绝缘包括输电线路的绝缘和发电厂变电所中电气设备的绝缘。研究绝缘的耐电特性、绝缘结构以及检验绝缘电气性能试验方法的最终目的是保证电力系统中各种绝缘的正常工作，这是因为绝缘方面的问题已成为电力系统尤其是超高压电力系统正常安全运行的重要因素。但是，绝缘的研究又不能脱离过电压，这是由于过电压是造成绝缘损坏的主要原因，绝缘的各种耐电特性应是在各种不同过电压下的特性，绝缘的试验也应是在各种不同试验电压（模拟过电压）下的试验。所以，绝缘与过电压是相互关联的两个方面。

在设计电力网和电气设备时，要确定各带电部分的绝缘强度，也即绝缘水平。在某一额定电压下，所选择的绝缘水平越低，则投资越省，但是在过电压和工频电压作用下，太低的绝缘水平会导致频繁的闪络和绝缘击穿事故，不能保证电网的安全运行；反过来，绝缘水平太高将使投资大大增加，造成浪费。另一方面，降低和限制过电压可以降低绝缘水平，降低设备的投资，但由于增加了过电压保护设备，在这方面的投资将增加。因此，采用何种过电压保护措施和过电压保护设备，使之在不增加过多投资的前提下，既限制了可能出现的高幅值过电压以保证设备安全，使系统可靠地运行，又降低了对各种输变电设备的绝缘水平和减少了主要设备的投资费用，这就需要处理好过电压、限压措施、绝缘水平三者之间的协调配合的关系。

绝缘配合就是根据设备在电力系统中可能承受的各种电压，并考虑过电压的限制措施和设备的绝缘性能后来确定设备的绝缘水平（绝缘耐受强度），以便把作用于电气设备上的各种电压（正常工作电压及过电压）所引起的绝缘损坏降低到经济上和运行上所能接受的水平。

绝缘配合不光要在技术上处理好各种电压、各种限压措施和设备绝缘耐受能力三者之间的配合关系，还要在经济上协调好投资费用、维护费用和事故损失等三者之间的关系。同时，因为系统中可能出现的各种过电压与电网结构、地区气象和污秽条件等密切相关，并具有随机性；而电气设备的绝缘性能以及限压和保护设备的性能也有随机性，因此绝缘配合是一个相当复杂的问题，不可孤立地、简单地以某一情况作出决定。

绝缘水平是由长期最大工作电压、大气过电压及内过电压三因素中最严格的一个来决定的。由于不同电压等级系统中过电压情况的不同，上述决定的考虑也是不同的。在220kV及以下系统中，要求把大气过电压限制到低于内过电压的数值是不经济的，因此在这些系统中，电气设备的绝缘水平主要是由大气过电压来决定的。也就是说，对于220kV及以下具有正常绝缘水平的电气设备而言，应能承受内部过电压的作用。在超高压系统中，操作过电压的幅值随电压等级而提高，逐渐变为主要矛盾。但是，过电压的数值与防护措施有关，各个国家的做法不同，绝缘配合的出发点也就不同。我国对超高压系统中内过电压保护原则为主要通过改进断路器性能（如加并联电阻）将操作过电压限制到一定水平，通过并联电抗器

将工频过电压限制到一定水平，然后以避雷器作为内过电压的后备保护。这样不至于在内过电压下出现频繁的动作（因为内过电压出现频率大大超过大气过电压出现频率），正由于内过电压被限制到了一定水平，所以，系统绝缘水平仍以大气过电压来决定（以大气过电压下避雷器残压为基准）。

所谓某一电压等级电气设备的绝缘水平，就是指该设备可以承受（不发生闪络、击穿或其他损坏）的试验电压标准。这些试验电压标准在各国的国家标准中都有明确的规定。考虑到电气设备在运行时要承受运行电压、工频过电压、大气过电压及内部过电压的作用，在试验电压标准中分别规定了各种电气设备绝缘的工频试验电压（1min）（对外绝缘还规定了干闪和湿闪电压）、雷电冲击试验电压及操作冲击试验电压。考虑到在运行电压和工频过电压作用下绝缘的老化和外绝缘的污秽性能，还规定了某些设备的长时间工频试验电压。

对 220kV 及以下电压等级的电气设备，往往用 1min 工频耐压试验代替雷电冲击与操作冲击耐压试验。之所以能用 1min 工频试验电压来等值代替操作过电压及大气过电压的作用，这是因为：

（1）工频试验电压作用时间长，对设备绝缘的考验更严格。

（2）试验方便。

（3）工频耐压试验电压值是按以下程序确定的。

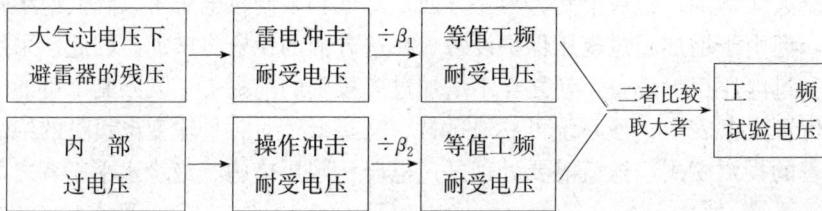

其中 β_1 为雷电冲击系数 $\left(=\dfrac{雷电冲击耐受电压}{等值工频耐受电压}\right)$；$\beta_2$ 为操作冲击系数 $\left(=\dfrac{操作冲击耐受电压}{等值工频耐受电压}\right)$。

这样，工频试验电压实际上代表了绝缘对内、外过电压的总耐受水平。一般除了型式试验要进行冲击耐压试验外，只要能通过工频耐压试验就认为在运行中遇到内外过电压都能保证安全。

必须指出，对超高压电气设备而言，普遍认为用工频耐压试验代替操作冲击耐压试验是不恰当的。首先，对超高电压等级，用 1min 工频试验电压代替操作过电压对绝缘可能要求过高，且二者等价性不能确切肯定，其次，操作波对绝缘的作用有其特殊性，在绝缘内部的电压分布与在工频电压下时各不相同。因此，对超高压电气设备还规定了操作波试验电压。

二、线路绝缘水平的确定

线路绝缘所处的情况与变电所内的电气设备不同。线路上发生的事故主要是绝缘子串的沿面放电和导线对杆塔或线与线间空气间隙的击穿。在确定线路绝缘水平时，就要确定线路绝缘子串的长度和确定线间及导线与杆塔之间的空气间隙。

线路绝缘子串每串的绝缘子个数（根据机械负载先选定绝缘子的型式）是按工作电压下所要求的泄漏距离来确定的。然后再按内、外过电压的要求进行校验。计算时常用到单位泄漏距离，即泄漏比距 S

$$S = \frac{n\lambda}{U_N} \quad (cm/kV)$$

式中　n——每串绝缘子的个数；

　　　λ——每片绝缘子的泄漏距离，cm；

　　　U_N——线路的额定电压，kV。

确定每串绝缘子个数时，必须使 $S \geqslant S_0$，否则闪络事故严重。而 S_0 则根据地区污秽等级的不同有不同的规定值，见表 11-1。对一般非污秽地区取 $S_0 \geqslant 1.6 cm/kV$。

表 11-1　　　　　　　　　不同污秽等级下的最小泄漏比距 S_0

外绝缘污秽等级	最小泄漏（爬电）比距（cm/kV）	
	线　　路	电站设备
0	1.39	1.48
1	1.6	1.6
2	2.0	2.0
3	2.5	2.5
4	3.1	3.1

由 $S \geqslant S_0$ 可得出每串的绝缘子个数

$$n \geqslant \frac{S_0 U_N}{\lambda}$$

表 11-2 给出了海拔 1000m 以下，非污秽地区线路选用 X-4.5 型悬式绝缘子时，每串绝缘子个数的计算结果，从表中可以看出在非高海拔的清洁地区，按不同要求所决定的每串绝缘子的个数基本上是相同的。

表 11-2　　　　　　　　　　不同情况下绝缘子使用数量

线路额定电压（kV）	35	66	110	154	220	330
中性点接地方式	不直接接地		直接接地			
按工作电压下泄漏比距要求决定	2	4	6~7	9	13	19
按内部过电压下湿闪要求决定	3	5	7	9	12~13	17~18
按大气过电压下耐雷水平要求决定	3	5	7	9	13	19
实际采用值	3	5	7	9	13	19

我国 500kV 线路绝缘子串每串绝缘子个数是按操作过电压决定的，要求在内过电压下不应引起绝缘闪络。

线路上的空气间隙主要有导线对大地、导线对导线、导线对避雷线、导线对杆塔和横担。导线对地面的高度主要考虑的是穿越导线下面的最高物体与导线间的安全距离，在超高压下，还应考虑地面物体的静电感应问题。导线间的距离主要是考虑导线弧垂的最低点在风力的作用下，当发生导线摇摆时的最小间隙应能耐受工作电压。因这种极端的摇摆现象很少发生，所以在电压等级较低时，就以不碰线为原则来决定。导线与避雷线的间隙是以雷击避雷线档距中央不引起对导线的空气间隙击穿的原则来决定的。因此，线路上的空气间隙主要是确定导线与杆塔距离的问题。

三、电气设备试验电压的确定

电气设备包括电机、变压器、电抗器、断路器、互感器等，这些设备的绝缘可分为内绝缘和外绝缘两部分。内绝缘是指密封在箱体内的部分，它们与大气隔离，其耐受电压值基本上与大气条件无关。但应注意内绝缘中所使用的固体绝缘，在过电压的多次作用下会出现累积效应而使绝缘强度下降，故在决定其绝缘水平时须留有裕度。外绝缘指暴露于空气中的绝缘（如套管表面），其耐受电压与大气条件有很大的关系。

变电所内电气设备的绝缘水平与保护设备（避雷器）的性能、接线方式和保护配合原则有关。避雷器对电气设备的保护可以有两种方式：

（1）避雷器只用来保护大气过电压而不用来保护内部过电压。我国对 220kV 及以下电压等级的系统采用这种方式。在这些系统中，内过电压对正常绝缘无危险，避雷器在内过电压下不动作。

（2）避雷器主要用来保护大气过电压，但也用作内过电压的后备保护。我国对超高压系统采用这种方式。在这些系统中，依靠改进断路器的性能（如断口并联电阻）将内过电压限制到一定水平，在内过电压作用下，避雷器一般不动作，只在极少情况下，内过电压值超过既定的水平时，避雷器才动作，此时避雷器对内过电压而言，作为后备保护用。

电气设备绝缘耐受大气过电压（即雷电冲击电压）的能力称为电气设备的基本冲击绝缘水平（BIL）。电气设备绝缘耐受操作过电压（即操作冲击电压）的能力称为电气设备的操作冲击绝缘水平（SIL）。它们分别是设备绝缘能耐受的雷电和操作冲击电压值，也分别是耐压试验时的雷电冲击耐压试验电压值和操作冲击耐压试验电压值。在上面已指出，对 220kV 及以下的电气设备，其操作冲击绝缘水平是用等值工频试验电压，即工频绝缘水平来代替的，并且，这种工频试验电压实际上是由电气设备的基本冲击绝缘水平和操作冲击绝缘水平共同决定的总的绝缘水平。电气设备的各种耐压试验电压都是以避雷器在雷电冲击电压与操作冲击电压下的残压为基础来决定的。

根据我国电力系统发展情况及电器制造水平，结合我国运行经验，并参考国际电工委员会（IEC）推荐的绝缘配合标准，我国国家标准 GB311—2013 对各电压等级电气设备的试验电压作了具体规定，见表 11-3。

表 11-3　　　　　　　　　　　3～500kV 输变电设备的基准绝缘水平

额定电压	最高工作电压	额定操作冲击耐受电压		额定雷电冲击耐受电压		额定短时工频耐受电压	
				（kV，峰值）		（kV，有效值）	
（kV，有效值）	（kV，有效值）	（kV，峰值）	相对地过电压（p.u.）	Ⅰ	Ⅱ	Ⅰ	Ⅱ
3	3.5	—	—	20	40	10	18
6	6.9	—	—	40	60	20	23
10	11.5	—	—	60	75	28	30
15	17.5	—	—	75	105	38	40
20	23.0	—	—		125	—	50
35	40.5	—	—		185/200	—	80

续表

额定电压	最高工作电压	额定操作冲击耐受电压		额定雷电冲击耐受电压		额定短时工频耐受电压	
(kV，有效值)	(kV，有效值)	(kV，峰值)	相对地过电压 (p.u.)	(kV，峰值)		(kV，有效值)	
				Ⅰ	Ⅱ	Ⅰ	Ⅱ
110	126.0	—	—	—	450/480	—	185
220	252.0	—	—	—	850	—	360
		—	—	—	950	—	395
330	363.0	850	2.85	—	1050	—	(460)
		950	3.19	—	1175	—	(510)
500	550.0	1050	2.34	—	1425	—	(630)
		1175	2.62	—	1550	—	(680)

习　　题

11-1　什么是电力系统的绝缘配合，什么是电气设备的绝缘水平？

11-2　输电线路绝缘子串中绝缘子的片数是如何确定的？

11-3　何为电气设备绝缘的 BIL 和 SIL？

附录　球间隙击穿电压表

（大气压力 101.3kPa，气温 20℃）

附表 1　　　　一球接地时，球隙的击穿电压

（kV，最大值，适用于工频交流、负极性直流、负极性冲击电压）

球径(cm)／间隙(cm)	2	5	6.25	10	12.5	15	25
0.05	2.4						
0.10	4.4						
0.15	6.3						
0.20	8.2	8.0					
0.30	11.5						
0.40	14.8	14.3	14.2				
0.50	18.0			16.9	16.7	16.5	
0.60	21.0	20.4	20.2				
0.70	23.9						
0.80	26.6	26.3	26.2				
0.90	29.0						
1.0	31.2	32.0	31.9	31.6	31.5	31.3	31
1.2	35.1	37.6	37.5				
1.4	38.5	43.0	43.0				
1.5	40.0			45.6	45.6	45.6	45
1.6	(41.4)	48.1	48.4				
1.8	(44.0)	53.0	53.6				
2.0	(46.2)	57.4	58.2	59.1	59.2	59.2	59
2.2		61.5	61.3				
2.4		65.3	67.4				
2.5		67.2	69.6	72.0	72.0	72.6	72
3.0		75.4	79.1	84.1	85.2	85.5	86
3.5		82.4	87.5	95.2	97.2	98.1	
4.0		(88.4)	94.8	105	109	110	112
4.5		(93.5)	101	115	119	122	
5.0		(98.0)	(107)	123	129	132	137
5.5			(112)	131	138	143	
6.0			(116)	138	146	152	161
6.5				144	154	161	
7.0				150	162	169	184
7.5				155	168	177	
8.0				(160)	174	185	205
9.0				(169)	186	198	225
10				(177)	(196)	209	243
11					(204)	219	260
12					(212)	(229)	275
13						(238)	289
14						(245)	302
15						(252)	314
16							325
18							345
20							(363)
22							(378)
24							(391)
25							(396)

球径(cm)／间隙(cm)	50	75	100	150	200
2.0	58	58			
2.5		71			
4.0	112	112			
5.0			137	137	137
6.0	164	164			
8.0	214	215			
10	262	265	266	267	265
12	308	313			
14	352	360			
15			387	388	389
16	392	406			
18	428	450			
20	461	492	503	508	510
22	491	532			
24	520	570			
25			611	626	630
26	545	606			
28	570	640			
30	591	670	709	739	745
32	611	702			
34	630	731			
35			797	846	858
36	647	756			
38	(663)	785			
40	(679)	806	876	947	965
45	(710)	858	949	1040	1075
50	(738)	904	1010	1030	1180
55		945	1070	1210	
60		(981)	1120	1280	1360
65		(1012)	1170	1350	
70		(1040)	1210	1420	1530
75		(1060)	1240	1470	
80			(1280)	1530	1680
90			(1330)	1630	1810
100			(1370)	1710	1930
110				1790	2030
120				(1860)	2120
130				(1900)	2200
140				(1950)	2280
150				1980	2350
160					2410
180					2500
200					2530

注　括号内数字准确度较低。

附表 2　　　　　　　**一球接地时，球隙的击穿电压**

（kV，最大值，适用于正极性直流、正极性冲击电压）

间隙(cm) \ 球径(cm)	2	5	6.25	10	12.5	15	25
0.4		14.3	14.2				
0.5				16.9	16.7	16.5	
0.6		20.4	20.2				
0.8		26.3	26.2				
1.0		32.0	31.9	31.6	31.6	31.3	31
1.2		37.8	37.6				
1.4		43.3	43.1				
1.5							
1.6		49.0	49.0				
1.8		54.4	54.6				
2.0		59.4	60.0	59.1	59.2	59.2	59
2.2		64.2	65.0				
2.4		68.8	69.7				
2.5		71.0	72.3	72.8	72.5	72.6	
3.0		81.1	83.4	85.6	85.7	85.6	86
3.5		90.0	93.4	97.4	98.6	98.7	
4.0		(97.5)	103	109	111	111	112
4.5		(104)	110	120	123	124	
5.0		(109)	(117)	130	134	136	138
5.5			(123)	139	144	147	
6.0			(128)	148	154	158	162
6.5				156	163	168	
7.0				163	172	178	187
7.5				170	180	187	
8.0				(176)	188	196	210
9.0				(186)	202	212	232
10				(195)	(214)	226	252
11					(224)	238	272
12					(232)	(249)	290
13						260	306
14						(269)	321
15						(276)	335
16							348
18							372
20							(393)
22							(410)
24							(424)
25							(430)

间隙(cm) \ 球径(cm)	50	75	100	150	200
2.0	58	58			
4.0	112	112			
5.0			137	137	137
6.0	164	164			
8.0	214	215			
10	252	265	266	267	265
12	310	313			
14	356	360			
15			388	388	389
16	401	407			
18	440	452			
20	478	499	505	509	510
22	511	541			
24	543	582			
25			616	626	630
26	572	621			
28	600	659			
30	625	694	719	740	745
32	646	727			
34	669	759			
35			816	850	860
36	687	788			
38	(705)	816			
40	(721)	841	900	957	967
45	(756)	899	979	1060	1080
50	(785)	949	1050	1150	1180
55		994	1110	1240	
60		(1030)	1160	1310	1380
65		(1070)	1210	1390	
70		(1100)	1260	1460	1560
75		(1120)	1300	1520	
80			(1330)	1580	1710
90			(1390)	1680	1850
100			(1490)	1770	1980
110				1850	2080
120			(1920)	2180	
130			(1970)	2270	
140			(2020)	2350	
150			(2060)	2420	
160					(2480)
180					(2580)
200					(2650)

注　括号内数字准确度较低。

附表 3　　　　　　　　球隙对称分布时，球隙的击穿电压

（kV，最大值，适用于工频交流、直流、冲击电压）

球径(cm) 间隙(cm)	2	5	6.25	10	12.5	15	25
0.05	2.4						
0.10	4.4						
0.15	6.3						
0.20	8.2	8.0					
0.30	11.6						
0.40	14.9	14.3	14.2				
0.50	18.1			16.9	16.7	16.5	
0.60	21.2	20.4	20.2				
0.70	24.1						
0.80	26.9	26.4	26.2				
0.90	29.5						
1.0	32.0	32.2	32.0	31.6	31.5	31.3	31
1.4	41.2	43.3	45.2				
1.5				45.8	45.7	45.5	45
1.6	(45.2)	48.5	48.6				
1.8	(48.7)	53.5	53.9				
2.0	(51.8)	58.3	59.0	59.3	59.4	59.2	59
2.2		62.8	63.9				
2.4		67.3	68.6				
2.5		69.4	70.9	72.4	72.6	72.9	72
3.0		79.3	81.8	84.6	85.4	85.8	86
3.5		88.3	91.8	96.5	97.7	98.4	
4.0		(96.4)	101	107	100	111	113
4.5		(104)	109	118	121	123	
5.0		(111)	(117)	128	132	134	138
5.5			(124)	137	142	145	
6.0			(131)	146	152	155	162
6.5				155	161	165	
7.0				163	170	175	185
7.5				170	173	185	
8.0				(177)	187	194	207
9.0				(191)	203	221	228
10				(203)	217	227	248
11					229	242	267
12					(241)	(256)	286
13						(268)	303
14						(280)	320
15						(292)	336
16							(352)
18							(381)
20							(407)
22							(431)
24							(452)
25							(463)

球径(cm) 间隙(cm)	50	75	100	150	200
2.0	58	58			
2.5			71		
4.0	112	112			
5.0			137	137	137
6.0	164	164			
8.0	214	215			
10	263	265	266	267	265
12	309	314			
14	353	362			
16	394	408			
18	434	452			
20	472	495	504	511	511
22	507	535			
24	542	576			
25			613	628	632
26	575	615			
28	607	652			
30	638	689	714	741	747
32		725			
34	693	759			
35			812	848	860
36	718	793			
38	(742)	825			
40	(767)	856	902	950	972
45	(823)	929	986	1050	1080
50	(874)	997	1070	1140	1180
55		1060	1140	1230	
60		(1120)	1210	1320	1380
65		(1170)	(1280)	1410	
70		(1220)	1340	1490	1560
75		(1270)	1400	1560	
80			(1460)	1640	1730
90			(1560)	1760	1900
100			(1660)	1910	2050
110				2030	2190
120				(2140)	2330
130				(2240)	2460
140				(2330)	2580
150				(2420)	2690
160					(2800)
180					(3000)
200					(3180)

注　括号内数字准确度较低。

习 题 解 答

为配合《高电压技术》的学习，编者对书中各章中的习题作了解答，方便自学者理解高电压技术中一些术语，并对概念性习题讲得比较详细。本书习题特请屠志健副教授作解答，张一尘教授作了审核，限于作者水平，难免有不妥之处，请谅解。

第一章

1-1 气体中带电质点是通过游离过程产生的。游离是中性原子获得足够的能量（称游离能）后成为正、负带电粒子的过程。根据游离能形式的不同，气体中带电质点产生有四种不同方式：

（1）碰撞游离方式　在这种方式下，游离能为与中性原子（分子）碰撞瞬时带电粒子所具有的动能。虽然正、负带电粒子都有可能与中性原子（分子）发生碰撞，但引起气体发生碰撞游离而产生正、负带电质点的主要是自由电子而不是正、负离子。

（2）光游离方式　在这种方式下，游离能为光能。由于游离能需达到一定的数值，因此引起光游离的光主要是各种高能射线而非可见光。

（3）热游离方式　在这种方式下，游离能为气体分子的内能。由于内能与绝对温度成正比，因此只有温度足够高时才能引起热游离。

（4）金属表面游离方式　严格地讲，应称为金属电极表面逸出电子，因这种游离的结果在气体中只得到带负电的自由电子。使电子从金属电极表面逸出的能量可以是各种形式的能。

气体中带电质点消失的方式有三种：

（1）扩散　带电质点从浓度大的区域向浓度小的区域运动而造成原区域中带电质点的消失，扩散是一种自然规律。

（2）复合　复合是正、负带电质点相互结合后成为中性原子（分子）的过程。复合是游离的逆过程，因此在复合过程中要释放能量，一般为光能。

（3）电子被吸附　这主要是某些气体（如 SF_6、水蒸气）分子易吸附气体中的自由电子成为负离子，从而使气体中自由电子（负的带电粒子）消失。

1-2 自持放电是指仅依靠自身电场的作用而不需要外界游离因素来维持的放电。外界游离因素是指在无电场作用下使气体中产生少量带电质点的各种游离因素，如宇宙射线。讨论气体放电电压、击穿电压时，都指放电已达到自持放电阶段。

汤逊放电理论的自持放电条件用公式表达时为

$$\gamma(e^{\alpha s} - 1) = 1$$

此公式表明：由于气体中正离子在电场作用下向阴极运动，撞击阴极，此时已起码撞出一个自由电子（即从金属电极表面逸出）。这样，即便去掉外界游离因素，仍有引起碰撞游离所需的起始有效电子，从而使放电达到自持阶段。

1-3 汤逊放电理论与流注放电理论都认为放电始于起始有效电子通过碰撞游离形成电子崩，但对之后放电发展到自持放电阶段过程的解释是不同的。汤逊放电理论认为通过正离子撞击阴极，不断从阴极金属表面逸出自由电子来弥补引起电子碰撞游离所需的有效电子。而流注放电理论则认为形成电子崩后，由于正、负空间电荷对电场的畸变作用导致正、负空间电荷的复合，复合过程所释放的光能又引起光游离，光游离结果所得到的自由电子又引起新的碰撞游离，形成新的电子崩且汇合到最初电子崩中构成流注通道，而一旦形成流注，放电就可自己维持。因此汤逊放电理论与流注放电理论最根本的区别在于放电达到自持阶段过程的解释不同，或自持放电的条件不同。

汤逊放电理论适合于解释低气压、短间隙均匀电场中的气体放电过程和现象，而流注理论适合于大气压下，非短间隙均匀电场中的气体放电过程和现象。

1-4 极不均匀电场中的气体放电过程有两个不同于均匀电场、稍不均匀电场中气体放电的特性：

（1）持续的电晕放电 电晕放电是在不均匀电场中，电场强度大的区域中发生的局部区域的放电，此时整个气体间隙仍未击穿，但在局部区域中气体已击穿。在稍不均匀电场中，电晕放电起始电压很接近（略低于）间隙的击穿电压，也观察不到明显的电晕放电现象。而在极不均匀电场中则可观察到明显的电晕放电现象，且电晕放电起始电压要低于（或大大低于——取决于电场均匀程度）间隙的击穿电压。

（2）长间隙气体放电过程中的先导放电 当气体间隙距离较长（>1m）时，流注通道是通过具有热游离本质的先导放电不断向前方（另一电极）推进的。由于间隙距离较长，当流注通道发展到一定距离，由于前方电场强度不够强（由于电场不均匀）流注要停顿。此时通过先导放电而将流注通道前方电场加强，从而促使流注通道进一步向前发展。就这样，不断停顿的流注通道通过先导放电而不断推进，从而最终导致整个间隙击穿。

（3）不对称极不均匀电场中的极性效应 不对称极不均匀电场气体间隙（典型电极为棒—板间隙）的电晕起始电压及间隙击穿电压随电极正、负极性的不同而不同。正棒—负板气体间隙的击穿电压要低于相同间隙距离负棒—正板气体间隙的击穿电压，而电晕起始电压则相反。解释这种结果的要点是间隙中正空间电荷产生的电场对原电场的增强或削弱。判断间隙击穿电压高低看放电发展前方的电场是加强还是削弱，而判断电晕起始电压高低则看出现电晕放电电极附近的电场是增强还是削弱。出现正空间电荷的原因是气体游离产生的正负带电粒子定向运动速度差异很大，带负的自由电子很快向正极性电极移动，而正空间电荷（正离子）由于移动缓慢，此时几乎仍停留在原地从而形成正空间电荷。对于正棒—负板气体间隙，正空间电荷的电场加强了放电发展前方的电场，有利于流注向前方发展，有利于放电发展。但此空间电荷的电场对于棒电极附近的电场是起削弱作用，从而抑制了电晕放电。对于负棒—正板气体间隙，情况则相反。这就导致上面所述击穿电压和电晕起始电压的不同。

1-5 电晕放电与气体间隙的击穿都是自持放电，区别仅在于放电是在局部区域还是在整个区域。若出现电晕放电，将带来许多危害。首先是电晕放电将引起功率损耗、能量损耗，因电晕放电时的光、声、热、化学等效应都要消耗能量。其次，电晕放电还将造成对周围无线电通信和电气测量的干扰，因用示波器观察，电晕电流为一个个断续的高频脉冲。另外，电晕放电时所产生的一些气体具有氧化和腐蚀作用。而在某些环境要求比较高的场合，电晕放电时所发出的噪声有可能超过环保标准。为此，高压、超高压电气设备和输电线路应采取措施力求避免或限制电晕放电的产生。反过来，在某些场合下，电晕放电则被利用，如利用冲击电晕放电对波过程的影响作用可达到降低侵入变电站的雷电波波头陡度和幅值。电晕放电也被工业上某些方面所利用而达到某种用途。

1-6　气体间隙的击穿电压 U_F 是气体压力 P 和间隙距离 S 乘积的函数，这一规律称为巴申定律。这种函数关系常用曲线表示，气体种类不同，电极材料不同，这种函数关系的曲线也不同。巴申定律是由实验而不是通过解析的方法得到的气体放电规律。巴申定律的曲线是表示均匀电场气体间隙击穿电压与 PS 乘积之间的关系，它不适用于不均匀电场。此外，巴申定律是在气体温度不变的情况下得出的。对于气温并非恒定的情况应为 $U_F = F(\delta d)$，δ 为气体的相对密度。

1-7　在持续电压（直流、工频交流）作用下，气体间隙在某一确定的电压下发生击穿。而在雷电冲击电压作用下，气体间隙的击穿就没有这种某一个确定的击穿电压，间隙的击穿不仅与电压值有关，还与击穿过程的时间（放电时间）有关。这就是说，气体间隙的冲击击穿特性要用两个参数（击穿电压值和放电时间）来表征，而气体间隙在持续电压作用下击穿特性只要用击穿电压值一个参数来表征。用来表示气体间隙的冲击特性的是伏秒特性。冲击电压作用下气体间隙在电压达到 U_0（持续电压下间隙的击穿电压）值时，气体间隙并不能立即击穿而要经过一定的时间后才击穿，这段时间称为放电时延。放电时延包括两部分时延：

（1）统计时延　从电压达 U_0 值起至出现第一个有效电子为止的这段时间。统计时延的分散性较大。

（2）放电形成时延　从出现第一个有效电子至间隙击穿为止的这段时延。

1-8　同一波形、不同幅值的冲击电压作用下，气体间隙（或固体绝缘）上出现的电压最大值和放电时间（或击穿时间）的关系，称为气体间隙（或固体绝缘）的伏秒特性。伏秒特性常用曲线（由实验得到）来表示，所以也称伏秒特性曲线，它就表征了气体间隙（或固体绝缘）在冲击电压下的击穿特性。在过电压保护中，如何能保证被保护电气设备得到可靠的保护（即限制作用至电气设备绝缘上的过电压数值），就要保证被保护电气设备绝缘的伏秒特性与保护装置（如避雷器）的伏秒特性之间配合正确。两者正确的配合应是：被保护电气设备绝缘伏秒特性的下包线始终（即在任何电压下）高于保护装置伏秒特性的上包线。

1-9　影响气体间隙击穿电压的因素主要有两个：

（1）间隙中电场的均匀程度　间隙距离相同时，电场越均匀，击穿电压越高。

（2）大气条件　气压、温度、湿度不同时，同一气体间隙的击穿电压也不同。气压和温度变化引起气体相对密度变化，而气体相对密度变化使得间隙击穿电压变化。气压增大或温度降低使气体相对密度变大，自由电子容易与中性原子（分子）发生碰撞，但不容易引起碰撞游离（因碰撞前自由行程短，动能积聚不够），所以击穿电压提高。湿度改变，则改变了水蒸气分子吸附气体中自由电子的程度，自由电子数目的改变使电子碰撞游离程度改变而使间隙击穿电压改变。湿度增大，水蒸气分子吸附能力增强，自由电子数减少，电子碰撞游离程度削弱，间隙击穿电压提高。由于这种吸附自由电子需一定时间而均匀电场放电过程又很快，因此湿度对均匀电场气体间隙的击穿电压影响很小。海拔高度对气体间隙击穿电压的影响实际上也是通过气体相对密度来影响的。

提高气体间隙击穿电压主要从两个方面考虑：

（1）改善电场分布，使电场变得均匀　具体措施有改变电极形状和采用极间屏障。要注意的是：负棒—正板气体间隙极间加屏障后不一定都能提高击穿电压，这要看屏障的位置。

（2）削弱游离过程　气体击穿的根本原因是发生了游离，若采取措施削弱这种游离过程，当然击穿电压就提高了。具体措施是采用三"高"：高气压，高真空，高绝缘强度的气体（如 SF_6 气体）。

1-10　沿面闪络是指沿面放电已贯通两电极。电极放入固体介质后的沿面闪络电压要比相同电极空气间隙的击穿电压低，这是因为沿固体介质表面的电场与空气间隙间电场相比已经发生了畸变，这种畸变使固体介质表面的电场更为不均匀。而造成沿面电场畸变的原因主要有：

（1）固体介质与电极间气隙中放电产生的正、负电荷聚集在沿面靠电极的两端。

（2）固体介质表面由于潮气形成很薄的水膜，水膜中正、负离子积聚在沿面靠电极的两端。

（3）由于固体介质表面电压分布不均匀，在表面电场强度大的区域中出现电晕放电。

（4）固体介质表面的不平整造成沿面电场畸变。

1-11　套管表面的电场强度与表面斜交，表面的电场强度可分解成与表面垂直的分量和与表面平行的分量，垂直分量要比平行分量大许多。正由于表面电场的垂直分量较平行分量强，所以其放电过程具有不同的特点：

（1）首先在套管的法兰边缘处发生电晕放电，随电压升高而变成线状火花放电。

（2）随着电压进一步提高到某一数值，出现明亮的树枝状火花放电，这种火花放电位置不固定，此起彼伏，这种放电称为滑闪放电。滑闪放电是强垂直分量电场型沿面放电所特有的，它具有热游离的性质。出现滑闪放电时，放电仍未达到沿面闪络。

（3）电压升高至沿面闪络电压，滑闪放电发展成侧面闪络。

要提高套管沿面闪络电压，可以从以下两个方面来考虑：

（1）增大沿面闪络距离。要注意：闪络电压的提高与闪络距离的增大不成正比，前者提高得慢。

（2）提高套管的电晕起始电压和滑闪电压。这可以通过采用介电系数小的介质和加大套管绝缘厚度从而减小体积电容来提高；也可以通过靠近法兰处的套管表面涂以半导体漆以减小绝缘表面电阻来提高。

1-12　绝缘子串由多片绝缘子相串联，每片绝缘子具有等值电容 C（当然还有等值电导，但电导电流比电容电流小许多，故忽略），每片绝缘子的金属部分与铁塔间有分布电容 C_E，与导线间也有分布电容 C_L（分布电容的极间绝缘就是空气）。若 C_E 和 C_L 都不存在，每片绝缘子等值电容 C 上流过电流相等，则每片绝缘子上的电压分布均匀（C 上压降相等）。实际情况是存在 C_E 和 C_L，由于 C_E 和 C_L 上电流的分流作用使得各片绝缘子上的电压分布不均匀（由于流过电流不相等而压降不相等），中间绝缘子上分到的电压小而两头绝缘子上分到的电压大。由于 $C_E > C_L$，C_E 的分流作用要大于 C_L 的分流作用，所以靠导线绝缘子上分到的电压最大。为了使绝缘子串电压分布均匀，可以在靠近导线的绝缘子外面套上一金属屏蔽环（称均压环），此均压环与导线等电位，以此增大 C_L，从而使绝缘子串电压分布的均匀性得以改善。

1-13　户外绝缘子在污秽状态下发生的沿面闪络称为绝缘子的污闪。污秽绝缘子的闪络往往发生在大气湿度很高等等不利的气候条件下，此时闪络电压（污闪电压）大大降低，可能在工作电压下发生闪络从而加剧了事故的严重性。防止绝缘子发生污闪的措施主要有：

（1）清除污秽层。这要通过监测手段及时确定清扫的时间。

（2）提高绝缘子的表面耐潮性和憎水性。这是因为污秽绝缘子在受潮情况下闪络电压降低最多。具体可采用憎水性材料或绝缘子表面涂各种憎水性材料。

（3）采用半导体釉绝缘子。

第二章

2-1　见题表 2-1。

题表 2-1　　　　　　　　　　　　　　电介质四种极化形式

极化形式	形 成 原 因	过程快慢	损 耗	受温度影响
电子式	电子轨道的相对位移	快	无	极小
离子式	正、负离子空间的位移	快	无	小
偶极子	极性电介质分子（偶极子）的转向	慢	有	大
空间电荷	空间电荷的积聚	缓慢	有	大

2-2　泄漏电流是电介质中少量带电粒子在电场（电压）作用下形成的电导电流。这种电导电流是很小的（为此冠以"泄漏"的名称），但在高电压下可达到能被检测出的数值。电介质对电导电流的阻力称为绝缘电阻。作用电压（直流电压）、泄漏电流、绝缘电阻三者的关系符合欧姆定律。电介质的电导过程表明电介质并非绝对不导电，即绝缘电阻不等于无穷大。当固体电介质受电压作用时，除了有泄漏电流流过电介质内部（称为体积泄漏电流）外，还有电流沿电介质表面流过，这部分电流称为表面泄漏电流。绝缘试验中的泄漏电流测量是要测量体积泄漏电流，并以此来判断绝缘状况的好坏，若不采取措施消除表面泄漏电流，实际上所测到的电流应是体积泄漏电流和表面泄漏电流之和。

2-3　电导过程是带电粒子在电场（电压）作用下定向移动形成电导电流的过程。电介质的电导与金属导体的电导有两个本质的区别。其一是形成电导电流的带电粒子不同，电介质为离子，而金属导体为自由电子。所以电介质电导为离子性电导，而金属导体电导为电子性电导。其二是带电粒子数量上的区别，在电介质中有少量带电质点，而在金属导体中则有大量带电粒子。正由于两者带电粒子数差别悬殊，才使两者电导受温度影响的结果绝然不同。

2-4　电介质上加上直流电压后，流过电介质的电流开始较大，而后随时间衰减变小，最后稳定于某一数值，这一现象称为"吸收"现象。表面看起来似乎有一部分电流被电介质"吸收"掉了，但出现"吸收"现象的实质是电介质在直流电压（电场）作用下，电介质发生极化、电导过程综合的结果。在直流电压作用下电介质要发生极化过程和电导过程。由于极化过程，就有有损极化对应的电流 i_a。由于电导过程，就有泄漏电流 i_g。此外还有纯电容性电流 i_c，它表示无电介质时等值电容的充电电流。i_c 存在时间极短，很快衰减至零。i_a 经过一定时间（时间长短与时间常数 $r_a c_a$ 有关）后也衰减至零，而 i_g 不随时间变化。流过介质的总电流为 $i = i_c + i_a + i_g$，将三个电流分量按时间相加就得到了总电流随时间变化的曲线，从而说明了出现"吸收"现象的必然性。"吸收"现象是电介质在直流电压作用下发生的。此外，若电介质的等值电容很小，吸收现象不明显。

2-5　$\tan\delta$ 是表征电介质在交流电压作用下内部损耗特性的参数（物理量）。$\tan\delta$ 反映了电介质在交流电压作用下电导损耗、极化损耗以及在电压（电场强度）较高时游离损耗的综合结果。tanδ 与外加电压、频率无关（指在一定范围内），与电介质尺寸结构无关，仅取决于内在的损耗特性。研究测量 tanδ 的目的不在于：介质损耗掉了多少功率（比其他原因引起的功率损耗，其要小得多），而在于：若介质损耗大，将加速老化，最终导致绝缘性能失去而造成绝缘故障。电压在一定范围内（不是过高），tanδ 不随电压变化。但当电压过高时，由于介质内部的游离损耗而使 tanδ 增大。在工频电压下，频率的变动（50Hz 左右变动）不会改变 tanδ 值。但当频率变动很大（数倍、数十倍），tanδ 会受到频率变化的影响。在频率不很高时，tanδ 随频率的升高而增大（单位时间内极化次数增多造成极化损耗增大）。但当频率过高时，由于偶极子来不及转向而造成极化作用减弱，使 tanδ 随频率升高而减小。温度变化对 tanδ 的影响随电介质种类的不同而不同。中性或弱极性电介质的 tanδ 随温度升高而增大。对于极性电介质，tanδ 随温度的变化则要考虑电导损耗、极化损耗随温度变化的综合结果。$t < t_1$ 时，两种损耗都随温度升高而增大，所以 tanδ 随温度升高而增大。$t_1 < t < t_2$ 时，极化损耗随温度升高而减小且超过电导损耗随温度升高而增大，所以 tanδ 随温度升高而减小。$t > t_2$ 时，电导损耗增大很快且超过极化损耗的减小，所以 tanδ 随温度升高而增大。

2-6　实际使用的变压器油是非纯的液体电介质，其击穿过程与纯液体电介质是根本不同的。变压器油中在电极间一旦形成"气泡"通道，由于气体击穿场强要比变压器油低得多，因此就发生电极之间的击穿。"气泡"通道可由两种途径形成。一种途径是油中原先存在的气泡中发生气体游离，由于游离而得到的正、负电荷向两电极方向运动而使气泡拉长，当这种气泡增多并头尾相接贯通两电极时就形成气泡通道。另一种途径是油中水分或纤维分子受电场极化而顺电场方向排列，当这些极化的水分或纤维分子排列成贯通电极的"小桥"，流过此小桥的泄漏电流要比流过油中泄漏电流大，发热增加，从而使水分汽化或使用周围油汽化，就在"小桥"周围形成气泡通道。

　　影响变压器油击穿电压的因素有：

　　(1) 油的品质。油的品质即油中所含水分、纤维、气泡等杂质的多少。含杂质越多，油的品质越差，击穿电压越低。

　　(2) 温度。温度对击穿电压的影响是通过油中悬浮状态水分的多少（在 0~80℃ 时）和油中含气量的多少（在 80℃ 以上时）间接影响的。在大约 80℃ 以下时，温度高，油中溶解状态的水分增加，则悬浮状态水减少，从而不易形成导致击穿的"小桥"，击穿电压就高。在大约 80℃ 以上时，由于油中水分和油的汽化，温度升高，形成气泡增多，易形成气泡通道，击穿电压降低。

　　(3) 压力。压力增大，油中溶解状态的气体增多，从而使能形成气泡通道的自由态气体减少而使击穿电压提高。

　　(4) 电压作用时间。这主要是由于形成气泡通道需要一定的时间，所以电压作用时间越短（如雷电冲击电压），击穿电压越高。

　　(5) 电场均匀程度。电场越均匀，击穿电压越高。

2-7　一般固体电介质的击穿强度（kV/cm）要比液体高，液体电介质的击穿场强要比气体高。

2-8　固体电介质的击穿有三种形式，它们的击穿过程与特点比较见题表 2-2。

题表 2-2 固体电介质的三种击穿形式

击穿形式	击穿过程（机理）	击穿强度	击穿前温度	击穿过程快慢
电击穿	碰撞游离导致	很高	不高	极快
热击穿	温度很高造成热破坏	不高	高	慢
电化学击穿	电介质劣化导致	低	不高（电击穿） 高（热击穿）	缓慢

2-9 提高固体电介质击穿电压措施有：

（1）改进绝缘设计。这主要从绝缘材料（选用绝缘强度高的材料）、绝缘结构（使绝缘尽量处于均匀电场中）以及组合绝缘这三个方面来考虑。

（2）改进制造工艺。使绝缘材料保持良好的先天绝缘性能，主要是减少杂质、气泡、水分等。其中尤其是所含气泡，因不能采取措施补救（如所含水分可通过烘干减少）而埋下今后引起电老化的隐患。

（3）改善运行条件。这主要是防潮和加强散热冷却，这也是运行部门应注意的。

2-10 固体电介质的老化主要有电老化和热老化两种形式。电老化的主要原因是介质内部气泡中的局部放电。由于这种局部放电造成长期的机械作用（带电粒子撞击固体介质）、热作用（放电引起温度升高）、化学作用（放电产生某些腐蚀性气体）而使介质逐渐老化。热老化的原因是介质长期受热作用发生裂解、氧化等变化而使机械和绝缘性能降低。热老化的进程与电介质的工作温度有关，不同介质为保证一定热老化进程（运行寿命 10 年）所允许的最高工作温度是不同的，以这种允许最高工作温度的不同，固体绝缘材料被划分成七个耐热等级。要注意的是：每种耐热等级的最高允许温度并不是绝对不可超过的（后果是寿命缩短）。运行寿命 10 年是指此种耐热等级固体绝缘材料持续保持此最高允许工作温度时的运行寿命为 10 年，而一般电气设备不可能持续保持在此最高允许工作温度下运行，所以一般运行寿命可达 20～25 年。

第三章

3-1 对已投入运行电气设备的绝缘按规定的试验条件、试验项目、试验周期进行的定期检查或试验，称为预防性试验。通过试验及早和及时发现设备绝缘的各种缺陷（制造过程中潜伏的、运输过程中形成的或运行过程中发展的），并通过检修将这些绝缘缺陷排除，从而起到预防发生事故或预防设备损坏的目的，所谓预防性的含义就在于此。电气设备绝缘的预防性试验可分为两大类：

（1）绝缘特性试验。也称非破坏性试验，它是指在较低电压（低于或接近额定电压）下通过测量绝缘的各种特性（如绝缘电阻、介质损失角正切 $\tan\delta$ 等）的各种试验。由于试验电压低，所以在试验过程中不会损伤电气设备的绝缘。

（2）耐压试验。耐压试验时，在设备绝缘上施加各种耐压试验电压以考验绝缘对这些电压的耐受能力。耐压试验电压则模拟电气设备绝缘在运行过程可能遇到的各种电压（包括过电压）的大小和波形。由于耐压试验电压大大高于额定工作电压，所以在试验过程中有可能（但不一定）对绝缘造成一定的损伤（即破坏），并有可能使原本有缺陷但可修复的绝缘发生击穿。因此，尽管耐压试验较绝缘特性试验更为直接和严格，但须在绝缘特性试验合格后才能进行。

3-2　用绝缘电阻表测绝缘电阻实质上是测流过绝缘的电流并将此电流值转化为电阻值从绝缘电阻表上直接读出。当绝缘等值电容量较大时，由于吸收现象（电流由大变小并趋于一稳定值）较为明显，所以绝缘电阻表读数由小逐渐增大并趋于一稳定值。出现此种现象的根本原因是，绝缘介质在直流电压作用下发生极化、电导过程的综合结果，具体解释见 2-4 题解答。绝缘电阻表屏蔽端子的作用主要是为了消除测量过程中表面泄漏电流引起测量误差（使测得绝缘电阻偏小）。采用屏蔽端子后，表面泄漏电流经屏蔽端子直接流回直流发电机而不再经过电流线圈，这样就消除了表面泄漏电流。

3-3　吸收比规定为测绝缘电阻时 60s 时读数与 15s 时读数的比值，$K = \dfrac{R''_{60}}{R''_{15}}$。对于等值电容量较大电气设备的绝缘，可以根据吸收比 K 的大小来判断绝缘是干燥还是受潮，如题图 3-1 所示，这是因为：绝缘干燥时，泄漏电流分量 i_g 很小，在 15s 时的电流 $i = i_c + i_a + i_g$ 要比在 60s 时的电流 $i = i_g$ 要大许多，这样 $K = \dfrac{R''_{60}}{R''_{15}} = \dfrac{U/i''_{60}}{U/i''_{15}} = \dfrac{i''_{15}}{i''_{60}}$ 就较大（一般大于 1.3）；而若绝缘受潮，泄漏电流分量 i_g 要比干燥时大，在 15s 时的电流比 60s 时的电流相对大得要少一些，这样 $K = \dfrac{i''_{15}}{i''_{60}}$ 就较小（$K < 1.3$）。

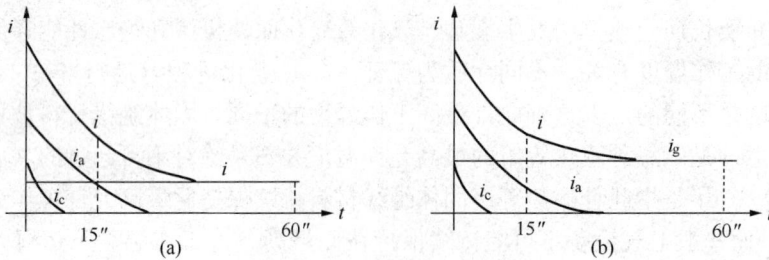

题图 3-1　绝缘干燥和受潮时
(a) 绝缘干燥时；(b) 绝缘受潮时

3-4　被试品一端接地（如被试对象为电气设备对地绝缘）时，测量直流泄漏电流的接线图如图 3-22 所示。试验变压器 T 为升压变压器以获得交流高压。调压器 T1 调节加至试验变压器低压绕组上的电压以从高压绕组获得试验规定所要求的电压。试验所需的高压直流电压由高压交流整流而得，一般用高压硅堆经半波整流而得到。当所需试验电压较高时可采用倍压整流或串级直流整流线路获得。图 3-22 中的 C 为滤波电容器，当被试品等值电容 C_x 较大时，C_x 就兼作滤波电容而无需另加 C。保护电阻 R_0 的作用是限制试验中万一被试品被击穿时的短路电流以保护试验变压器、整流硅堆，以及防止避免被试品绝缘损坏的扩大。微安表是用来测量泄漏电流的，由于此时被试品一端已接地，所以微安表只能串接于被试品的高电位侧，微安表及微安表至被试品的高压引线须采用屏蔽接法以使微安表至被试品间高压引线的对地漏电流以及被试品的表面泄漏电流不通过微安表。要注意屏蔽层对地处于高电位。另外还要注意：凡是直流试验（直流泄漏，直流耐压），试验电压都是对地负极性的电压，为此硅堆整流方向不能接错。

3-5　采用正接线测 $\tan\delta$ 时，电桥本体对地处于低电位，如图 3-4 所示。采用反接线测

$\tan\delta$ 时，电桥本体对地处于高电位，如图 3-5 所示。正接线适用于被试品 C_x 一端不接地或虽一端为外壳但被试品可采用绝缘支撑起来（如在试验室中）的场合，而反接线则适用于被试品一端接地的场合。由于现场电气设备绝缘一端（铁芯和外壳）都是接地的，因此现场试验时都采用反接线。在现场测量 $\tan\delta$ 时可能会受到交变电场和磁场的干扰，一般电场干扰影响较大。为消除外电场的干扰，可采取两种具体措施，一是移相法，二是倒相法。两种方法都可以消除外电场对测量结果的影响（倒相法时，根据正相、反相两次测量结果由 $\tan\delta =$ $\dfrac{C_1\tan\delta_1 + C_2\tan\delta_2}{C_1 + C_2}$ 计算求得），但采用倒相法比较简便（无需移相设备），实际上往往采用算术平均法计算 $\left(\tan\delta = \dfrac{\tan\delta_1 + \tan\delta_2}{2}\right)$。交变磁场对 $\tan\delta$ 测量的影响主要通过检流计来影响。消除这种磁场影响的措施是通过检流计极性转换开关（将检流计正接及反接）测量两次，然后取两次测量结果的算术平均值。

3-6 工频交流耐压试验原理接线图如图 3-12 所示。试验变压器 T2 为升压变压器以获得工频高压。调压器 T1 调节试验变压器初级电压以使试验变压器高压侧电压达到规程规定的试验电压值。保护电阻 r 起到保护试验变压器在被试品万一被击穿或闪络时不受损坏，这种作用不仅由于 r 的接入而限制了被试品击穿或闪络后的短路电流，而且限制了在此过程中试验变压器内部的电磁振荡而保护了试验变压器绕组的纵绝缘（匝间或层间绝缘）。保护球隙 F 用以限制试验过程中可能出现的过电压，其放电电压可整定为试验电压的 1.1～1.15 倍。R 为球隙的保护电阻，R 限制球隙放电时的电流从而避免球隙表面烧毛。

工频交流耐压试验时所加的试验电压应根据不同电压等级按规程确定。规程中所规定的试验电压值不仅考虑到电气设备绝缘在实际运行中可能受到的工频过电压，而且考虑到可能受到的雷电过电压和内部过电压，尤其是 220kV 及以下电压等级电气设备，通过工频交流耐压试验间接地考验了绝缘耐受内外过电压的能力。

当被试品等值电容量较大时，工频交流耐压试验的试验电压不能在低压侧测量后按试验变压器的变比换算至高压侧，而应该在高压侧的被试品上直接测量。见图 3-15，若在低压侧加上按试验电压折算到低压侧的应加电压，即加上电压 $\dfrac{U_x}{K}$，K 为试验变压器的变比。当被试品等值电容量很小，则高压侧电流（$I_1 \approx I_C = U\omega C_x$）很小可忽略，高压侧接近开路，高压侧被试品上电压接近 U_x。当被试品等值电容量较大时，高压侧电流 $I_1 \approx I_C$ 不能忽略。此时，在高压侧回路中 U_1 为试验变压器高压绕组中的感应电动势，其数值等于高压侧的开路电压。按变比的定义，当低压侧加上 $\dfrac{U_x}{K}$ 的电压时，U_1 就等于 U_x。根据高压侧回路的等值电路及相量图（见图 3-16），可见此时实际作用在被试品上的电压已大大超过试验电压 U_x，这就是"容升效应"。由于工频耐压试验电压已大大高于额定工作电压，所以这种实际试验作用电压的"过量"（超过规定的试验电压）将导致电气设备绝缘的不必要的损坏。为避免此种情况，就需在被试品两端间直接进行高压测量。

3-7 进行直流耐压试验主要是出于以下几个方面的需要：

（1）直流电气设备的耐压试验。为考验设备绝缘耐受各种电压（包括过电压）的能力，这与交流电气设备的工频交流耐压试验相对应。

（2）替代工频交流耐压试验。有些交流电气设备的等值电容量较大（如电容器、电缆），若进行工频交流耐压试验则需要很大容量的试验设备而不容易做到，为此用直流耐压试验替代，当然试验电压值须考虑到绝缘在直流电压作用下的击穿强度要比在交流电压下高这一特点。

（3）旋转电机绕组端部的绝缘试验。对于绕组端部绝缘的缺陷，采用工频交流耐压试验不易发现而采用直流耐压试验易发现。

（4）结合直流泄漏试验同时进行。直流耐压试验和直流泄漏试验都采用直流电压，只不过电压高低不同，所以在进行直流泄漏试验时，可同时进行直流耐压试验，并可根据泄漏电流随所加电压变化的不同特点来判断绝缘的状况。

直流高压可用以下几种方法测量：

（1）用球隙测量。直流有脉动时测到的是最大值。

（2）用静电电压表测量。直流有脉动时测到的是有效值。

（3）用高阻值电阻串微安表测量。直流有脉动时测到的是平均值。

（4）用高阻值电阻分压器测量。直流有脉动时测到的是平均值。

工频交流高压可用以下几种方法测量：

（1）用球隙测量。测量工频交流电压的幅值。

（2）用静电电压表测量。测量工频交流电压的有效值。

（3）用电容分压器配低压仪表测量。测量何种值取决于低压仪表。

（4）用电压互感器测量。

3-8 局部放电可采用电气或非电气的方法进行测量。在各种电气检测法中用得最多的方法是脉冲电流法。脉冲电流法通过检测视在放电量 q，并以其大小来反映局部放电的强弱。局部放电的等值电路如图 3-9 所示。气隙 F 放电（即绝缘中的局部放电）时，使气隙上电压（即 C_0 上电压）从 U_F 降至 U_s，气隙放电的电荷量（真实局部放电量）$q_s \approx (C_0 + C_1)(U_F - U_s)$。但 q_s 无法测得，这是因为 C_0、C_1 无法测得。由于气隙 F 的放电会引起气隙两端的电压的变动（从 U_F 降至 U_s），而气隙上电压（即 C_0 上电压）的变动又会引起被试品上（即 C_2 上）电压变动了 ΔU，ΔU 可以通过测量回路测得，这样被试品上等值放电量（称为视在放电量）q 就可以由 $q = (C_1 + C_2)\Delta U$ 计算得到。根据 q_s、ΔU、q 三者的表达式可得到 $q = \dfrac{C_1}{C_0 + C_1} q_s$，说明实际测得的视在放电量不等于真实放电量 q_s。由于 $C_0 \gg C_1$，所以视在放电量要比真实放电量小许多。尽管如此，视在放电量的大小还是间接地反映了真实放电量的大小。

局部放电的脉冲电流测量法有三种基本测量回路，如图 3-11 所示。通过测量回路将被试品 C_x 上由于局部放电而产生的电压变动信号（表现为电压脉冲）从测量阻抗 Z_m 上取出，然后再经过放大电路放大后进行测量，而工频电压被隔离（实际上脉冲电流流过 Z_m 而工频电流被阻塞。脉冲电流法由此而得名）。图 3-11 中（a）适用于被试品一端接地的情况，（b）适用于被试品不接地的情况。这两种方法称为直接法，其缺点是抗干扰性能较差。（c）采用电桥平衡回路，称为平衡法，其抗外部干扰性能较好。

3-9 冲击电压发生器是产生雷电冲击试验电压和操作冲击试验电压的装置。冲击电压发生器的利用系数（也称效率）定义为发生器输出电压 U_m（即被试品上电压）与发生器充电主电容（多级电压发生器时为各级主电容串联后的等值电容）在形成冲击电压前所充电压 U_0 的比值，即 $\eta = \dfrac{U_m}{U_0}$。对于低效率（低利用系数）回路的冲击电压发生器，$\eta \approx \dfrac{R_1}{R_1+R_2} \cdot \dfrac{C_1}{C_1+C_2}$；对于高效率回路的冲击电压发生器，$\eta \approx \dfrac{C_1}{C_1+C_2}$。冲击电压发生器产生冲击电压的过程（参见图 3-27）为：

（1）冲击主电容上充至 U_0 电压。多级冲击电压发生器这一过程需经点火球隙触发放电后将各级电容串联起来而实现。

（2）放电球隙点火击穿后，经 R_1 向被试品等值电容充电，使被试品上电压升高，由于 R_1 阻值较小，C_2 比 C_1 小得多，时间常数 R_1C_2 较小，这样 C_2 上电压升高很快，从而形成冲击电压的波前部分。故 R_1 称为波头电阻。

（3）当 C_2 上电压达到最大值后，反过来经 R_1 并与 C_1 一起经 R_2 放电，被试品 C_2 上电压下降。由于 R_2 比 R_1 大得多，这样 C_2 上电压下降较慢而形成冲击电压的波尾部分，R_2 也就称为波尾电阻。

第四章

4-1 波阻抗与集中参数阻抗虽都用 Z 表示但有以下几点不同：

（1）波阻抗是表示分布参数线路（或绕组）的参数，阻抗是表示集中参数电路（或元件）的参数。

（2）波阻抗为分布参数线路（或绕组）上同一方向（即前行或反行）电压波与电流波的比值，且 $\dfrac{u_q}{i_q}=Z$，$\dfrac{u_f}{i_f}=-Z$，但 $\dfrac{u}{i}$ 不一定等于 Z，因

$$\frac{u}{i}=\frac{u_q+u_f}{i_q+i_f}\begin{cases} = & Z & (u_f=0,i_f=0) \\ - & Z & (u_q=0,i_q=0) \\ \neq & Z & (u_q,i_q,u_f,i_f \text{ 都} \neq 0) \end{cases}$$

而阻抗则等于此阻抗上电压与电流之比，$\dfrac{u}{i}=Z$。

（3）波阻抗不消耗能量，而当 $R \neq 0$ 时阻抗消耗能量。

（4）波阻抗与线路（或绕组）长度无关 $\left(Z=\sqrt{\dfrac{L_0}{C_0}}\text{，}L_0\text{、}C_0 \text{ 为单位长度电感和电容}\right)$，而阻抗与长度（如线路长度）有关。

另外需指出的是，同样的一条线路在讨论雷电或操作过电压作用下要用分布参数的波阻抗来表征，而讨论工频稳态电压作用下则用集中参数电路（如 π 型）的阻抗来表征。

4-2 （1）此题求解与［例 4-2］相同，此时 $n=3$，所以

$$u_2(t)=\frac{2}{n}u(t)=\frac{2}{3}\times1000=666.67\text{（kV）}$$

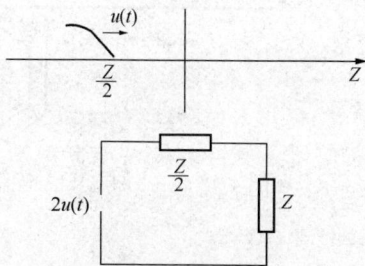

题图 4-1 彼德逊等值电路图

（2）由于相同电压同时沿两条线路侵入，所以此两条线路离变电站母线对应点是等电位的，所以两条线路 Z 同时进波就等价于一条波阻抗为 $\dfrac{Z}{2}$ 的线路进波，如题图 4-1 所示。

母线上电压为

$$u_2(t) = \frac{2u(t)}{\dfrac{Z}{2}+Z} \cdot Z = \frac{4}{3}u(t) = 1333.33 \quad (\text{kV})$$

此小题也可采用叠加原理求解，即每次一条线路进波，两条线路不进波，即第一小题的情况，然后将两种结果叠加，同样得到 $u_2(t) = \dfrac{2}{3}u(t) + \dfrac{2}{3}u(t) = 1333.33$（kV）。

此结果从能量角度也不难理解。

4-3　根据题意，波阻抗为 280Ω 的线路 Z_1 与波阻抗为 400Ω 的电机绕组 Z_2 相连接，为保护电机绕组匝间绝缘而在连接点对地并电容 C。

已知　$\left.\dfrac{\mathrm{d}u_{2q}}{\mathrm{d}t}\right|_{\max} = 5\text{kV}/\mu\text{s}$,　$u_{1q} = 80\text{kV}$

因为　$\left.\dfrac{\mathrm{d}u_{2q}}{\mathrm{d}t}\right|_{\max} = \dfrac{2}{Z_1 C}u_{1q}$

所以　$C = \dfrac{2}{Z_1 \left.\dfrac{\mathrm{d}u_{2q}}{\mathrm{d}t}\right|_{\max}} \times u_{1q} = \dfrac{2}{280 \times 5 \times 10^9 \times 80 \times 10^3} = 0.14 \times 10^{-6}\text{F} = 0.14\mu\text{F}$

4-4　设开关 S 在 $t=0$ 时合闸。开关合闸后线路上就有一幅值为 $U_0 = 100\text{kV}$ 的无穷长直角电压波自 A 向 B 传播，在 $t=1\mu\text{s}$ 时，此电压波传至 C 点，对应的电流波也传至 C 点，电流波的幅值为 $\dfrac{100\text{kV}}{400\Omega} = 0.25\text{kA}$。$U_0$ 的电压波在 $t=2\mu\text{s}$ 时传至 B 点并发生负的全反射，而此负的反射波电压（$-U_0$）在 $t=3\mu\text{s}$ 时传至 C 点从而使 C 点的电压变为零 $[U_0 + (-U_0)]$。负的反射波电压 $-U_0$ 在 $t=4\mu\text{s}$ 时到达 A 点应使 A 点电压变为零，但实际上由于电源的恒压作用，A 点仍保持 U_0 的电压，这就相当于空载线路又一次合闸电源，从而重复前述过程。对于 C 点的电流：

$$t < 1\mu\text{s} \qquad i = 0$$

$$1\mu\text{s} \leqslant t < 3\mu\text{s} \quad i = \frac{u_0}{Z} = 0.25\text{kA}$$

$$3\mu\text{s} \leqslant t < 5\mu\text{s} \quad i = \frac{u_0}{Z} + \frac{-U_0}{-Z} = 0.5\text{kA}$$

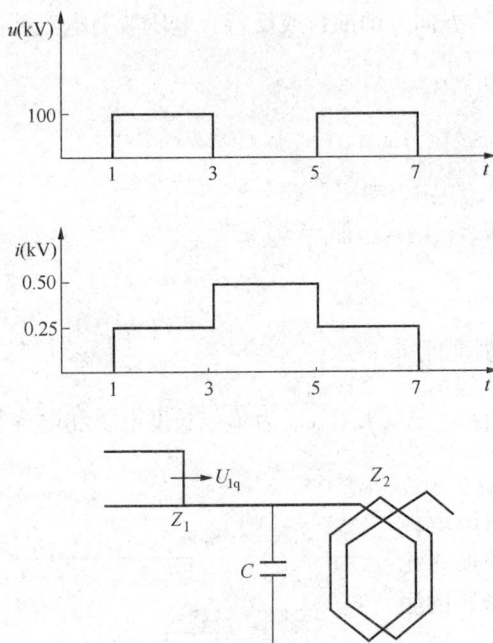

题图 4-2　C 点的电压、电流波形

$t > 5\mu\text{s}$ 之后重复上述过程。所以 C 点电压、电流波形如题图 4-2 所示。

4-5 此题的集中参数等值电路如图 4-12（b）所示。根据此等值电路可列出微分方程

$$\left(i_{2q} + Z_2 \frac{\mathrm{d}i_{2q}}{\mathrm{d}t}\right)Z_1 + i_{2q}Z_2 = 2U_{1q}$$

解此微分方程可得折射波电流电压为

$$i_{2q}(t) = \frac{2}{Z_1 + Z_2}(1 - \mathrm{e}^{-\frac{t}{T}})u_{1q} \quad \left(T = \frac{Z_1 Z_2}{Z_1 + Z_2}C\right)$$

$$u_{2q}(t) = i_{2q}Z_2 = \frac{2Z_2}{Z_1 + Z_2}(1 - \mathrm{e}^{-\frac{t}{T}})u_{1q}$$

根据 $u_{1q} + u_{1f} = u_{2q}$ 可求出反射波电压电流为

$$u_{1f} = \frac{Z_2 - Z_1}{Z_1 + Z_2}u_{1q} - \frac{2Z_2}{Z_1 + Z_2}u_{1q}\mathrm{e}^{-\frac{t}{T}}$$

$$i_{1f} = \frac{u_1 f}{-Z_1} = \frac{Z_1 - Z_2}{(Z_1 + Z_2)Z_1}u_{1q} + \frac{2Z_2}{(Z_1 + Z_2)Z_1}u_{1q}\mathrm{e}^{-\frac{t}{T}}$$

（1）稳定时（即 $t \to \infty$），入射波电压电流为

$$u_{1q} = 300\mathrm{kV}$$

$$i_{1q} = \frac{u_{1q}}{Z_1} = \frac{300}{400} = 0.75\mathrm{kA}$$

折射波电压电流为

$$u_{2q} = \frac{2Z_2}{Z_1 + Z_2}u_{1q} = \frac{2 \times 800}{400 + 800} \times 300 = 400\mathrm{kV}$$

$$i_{2q} = \frac{u_{2q}}{Z_2} = \frac{400}{800} = 0.5\mathrm{kA}$$

（2）各电压电流波形如题图 4-3 所示。

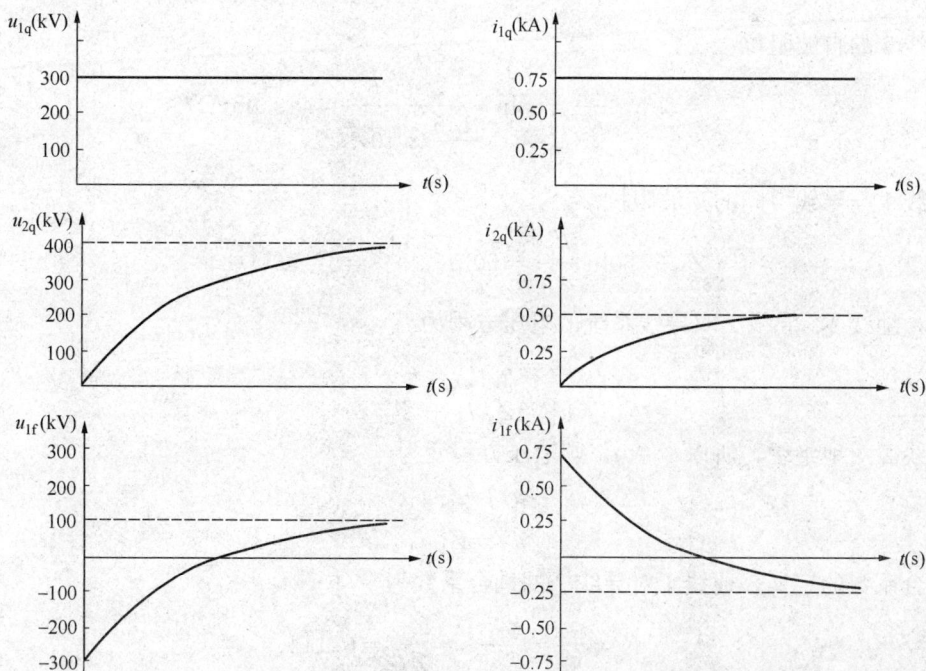

题图 4-3 各电压电流波形

（3）并联电容 C 的作用主要是降低作用在 Z_2 上电压的波头陡度。见上述波形，侵入波波头陡度为无穷大（u_{1q} 为阶跃级电压），而经过并联电容 C 后，作用到 Z_2 上电压的波头陡度已按指数规律上升，电容量越大，波头陡度越小，有利于 Z_2 为绕组时的纵绝缘（陡度越大匝间、层间作用电压越高）。虽然串联电感也可降低侵入波的波头陡度，但由于反射电压的不同，使 Z_1 上出现的电压值大小是不同的。采用串联电感时，Z_1 上出现的最大电压为 $u_{1q}+u_{1f}\mid_{\max}=u_{1q}+u_{1f}\mid_{t=0}=u_{1q}+u_{1q}=2u_{1q}$。而采用并联电容时，$Z_1$ 上出现的最大电压为 $u_{1q}+u_{1f}\mid_{\max}=u_{1q}+u_{1f}\mid_{t\to\infty}=u_{1q}+\dfrac{Z_2-Z_1}{Z_2+Z_1}u_{1q}=2u_{1q}-\dfrac{2Z_1}{Z_1+Z_2}u_{1q}<2u_{1q}$。对本题具体数据，采用并联电容时 Z_1 上电压最大值为 400kV，若采用串联电感时，Z_1 上出现的最大电压可达 600kV。

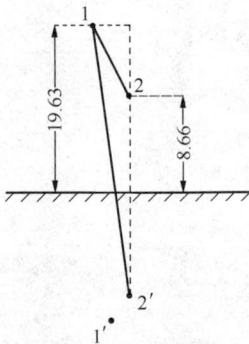

4-6 如题图 4-4 所示。地线 1 对地的平均高度为

$$h_1=(6.1+1.2+12.2)-\frac{2}{3}\times 2.8=17.63\ \ \text{m}$$

导线 2 对地的平均高度为

$$h_2=12.2-\frac{2}{3}\times 5.3=8.66$$

$$d_{12}=\sqrt{(17.63-8.66)^2+2.5^2}=9.31$$

$$d_{12}'=\sqrt{(17.63+8.66)^2+2.5^2}=26.41$$

题图 4-4 杆塔示意图

（1）地线 1 的自波阻抗

$$Z_{11}=60\ln\frac{2h_1}{r_1}=60\ln\frac{2\times 17.63}{\dfrac{7.8}{2}\times 10^{-3}}=546.57(\Omega)$$

导线 2 的自波阻抗

$$Z_{22}=60\ln\frac{2h_2}{r_2}=60\ln\frac{2\times 8.66}{\dfrac{21.5}{2}\times 10^{-3}}=443.08(\Omega)$$

地线 1 与导线 2 间的互波阻抗

$$Z_{12}=60\ln\frac{d_{12}'}{d_{12}}=60\ln\frac{26.41}{9.31}=62.56(\Omega)$$

（2）地线 1、导线 2 双导线系统的电压方程为

$$u_1=Z_{11}i_1+Z_{12}i_2$$

$$u_2=Z_{21}i_1+Z_{22}i_2$$

由于导线 2 对地绝缘，所以 $i_2=0$，则电压方程变为

$$u_1=Z_{11}i_1$$

$$u_2=Z_{21}i_1$$

根据耦合系数的定义，地线 1 对导线 2 的耦合系数为

$$K=\frac{u_2}{u_1}=\frac{Z_{12}i_1}{Z_{11}i_1}=\frac{Z_{12}}{Z_{11}}=0.114$$

4-7 在冲击电压作用下，变压器绕组要用具有分布的电感、电容和电阻电路来等值，如图

4-23 所示（图中电阻未表示）。对于这种分布参数的电路，初始（$t=0^+$ 时）电压分布（绕组各点对地电位）与稳态（$t \to \infty$ 时）的电压分布是不同的，所以在冲击电压作用下此等值电路必有一个从起始电压分布变为稳态电压分布的暂态过程，而由于此等值电路中既存在电感又存在电容，电阻又很小，因此这种暂态过程表现为振荡型的。

冲击电压波前部分，电压对时间的变化率很大，即这种电压的等值频率很高，使绕组分布电容的阻抗 $\left(\dfrac{1}{\omega C}\right)$ 很小，而分布电感的阻抗（ωL）很大，这样起始电压基本上按电容而分布，使电压分布很不均匀，绕组靠近冲击电压作用端分到的电压大，而绕组另一端分到的电压很小。当暂态过程结束而达到稳态的，电感近于短路，电容近于开路，电压按绕组的电阻均匀分布，这就是引起绕组起始电压分布与稳态电压分布不均匀的原因。

第五章

5-1 排气式避雷器由内外两个放电间隙串联组成，外间隙暴露在大气中，而内间隙置于产气管内，所以排气式避雷器又称管式避雷器。产气管由产气材料制成，这些材料遇高温会分解产生气体。排气式避雷器一端接地，另一端与被保护设备连接。当雷电过电压作用到被保护设备上，也就同时作用在排气式避雷器上，内外间隙同时击穿使雷电流经间隙流入大地从而保护了被保护设备。雷电过电压的作用时间是非常短暂的，当过电压作用结束后，排气式避雷器上的作用电压就是工频工作电压，间隙中的电弧从冲击电弧变为工频电弧，工频电弧电流（称为工频续流）就是系统在该点的短路电流。在工频电弧的高温作用下，产气管产气材料分解产生大量气体使管内压力骤增而从喷口猛烈喷出，这对工频电弧形成强烈的纵吹作用，使工频电弧经 1~3 个周波后，在工频续流过零时熄灭。与放电间隙相比，不同点在于排气式避雷器熄弧能力强，经 1~3 工频周期后在电弧电流过零时熄弧从而防止了工频短路引起跳闸，防止了供电的中断。排气式避雷器与放电间隙相同之处在于过电压引起动作后都形成截波，这对被保护设备是有绕组的设备非常不利（威胁纵绝缘）。此外由于存在外间隙，放电分散性较大，这也与放电间隙相同，所以排气式避雷器一般只作线路保护和发变电站的进线段保护。

5-2 阀式避雷器与氧化锌避雷器的工作原理相同，且都能避免在被保护设备上产生截波，但由于两者采用的非线性阀片电阻材料不同，使得两种避雷器的性能有以下的不同：

（1）保护性能。由于氧化锌避雷器的阀片电阻非线性更好以及一般无放电间隙，氧化锌避雷器抑制过电压的能力要比阀式避雷器好。

（2）适用范围。阀式避雷器阀片的通流容量较小，所以一般只适用于限制雷电过电压以及过电压能量较小的内部过电压（如切空载变压器过电压），而氧化锌避雷器不仅可限制雷电过电压，由于阀片通流容量大，所以也可以用以限制内部过电压（如切合空载线路过电压）；阀式避雷器动作后工频电弧的熄灭要依赖于工频续流的过零，但在直流系统中无这种过零，所以阀式避雷器就不能用于直流系统，氧化锌避雷器工频续流的切断是依靠阀片电阻优良的非线性（在工频电压下电阻异常的大），所以可用于直流系统中。

（3）运行环境的影响作用。阀式避雷器有放电间隙，间隙放电电压的分散性使阀式避雷器性能易受温度、湿度、气压、污秽等环境条件的影响，而氧化锌避雷器由于无放电间隙，所以不会受到这些运行环境的影响。

此外，氧化锌避雷器维护简单，省去了放电间隙定期清理。氧化锌避雷器具有各种优点，但运行过程中由于没有放电间隙隔离工频工作电压而应注意阀片电阻的老化问题，所以应定期检测氧化锌避雷器的工频泄漏电流，尤其是工频泄漏电流中的阻性电流分量（其大小直接反映出阀片电阻的老化程度）。

5-3　避雷器是限制过电压从而使与之相并联电气设备绝缘免受过电压作用的器件。对避雷器的第一个要求是能将过电压限制到电气设备绝缘能耐受的数值，这就要求避雷器的最大残压（残压为冲击电压作用下，流过避雷器的冲击电流在避雷器上的压降）应低于设备绝缘的冲击耐压值。对于阀式避雷器还需要保证避雷器的伏秒特性（取决于放电间隙）与被保护设备绝缘的伏秒特性有正确的配合，以免发生电气设备绝缘先于避雷器间隙放电前发生击穿。避雷器仅满足上述要求还是不够的，对避雷器的第二个要求是应在过电压作用结束之后，能迅速截断随后发生的工频续流以不至于发生工频短路引起跳闸而影响正常供电。阀式避雷器与氧化锌避雷器利用阀片电阻在工频电压下电阻很大的非线性特性使工频续流能在第一次过零时就截断。第三个要求是避雷器（阀式和氧化锌）还应具有一定的通流容量以免发生热过度而造成瓷套爆裂。表征阀式避雷器与氧化锌避雷器的电气参数有所不同：

1. 阀式避雷器

冲击放电电压和残压（一般两者数值相同）是衡量限制过电压能力的参数，其数值越低对被保护设备绝缘越有利。灭弧电压是保证避雷器可靠灭弧（即截断工频续流）的参数，避雷器安装点可能出现的最高工频电压应小于灭弧电压。工频放电电压是保证阀式避雷器不在内过电压下动作的参数。体现阀式避雷器保护性能与灭弧性能的综合参数是保护比（残压与灭弧电压之比）和切断比（工频放电电压与灭弧电压之比）。

2. 氧化锌避雷器

残压（雷电冲击残压、操作冲击残压、陡波冲击残压）是衡量氧化锌避雷器对不同冲击过电压限压能力的参数。持续运行电压和额定电压是保证氧化锌避雷器可靠运行所允许的最大工频持续电压和最高工频电压（非持续性）。1mA下直流和工频参考电压是反映氧化锌避雷器热稳定性及寿命的参数。荷电率（持续运行电压峰值与参考电压之比）是表征氧化锌阀片

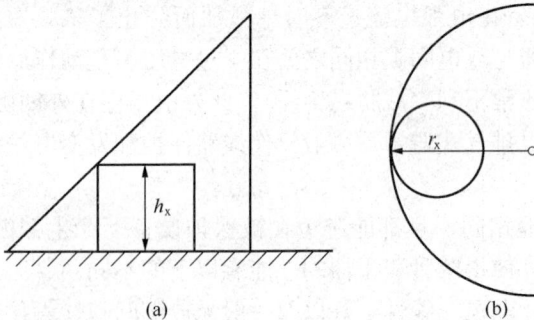

题图 5-1　原油罐位置及距避雷针距离示意图

电阻在运行中承受电压负荷的指标。

5-4　如题图 5-1 所示。设针高 h 小于 30m，则高度影响系数 $P=1$，被保护物高度 $h_x=10$m，在 h_x 下的保护范围 $r_x=15$m

若 $h \leqslant 2h_x$（即 $h \leqslant 20$m）

$$h-h_x=r_x$$
$$h=r_x+h_x=15+10=25(\text{m})$$

（与 $h \leqslant 20$m 不符，舍去）

若 $h \geqslant 2h_x$（即 $h \geqslant 20$m）

$$1.5h - 2h_x = r_x$$

$$h = \frac{1}{1.5}(r_x + 2h_x) = \frac{1}{1.5}(15 + 20) = 23.34(\text{m})$$

（注意：不能用四舍五入法），所以避雷针针高至少应为 23.34m。

5-5　此题为等高 4 针联合保护。第一步将 4 针分成两个等高 3 针，第二步在每个等高 3 针中，计算出在被保护高度 h_x 下在每二等高双针间的最小保护距离 b_x，若三个 b_x 都大于等于 0，则在此三针所构成三角形内的所有范围都能得到保护，若有一个 $b_x < 0$，则由此等高三针联合保护范围仅为 $b_x \geqslant 0$ 双针保护范围的组合。

对于 1 和 2 的等高双针

$$r_x = h - h_x = 17 - 10 = 7(\text{m})$$

$$h_0 = h - \frac{D}{7} = 17 - \frac{40}{7} = 11.286(\text{m})$$

$$b_x = 1.5(h_0 - h_x) = 1.5(11.286 - 10) = 1.93(\text{m})$$

对于 1 和 3 的等高双针

$$r_x = h - h_x = 17 - 10 = 7(\text{m})$$

$$h_0 = h - \frac{D}{7} = 17 - \frac{40\sqrt{2}}{7} = 8.92$$

$$b_x = 1.5(h_0 - h_x) = 1.5(8.92 - 10) < 0$$

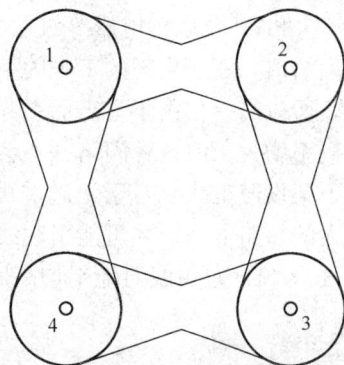

题图 5-2　等高 4 针联合保护

所以对于 1、2、3 等高三针，其保护范围仅为 1 和 2、2 与 3 两等高双针保护范围的组合。同理，对于 1、3、4 等高三针，保护范围也是 3 和 4、1 和 4 两等高双针保护范围的组合。4 针对 10m 高度被保护机体的保护范围如题图 5-2 所示（实线所围区域，不包括中间的一块）。

5-6　单个垂直接地体的工频接地电阻 R_g 为

$$R_g = \frac{\rho}{2\pi l}\ln\frac{4l}{d} = \frac{2 \times 10^2}{2\pi \times 3}\ln\frac{4 \times 3}{0.018} = 69(\Omega)$$

单个垂直接地体的冲击接地电阻 R'_{ch} 为

$$R'_{ch} = \alpha_{ch}R_g = 0.65 \times 69 = 45(\Omega)$$

由 3 根垂直接地体连接后的整个接地装置的冲击接地电阻 R_{ch} 为

$$R_{ch} = \frac{R'_{ch}}{3} \times \frac{1}{\eta_{ch}} = \frac{45}{3} \times \frac{1}{0.75} = 20(\Omega)$$

第六章

6-1　雷电放电是一种自然现象，至今尚未有有效措施能阻止雷电发生。输电线路的防雷措施中，最基本或首要措施就是架设避雷线防止雷直接击于线路的输电导线上，更严格地讲，架设避雷线后使雷直接击于导线上的概率（即绕击率）比无避雷线时大大降低。此外，架设避雷线后，由于分流作用与耦合作用，也有利于防止雷击塔顶后通过"反击"使导线上形成过电压，也有利于降低导线上的感应雷过电压。

架设避雷线后虽然大大降低了雷电直接击于导线上形成过电压的概率，但仍有很大可能出现雷电击于线路杆塔塔顶，塔顶电位升高后通过绝缘子串闪络（称为反击）在导线上形成过电压，对此可采取降低杆塔接地电阻，架设耦合地线，加强线路绝缘（通过增加绝缘子片数）以及双回路线路采用不平衡绝缘等措施来防止受雷击后绝缘子串发生闪络。然而，采取以上各种措施后仍不能完全避免绝缘子串不发生闪络。万一出现这种情况时，线路防雷的进一步措施是防止绝缘子串由冲击闪络转变为工频电压下的闪络（这种闪络，建立稳定的工频电弧而引起线路跳闸），这可采用消弧线圈接地（在中性点不接地系统中）。

最后，尽管采取了上述一道道"防线"，但仍不能绝对保证不会引起工频闪络导致线路跳闸，对此可装设线路自动重合闸装置来提高供电可靠性，而且实践证明，对由雷电引起线路跳闸的重合成功率是很高的。

6-2　35kV 及以下电压等级输电系统一般都为中性点不接地系统，当发生由雷电引起的冲击闪络后，随后出现的工频闪络电流很小，不能形成稳定的工频电弧，因此不会引起线路跳闸，所以当一相由于雷击而引起闪络后仍能正常工作。这样虽不装设避雷线，雷击引起的闪络概率增大，但这种闪络并不会导致线路跳闸而影响正常供电，故 35kV 及以下输电线路一般不架设避雷线。对于无避雷线的线路，一相闪络后再出现第二相闪络，形成相间短路，出现大的短路电流，才可能引起线路跳闸，只有当雷电流很大时才会出现这种情况。

6-3　（1）避雷线对地平均高度 h_b 与导线对地平均高度 h_d 为

$$h_b = 29.1 - \frac{2}{3} \times 7 = 24.5 (\text{m})$$

$$h_d = 23.4 - \frac{2}{3} \times 12 = 15.4 (\text{m})$$

（2）避雷线对外侧导线的几何耦合系数 K_0 为

$$K_0 = \frac{\ln \dfrac{\sqrt{39.9^2 + 1.7^2}}{\sqrt{9.1^2 + 1.7^2}} + \ln \dfrac{\sqrt{39.9^2 + 13.3^2}}{\sqrt{9.1^2 + 13.3^2}}}{\ln \dfrac{2 \times 24.5}{0.0055} + \ln \dfrac{\sqrt{49^2 + 11.6^2}}{11.6}} = 0.229$$

考虑电晕影响，查表 4-1 得电晕修正系数 $K_1 = 1.25$

$$K = K_1 K_0 = 1.25 \times 0.229 = 0.286$$

（3）查表 6-1 得电感 $0.5 \mu H/m$

$$L_{gt} = 0.5 \times 29.1 = 14.55 (\mu H)$$

查表 6-1 得分流系数 $\beta = 0.88$。

（4）雷击杆塔时的耐雷水平 I_1 为

$$I_1 = \frac{1200}{(1 - 0.286) \times 0.88 \times 15 + \left(\dfrac{25.6}{29.1} - 0.286\right) \times 0.88 \times \dfrac{14.5}{2.6} + \left(1 - \dfrac{24.5}{15.4} \times 0.229\right) \times \dfrac{15.4}{2.6}}$$

$$= 74.52 (\text{kA})$$

（5）雷绕击于导线时的耐雷水平 I_2 为

$$I_2 = \frac{1200}{100} = 12 (\text{kA})$$

（6）雷电流幅值超过 I_1、I_2 的概率 P_1、P_2

$$P_1 = 14.23\%$$

$$P_2 = 73.1\%$$

(7) 查表 6-4 得击杆率 $g = \dfrac{1}{6}$

计算 $E = \dfrac{220}{2.2\sqrt{3}} = 57.735$ （kA/m）

建弧率 $\eta = (4.5 \times E^{0.75} - 14)\% = 80\%$

绕击率 $P_\alpha = 10^{\left(\frac{16.6\sqrt{29.1}}{86} - 3.9\right)} = 0.138\%$

(8) 线路雷击跳闸率

$$n = N(gP_1 + P_\alpha P_2)\eta$$

$$= 0.28 \times (11.6 + 4 \times 24.5) \times \left(\frac{1}{6} \times \frac{14.23}{100} + \frac{0.138}{100} \times \frac{73.1}{100}\right) \times 0.8$$

$$= 0.61 [次 / (100\text{km} \cdot 年)]$$

6-4 此题为中性点不接地 35kV 系统，无避雷线。雷击线路只有两种情况，即直击导线或雷击杆塔，但两者都造成一相（最高的一相）的绝缘子串闪络（设计已保证导线间不会发生空间闪络），而一相闪络（闪络后一相接地）后线路不会跳闸，而要等到一相闪络后第二相再闪络（即前闪络相向后闪络相反击），出现相间短路形成稳定的工频电弧后才会发生跳闸，所以耐雷水平和雷击跳闸率都根据这种情况来计算，并且可以借用有避雷线线路的计算公式进行适当修正后直接计算，因为一相先闪络后，该相已接地，这与有避雷线线路的情况相类似。

耐雷水平的计算公式为

$$I = \frac{U_{50\%}}{(1-K)R_{ch} + \left(\dfrac{h_b}{h_g} - K\right)\dfrac{L_{gt}}{2.6} + \left(1 - \dfrac{h_b}{h_d}K_0\right)\dfrac{h_d}{2.6}}$$

与式（6-11）相比，相当于 $\beta = 1$（无避雷线所以无分流），式中 h_b 取先闪络相导线的平均高度，h_d 为后闪络相导线的平均高度，K_0 为先后闪络两相导线间的几何耦合系数，K 为考虑电晕影响后的耦合系数。对于本题先闪络相为最高相，后闪络相为右侧相，因与最高相之间的距离较大，耦合系数较小，该相绝缘子上电压较高而易闪络。对于本题 $h_b = h_1 \approx h_g$，$h_d = h$。

最高相导线的平均高度

$$h_1 = (9.6 + 0.6 + 1.8) - \frac{2}{3} \times 3 = 10(\text{m})$$

右侧相导线的平均高度

$$h_2 = (9.6 + 1.2) - \frac{2}{3} \times 3 = 8.8(\text{m})$$

$$Z_{11} = 60\ln\frac{2h_1}{r_1}$$

$$Z_{12} = 60\ln\frac{d'_{12}}{d_{12}}$$

$$K_0 = \frac{Z_{12}}{Z_{11}} = \frac{60\ln\dfrac{d'_{12}}{d_{12}}}{60\ln\dfrac{2h_1}{r_1}} = \frac{\ln\dfrac{\sqrt{2.75^2+18.8^2}}{\sqrt{2.75^2+1.2^2}}}{\ln\dfrac{2\times10}{8.5\times10^{-3}}} = 0.238$$

$$K = K_1 K_0 = 1.15\times0.238 = 0.2737$$

$$L_{gt} = 0.84\times12 = 10.08(\mu H)$$

耐雷水平

$$I = \frac{350}{(1-0.2737)\left(20+\dfrac{10.08}{2.6}\right)+\left(1-\dfrac{10}{8.8}\times0.238\right)\dfrac{8.8}{2.6}} = 17.67(kA)$$

雷电流幅值超过 I 的概率 $P = 63\%$

$$E = \frac{35}{2\times0.6} = 29.17$$

建弧率 $\eta = (4.5\times29.17^{0.75}-14)\% = 42.5\%$

线路雷击跳闸率

$$n = NP\eta = 0.28\times4\times10\times\frac{63}{100}\times\frac{42.5}{100} = 3[次/(100km\cdot年)]$$

第七章

7-1　变电所防止直击雷的措施是装设避雷针或避雷线，并配合以良好的接地。为了使避雷针或避雷线能对被保护对象进行有效的保护，首先应使被保护对象处于避雷针或避雷线的保护范围之内，其次还应防止避雷针或避雷线受到雷击后发生对被保护对象的闪络（即反击）。因为即使被保护对象处于保护范围之内，但若出现反击，高电位就会加到被保护对象（如电气设备）上，所以防止反击与保护范围同样重要。为防止反击，应使避雷针（线）与被保护对象之间的空间距离以及两者地下接地体之间的距离具有足够的数值。当独立式避雷针的工频接地电阻不大于 10Ω 时，上述两种距离不应小于 5m 和 3m。为防止反击，35kV 及以下变电所不能采用构架式避雷针；易燃、易爆设备（如储油罐）也不能采用构架式避雷针。对于 110kV 及以上电压等级中的构架式避雷针应使避雷针构架的地下接地体与系统接地体之间的距离保持在 15m 以上。另外，主变压器的构架也一般不装避雷针。

7-2　变电所中有许多电气设备，所以不可能也没有必要在每个电气设备旁都安装一组（三个相上）避雷器加以保护。这样，避雷器与被保护设备之间就有一段长度不等的距离，此距离不是空间的距离，而是沿连接线的距离，故称为电气距离。在这种情况下，当阀式避雷器动作时，由于波在避雷器至被保护电气设备之间电气距离内的折射与反射，会使得作用于被保护电气设备上的电压高于避雷器端点上的电压，也就是说，使电气设备绝缘上的最大电压高于阀式避雷器的最大残压（220kV 及以下电压等级为流过 5kA 冲击电流时的残压，500kV 电压等级为流过 10kA 冲击电流时的残压）。电气距离越长、侵入波波头陡度越陡，电压高出越多。

7-3　避雷器与被保护电气设备的绝缘配合中，都以阀式避雷器（或氧化锌避雷器）的最大残压来配合，避雷器的最大残压为允许流过避雷器最大冲击电流下的残压。在 220kV 及以下系统中，流过避雷器的最大冲击电流为 5kA（保护旋转电机的阀式避雷器为 3kA）。若在实际运行过程中出现流过避雷器的冲击电流超过此规定值，则由于避雷器最大残压的升高而危及被保护电气设备绝缘。要使流过避雷器的冲击电流不超过规定的 5kA（500kV 为 10kA），具体措施就是采用进线段保护。由于进线段（靠近变电所的 12km 的一段线路）的耐雷水平要较其余部分线路的耐雷水平高，所以可以认为雷电侵入波主要来自于 12km 进线段之外的线路落雷所造成。这样，雷电侵入波沿进线段再作用到避雷器上，在此过程中由于进线段波阻抗的串入，减小了流过避雷器的冲击电流并将其限制到不超过 5kA（10kA）。此外，雷电侵入波在进线段传播时由于出现冲击电晕，从而同时又降低了进入变电所雷电侵入波的波头陡度，有利于对电气设备的保护。

7-4　变电所进线保护段的作用有两个，其一是限制雷电侵入波电压作用下流过避雷器的电流，其二是降低最终进入变电所雷电侵入波的波头陡度。对进线保护段的要求是其应具有比线路更高的耐雷水平，为此这段线路的避雷线应具有更小的对导线的保护角，而全线无避雷线线路则当然应在这段线路上架设避雷线。

7-5　变电所进线段保护标准接线中，对 1～2km 这段线路采取加强防雷措施（如减小保护角），使其具有较高的耐雷水平。保护进线段的作用是限制避雷器动作时流过的冲击电流不超过允许值以及降低进入变电所的雷电侵入波电压的波头陡度。对于线路在雷雨季节可能处于开路状态而线路另一侧又带电（如双端电源线路）时，应在进线段末端对地装设排气式避雷器（或阀式避雷器），目的在于防止线路上有雷电波侵入时，由于断路器打开而在线路末端发生全反射引起冲击闪络，再导致工频对地短路，造成断路器或隔离开关绝缘部件烧毁。要注意的是，断路器或隔离开关合闸时，该排气式避雷器不应在雷电侵入波作用下动作，以免产生截波危及有绕组电气设备的纵绝缘。

7-6　直配电机是指不经变压器直接与架空线相连接的旋转电机（发电机或高压电动机）。直配电机防雷保护的主要措施（参见图 7-18）为：

（1）在电机母线上装设 FCD 型阀式避雷器或氧化锌避雷器以限制雷电侵入波的幅值。

（2）在电机母线上对地并电容器，每相约 $0.25～0.5\mu F$（若接有电缆段，电缆对地电容包括在内）。电容器的作用是降低雷电侵入波的陡度以保护电机纵绝缘，同时还起到降低架空线上的感应雷过电压（此过电压也作用到电机上）。

（3）在直配电机进线处加装电缆段和排气式避雷器（或阀式避雷器线）、电抗器，联合保护作用以限制避雷器动作电流小于规定值（3kA）。

（4）发电机中性点有引出线且未直接接地（发电机常这样）时，应在中性点上加装避雷器保护中性点的绝缘，或者加大母线并联电容以进一步限制雷电侵入波陡度。

电缆段的作用不在于电缆具有较小波阻抗和较大的对地电容，而在于在等值频率很高的雷电流作用下电缆外皮的分流（由于 FE1 动作）及耦合作用。当雷电侵入波使电缆首端排气式避雷器（为使此避雷器由于发生负反射不能可靠动作而前移 70m，即 FE1）动作时，电缆芯线与外皮短接，相当于把电缆芯和外皮连在一起并具有同样的对地电压 iR_1。在此电压作用下电流沿电缆芯和电缆外皮分两路流向电机。由于流过电缆外皮绝缘所产生的磁通全部与电缆芯交链（由于电缆芯被电缆外皮所包围），在芯线上感应出接近等量的反电势阻止芯线中电流流向电机，使绝大部分电流如同高频集肤效应那样从电缆外皮流，从而减小了流过避雷器（与芯线相连）的电流，也即限制了避雷器的动作电流。电缆芯中的反电势是建立在电缆外皮与电缆芯导线的耦合作用基础之上，为了加强这种耦合作用（以加强反电势），常采取将 70m 段的接地引线平行架设在导线下方，并与电缆首端的金属外皮在装设 FE2 杆塔处连接在一起后接地，工频接地电阻不应大于 5Ω。在电缆首端保留 FE2 以便在强雷时动作（即一般情况下不动作）以进一步限制避雷器动作电流（在强雷时也不超过 3kA）。

7-7　变电所的防雷保护可分为直击雷的保护和雷电侵入波的保护两个方面。本题涉及对雷电侵入波的保护，具体措施就是装设避雷器，要确定避雷器装设在什么位置以及选择何种参数的避雷器。防雷保护方案如下：

（1）母线上装设避雷器。220kV、110kV 双母线的每条母线以及 10kV 母线对地分别装设一组（三相）避雷器。如选用阀式避雷器则为 FZ—220，FZ—110，FZ—10。根据避雷器至变压器及其他电气设备最大允许电气距离校验避雷器安装位置是否妥当。由于避雷器电气参数不同时最大允许电气距离也不同，以下以选用阀式避雷器为例计算最大允许电气距离。

220kV：

保护进线段长度为 2km，根据表 7-5 得 $\alpha'=1.2$kV/m。查表 7-3 得 $U_{c.5}=664$kV，$U_j=949$kV。根据 $U_{c.5}+2\alpha'l \leqslant U_j$ 可算出避雷器至变压器最大允许电气距离 $l=118$m。

110kV：

保护进线段长度为 1km 或 2km，根据表 7-5 得 $\alpha'=1.5$kV/m 或 $\alpha'=0.75$kV/m。查表 7-3 得 $U_{c.5}=332$kV，$U_j=478$kV。根据 $U_{c.5}+2\alpha'l \leqslant U_j$，可算出避雷器至变压器最大允许电气距离分别为 48m 和 97m。但此距离为一路出线的情况，对于此题至少为二路出线，故最大允许电气距离还要增大，查图 7-11 可得最大允许电气距离为 70m 和 135m。

（2）主变压器 T1 中性点装设避雷器。T2 为 YNd 连接，而 T1 为 Yd 连接，故 T1 中性点对地应装设一只避雷器。如选用阀式避雷器则选 FZ—35。

（3）自耦式主变 T2 装设避雷器。由于运行方式可能出现中压侧开路和高压侧开路的运行方式，因此相应母线上的避雷器由于绕组出口处断路器的分闸而对开路的中压、高压绕组起不到保护作用，为此应在中压绕组（110kV）和高压绕组（220kV）出口处（绕组出口断路器的绕组侧）分别装设一组避雷器。若选用阀式避雷器则分别为 FZ—110 和 FZ—220。

（4）110、220 线路的进线段保护：

进线段的长度：220kV 为 2km，110kV 根据最大允许电气距离校核结果而定。

进线段的耐雷水平：110kV 为 75kA，220kV 为 120kA。

进线段避雷线的保护角：<20°。

进线段末端是否装排气式（或阀式代替）避雷器，要视线路另一端是否有电源而定，因运行方式（四路/两路，三路/一路）已表明雷季可能出现线路末端处于开路状态。

第八章

8-1　解如下。

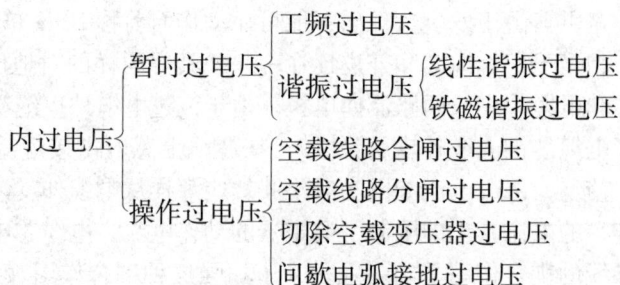

　　暂时过电压与操作过电压产生的根本性原因是完全不同的,前者由于参数特定的配合引起,因此只要这种参数配合不发生改变,过电压可能持续。后者为电网中发生振荡型的暂态过程引起,一旦暂态过程结束,过电压也就消失。

8-2　工频过电压也称工频电压升高,因为此类过电压表现为工频电压下的幅值升高。引起工频电压升高的原因有:空载线路的电容效应、不对称短路和突然甩负荷。

　　空载线路可看作由分布的 L、C 回路构成,在工频电压作用下,线路的总容抗一般远大于导线的感抗,因此由于电容效应使线路各点电压均高于线路首端电压,而且愈往线路末端,电压愈高。系统发生不对称短路时,短路电流的零序分量会使健全相电压升高,而在不对称短路中以单相接地最为常见且引起健全相上电压升高也最为严重。由于某种原因线路突然甩负荷,作为电源的发电机,根据磁链守恒原理,通过激磁绕组的磁通来不及变化,与其相应的电源电势 E'_d 维持原来数值从而使线路上工频电压升高。

8-3　影响空载线路电容效应引起工频电压升高的因素主要有 3 个。其一是线路的长度。线路越长,空载线路末端比首端电压升高越大,可采用 $u_2 = \dfrac{1}{\cos \alpha l} u_1$ 进行计算。其二是电源容量。电源容量越大,电源电抗 X_s 越小,电压升高越小。另外,也与线路是否有并联电抗器有关。线路接入并联电抗器后,通过补偿空载线路的电容性电流从而削弱电容效应来达到降低工频电压升高的目的。

第九章

9-1　见题表 9-1。

题表 9-1　　　　　　　各种操作电压的产生原因和主要影响因素

操作过电压	产生原因	主要影响因素
电弧接地过电压	中性点不接地系统中由于出现间歇性电弧接地引起振荡型暂态过程	1. 接地电容电流大小(如中性点接消弧线圈后可减小) 2. 系统相关参数(相间电容和损耗) 3. 电弧熄灭和重燃时的相位(此因素具有随机性而不可控)
空载线路分闸过电压	分闸后断路器触头间由于出现电弧重燃引起振荡型暂态过程	1. 断路器灭弧性能。其直接影响到分闸后的重燃程度 2. 接线方式(出线数目和是否接有电magn或电压互感器)。影响到在相同重燃情况下的过电压大小 3. 中性点接地方式。中性点非有效接地系统中由于中性点电位的位移而使在相同情况下的过电压数值增大
空载线路合闸过电压	合闸前后电路状态改变引起振荡型暂态过程	1. 合闸前后电路状态的差异。这与合闸时相位以及是计划性合闸还是重合闸有关 2. 线路残余电压大小。这主要影响重合闸过电压大小 3. 系统参数、结构、断路器合闸的三相同期性
切除空载变压器过电压	切除过程中由于空载电流的突然"截断"引起磁场能量向电场能量的转变	1. 断路器的灭弧性能 2. 变压器的参数

9-2　消弧线圈是一有铁芯的电感线圈，接在系统中性点与地之间，消弧线圈的基本作用是补偿流过故障点的容性接地电流，使接地电弧容易熄灭，同时消弧线圈能降低故障相上恢复电压的上升速度，减小电弧重燃的可能性，这样接地电弧出现后会很快熄灭且不重燃，从而限制了间歇电弧接地过电压。消弧线圈电感电流能补偿系统对地电容电流的百分数称为消弧线圈的补偿度。根据补偿度的不同，可选择消弧线圈参数使系统处于欠补偿、全补偿、过补偿状态下运行。为了充分发挥消弧线圈的消弧作用（若欠补偿，则随电网发展使补偿度更低）以及避免出现或接近全补偿（若欠补偿，运行时由于部分线路退出而成为全补偿）后因三相对地电容不对称导致中性点上出现较大的位移电压危及绝缘，所以常采用过补偿运行方式来选择消弧线圈参数。

9-3　空载线路分闸过电压是由于断路器分闸后触头间发生电弧重燃而引起的，所以断路器灭弧性能好，重燃次数少或基本不重燃，分闸过电压就较低。而切除空载变压器过电压是由于断路器分闸时发生空载电流的突然"截断"（从某一数值突然降至零），所以断路器灭弧性能好，空载电流"截断"值大，截断电流对应的磁场能量大，截流后转变成电场能量也大，切除空载变压器过电压就高。

9-4　带并联电阻断路器具有主辅两对触头，在主触头上并有电阻，所以称为并联电阻（如图9-7所示）。空载线路分闸时，主触头K1先分，此时线路仍未从电源切除，K1分闸也会引起振荡的暂态过程，由于K1断口间恢复电压仅为并联电阻的电压降要小于电源电压，所以K1分闸后不易发生电弧重燃。K1分闸后经1.5～2个工频周期，辅助触头K2分闸，线路真正从电源切除，K2分闸后触头间恢复电压也要小于电源电压所以也不容易发生电弧的重燃，这样空载线路分闸过程中都不易发生电弧重燃，当然分闸过电压也降低。空载线路合闸时，辅助触头K2先合闸，线路变成串并联电阻的合闸，由于电阻的阻尼作用，K2合闸过程中的过电压降低。经1.5～2个工频周期，主触头K1闭合，线路真正合闸电源，K1闭合仅将R短接掉，此过程中状态的改变要小于直接合闸电源时的状态改变，所以K1闭合过程中过电压也降低。

9-5　切除空载变压器过电压的限制措施主要是采用避雷器，由于切空变过电压虽幅值较高但其持续时间短，能量小，故可采用阀式避雷器（当然也可用氧化锌避雷器）加以限制，此种过电压也是阀式避雷器所能限制的唯一操作过电压。对于切合空载线路过电压，避雷器不是主要限制措施（主要措施是断路器并电阻），因为这种操作非常频繁，若采用避雷器限制过电压，会使避雷器动作过于频繁。另外即使作为辅助限制措施，也应选用通流能力较大的氧化锌避雷器。对于电弧接地过电压一般不采用避雷器限制而主要采用接消弧线圈的措施。当然，为保护中性点绝缘和消弧线圈，中性点对地可接避雷器。

第十章

10-1　铁磁谐振过电压是在铁磁谐振过程中出现的。要发生铁磁谐振须满足两个条件：一是谐振回路中须存在非线性的电感（具有铁芯的电感）和线性电容，且正常运行时感抗应大于容抗。二是须由外界因素（如电源电势的扰动）强烈的激发，使谐振回路稳定于谐振工作点。铁磁谐振与线性谐振相比较，具有不同的谐振条件与特点：

（1）线性谐振条件是 $\omega L = \dfrac{1}{\omega C}$，无需激发；而铁磁谐振条件是 $\omega L_0 > \dfrac{1}{\omega C}$（$L_0$ 为正常非

饱和时的电感）以及外界一定程度的激发，二个条件缺一不可。

（2）线性谐振时，谐振回路的电流呈阻性，$u_L = u_C$；而铁磁谐振时，谐振回路的电流呈容性，$u_L < u_C$，即发生铁磁谐振时 $\omega L \neq \dfrac{1}{\omega C}$（$\omega L = \dfrac{1}{\omega C}$ 非稳定工作点）。

（3）线性谐振时，回路有固定的自振频率 $\omega = \dfrac{1}{\sqrt{LC}}$；而铁磁谐振时回路无固定的自振频率，可发生基波与各种频率谐波的谐振。

10-2 在中性点不接地系统中常出现由于电磁式电压互感器饱和引起的铁磁谐振过电压。电磁式电压互感器常接成 Y_0，如图 10-7 所示。正常运行时，电磁式电压互感器各相感抗大于线路容抗，导致并联后呈容性。当系统中出现某些扰动，使电压互感器各相饱和程度不同，饱和程度小的相仍呈容性，饱和程度大的相可能呈现感性，若参数配合不当恰好使总导纳接近于零，就发生串联谐振。由于谐振使中性点位移电压（正常时为零）急剧上升。而中性点电位升高后，三相导线的对地电位等于各相电源电动势与中性点位移电压的相量和。若发生基波谐振，则往往一相对地电压降低，二相对地电压升高。为限制这种铁磁谐振过电压可选用励磁特性较好的电磁式电压互感器；加并对地电容以增大三相对地电容来避免出现某些相从容性变为感性，以消除与构成谐振的可能性；在电压互感器开口三角形绕组中短时接入阻尼电阻或在电压互感器一次绕组中性点对地接入电阻以阻尼振荡降低过电压。

10-3 断线过电压是由于断线而引起的铁磁谐振过电压。这里所说的断线包括导线因故障的折断，也包括断路器非全相操作以及熔断器的一相或二相熔断等。断线过电压一般发生于线路末端接有中性点不接地的空载或轻载变压器。断线后，系统处于非全相运行，在上述情况下会形成如图 10-6 所示的简化等值串联谐振电路。无论是一相断线还是二相断线，电路中的 L 都为空载或轻载变压器单相励磁电感的 1.5 倍，而电路中的 E 和 C 则根据断线的位置，一相断线还是二相断线以及电源中性点接地与否而不同，详见表 10-1。要产生断线过电压需满足 $\omega L > \dfrac{1}{\omega C}$ 这一条件，且须在外界因素激发下才有可能发生铁磁谐振，产生断线过电压。为限制和消除这种过电压，措施之一是避免出现非全相运行，如加强巡视和检修预防线路发生断线或保证断路器三相同期动作以避免发生一相或二相拒动，以及不采用熔断器等。措施之二是在中性点接地系统中操作中性点不接地的变压器时，将变压器中性点临时接地。

第十一章

11-1 绝缘配合就是要协调配合好电力系统中的过电压、限压措施与电气设备绝缘水平三者之间的关系，使之经济上、技术上、运行上都能接受。电气设备的绝缘水平是设备绝缘应能耐受（不发生闪络、击穿或其他损坏）的电压，也即耐压试验时的试验电压。电气设备对于工频交流、雷电冲击和操作冲击电压的绝缘水平或耐压试验电压是不同的。

11-2 线路绝缘子串中绝缘子的片数首先按工作电压下满足所要求的泄漏距离（按泄漏比距计算）来确定，然后再按内、外过电压下的要求进行校验（若不满足需增加片数）。

11-3 电气设备绝缘的 BIL 称为电气设备的基本冲击绝缘水平，它表征电气设备绝缘耐受雷电过电压的能力。电气设备绝缘的 SIL 称为电气设备的操作冲击绝缘水平，它表征电气设备绝缘耐受操作冲击过电压的能力。

参 考 文 献

1. 沈其工，等. 高电压技术（第四版）. 北京：中国电力出版社，2012.
2. 邱毓昌，施围，张文元. 高电压工程. 西安：西安交通大学出版社，1995.
3. 唐兴祚. 高电压技术. 重庆：重庆大学出版社，1991.
4. 重庆大学，南京工学院. 高电压技术. 北京：水利电力出版社，1981.
5. 解广润. 电力系统过电压. 北京：水利电力出版社，1985.
6. 宋执城. 高电压技术. 北京：水利电力出版社，1995.